国家林业局职业教育“十三五”规划教材
高等职业院校“十三五”校企合作开发系列教材

旅游市场营销

张华杰　主编

中国林业出版社

图书在版编目(CIP)数据

旅游市场营销 / 张华杰主编. —北京 : 中国林业出版社, 2016.12(2017.8 重印)
国家林业局职业教育"十三五"规划教材 高等职业院校"十三五"校企合作开发系列教材
ISBN 978-7-5038-8773-4

Ⅰ.①旅… Ⅱ.①张… Ⅲ.①旅游市场-市场营销学-高等职业教育-教材 Ⅳ.①F590.82

中国版本图书馆 CIP 数据核字(2016)第 267850 号

国家林业局生态文明教材及林业高校教材建设项目

中国林业出版社·教育出版分社
策 划:高红岩 张东晓 杨长峰 责任编辑:张东晓
电 话:(010)83143560 传 真:(010)83143516
E-mail:jiaocaipublic@163.com

出版发行:中国林业出版社(100009 北京市西城区德内大街刘海胡同 7 号)
电话:(010)83143500
http://lycb.forestry.gov.cn
经 销:新华书店
印 刷:三河市祥达印刷包装有限公司
版 次:2016 年 12 月第 1 版
印 次:2017 年 8 月第 2 次印刷
开 本:787mm×1092mm 1/16
印 张:16.5
字 数:412 千字
定 价:39.00 元

校企合作开发系列教材

编写指导委员会

本书编写人员

主　编：张华杰
副主编：冀慧萍　廉梅霞　王军军　李吉龙
朱　祥　廉滋强　孙维波　张广斌

序

随着我国经济社会的不断发展和生态文明建设的持续推进，对林业教育、尤其是林业职业教育提出了新的、更高的要求。不断明晰林业职业教育的任务，切实采取措施，提升自身的教育质量和水平，成为每一所林业职业院校的历史担当。

山西林业职业技术学院作为山西省唯一的林业类高等职业院校，肩负着培养高素质林业技术技能人才的重任。办学64年以来，学院全面贯彻党的教育方针，坚持以立德树人为根本，以服务发展为宗旨，以促进就业为导向，通过“强内重外”建设生产性实训基地，积极探索产教融合、校企协同育人的办学道路，实施“工学结合”人才培养模式，以“项目导向、任务驱动”作为教学模式改革的着眼点，构建了以培养专业技术应用能力为主线的人才培养方案，使学校培养目标与社会行业需求对接，增强了高素质技术技能人才培养的针对性和适应性，凸显了鲜明的办学特色。

在教材建设方面，学院大力开发校企合作教材，在校企双方全方位深度合作的基础上，学院专业教师和企业技术人员共同修订人才培养方案、制订课程标准，共同确定教材开发计划，进行教材内容的选定和编写，并对教材进行评价和完善。这种校企共同开发的教材在适应职业岗位变化、提高学生职业能力方面都有着重要的作用。

本次出版的《林业地理信息技术》《林业工程监理实务》《园林工程测量》《现代园林制图》《园林绿地景观规划设计》《旅行社运行操作实务》《生态饭店运行与管理实务》《旅游景区动物观赏》《森林旅游景区服务与管理》《旅游市场营销》均是林业技术、园林工程、森林生态旅游专业的专业核心课程教材。其主要特点：一是教材与职业岗位需求实现及时有效地对接，实用性更强。二是教材兼顾高职院校日常教学和企业员工培训两方面的需求，使用面更广。三是教材采用“项目导向、任务驱动”的编写体例，更有利于高职专业教学的实施。四是教材项目、任务由教师和企业技术人员共同设置，更有利于学生职业能力的培养。

相信，本系列教材的出版，会对林业高等职业教育教学质量提升产生积极的作用。当然，限于编者水平，本系列教材的缺点和不足在所难免，恳请批评指正。

编委会

2016年6月

前言

在当今旅游业的经营中，随着产业规模的扩张和市场竞争的加剧，旅游市场营销工作的重要性愈加突显出来。从最简单、最直观的角度来看，这不仅从旅游企业中营销主管一职的薪酬和地位得到反映，而且反映在全球大多数国家和地区旅游行政机构的设置中，绝大部分人员的岗位工作都集中在市场营销这一领域。人们越来越多地认识到，与以制造业为代表的生产实物产品的行业相比，旅游业在经营上有着很多的不同之处。也正是这些差异，决定了旅游业在开展市场营销方面需要有其独特性和区域性。

本教材从高职教育特点及旅游市场营销人员应用需求出发，结合山西旅游行业企业在旅游市场岗位的实际职业技能要求，通过旅游市场营销的基本概念、基本技能和操作技能的介绍，利用大量真实案例进行仔细分析，全面系统地描述了旅游市场营销的基本知识和操作技能。在编写过程中，教材组老师通过大量的企业需求调研，结合当今旅游市场的发展动向，整理出适合高职高专学生的旅游市场营销五大工作岗位，经过专家委员会、校外实训基地、行业专家的多次研讨和论证，对每一岗位进行严格的“岗位描述”。采用逆向思维的方法，通过调研行业企业对岗位工作内容的描述、完成岗位工作的基本能力、完成目标工作流程的实施，从而确定每一工作情境的学习目标，具体包括实施工作流程必需够用的理论知识，理论教学服务于实践教学的教学内容，制定科学有效的教学方法。如情境教学法、项目教学法、案例教学法、实地教学法、小组教学法等，在合理有效的教学中通过单元测试、随堂测试、岗位测试、综合测试、模拟考试、综合考试等随时检验教学效果，最后以职业技能鉴定、全国性专业领域大赛、就业率作为教学效果的最后教学评估。该教材的内容组织编排，完全打破已有学科类教材的组织结构，突出岗位实践需求，体现理论服务于实践的高职高专的教学特色。

本教材总体特色有：①具有大量的真实案例，案例来源于本区域内真实的行业企业，具有区域性、可操作性和真实性；②在内容的取舍上，本教材以旅游行业企业需求为主，根据岗位群设计教学模块；③每个工作岗位均从具体岗位工作实际出发，确定学习目标及工作流程，确保学生在工作岗位的从业能力；④教材内容以大量案例和实训为手段，确保教学内容中理论部分的理解和实操部分的掌握；⑤大量课时的现场实训教学，是学生掌握开展旅游市场营销的最有效的手段和方法；⑥本教材教学分为理论段、实操段、提升段的三段式教学，在同类教材中屈指可数。

本教材由中国林业出版社组织与协调，由山西林业职业技术学院教师和旅游行业营销专家共同开发。参与编写的人员一部分为在校长期从事旅游市场营销教学与研究的专业教师，另一部分为省内外长期从事旅游行业企业一线营销管理的精英。教材案例采用了目前最新的旅游市场营销成功实例，教学内容体现了市场营销的专业知识与职业岗位技能的有机结合。

全书分为旅游市场营销理论、实操、提升三个部分，共十一个项目。由张华杰（山西林业职业技术学院）担任主编，冀慧萍（山西林业职业技术学院）、廉梅霞（山西林业职业技术学院）、王军军（山西林业职业技术学院）、李吉龙（山西省森林公园管理中心）、朱祥（山西三晋祥云旅游文化发展有限公司）、廉滋强（石膏山风景名胜区）、孙维波（山东青岛神州国际旅行社）、张广斌（深圳市沿黄投资管理有限公司）担任副主编。

书中案例除部分改编自近年来与旅游相关的教材、论著与网络文献外，很大一部分由校企合作、工学结合的旅游机构、旅游企事业单位提供，在此，向这些学者、专家和合作单位表示深深的谢意。

本教材主要供高职高专院校旅游系各专业高年级在读学生使用，同时也可作为旅游行业企业培训、市场运作参考教材使用。

由于作者水平有限，编写周期短，集体协作过程中难免有疏漏，教材中难免有不足之处，敬请使用者谅解并能提出宝贵意见。

反馈邮箱：linyuanzhanghuajie@126.com，QQ：1055635124，微信号：lvyouzhanghuajie。

张华杰

2016 年 4 月

目录

模块一

理论篇

项目一　认识旅游市场营销

☞ **知识目标**　1. 掌握营销及市场营销学的含义
2. 掌握旅游及旅游市场的含义
3. 掌握旅游市场营销的含义
4. 理解旅游市场构成的要素
5. 理解旅游市场营销的作用和意义
6. 了解旅游市场营销学的发展过程
7. 了解旅游市场营销的演变过程
8. 了解旅游市场营销理念的创新

☞ **技能目标**　1. 能运用市场营销观念对旅游企业的营销理念进行判断
2. 能总结不同旅游企业市场营销的特点
3. 能分析某旅游企业营销的基本内容

请同学们课后查阅相关资料，结合课堂老师讲解和引导的重点难点内容，通过实践调查旅游企业，小组共同讨论完成以上学习任务

成功案例展示

山西“晋善晋美”旅游口号的成功市场营销运作

（一）口号征集背景

山西是中华文明的发祥地之一，历史文化积淀深厚，拥有丰富多样的旅游资源，国家级重点文物保护单位居全国第一位，被誉为中华文明的“主题公园”和“古建艺术博物馆”。2003 年以来，山西省曾一直使用“华夏古文明　山西好风光”的旅游宣传口号。

2011 年 5 月，山西省旅游局发布“皇城相府杯”山西旅游主题宣传口号和形象标识征集活动公告，自开展以来，得到了社会各界广泛关注，共征集到旅游主题宣传口号 13018 个，旅游形象标识 1216 个。其中，山西省太原市霍刚、李明明，贵州省凯里市吴少云，陕西省西安市郑文全 4 名作者的山西旅游主题宣传口号作品“晋善晋美”内容一致，符合征集活动公告要求，共同获山西旅游主题宣传口号采用作品奖。同时“华夏神韵，晋善晋美”“梦里老家，画里山西”“人文山西，晋善晋美”“寻梦古文明，情醉新山西”“大山之西，晋善晋美”5 个山西旅游主题宣传口号获入围作品奖。

2011 年 12 月 14 日，经广泛征求专家学者和政府相关单位的意见，经过 4 个多月的海选、初选和复选以及网络投票等步骤，筛选产生了复选入围作品，并由省内外专家学者组成的专家评审委员会，投票评选产生了最终的获奖作品，“晋善晋美”摘取山西旅游主题宣传口号采用作品奖，成为山西旅游主题宣传口号。

山西省旅游局有关负责人表示，“晋善晋美”作为山西旅游宣传新口号，主题鲜明、文字简练、韵味传神、朗朗上口、方便传播，将成为宣传山西省旅游的一张“金名片”。

（二）口号释义

“晋善晋美”作为山西旅游主题宣传口号，适合于在影视、网络和各种平面载体上宣传推介山西旅游。口号用简洁的文字浓缩了山西旅游的整体印象，用直白的语言告诉公众山西是一个人善、景美，适宜旅游观光的好地方，同时寓意山西旅游产业蓬勃向上，追求尽善尽美。其基本含意包括三个方面：

①口号用山西省的简称“晋”，直观地告诉公众本口号是山西省独有的旅游主题宣传口号。山西在春秋战国时期大部分地区属于晋国，故简称为“晋”，素有“三晋大地”之称，口号通过“晋”字，明确地告诉公众“晋善晋美”是山西省独有的旅游主题宣传口号。

②口号取成语“尽善尽美”的谐音，充分体现了山西人民纯朴善良的美好品德和山西旅游优美秀丽的自然、人文景观资源。汉语成语“尽善尽美”是用来形容事物极其完善，极其美好。口号借成语“尽善尽美”的谐音，既充分体现了三晋人文个性和晋商诚实守信的品德，又彰显了山西美好的自然、人文旅游资源。口号中的“善”主要是表达山西人诚实守信、纯朴善良的美德，“美”主要是表达山西厚重的人文历史与旖旎的自然风光的美好。

③口号运用汉语“晋”字本意，寓意山西旅游未来的发展将会越来越美好。“晋”字小篆字形是会意字，即“从日”，是指追着太阳一直前进，其本义是“上进”。口号巧妙地运用了汉字“晋”的基本含意，表达了山西旅游追求“善”与“美”永无止境，同时也寓意着山西旅游产业像初升的太阳，发展前景无限美好

（三）品牌宣传

2012 年 1 月 15 日，山西省在中央电视台、凤凰卫视等媒体的黄金时段播放城市形象宣传片和知名景区宣传片，提升各市知名度和全省旅游整体形象。这是山西省首次在央视等重要媒体进行较大规模长时间的对外宣传。

为进一步树立山西旅游整体形象，提高山西旅游的知名度，山西省旅游部门与省内主要旅游城市联合，在中央电视台 CCTV－1《新闻 30 分》、CCTV－4《中国新闻》、CCTV－4《海峡两岸》、CCTV－13《朝闻天下》等栏目播出时段全面亮相山西旅游形象宣传片，进行山西旅游和城市形象宣传，形成山西省的旅游宣传品牌体系。这一宣传活动持续在凤凰卫视中文台的《凤凰大视野》《凤凰早班车》栏目时段播出，总投资超过亿元。

围绕山西富饶的旅游资源，藉着“晋善晋美”旅游口号的推动力，山西省委宣传部、山西广播电视台、山西省旅游局和中央电视台联合拍摄了大型高清航拍纪录片《飞越山西晋善晋美》。

2013 年 7 月以来，山西省旅游局积极实施“走出去、请进来”宣传战略，组织各市旅游局、各景区、旅行社、媒体先后奔赴北京、天津、河北、河南等 22 个省区市和香港、台湾地区举办了以“晋善晋美”为主题的大规模推介会，共有 2000 多家旅行社进行了对接、签约，1000 多家主流媒体和新媒体作了集中报道，集中宣传了山西旅游形象和景区景点。

同时，山西省还邀请省外、境外旅行商赴山西考察踩线，进一步拓展山西国内外旅游市场。

（资料来源：山西新闻网）

链接：

据数据显示：2015 年，山西省旅游总收入 3447.5 亿元人民币，同比增长 21.11%。旅游业已成为该省最具活力的产业之一。据测算，2015 年山西省实现旅游业增加值 1310.1 亿元，占该省 GDP 的比重为 10.2%，占该省第三产业增加值的比重为 19.2%，因旅游业所带动的餐饮、住宿、社会消费品零售总额 1415.5 亿元。

（资料来源：山西经济报）

思考：

1. 山西省旅游大市场的开拓通过哪些渠道和策略？
2. “晋善晋美”旅游宣传口号对山西旅游市场营销起到哪些推动作用？

任务一　认识市场与市场营销学

知识学习

一、市场的含义及构成要素

“市场”这一称呼由来已久。从原始社会的物物交换到现代社会的网络线上交易，数千年来逐渐有了多重含义和构成要素。从不同的着眼点分析“市场”，大致可分为以下三个方面：

第一，传统的市场指买卖双方聚到一起交换其商品和服务的场所。这里的市场指消费者与企业双方买卖产品的实际场所，强调的是可以看得见的商品交易场所或地点。

第二，在经济学家看来，市场是所有从事商品和服务交易的买者和卖者的关系的总和。在市场上，商品和服务的供应者与商品和服务的消费者以市场为纽带紧密地联系在一起。供应者通过市场销售自己的商品和服务；消费者通过市场取得自己的商品和服务。市场的各种现象和各种行为都反映着他们之间的经济关系的总和。这种通过市场交换所反映的关系，体现了人与人之间经济关系的性质。

第三，市场表现为对某种或某类商品的消费需求，其具有特定的需要和欲望，愿意并且能够通过交换来满足这种需求或欲望的全部潜在顾客和现实顾客。这里所说的潜在购买者，是指可能具有支付能力和购买兴趣的人；现实购买者，是指既有支付能力又有购买兴趣的人。

综上所述，市场定义为在一定时期内，某一地区中存在的对产品具有支付能力的、现实的及潜在的购买者。可以用下列简单公式来表示市场：

市场＝购买者＋支付能力＋购买动机

二、市场营销的含义

“市场营销”一词是由英文“Marketing”翻译而来，其内涵丰富，指企业以满足消费者的各种需要与欲望为目的，通过采取整体性的营销手段，占领市场，扩大销售，实现预期利润目标的商务活动过程。

对于市场营销的定义，著名营销大师菲利普·科特勒给出了这样的定义：营销是个人和团体通过为他人创造产品和价值并进行交换而满足其需求和欲望的社会过程和管理过程。在这个定义当中，科特勒主要强调了营销对满足社会成员需求和欲望方面的功能。

市场营销必须以顾客需求为出发点、采取整体营销手段、通过满足顾客需求获取利润。市场环境瞬息万变，消费需求日新月异。企业必须准确调研、细分、选择、定位、创新和满足市场需求，通过一系列科学有效的营销活动，满足消费者不同需求，从而获取长久的利润。

三、市场营销学的发展过程

营销学于20世纪初期产生于美国。几十年来，随着社会经济及市场经济的发展，营销学发生了根本性的变化，从传统营销学演变为现代营销学，其应用从营利组织扩展到非营利组织，从国内扩展到国外。当今，营销学已成为同企业管理相结合，并同经济学、行为科学、人类学、数学等学科相结合的应用边缘管理学科。概括地说，营销学的发展经历了六个阶段。

1. 萌芽阶段(1900—1920年)

在萌芽阶段，各主要资本主义国家经过工业革命，生产力迅速提高，城市经济迅猛发展，商品需求量亦迅速增多，出现了需过于供的卖方市场，与此相适应的营销学开始创立。1902年，美国歇根安大学、加州大学和伊利诺伊大学的经济系开设了市场学课程。哈佛大学教授赫杰特齐走访了大企业主，了解他们如何进行市场营销活动，于1912年出版了第一本销售学教科书，它是营销学作为一门独立学科出现的里程碑。

2. 研究阶段(1921—1945年)

这一阶段以营销功能研究为其特点。此阶段最著名的代表者有克拉克、韦尔达。1932年，克拉克和韦尔达出版了《美国农产品营销》一书，对美国农产品营销进行了全面的论述，指出市场营销的目的是使产品从种植者那儿顺利地转到使用者手中。1942年，克拉克出版的《市场营销学原理》一书，在功能研究上有所创新，把功能归结为交换功能，实体分配功能、辅助功能等，并提出了推销是创造需求的观点，实际上是市场营销的雏形。

3. 形成和巩固阶段(1946—1955年)

这一时期的代表人物有范利、格雷特、考克斯、梅纳德及贝克曼。1952年，范利、格雷斯和考克斯合作出版了《美国经济中的市场营销》一书，全面阐述了市场营销如何分配资源、指导资源的使用，尤其是指导稀缺资源的使用；市场营销如何影响个人分配，而个人收入又如何制约营销；市场营销还包括为市场提供适销对路的产品。同年，梅纳德和贝克曼出版的《市场营销学原理》一书中，提出了市场营销的定义，认为它是“影响商品交换或商品所有权转移，以及为商品实体分配服务的一切必要的企业活动”。由此可见，这一时期已形成市场营销的原理及研究方法，传统营销学已基本形成。

4. 市场营销管理导向阶段(1956—1965 年)

这一时期的代表人物主要有约翰·霍华德及尤金尼·麦卡锡。霍华德在出版的《市场营销管理：分析和决策》一书中，率先提出从营销管理角度论述市场营销理论和应用，从企业环境与营销策略二者关系来研究营销管理问题，强调企业必须适应外部环境。麦卡锡在 1960 年出版的《基础市场营销学》一书中，对市场营销管理提出了新的见解。他把消费者视为一个特定的群体(目标市场)，企业制定市场营销组合策略，适应外部环境，满足目标顾客的需求，实现企业经营目标。

5. 协同和发展阶段(1966—1980 年)

这一时期，营销学逐渐从经济学中独立出来，同管理科学、行为科学、心理学、社会心理学等理论相结合，使营销学理论更加成熟。1967 年，美国著名营销学教授菲利普·科特勒出版了《市场营销管理分析、计划与控制》一书，该著作全面、系统地发展了现代市场营销理论。他对营销管理下了精辟的定义：营销管理就是通过创造、建立和保持与目标市场之间的有益交换和联系，以达到组织的各种目标而进行的分析、计划、执行和控制过程。科特勒还提出，市场营销管理过程包括分析市场营销机会，进行营销调研，选择目标市场，制订营销战略和战术，制定、执行控制市场营销计划。

6. 分化和扩展阶段(1981 年至今)

在此期间，营销学领域又出现了大量丰富的新概念，使得市场营销这门学科出现了变形和分化的趋势，其应用范围也在不断地扩展。1981 年，莱维·辛格和菲利普·科特勒对“市场营销战”这一概念以及军事理论在市场营销战中的应用进行了研究，科特勒也提出要在企业内部创造一种营销文化，即企业营销化的观点。1986 年，科特勒提出了“大市场营销”这一概念，提出了企业如何打进被保护市场的问题。在此期间，“直接营销”也成为引人注目的新问题，其实质是以数据资料为基础的市场营销，由于事先获得大量信息和电视通信技术的发展使直接市场营销成为可能。

任务二 认识旅游及旅游市场

知识学习

一、旅游的含义

在我国世代流传的经典辞书中，“旅游”一词并不存在。无论在《辞海》《辞源》《康熙辞典》，还是 20 世纪 60 年代以前出版的《现代汉语词典》，都难以从中搜到“旅游”这一词条。不难看出，国人对“旅游”一词的正式使用应该是很晚的用语了。

对“旅游”的定义，长期以来，很多学者和国际组织都曾就如何界定“旅游”进行过探讨，并提出了不少对“旅游”的定义。在我国旅游学界，人们习惯用“艾斯特(AIEST)”定义，旅游是“人们离开自己惯常居住和工作的地方，暂时前往目的地的旅行和在该地停留期间所从事的活动，以及(旅游目的地)为满足旅游者的需要而设立的各种设施”等。

二、旅游业的含义及构成要素

旅游业是以旅游市场为平台，以旅游资源为依托，以旅游设施为条件，以旅游者为对象，有偿为旅游者的旅游活动、旅游消费创造便利条件并提供所需商品和服务的综合性产业。旅游业发展应当遵循社会效益、经济效益和生态效益相统一的原则。

旅游业的构成要素包括：旅行社、旅游饭店、旅游交通、旅游商品。

(一)旅行社

旅行社是指从事招徕、组织、接待旅游者等活动，为旅游者提供相关旅游服务，开展国内旅游业务、入境旅游业务或者出境旅游业务的企业法人。旅行社业是一个典型的中介服务型产业，它由各个向旅游者和旅行者提供产品组合、信息、导游、陪同和预订等服务的企业组织构成，也是旅游业的重要组成部分。旅行社的职能主要有以下几方面：

1. 组合旅游产品设计和销售的职能

组合旅游产品(Package of Tourist Product)是旅行社或其他旅游企业根据旅游者需求的综合性、连带性特点而以旅游景区(点)为节点，以交通路线为线索，为旅游者设计、串联或组合而成的旅游过程的具体走向和连带服务的集合。在提供这种旅游产品的过程中，旅行社实际上起到联结旅游业各个组成部分的纽带作用，是运用自身对旅游者需求的理解及对各种服务要素进行的加工和再组合。这种旅游产品常常以包价或半包价的形式出售给旅游者。

2. 中介职能

旅行社实际上是旅游产品进入流通领域后的经营商，它的作用在于为旅游产品价值实现提供便利，因此它实际上在旅游产品的供应者和旅游产品消费者之间发挥着一种媒介的作用。由于旅行社的存在，旅游者在申办护照、办理签证、兑换外汇、海关查验、办理旅行和住宿预订手续等方面都会更加方便。

3. 信息咨询和反馈职能

旅行社是联结生产者和消费者的桥梁和纽带。旅行社在向旅游者提供旅游信息咨询、向旅游产品生产企业提供需求信息反馈方面，具有得天独厚的优势。

(二)旅游饭店

饮食和住宿是旅游者在旅行和逗留过程中必须满足的基本需要。这种需要与日常的食宿需要并无本质的不同，但由于旅游的性质和特征所决定，旅游者食宿需要的满足可能(但不绝对)会超脱于日常生活的标准，而这也正是旅游饮食和住宿业经营的困难和魅力所在。

向旅游者提供餐饮和住宿服务的企业一般是餐馆和饭店，但在现实当中这些设施有各式各样的称谓，如酒店、饭馆、旅社、旅馆、宾馆、客栈和招待所等，它们在功能上主要服务于旅游者的餐饮和住宿需求。规范地说，餐馆是指单纯向旅游者、旅行者或当地居民提供餐饮服务的企业，而饭店是指主要向旅游者、旅行者甚至当地居民提供住宿服务并同时提供餐饮和其他服务的企业。随着旅游者和旅行者需求趋势的发展和变化，现代的饭店在功能上不断扩展，已经能够在很大的范围内提供旅游者所需要的综合性服务。由于功能的拓展以及各种功能在饭店中所处的地位不同，现代饭店出现了多种多样的类型，如商务饭店、度假饭店、会议饭店、公寓饭店、汽车饭店、赌场饭店等。这些饭店又往往根据服务档次和质量被评定为不同的级别(一般采取星级制)。

(三)旅游交通

旅游交通是旅游业实现旅游者空间位移的基本凭借。由于旅游交通在世界范围内的发展，使地球空间变得相对小了，人们相互往来的机会和愿望更加强烈，也更加现实了。旅游交通工具类别和功能的多样化，从某种意义上说，直接推动着旅游业的飞速发展和创新。

(四)旅游商品

旅游商品是旅游者在旅游目的地国家或地区的旅游过程中所购买的各种物品，主要包括旅游工艺品、旅游纪念品、文物古玩及其复制品、土特产品、日用品和其他商品。

三、旅游市场的含义及构成要素

作为市场经济的组成部分，旅游市场与传统意义上的其他市场并无本质区别，也是社会经济发展到一定程度，旅游活动商品化、社会化的产物。从营销的角度看，旅游市场指在一定时期内，某一国家或地区中存在的，在一定的动机驱使下，对某些旅游产品具有现实或潜在需求并具有支付能力的购买者所构成的群体。从旅游企业经营者的角度而言，旅游市场是指一定时期内某一地区存在的对其旅游产品具有支付能力的现实的和潜在的购买者。

所谓现实购买者，是指既有支付能力又有购买欲望的人；所谓潜在购买者，是指可能具有支付能力和购买兴趣的人。由此可知，旅游市场是指旅游需求市场或客源市场，由购买者即买方组成，它可以是旅游者本人，也可以是旅游者所委托的购买者或购买组织，即旅游中间商。

(一)旅游者

旅游者是旅游市场上的主体，包括个体旅游者和团体旅游者两类。个体旅游者是指旅游者个人、小组成员和家庭成员；团体旅游者是指各类社会组织，如工商企业、政府机构、群众团体等。从旅游市场营销的角度出发，对旅游者的分析要侧重两个方面。

1. 旅游者数量

旅游者数量决定了旅游市场的规模和潜力，它是由客源地人口的绝对数和社会经济的发达程度所决定的。一个旅游市场规模的大小，首先取决于市场的“有闲”人口数量。“有闲”人口越多，旅游市场的潜力就越大，旅游企业应该瞄准和开发具有一定规模和潜力的旅游市场。

2. 旅游者价值取向

旅游者的价值取向决定了旅游市场的购买力、消费水平和需求特征。旅游者的年龄、性别、家庭结构、职业、受教育水平、经济收入、地理分布、民族与宗教信仰的差异都会影响旅游者的价值取向。

(二)旅游购买力

购买力是指消费者支付货币商品和劳务的能力。购买力的高低通常是由消费者的收入水平决定的。旅游是兼具文化性、享受性的高消费产品，只有当消费者及其家庭解决了温饱问题，家庭收入达到一定水平后，才有可能进行旅游消费。旅游购买力主要取决于人们的支付能力，即“有钱”的程度，旅游产品的交换是以货币作为支付手段的，没有足够的支付能力，旅游行为便无法实现；决定旅游购买力高低的因素主要有以下两个：

1. 个人可自由支配收入

个人可自由支配收入是一个人的总收入扣除了基本生活支出、社会消费支出、个人所得税之后的余额。一个国家和地区的经济越发达，人们的可自由支配的收入越多，反之亦然。

2. 闲暇时间

人们购买普通的物质产品通常只需要金钱，但购买旅游产品，不但需要金钱，还需要时间。与可自由支配收入一样，闲暇时间的多少也是一个国家和地区发达程度的标志和象征。一个国家或地区的社会经济越发达，人们所拥有的闲暇时间越多；社会经济越落后，人们的工作时间、生理时间和家务劳动时间越长，闲暇时间越少。

（三）旅游购买欲望

旅游者是由各种因素驱动而产生对旅游产品的购买动机和购买欲望。旅游购买动机和购买欲望是由旅游者的某种需求引发的。旅游者对旅游产品的购买欲望一般来自于以下五个动机。

①生理动机。需要到自然风光美丽、气候宜人的地方度假、休息、放松、疗养，追求高质量生活享受等。

②社交动机。离开自己的常居地，外出探亲访友，进行人际交流，了解异国他乡的民俗风情，改变原有的人际环境等。

③商务动机。由于经商、贸易、谈判、会议、公务出差等原因所产生的外出旅游要求。

④文化动机。希望外出修学培训，参观名胜古迹、增长见识、陶冶情操、进行文化交流，实现个人夙愿，满足个人兴趣爱好等。

⑤优选动机。旅游者具体要到哪个国家和地区旅游，选择哪家饭店和航空公司，希望到哪个景点景区观光，最终是由“优选动机”所决定的。优选动机是在旅游者所具有的购买经历和消费理性的基础上形成的。例如，优质的旅游产品和令人满意的服务，合理的价格，良好的声誉和形象，优越的地理位置和方便的交通等，这些因素都会使旅游者在第一次出游之后形成某种特定的购买动机，即优选动机。

一个人在金钱和闲暇时间两个客观条件具备的情况下，还必须具有外出旅游的主观愿望，否则旅游行为是无法形成的。

（四）旅游购买权利

旅游购买权利指旅游者在购买旅游产品时受到某些优惠政策或受某种法律、制度、政治等因素的限制。例如，我国对70岁以上的老年人实行免门票优惠政策，极大的带动了银发旅游市场，也为老年人的出游提供了特殊权利。另外，旅游目的地和客源产生地之间政治和外交关系不和谐，在国际旅游中所必需的护照、签证、语言、货币兑换等出现问题，以及某些国家和地区的出入境需要特别许可证等，都会剥夺旅游者对某种旅游产品的购买权利，形成旅游的障碍。

四、旅游市场的特点

旅游市场作为一种专业性的市场，具有一般市场的特征，又有其独特的市场行为特点。随着旅游业的不断发展，旅游市场也呈现出一些新的特点，这主要体现在以下几个方面。

1. 旅游市场的全球性

旅游市场的全球性是就国际旅游而言的。随着世界经济一体化的进一步发展，国与国之间的往来越来越频繁，由此带动了政治、经济、文化、生活等方面的全球一体化进程。世界变得越来越小，国与国之间的界限越来越模糊，人们渴望走出国门，了解其他国家、地区的文化和风俗，这就使国际旅游在近几年得到了快速发展。因此，旅游企业经营的眼光不仅要着眼于国内旅游市场，更要着眼于国际这个大市场。

2. 旅游市场的异地性

旅游活动的完成通常伴随着旅游者地理位置的移动，旅游市场通常都远离旅游产品的生产地(旅游目的地)，二者一般不在同一个地域。旅游市场的异地性特点增加了旅游者获取市场信息的难度，也增加了旅游企业经营活动的成本。

3. 旅游市场的波动性

旅游消费是非生活必需品消费，因此旅游需求受到外部环境的影响很明显。例如，国际国内局势、突发事件、重大社会活动、节假日、汇率、通货膨胀率、物价、工资及旅游者心态的变化等都是影响旅游需求的因素。旅游消费的波动性还体现在受时间及气候因素约束，而导致季节性的变动，这一特征成为旅游市场营销的显著特征。

4. 旅游市场的高度竞争性

旅游市场的高度竞争性体现在旅游者对稀缺旅游资源的竞争，以及旅游经营者对旅游者的竞争。经济的发展以及由此带来的人们生活水平的提高、闲暇时间的增多、经济条件的改善和人们对异地文化的兴趣等，都决定了旅游良好的发展前景。因此，旅游市场新的进入者不断出现，它们开发出许多相同或不同种类的旅游产品，行业的进入门槛较低，旅游产品易被模仿，最终使这类产品越来越多，旅游市场的竞争也越来越激烈。

5. 旅游市场的高度关联性

旅游业是一个综合性很强的产业，旅游业与其他行业的相关度很大。因此，旅游市场的发展能带动许多相关市场的迅速发展，与旅游产业有关的很多产业都会得到很大的影响。据统计，目前旅游业关联我国国民经济的 109 个产业、行业和 39 个部门，这些产业的发展很大程度都得益于旅游业的快速发展。

任务三　认识旅游市场营销及其观念的演变

知识学习

一、旅游市场营销的含义

旅游市场营销是市场营销在旅游业的具体应用。旅游市场营销的活动不仅仅是流通环节的经营活动，还包括旅游产品进入旅游市场前的系列活动：如市场环境分析、市场调查、市场预测、市场中消费者购买行为分析、市场机会分析、市场细分、目标市场选择、产品定位、营销策略组合等一系列活动，也包括售出产品退出流通市场后的许多营销活动，如产品使用状况追踪、售后服务、信息反馈等一系列活动。因此，旅游市场营销是指旅游企业以旅游消费者需求为出发点，有计划地组织各项经营活动，为旅游消费者提供满意的旅游产品而实现旅游企业目标的过程。

二、旅游市场营销的作用

(一)旅游市场营销可以帮助企业寻找市场机会

旅游市场的特殊性、旅游消费者及其购买行为的复杂性决定了旅游市场机会寻找的不易。旅游业已进入全球化市场、旅游消费者需求层次逐步提高，旅游经营者如何能以非凡的眼光和智慧从社会总需求和总供给的差异中寻找市场机会，分析市场、选择市场、进入市场，寻找适销对路的市场机会；从对广阔市场的缜密分析中和市场环境的动态变化中寻找市场机会。当今市场，只顾生产、推销而不懂市场营销的企业是无法真正、持久地把握市场机会的。

(二)旅游市场营销保证了旅游企业经营目的的实现

旅游市场营销真正树立了“以顾客为中心”的理念，强调以满足顾客需求为企业的根本任务。这就找到了创造利润的唯一正确途径，即把创造利润的过程建立在满足消费者的需求之中。只有如此，旅游企业才能真正做到自觉改进产品和营销手段，以适应消费者不断变化的新需求。市场营销的根本原则是：“市场需要什么，顾客需求什么，企业就提供什么。”

(三)旅游市场营销是合理调节旅游市场供求关系的准则

旅游产品无法贮存，顾客需求因时间、地点不同而差异极大。如：饭店因季节变化出现反差极大的淡季和旺季，从而使饭店供求出现较大的矛盾，高峰时期饭店需求超过供给能力，部分顾客流失，饭店失去市场机会或造成饭店设施紧张；需求低于饭店正常供给时，则会导致设施与人员闲置，服务能力过剩，造成极大浪费：因此，调节供求关系是搞好经营、取得最佳效益的关键。而市场营销管理的重心则是研究市场需求，深入分析顾客的各种需求状况，使企业保持相对的最佳经营状态。

三、旅游市场营销的管理任务

由于旅游企业市场的需求在数量、时间上存在着差别，营销管理必须根据需求的特性，并结合旅游企业现有资源和能力，采取可能的营销策略，使得需求与供给双方能够配合，互相适应。美国营销学家菲力浦·科特勒(Philip Kotler)，将市场需求划分为8种不同状态，又针对这8种不同需求状态确定了旅游市场营销管理的8个基本任务，见表1-1。

表1-1 旅游市场营销管理的基本任务

需求状态	营销管理任务	专门名称
负需求	开导需求	扭转性营销
无需求	创造需求	刺激性营销
潜在需求	开发需求	开发性营销
衰退性需求	再创造需求	再营销
不规则需求	使供求同步	同步营销
饱和需求	维持需求	维持性营销
超饱和需求	降低需求	低营销
不健康需求	破坏需求	反营销

1. 扭转性营销

消费者对旅游产品不喜欢或躲避的状态称为负需求。当发现旅游企业产品面临负需求状态时，就应该采取扭转性营销。这时，营销人员应加强对旅游消费者的开导，使旅游消费者对产品的态度由躲避扭转到喜欢。

2. 刺激性营销

无需求是指旅游消费者对旅游产品表现出不重视或不感兴趣的态度。当市场上的旅游消费者对产品无需求时，应采用刺激性营销，即创造特色旅游产品，纠正旅游消费者对产品的错误认识，使他们觉得旅游产品有价值，进而产生旅游消费。

3. 开发性营销

市场潜在旅游者对所提供的旅游产品，虽然具有心理上的需求，但并不真正购买，这种情况称为潜在需求。此时，营销人员应该想方设法开发潜在旅游消费者的购买欲望，进而转变为旅游消费行动，这就是开发性营销策略。

4. 再营销

有时，旅游消费者对产品的需求不像过去那么强烈，如果不采取一定措施，将来还可能进一步下降，这种需求状态便是下降性需求。需求下降的原因与旅游产品处于生命周期的衰退期，经营同类产品的竞争者增多，或市场上出现更好的旅游产品，消费者需求的改变；一些不可控因素，如政治动乱、经济危机、自然灾害等因素有关。

如果营销人员发现旅游企业产品面临下降性需求状态时，应采取再营销策略。例如，发现需求下降是因竞争对手的增多而引起的，那么就可以通过降价、开拓新市场、开发旅游新产品等措施来阻止竞争对手，创造良好的需求水平。

5. 同步营销

有些旅游产品在市场上的需求并不稳定，销售量时大时小，呈不规则状态，这种状态为不规则需求状态(或称波动性需求状态)。针对这种状态，营销人员可以用同步营销策略来平稳需求，使需求与生产同步，造成需求时间与供给时间的配合，获得经济上的利益。例如，旅游企业在淡季可采用降价、折扣、奖励及包价等营销措施来鼓励旅游消费者使用旅游产品，尽可能地使需求与生产同步发展。

6. 维持性营销

当旅游产品销售处于最高峰时，旅游企业的设施得到充分地利用，产销充分配合，经营处于最佳状态，这种需求最佳状态也称饱和性需求。此时，营销人员千万不能忽视对它的保护，而应采取维持性营销来维持这一最佳需求状态。维持性营销的主要任务在于维持适当的价格，以便不让竞争者加入，采取适当的推销力量，选择适当的销售渠道来维持最佳的现状，排除一切可能的干扰因素，保证获得最大的经济收入。

7. 低营销

当市场需求过于强烈，超过供给能力，这种需求状态称为超饱和需求。超饱和需求状态对旅游企业来说就是出现产品供不应求的状态。此时，虽然不用考虑旅游产品的销售问题，但在这种需求状态下，也往往造成旅游消费者需求得不到满足，这样就很可能使未来的需求遭到破坏，导致未来收益受到损失。所以，在这种情况下，应采取低营销策略，营销人员可以通过减少销售渠道、转嫁旅游者、适当提价、减少广告宣传等措施来减少旅游消费者的需求，以达到降低需求的目的。

8. 反营销

有些旅游产品的市场需求，从消费者、供应者的立场来看，对于社会有不良影响，这种旅游需求也称为有害需求或不健康需求。反营销就是指旅游企业不但要不提倡和不支持不健康需求而且要主动抵制和破坏不健康需求。对这种需求，必须采取反营销措施，来降低甚至去消除。例如，饭店餐厅内不提供高度烈性酒；旅游企业内部不提供黄色录像或带有色情服务的项目等。这些措施都可以称之为反营销。

四、旅游市场营销观念的发展演变过程

19 世纪末 20 世纪初，各主要资本主义国家经过工业革命，生产迅速发展，生产效率大为提高，生产能力的增长速度超过生产需求增长的速度。在这种情况下，少数有远见的企业主在经营管理上，开始重视商品推销和刺激需求，注意研究推销术和广告术。与此同时，一些经济学者也开始研究企业的销售问题。

国际旅游业实际是 20 世纪 60 年代才开始应用营销学原理的。在这之前，由于旅游业并不是一个独立的行业，它往往依附于服务业、商业、交通业等行业，因而不可能产生自己的经营理论。后来，旅游业发展成为一门新兴的第三产业，旅游业的设施开始供不应求，造成了以产促销的经营局面。到 20 世纪 60 年代末，旅游业的竞争日趋激烈，迫使旅游业的经营管理人员开始重视市场营销活动，重视研究市场营销理论，并采用其他行业的研究成果，对旅游企业的组织结构进行了调整。一些饭店成立了销售部，旅行社也成立了营业部，但是这些部门的活动仍然以销售、推销为主，采用的销售手段主要是广告、宣传和推进性营销。整个 20 世纪 70 年代，推销的观点在西方旅游企业的经营思想中一直占据统治地位。

随着生产力的发展和全球经济的迅速增长，旅游业竞争也越来越激烈，不少国家和地区大力发展旅游业，旅游设施迅速增加，旅游者选择的余地也随之增大。这时，旅游业的

经营者认识到除了推销以外，还必须提高产品质量，才能保持足够的竞争力。

20 世纪 80 年代开始，西方旅游业逐渐进入了“细分市场时代”，旅游企业经营者开始根据人口分布的特点、旅游者的兴趣和生活方式等对旅游消费者进行分类，依此提供恰当的旅游产品和服务。在销售过程中，“市场定位理论”逐渐得到推广，使得旅游企业在众多旅游消费者中树立了良好的形象。

进入 20 世纪 90 年代后，旅游企业能否满足旅游者的特殊需求和爱好，依然是决定经营成败的关键。旅游者对旅游产品和服务选择余地的扩大，使得旅游企业之间的竞争进一步加剧。旅游企业的经营者必须注重研究市场竞争、旅游者旅游动机及旅游企业在市场中的不同地位，采取“重新定位”或“渗透已确立的细分市场”的策略，以便在竞争中获胜。

进入 21 世纪，旅游市场营销又呈现出了一些新的特点与发展趋势。价值观念、行为准则乃至消费行为都具有一些新的特点，例如，全球化的视野、反权威的沟通方式、对环境的关注等，这在很大程度上也反映了一定的时代特征。旅游市场营销也因此代之以多元化的营销理念：关系营销、个性营销、绿色营销。

旅游业有其自身的特点，虽然旅游营销的观念比制造业和实物营销落后 10 ~ 20 年，但旅游市场的营销观念依然经历了传统、现代和创新三大发展阶段。

（一）传统观念阶段

旅游市场营销的传统观念主要分为以下三个时期。

1. 生产观念时期

生产观念是指导企业经营活动的最古老的观念之一，产生背景与条件为短缺经济、市场需求旺盛、卖方市场供应能力不足。核心思想是生产中心论，即重视产量与生产效率。典型口号是：企业生产什么就卖什么。古代的旅店、客栈、驿站等就是这种生产观念的反映，它们都提供简单的食宿服务。

现代仍然有一些旅游企业持有这种生产观念。这些企业认为只要能降低旅游产品的生产成本，就能利用价格优势和其他企业进行竞争，把顾客拉到自己的身边。

2. 产品观念时期

产品观念是与生产观念相类似的经营思想。产品观念认为，顾客喜欢高质量、多功能和有特色的旅游产品，只要产品好就会游客盈门。在产品导向型的旅游企业中，营销管理者过多地将注意力集中在企业现有的产品上，而将市场需求置于一边。

产品观念的症结在于过分地夸大了产品的作用，忽视了对市场需求的研究和与其他营销策略的配合。

3. 推销观念时期

推销观念认为，企业除了提供质量好的产品和服务外，还应组织人员主动出去推销，尤其是在科技发达和社会劳动生产率大大提高的今天，同类产品和服务的选择余地很多，替代性很强，因此更需要积极推销。

推销观念认为消费者不会因自身的需求与愿望来主动地购买商品，而必须在强烈的销售刺激的引导下才会采取购买行为。在推销观念的指导下，企业认为主要的任务是扩大销售，通过各种推销手段促使消费者购买产品与服务。因此，处于推销观念时期的企业注重运用推销术、广告术等手段来刺激消费者。

推销观念虽然反映了企业在市场中的积极进取的精神，但出发点依旧是企业和产品，仍然属于传统营销观念阶段。

(二)现代营销理念阶段

第二次世界大战后，产品供过于求的矛盾更加突出，传统经营观念的弊端越来越明显。人们开始对旧有的一些经营观念予以反省，促使了现代营销观念的加速形成。现代营销观念形成于20世纪50年代中期，可将其分为以下四个时期。

1. 市场营销观念时期

市场营销观念认为，企业经营管理的关键是正确确定目标市场，了解并满足这一客源市场的需求和欲望，并且比竞争对手更有效地提供客源市场所期望满足的服务。市场营销观念的形成是以卖方市场转为买方市场为背景的，在当今国际和国内旅游业竞争日趋激烈的大环境下，以顾客为中心的市场营销观念冲击着现代旅游业的经营者们。例如，“客人就是上帝”“宾客至上”和“您就是这里的主人”等营销思想，屡见于旅游业的宣传口号之中。总之，市场营销观念要求企业“提供你能够售出去的产品”，而不是“出售你能够提供的产品”。

2. 社会营销观念时期

所谓社会营销观念，是指企业在营销活动过程中必须承担起的社会责任。企业通过营销活动，充分有效地利用人力资源、自然资源，在满足消费者的需求、取得合理利润的同时，应保护环境，减少公害，维持一个健康、和谐的社会环境以不断提高人类的生活质量。社会营销观念要求企业的营销活动的目的不仅是追求利润最大化，而且要使企业担负起社会责任，即企业的营销活动要追求良好的社会效益。

社会营销观念是20世纪70年代后基于现代环境、能源、人口等世界性问题日益严重的形势而提出来的。该观念认为，旅游业的经济效益必须与全社会、全人类的利益紧密联系在一起。由旅游开发和发展所引起的资源破坏和环境污染不能等闲视之，旅游景区因人满为患而产生的垃圾污染、空气污染、社会环境污染等综合性的污染必须引起高度重视并加强整治。旅游饭店也是如此，例如，过去一直用普通的塑料洗衣袋，方便、成本低，用过即扔，对酒店有利，但对社会不利。因此，发达国家已采用棉麻材料的洗衣袋，可重复循环使用，其出发点是基于对社会公益的考虑。

3. 大市场营销观念

大市场营销观念是20世纪80年代以来市场营销观念的新发展。它是指导企业在封闭市场中开展市场营销的一种新的营销战略思想，其核心内容是强调企业的市场营销既要有效地适应外部环境，又要能够在某些方面发挥主观能动作用，使外部环境朝着有利于企业的方向发展。

大市场营销观念与一般营销观念相比，具有以下两个特点：第一，大市场营销观念打破了“可控制要素(4Ps)”和“非可控制要素(6Ps)”之间的分界线，强调企业营销活动可以对环境产生重要的影响，使环境朝着有利于实现企业目标的方向发展；第二，大市场营销观念强调必须处理好多方面的关系，才能成功地开展常规的市场营销，从而扩大企业市场营销的范围。

4. 关系营销观念

关系营销(Relationship Marketing)是从“大市场营销”的概念衍生、发展而来的。它是指在营销过程中，企业还要与消费者、竞争者、分销商、供应商、政府机构和公众等发生交互作用的营销过程，它的结构包括外部消费者市场、内在市场、竞争者市场、分销商市场等，核心是和自己有直接或间接营销关系的个人或集体保持良好的关系。关系营销以4C(消费者、成本、便利和沟通)理论为基础，以维护企业大关系为导向，关注提高顾客忠诚度，注重长期利益，通过互动式沟通，实现双方合作共赢。

(三)旅游市场营销理念的创新

1. 生态营销

第二次世界大战后，市场营销观念在资本主义国家的许多企业得到广泛应用，但是在实践中，有的企业片面强调满足市场需求，而忽视了企业本身的生产能力，结果往往生产出并不是自己所擅长的产品，从而导致社会资源不能达到有效配置。在此情况下，人们提出了企业必须以生态营销观念作为其指导思想。

生态营销观念是指任何一个旅游企业要与生物有机体一样，生产经营活动要同其生存环境相适应、相协调，既能满足旅游市场需求，又与自己的生产能力相适应。随着企业内外环境的变化，企业优势和市场需求也在不断变化，企业决策者必须在这两个变量中，不断判断、识别和确定自己的经营目标和所生产的产品。

2. 绿色营销

20 世纪 90 年代，联合国环境与发展会议通过了全球《21 世纪议程》，要求各国根据本国的情况，制订各自的可持续发展战略、计划和对策，一些国家纷纷推出以环保为主题的“绿色计划”，积极树立绿色营销观念。

绿色营销是指旅游企业以环境保护观念作为其经营思想，以绿色文化作为其价值观念，以消费者的绿色消费为中心和出发点，力求满足消费者的绿色消费需求。通过绿色营销活动，协调企业利益与保护环境之间的关系，使得发展既能满足当代人的需求，又不至于对后代的生存和发展构成威胁和危害，即实现社会经济的可持续发展。

3. 低碳营销

随着全球气候变暖，人们越来越关注碳排放量对环境造成的影响。2009 年 12 月的哥本哈根气候大会更是把这种关注推向了高潮，促进了低碳消费和低碳经济的兴起，低碳营销正是在环境形势日益严峻和低碳经济逐渐形成的驱动下产生的。在“低碳经济”取代“高碳经济”的大背景下，从“高碳营销”转换到“低碳营销”是 21 世纪企业适应低碳经济时代的必然选择。

低碳营销是指旅游企业根据消费者的“低碳消费”需求，运用新能源、新材料和新技术生产“低碳产品”，并且以“低碳”的方式和手段去营销推广这些产品。

4. 网络营销

20 世纪 80 年代中期，随着数字技术的迅速普及，市场营销进入了一个新的时期。互联网的普及使旅游企业营销的理念与方式发生了根本性的变革，电子交易和网络营销思想深深植入企业营销管理层的意识中。现在，旅游企业纷纷建立自己的网站进行产品推介，运用电子商务平台实行网上预订、交易、结算等。

在线营销实现了企业与游客全天候、无空间障碍的实时互动营销，效率更高，双方成本更低，同时，由于顾客营销参与度高，推进了旅游产品的有效营销。

综上所述，传统的社会营销观念，强调了企业利益的最大化；而现代营销观念强调了消费者利益、企业利益与社会利益这三者的有机结合；而生态、绿色、低碳、网络的营销观念则是在此基础上，进一步强调生态环境利益，将保证生态环境利益看作前四者利益持久地得以保证的关键所在。四种新的营销观念关系密切，前者为后者的基础，后者为前者的改进和升华。

复习思考题

1. 名词解释：旅游市场营销。
2. 简答旅游市场构成的要素。
3. 简答旅游市场营销的演变过程。

项目实训

一、实训任务

旅游营销观念发展变化训练。

二、实训准备

联系一家旅游企业，准备好实训所需物品，进行人员分组，预习旅游营销观念发展变化的相关知识。

三、实训步骤

1. 选择并预约一家旅游企业，按时到达预约地点；
2. 由旅游企业营销经理介绍该企业的营销状况；
3. 学生分组讨论该企业属于哪一种营销观念，并如何确立正确的营销观念；
4. 作出实训报告。

项目二　分析旅游市场营销环境

☞ **知识目标**　1. 掌握旅游市场营销宏观环境的含义
2. 掌握旅游市场营销宏观环境构成因素
3. 掌握旅游市场营销微观环境的含义
4. 掌握旅游市场营销微观环境构成因素
5. 了解旅游市场营销环境各因素对旅游企业的影响
6. 掌握SWOT“机会——风险”分析法

☞ **技能目标**　1. 能运用SWOT分析法对旅游企业的旅游市场营销宏观环境进行分析
2. 能运用SWOT分析法对旅游企业的旅游市场营销微观环境进行分析

请同学们课后查阅相关资料，结合课堂老师讲解和引导的重点难点内容，通过实践调查旅游企业后对旅游企业市场营销环境进行详细分析并以小组讨论的形式完成以上学习任务。

成功案例展示

青岛奥帆中心以景区为核心的营销策略

一、背景分析

“青岛奥林匹克帆船中心”景区坐落于青岛市东部新区浮山湾畔，毗邻五四广场和东海路，内有著名景点“燕岛秋潮”，整个景区依山面海、风景优美。景区占地面积约45公顷，水域面积30公顷，总投资约100亿元人民币，是2008年第29届北京奥运会和13届残奥会帆船比赛场地。根据规划，奥运比赛的各种设施均可以实现“比赛功能”和“旅游功能”的快速、双向切换，赛时满足帆船比赛场馆各种需要，赛后为开放式休闲旅游度假区。景区不仅可以利用“世界一流，亚洲第一”帆船运动设施举办大型国际赛事，还能够依托海洋经典主题，构建特色旅游产品，将休闲度假与游艇、邮轮、会展、大型海上实景演艺、海上旅游、大型会议、婚庆等有机结合，将自身打造成以“中国崛起”“东方文化和神韵”为底蕴的东方休闲旅游基地。

奥帆中心作为一个奥运帆船的比赛场地，根据青岛市政府要求，赛后将被作为青岛的旅游景区进行开发利用。开发建设过程中，将运动员中心、奥运村、媒体中心等 7 个单体建筑改建成了酒店、餐饮、娱乐、游艇俱乐部等设施，并新建设了中国奥帆博物馆、海上演艺剧场等设施，最终将其建设成了一个典型的综合性旅游景区。

为实现公益性景区免费对市民开放，奥帆中心取消了旅游景区大门票，“蓝色畅想”海景演出为景区内唯一的以收取门票为主的商业化经营项目。在现在的旅游市场中，景区没有门票就意味着“以旅行社为核心的销售渠道”将无法从门票收入中分到利益。因此，除了自助游客外，很少有旅游团队进入园区进行参观、游览，就更谈不上游客的其他二次消费，也由此带来了大型海景演出等这些收费项目的市场推广困难等问题。

二、市场环境分析

1. 劣势与威胁分析

旅游供应链是旅游供应商提供旅游产品和服务，并直接交付或经由旅行社、旅游代理商间接交付给旅游者的链条，其中旅游供应商涵盖景区、住宿业、餐饮业、交通业、购物业、娱乐业等与旅游相关的行业。在传统模式下旅行社在旅游业内各企业之间担负着组织协调的工作起到了联系各组成部分的纽带作用。目前，我国旅游业的运作属于以旅行社为核心、各相关景区和旅游相关企业为节点而联结成的服务于游客的旅游供应链模式。

奥帆中心景区的演出项目并非旅游者必须消费项目，同时演出项目的品牌和艺术水准都需要相当长的培养期。因此，演出项目启动后客源明显不足。经过分析认为此结果的出现，正是该项目在供应链中过分依赖旅行社所导致的，因为以旅行社为核心的旅游供应链模式意味着旅游景区营销工作大都围绕旅行社展开，导致渠道单一、利益相关者利益冲突等一系列问题的产生，在新景区的旅游产品不具备强大吸引力的情况下，旅行社和导游人员很难说服终端的游客消费该项目。也就是说以旅行社为核心的营销手段很难发挥作用。并且，在如此复杂的信息传递和旧有供应链模式下，一旦旅行社遇到问题，就会导致项目营销的根本性失败。

2. 优势和机会分析

为解决原有旅游产品供应链模式带来的问题，青岛奥帆中心景区决定率先尝试建立以景区为核心的旅游供应链模式，由景区在旅游供应链中发挥主导作用。在这种思路下，原来由旅行社完成的“线路设计”工作改成由景区自己完成。2010 年 8 月，为做好青岛奥帆中心旅游项目“蓝色畅想大型海景秀”的营销工作，经广泛调研以及与其他景区反复商谈，在青岛市旅游局的大力支持下，由青岛奥帆中心牵头，推出了“青岛旅游一票通”系列旅游产品。

此举既可以迎合旅行社“卖线不卖点”的经营方式，又可以使景区直接面对游客、其他景区、旅游饭店、旅游交通等各利益相关者。在此基础上，青岛奥帆中心景区精心设计了“青岛旅游一票通”“您不能错过的 6 个最美青岛”等旅游产品。产品一经上市，就受到旅行社、导游人员、游客、电子商务平台以及政府部门的一致好评和广泛欢迎，市场效果和社会影响都大大超出了预期。

三、发展前景

青岛奥帆中心的旅游供应链新模式对于其自身的可持续发展意义重大。以青岛奥帆中心为核心进行了与协作景区、酒店、游客、政府部门，以及其他资源的协调。在协调过程中，各利益相关者的密切协作产生了强烈的持续性效果，如表 2-1 所示。

表 2-1　青岛奥帆中心与利益相关人的合作概况

利益相关人	协作条件	受益情况	反馈意见
协作景区	按照原批发价提供产品	带来客源，树立形象，淡季效果明显	积极参与，门票收入增长
酒店住宿	按照团队价格提供房间	入住率提高，淡季效果明显	积极参与
其他资源	提供代金券等优惠	客源增加	积极参与
政府	提供政策支持，冠名	政府更有作为	支持，并因此授予奥帆服务业突出贡献单位。
奥帆中心	提供让利，承担营销整合和宣传、销售工作	客源大幅度上升	拟推出系列产品
游客		低价游览更多景区，享受了整合产品的便捷	省钱、有文化味
旅行社	将一票通纳入行程单，并向组团地推介	省了自己整合的过程。可一次性向客人推介更多景区景点和消费项目	将更加积极推介

根据测算，奥帆中心年接待海内外游客量在 1100 万人次以上，年旅游总收入可以达到 25 亿元人民币。

（资料来源：根据以景区为核心的旅游供应链构建及旅游景区营销策略研究改编）

思考：

1. 青岛奥帆中心在旅游市场方面做了哪些方面的分析？
2. 你对青岛奥帆中心与利益相关人的合作模式有哪些看法？

任务一　认识旅游市场营销环境

现代企业是一个开放式的管理系统，它必须不断与外界物质、能量和信息进行转换，其经营活动与社会方方面面紧密联系着，必然受到外界各种环境的影响。与其他企业一样，旅游企业也是在一个动态的、复杂的环境中运行，是在各种宏观环境和微观环境不断变化的条件下开展经营活动的。分析旅游市场营销环境，就在于能够让旅游企业驾驭市场环境，充分利用环境机会，有效化解环境威胁，增强旅游市场营销战略、营销策略与环境的适应性。

一、旅游市场营销环境的含义

我们把影响和制约旅游企业市场营销活动的各种旅游企业内部和外部因素所组成的系统，称为旅游市场营销环境。旅游市场营销环境可分为旅游市场营销宏观环境和旅游市场营销微观环境两个子系统。旅游市场营销宏观环境是由各国或地区之间的政治法律制度、社会文化、人口和地理、经济以及科技等因素所构成；旅游市场微观环境由旅游资源供应者、旅游中间商、顾客群、竞争对手、社会公众以及旅游企业内部各部门相互协作等因素所构成。二者从不同角度、不同方面共同影响和制约旅游企业的经营管理和营销组合。

旅游市场营销宏观环境属于旅游企业不可控制因素，是一些大范围的社会约束力量。它对旅游企业的影响面很广，其变化既可以给旅游企业带来市场机会，造成营销的有利时机、条件；也可以给企业带来威胁、风险，造成营销的压力、障碍。当然，也可能对一些旅游企业没有任何的影响。

旅游市场微观环境受宏观环境的影响，直接影响着旅游企业的营销能力和效益。通常，旅游企业的营销努力越大、自我调节能力越强，受环境影响就越小。旅游市场营销微观环境又被称为企业或行业环境，是旅游企业可以控制的因素。

二、旅游市场营销环境的特点

旅游企业市场营销环境包含的内容既广泛又复杂，各因素之间又存在着交叉作用，因此它是一个多因素、多层次而且不断变化的综合体。主要有以下几个特点：

1. 客观性

旅游企业的全部营销活动都不可能脱离它所处的环境而发生，旅游企业只要从事市场营销活动，就会受到各种环境因素的影响和制约，因此旅游企业必须随时准备应付所面临的各种客观存在的外部环境的挑战并把握外部环境变化带来的机遇。

2. 差异性

旅游营销环境的差异性体现在两个方面。其一，不同的旅游企业受不同环境的影响。如不同的国家、民族、地区在人口、经济、社会文化、政治、自然环境等方面存在着广泛的差异，这些差异对旅游企业的影响显然不同。其二，即使是同样的一种环境因素对不同旅游企业的影响也不同。如日益高涨的环保要求，一方面限制了塑料生产企业塑料包装物的生产；另一方面又促进了生产环保产品的企业的大力发展。由于环境因素的差异性，旅游企业必须采取不同的营销策略才能应付和适应这种情况。

3. 相关性

旅游市场营销环境是一个多因素的集合体，各种因素之间存在着不同程度的关联性，彼此相互依存、相互作用、相互制约。例如一个国家的法律环境影响着该国的科技、经济的发展速度和方向，而科技和经济的发展又会引起政治经济体制的变革，进而促进某些法律、政策的相应变革。

4. 动态性

旅游市场营销环境在不断地发生变化，只是变化有快慢大小之分。例如科技、经济等因素的变化相对大而快，对企业营销活动的影响相对短暂且跳跃性大；而人口、社会文化、自然等因素的变化相对较慢较少，对企业营销的影响则相对长期而稳定。从总体上说，变化的速度呈加快趋势。因此，企业的营销活动必须适应环境的变化，并不断调整自己的营销策略。

5. 不可控性

旅游企业一般不可能控制环境因素及其变化，如旅游企业不可能随意改变一个国家的政治法律制度、人口增长以及社会文化习俗等。此外，各环境因素之间也常常存在矛盾，从而影响和制约旅游企业的营销活动，如消费者对家用电器的偏好会引发企业的生产行为，而电力紧张又制约消费者的消费。在这种情况下，旅游企业就不得不调整自己的营销策略，在可用的资源条件下开发节能产品。

6. 旅游企业对环境的能动性

强调旅游企业对环境的不可控制，并不意味着企业对于环境无能为力，只能被动地接受环境带来的各种影响。实际上，企业可以以各种不同的方式增强自身适应环境的能力，避免来自环境的威胁，在变化的环境中寻找新的机会，甚至在一定条件下改变环境。

三、分析旅游市场营销环境的目的

旅游市场营销环境的变化对旅游企业可能产生的影响主要有两种：一是指环境的变化导致旅游企业新市场机会的产生，即营销机会；二是指环境的变化对旅游企业形成新的威胁，即环境威胁。

在现实生活中，机会和威胁往往并存。有时，表面上看是环境威胁，实际蕴藏了新的发展机会，如能源危机引起了对新能源的需求；工业和生活垃圾的增加污染了环境，从而产生了对垃圾处理技术的需求等。营销者的任务就在于通过对营销环境的调研和分析，不失时机地抓住机会，减少威胁，制定对策，迎接挑战。

任务二　分析旅游市场营销宏观环境

旅游市场营销宏观环境是指影响旅游企业运营的外部大环境。它作为旅游企业的不可控制和不可影响的因素，对企业营销的成功与否起着重要作用。一般而言，在旅游市场营销中，宏观环境主要包括旅游企业所在区域的政治法律、经济、社会文化、科学技术、人口、自然等环境。

一、政治法律环境

政治法律环境是指那些对企业的经营行为产生强制或制约因素的各种法律、政府机构和压力集团。旅游企业的营销活动总要受到政治法律的规范、强制和约束。旅游企业的发展不仅与本国政治法律相关，而且与客源国的政治法律密切相关。政治往往通过法律来体现，与法律的相对稳定性相比，政治更具有多变性。政治环境指明了企业营销活动的方向，法律环境则规定了企业营销活动的行为准则。二者密切联系，共同作用于旅游企业的市场营销活动。

（一）政治局势

政治局势表明了旅游企业所在国家或地区的政治稳定状况。政局的稳定是关系到旅游企业能否开展营销活动的关键因素。它有利于发展和提高生产力水平，提高人均收入，为旅游企业创造良好的外部营销环境。旅游业受政局的影响比较大，旅游目的地如果发生了战争、暴乱、罢工或政权更替等政治事件，就会扰乱旅游业的正常发展，影响旅游者的出游行为。

突发事件会对旅游产生影响，而且这一变化是旅游业完全无法控制的。恶性突发事件会使旅游者取消预订或影响未来旅游者对目的地的信任度，从而影响区域旅游业。如2001年发生在美国的"911事件"，就使得其后一两年间去美国的游客锐减；2008年3月14日西藏拉萨事件，导致该地区旅游业受到很大影响。

（二）国家政策和相关法规

国家在不同的时期所制定的不同方针政策也会影响企业的营销活动。旅游消费的需求弹性较大，它不仅对价格敏感，而且对政策法规亦十分敏感。政府的法令条例，特别是有关旅游业的立法，对旅游市场需求的形成和实现具有不可忽视的调节作用。而这些法律或规定都在企业的控制范围之外，其调整变化将对旅游企业营销活动产生很大影响。2008年1月国家对黄金周休假制度进行了调整，调整后的制度对短线游市场会产生积极影响，而短期内对出境游等长线产品无疑会有一定的负面影响，但如果国家能实施强制性的带薪休假，对旅游业持续、健康发展将十分有利。交通运输条款的规定也会对旅游需求产生作用。我国铁路客运票价、航空票价对旅游的影响显而易见。此外，旅游娱乐购买税和扣除额的变化对旅游者的购买行为会产生更大的影响，从而影响到旅游企业的营销活动。

政府出国旅游签证政策直接影响到出境旅游。简单的入关手续可以吸引更多的国外旅游者；反之，复杂的入关手续会使相当多的潜在旅游者望而却步。据了解，为了促进本国的旅游业，许多国家对入境旅游者购物消费采取了退税的优惠政策，以鼓励游客多多购买商品。

国家旅游部门和其他政府部门还会对旅游服务的质量和标准进行一定程度的控制。例如规定企业应怎样做，什么样的产品才算合格等，都直接影响着服务和产品的营销方法。政府的态度会对旅游企业产生一定的影响，应协调保护并充分利用自然环境与历史文化旅游资源之间的关系。

（三）国际关系

国际关系是指国家在政治、经济、军事、文化等方面的关系，旅游企业，尤其是从事国际旅游业务经营的旅游企业对国家之间的关系更应引起高度关注。两国之间的外交关系也明显影响两国互送旅游客源。自尼克松总统访华以后，美国骤然兴起旅华热潮，这一方面是由于名人效应，但更重要的是这次访华预示着中美两国关系的和解，从而激发了美国人民的旅华动机。反之，如果两国之间的关系紧张，则必然导致两国间旅游客源数量的锐减。因此如果两国之间保持着良好的关系，就会为旅游企业的营销活动创造有利条件。

二、经济环境

经济环境包括那些能够影响旅游者购买力和消费方式的因素。其运行状况及发展趋势会对旅游企业营销活动产生直接或间接影响。如当宏观经济处于衰退期时，购买者的收入水平一般会有不同程度的下降，这就不可避免地限制了人们的外出旅游活动。如果宏观经济中出现了较高水平的通货膨胀，那么购买者的实际收入也会有所下降，最终限制了出游活动。从宏观上分析经济环境时，要着重分析以下经济因素：

（一）国民生产总值（GDP）

国民生产总值是反映国民经济发展的综合指标。人均国民生产总值反映出一个国家人民的富裕程度。有研究指出，一般来说，人均 GDP 达到 300 美元就会兴起国内旅游；人均 GDP 达到 1000 美元，就会有出境旅游的需求；当人均 GDP 达到 1500 美元时，旅游增长速度更为迅速，美国就因为较高的人均 GDP 而成为世界上最大的旅游客源国之一。日本人均 GDP 在 3 万美元以上，成为亚洲最大的旅游客源国之一。随着我国经济水平的不断提高，人均 GDP 也已获得了成倍的增长，国内旅游有了较快的发展，出境旅游在近几年也有了很大的发展。

（二）个人可自由支配收入

消费者对旅游产品的购买力主要取决于其收入。但消费者不会将所有的收入都用来购买旅游产品。因此消费者个人实际可自由支配收入，才是决定旅游购买者购买能力的决定性因素。据统计，在经济发达国家中每个国民的旅游支出约占个人收入的 1/4。因此，个人收入是衡量当地市场容量、反映购买力高低的重要尺度。一般来说，在旅游过程中高收入的旅游者往往比低收入的旅游者平均逗留时间长、花费高。不同收入的旅游者在旅游中选择参加的活动类型、购买的旅游产品也有很大的差别。

（三）通货膨胀和外贸收支

政府治理国家时，往往要追求四项指标：经济发展、物价稳定、失业减少、收支平衡。价格与外贸收支平衡严重影响着人们的购买力。国际贸易是各国争取外汇收入的主要途径，而外汇的获得又决定一国的国际收支状况。当一国外贸收支出现逆差时，不但会造成本国货币贬值，使出国旅游价格上涨，而且旅游客源国政府还会采取以鼓励国内旅游来代替国际旅游的紧缩政策。相反，当外贸收支出现大幅度顺差时，则本国货币升值，出国旅游价格降低，而且旅游客源国还会放松甚至鼓励国民出国旅游并购买外国商品。

（四）消费结构

消费结构是指消费者在各种消费支出中的比例及相互关系，居民个人收入间存在着一个函数关系，而且在不同的国家和地区，个人收入与消费之间的函数关系是不同的。在西方经济学中常用恩格尔系数来反映这种变化。恩格尔系数说明，在一定的条件下，当家庭个人收入增加时，收入中用于食物支出部分的增长速度要小于用于教育、医疗、享受等方面支出的增长速度。食物开支占消费量的比重越大，恩格尔系数越高，生活水平越低；反之，食物开支占消费量的比重越小，恩格尔系数越低，生活水平越高。只有在生活水平较高的情况下，一般消费者才会产生购买旅游产品的需求。

三、社会文化环境

在旅游企业面临的各种环境中，文化环境是较为复杂的，它不像其他环境那样显而易见与易于理解，却又时刻影响着企业的市场营销活动。人类在某种社会生活，受家庭、相关群体、社会背景的影响，久而久之，必然会形成某种特定的文化，包括价值观念、教育水平、宗教信仰、审美观念、道德规范以及时代相传的风俗习惯等。文化影响造就和支配着人们的生活方式、消费结构、主导需求以及消费方式。

（一）社会地位

社会阶层是指一个社会中具有相对的同质性和持久性的群体，它们是按等级排列的，每一阶层的成员具有类似的价值观和行为方式，不同阶层的人的生活方式、消费行为、需求结构是截然不同的。

一般来讲，每一个社会阶层的成员都趋于制定相似的购买计划。例如，身份地位高的人常常会炫耀性消费，看重消费的象征性。因此他们在选择旅游团队时，会考虑其同伴的地位。

（二）文化

一个国家教育水平的高低反映消费者的文化素养，影响他们的消费结构、购买行为，从而影响企业的营销活动。教育水平高的国家，第一对旅游产品的需求较大，参与旅游活动的人数较多；第二旅游企业开展市场营销调研相对容易，其分销渠道较为完善，促销时可选择报刊、网络等多种媒体；对于教育水平低的国家，则须相应调整旅游市场营销策略。宗教信仰直接影响着人们的生活习惯和风俗喜好。不同的宗教有不同的文化倾向与戒律，从而影响着人们认识事物的方式、行为准则和价值观念，也影响到人们的消费行为及旅游市场营销。

风俗习惯是人们长期自发形成的习惯性的行为模式，是一个社会大多数人共同遵守的行为规范。风俗习惯遍及社会生活的各个方面，包括婚丧习俗、饮食习惯、节日习俗、商业习俗等。世界不同国家的风俗习惯千差万别，甚至在同一个国家里，不同的地区也有极不相同的习俗，从而对旅游企业的营销产生了极大影响。

（三）相关群体

相关群体是指能影响一个人的态度、行为和价值观的群体，如家庭、邻居、亲戚、朋友、同事、周围环境等。相关群体为个人的所思所想提供了“参考依据”。相关群体可以小到几个人的小组，大到成为一种文化团体，对人们的消费行为起着参谋指导作用。

相关群体对个人的影响方式十分微妙，一个人通常不知不觉地就与相关群体协调起来了，大多数人怎么做自己便怎么做，大多数人干什么自己便干什么。同时，一个人也会接受和同意本群体的行为，并避免犯规的风险。心理学家称其为“群体意识”或“羊群效应”。因此，相关群体也会影响到消费者购买产品的方式、内容、品牌等。比如年轻人结婚时，喜欢拍摄婚纱艺术照、拍录像，并在饭店办宴席，在从众心理驱使下，这成了时下多数城市青年的结婚模式。

（四）家庭

家庭是一个密切的社会单位，它影响着每个家庭成员做出的大部分决定。家庭有两种形式，即核心家庭与扩大家庭。一般来说，核心家庭中包括父母和未婚的子女，扩大家庭常常几代同堂，家庭规模较大。一般而言，一个国家的经济越落后，家庭规模越大；而经济越发达的国家或地区，人们越注重提高生活质量，家庭规模普遍较小。中国正从扩大家庭向核心家庭过渡，这将有利于家庭旅游的普及。

购买者的家庭成员对其购买行为的影响最强烈。每个人都会受到父母的教导和影响，如政治观念、经济观念、个人抱负、爱憎以及价值观等，而对一个人的购买行为更为直接的影响是来自其配偶和子女。家庭旅游的促销对象应该主要针对核心家庭。

分析目标旅游市场的社会文化环境，将有助于旅游企业制定适应社会文化环境的营销战略和策略。旅游市场营销人员无论在旅游产品设计、营销广告创意及营销方案决策时都必须了解和适应当地的社会文化，如目标市场的居民文化程度、相关群体影响、风俗习惯差异等。实际上，文化的影响遍及整个旅游市场经营活动，包括旅游产品、定价、促销、分销渠道等各个环节，而且市场营销者的工作本身也变成了文化的一个构成部分。能否适应当地文化是决定市场营销活动成败的关键因素之一。

四、科学技术环境

“科技是第一生产力”，科学技术环境对旅游业的发展有着深刻的影响。在旅游业中，科技主要应用在办公自动化、通信及数据处理等方面。

科学技术直接影响到旅游企业的产品开发、设计、销售和管理，作为旅游企业的营销者，需要考虑针对企业和旅游者两方面的技术因素。从企业的角度来看，科学技术的发展为旅游企业的市场营销提供了物质手段。近年来因特网(Internet)的推广使得旅游业的销售系统产生了重大变革。旅游销售的渠道变得更为直接、快捷。而运用新的科学技术有利于扩大企业竞争优势。许多企业认识到，科学技术在旅游业中的广泛运用，使旅游企业能够提供更多的满足旅游者消费需求的旅游设施和设备以及旅游产品和服务，从而不断增强竞争力。如现代酒店的高智能网络与结算体系、现代化的会议同声传译系统等。

从旅游者的角度来看，科学技术对旅游者的影响是巨大的。先进的室内娱乐系统如VCR、个人电脑、租赁电影等逐渐成了外出娱乐和旅游的替代品。家庭电器设备的发展缩短了家务劳动的必要时间，从而提供了更多的余暇外出旅游。而且，高技术的娱乐项目已经成为旅游者的旅游活动吸引物。闻名遐迩的迪斯尼乐园就是集光、声、电等多种高科技于一体的产物。这种富于梦幻、惊险刺激的娱乐产品一经产生，就会赢得许多人的青睐。

科学技术的发展使旅游设施日益现代化，为人们的旅游活动带来了便利，如交通、通信的发展将时空的距离缩短，使洲际旅游成为易事。电子问讯机的问世，使旅游者可以方便地在机场、酒店大堂、旅游问讯处等公共场所查询各种旅游信息。旅游酒店设施和设备的现代化为旅游者提供了便利。目前，国际上许多酒店在客房设置了电脑终端，使客人可以清楚地查询自己的消费情况，商务客人还可以通过电脑联网进行工作。

科学技术的发展，特别是旅游网络营销平台的出现，给旅游企业带来了新的优势，因此也导致旅游市场竞争更为激烈，网络的应用使旅游者获取信息的来源更为广泛，旅游需求变化速度进一步加快。“见异思迁”型的旅游者逐步增多，他们对旅游企业和旅游产品忠诚度大大降低。因此，旅游企业要时刻利用和把握先进的技术，以满足消费者的新需求和个性需求，提高自身的竞争优势，增强企业的整体实力。

五、人口环境

人口是构成市场的基本要素。旅游营销人员首先感兴趣的宏观环境因素便是人口环境。旅游市场就是由具有购买动机且有购买力的旅游者构成的。旅游者是旅游活动的主体，人口多说明市场具有较大的潜在容量。旅游企业在研究市场营销活动时，必须对人口因素进行统计分析，关注其特性与动态。

(一)人口数量

在收入接近的条件下，人口数量决定着市场容量，一般来说，人口数量与市场容量、消费需求成正比。在人们有购买力的条件下，人口越多，就意味着对旅游产品的需求越多，旅游市场的容量就越大。在同一经济水平发展的国家，人口的增加对旅游人次的增加起着一定的作用。但人口数量与具体商品的市场关系还必须视消费群体的特性而定。

（二）人口分布

人口分布是指人口在不同地区的密集程度。我国人口分布的总体格局是东南密、西北疏。城市人口较为集中，一些特大城市人口密度很大，广大农村则人口相对分散。受到自然地理条件和经济发展程度等多方面因素的影响，人口的地理分布不可能平均，不同地区人口的消费行为呈现出显著的地区差异。如中国人口集中、密度大的东南沿海和城市一般居民相较于人口分散的西部地区和农村居民来说具有较强的购买力。

（三）人口结构

人口结构包括人口的年龄结构、性别结构、职业结构、家庭结构、社会结构以及民族结构等。近年来，随着人口出生率的下降和老龄化的加剧以及传统家庭观念的改变，人口结构也出现了一些新的变化。

（四）年龄结构

年龄本身对旅游购买行为并没有实际意义，但年龄的差别往往意味着生理和心理状况、收入及旅游购买经验的差别。因此，不同年龄的旅游者在旅游产品、购买方式和购买时间等方面的选择上有很大差别。一般来讲，年轻人喜欢时髦、刺激性和冒险性较强、体力消耗较大的旅游活动；老年人则倾向于节奏舒缓、舒适并且体力消耗较小的旅游活动。但大多数老年人积蓄较多，同积蓄较少的年轻人相比，他们更倾向于选择豪华型的旅游产品。

（五）性别结构

性别对旅游购买行为的影响表现在两个方面：一方面，由于传统文化的影响，不同的性别角色在思维方式、行为方式等方面有不同的表现，并进一步导致了经济收入、处事能力方面的差异，这些因素都是他们选择旅游产品时各有特点的原因；另一方面，不同的性别角色还意味着生理、心理方面的不同。首先，男性和女性的感官如视觉、听觉及触觉等方面有某些差异，女性旅游者在旅游目的地的选择中，往往更注重旅游购物条件和安全条件；其次，男性和女性在体力上也有较大差异，男性往往比女性在体力上更充沛，活动速度更快，但体力恢复却较慢。因此不同性别的人在选择旅游项目时也有差别。

（六）职业结构

职业在很大程度上决定了一个人的收入水平，同时，职业也决定了一个人闲暇的多少。收入水平决定了一个人的购买能力，限制了旅游者购买旅游产品的种类、品牌、购买方式及购买数量。闲暇是限制旅游者购买的另一客观因素。有些职业具有较长的闲暇，如教师；同时，职业也决定了闲暇的分配，有的职业可能允许职工在冬季才有度假机会，有的就业者则只有夏季才有度假机会。所以，职业在一定程度上影响到旅游购买的时间性和旅游天数。职业本身也意味着购买者的工作性质和生活经历。不同职业的人由于工作性质不同，可能会选择不同的旅游产品。工作复杂程度高、人际交往频繁、工作任务重的就业者倾向于选择放松型的度假旅游。由于职业也代表一种生活经历，所以在旅游过程中旅游者有可能有意识地接触或回避接触与自己职业相关的当地居民，参加或避免与职业相关的旅游活动。

（七）家庭结构

家庭是购买和消费旅游产品的基本单位。家庭结构包括家庭的数量、家庭人口、家庭生命周期、家庭居住环境等，这些都与旅游产品的数量、结构密切相关。例如，我国家庭规模的小型化是一种趋势，家庭的这种变化引起旅游市场需要的相应变化，家庭旅游市场的需求呈上升趋势。在西方发达国家，无子女的年轻夫妇所组成的家庭越来越多，给众多的旅游企业如酒店业、航空业等提供了更多的获利机会，因为这种家庭一般拥有较为丰厚的收入，而没有子女又使得他们有较多的时间用于旅游和外出餐饮。家庭结构的这些变化给旅游企业的市场营销提供了机会。

（八）其他因素

其他因素包括人口的民族结构、健康状况、社会结构等都会对消费行为产生很大的影响。如健康状况，几乎任何一项旅游活动都需要消耗体力和精力，因此旅游者的身体健康状况成为旅游购买行为的直接影响因素。目前人口环境正在发生重大的变化，表现为：世界人口迅速增长；人口老龄化严重；发达国家的人口出生率下降；家庭结构发生变化；人口流动性大。旅游企业应依据这些变化调整旅游市场的营销方向。

六、自然环境

影响旅游发展的另一个主要因素是全人类越来越关注对自然环境的保护。环境意识的提高说明了旅游者逐渐不能接受环境遭到严重破坏的旅游景点。同时，许多边远地区脆弱的自然环境和原始文化环境，随着诸如生态旅游、探险旅游和绿色旅游等专项旅游的发展而受到影响。在旅游市场中，自然景观的承载力是脆弱的，须精打细算地充分利用。

不少人认为全球的自然环境正在变化。全球的气候变化导致了气温的升高与海平面的上升。一旦这些情况加重，将会对旅游业产生深远的影响，例如经营期的延长，一些海滨和冬季度假区存留的可能性以及新度假地的产生。显然这种可能性对于企业的一个星期、一个月或一年的工作计划来说意义并不大，但它会对许多长达几十年的大型娱乐投资决策产生影响。针对这种长远的情况，在产品决策上要有充分的灵活性和弹性。

自然灾害会对旅游业构成巨大威胁，如 2008 年初发生在我国南方的冰冻灾害；更加严重的是 2008 年 5 月 12 日发生在四川汶川的 8 级强烈地震，给中国带来了巨大的灾难，它对各行各业带来的负面影响目前还难以准确估计。

在环境保护方面，各国政府都扮演了积极的角色，随着在自然资源管理方面政府强有力的介入，旅游企业也应严格遵循政府有关环境的法律法规，积极参与环保事务，求得消费者利益、企业利益和社会利益的统一。

任务三　分析旅游市场营销微观环境

旅游市场营销微观环境是指存在于旅游企业周围并密切影响其营销活动的各种因素和条件，它影响着企业为目标市场服务的能力。旅游市场营销工作的成败，不仅取决于其能

否适应客观环境的变化，而且取决于其能否适应和影响微观环境的变化。

一、旅游市场营销微观环境的构成因素

旅游市场营销微观环境主要由旅游供应商、旅游中间商、顾客群、竞争者、社会公众以及企业(酒店)内部各部门等因素构成。

(一)旅游供应商

旅游供应商是向旅游企业及其竞争对手提供生产旅游产品所需各种资源的企业或个人。其所提供的资源既是旅游企业进行正常运行的保障，也是向市场提供旅游产品的基础。旅游市场营销工作很重要的一个方面就是保持与旅游供应商的联系，在旅游资源供应的任何一个环节上都不能放松。因为旅游产品的综合性决定了它的脆弱性，一环受损会造成全盘皆散。

把握旅游资源供应环境，不仅有助于保证货源质量，而且有助于降低成本。掌握供应商品的价格变化情况并尽可能加以控制，使综合报价中利润的构成达到最大限度。目前许多旅游企业采用“定点”制，使吃、住、行、游、购、娱形成一条龙服务，既相互提供客源，又相互优惠，收效颇佳。

(二)旅游中间商

旅游中间商是处于旅游生产者和旅游者之间，参与旅游产品或商品的流通业务，促使买卖行为发生和实现的组织或个人。它是生产者与消费者之间的纽带和桥梁，起着调节生产与消费矛盾的重要作用。它包括经销商、代理商、批发商、零售商、交通运输公司、营销服务机构和金融中间商等。旅游中间商的存在对旅游企业开展营销活动起着重要作用。一方面中间商掌握大量的旅游产品供求信息，能给现实和潜在的旅游者提供最有价值的信息，帮助旅游者选择最理想的旅游产品；另一方面他们能够为旅游生产企业反馈大量信息和改进意见，提高信息效用。

旅游中间商在营销活动中的地位很重要，它会在多个环节中出现。如某旅行社的外联人员联系业务时可从谈成的业务中提成，在旅行社与旅游者之间他扮演的是中间商的角色；旅游者最终确定的目的地是外省的某一景点，此旅行社就会与外省某一旅行社联系，由当地那家旅行社提供地陪，全权负责当地游览，此旅行社派一名全陪监督。在这个过程中这家旅行社即充当了中间商的身份。在整个旅游活动过程中，中间商出现了两次。因此旅游营销活动一定要审慎选择好中间商。在选择过程中，要注意中间商的素质、劳务费用、履行职责效果和对中间商的可控程度。

(三)顾客群

旅游企业的营销活动是以顾客需要为中心而展开的，顾客群是影响旅游营销活动最基本、最直接的环境因素。旅游市场顾客群主要包括个体购买者和公司购买者。

1. 个体购买者

个体购买者是为了满足个人或家庭的物质需要和精神需要而购买旅游产品的购买者，这类顾客群是旅游产品和服务的直接消费者，包括观光旅游者、度假旅游者、商务旅游者、会议旅游者等，其旅游目的是为了满足个人或家庭的物质和精神需要，这种顾客一般属于散客。个体购买者的特点主要是人多面广，需求差异大，购买频率较高，购买流动性较大。随着旅游消费者成熟度的增强，越来越多的人以自助游的形式出游，所以个体购买

者的数量正与日俱增。旅游市场营销活动要根据不同个体购买者消费行为的特点，针对性地设计不同档次、类别、特色的旅游产品，以适应不同层次消费者的需求。

个体购买者的特点主要是数量小，涉及面广，购买商品主要以个人兴趣为动机，购买能力相对有限，大多缺少旅游产品的专门知识，购买行为具有很大程度的诱导性。消费者旅游行为的产生与个人特点、社会影响及环境的关联很大。

旅游市场营销活动要根据个体购买者消费行为的特点，把旅游产品设计为各种档次、各种类别、各种特色，以适应不同层次消费者的需求。

2. 公司购买者

公司购买者是指为开展业务或奖励员工而购买旅游产品和服务的企业或机关团体组织。公司购买者应是旅游市场营销的重要目标市场。公司购买者数量虽少，但购买的规模却比较大。如单位在宾馆会议室召集所属下级单位开会用餐，一次性购买量就比散客大很多。另外，公司购买者对旅游产品的需求不像个体购买者那样容易受到价格变动的影响，由于这笔购买费用由公司支出，所以价格变动不会在很大程度上影响公司购买者对旅游产品的需求，其价格弹性一般较小。在这种情况下，旅游企业所获利润比较可观。

公司购买行为是一种专家购买行为，在公司内部一般都有专门从事旅游产品购买的部门和专业人员，他们具有专业化的旅游知识，对于旅游产品有深刻的了解和认识，不像个体购买者那样易受诱导。经营公司旅游，一定要注重旅游产品的质量，质量的好坏决定了活动组织的成败。营销时要注重对旅游产品质量、档次的强调。

（四）竞争者

每个企业都面临四种类型的竞争者，即愿望竞争者、一般竞争者、产品形式竞争者和品牌竞争者。对于旅游企业而言，愿望竞争者是指提供不同产品以满足不同需求的竞争者。如消费者有带薪假期，他想游山玩水，或在家休息，他目前的愿望对旅游企业来说，就是“愿望竞争者”。如何使消费者选择出游而不是在家待着，这就是一种竞争关系。一般竞争者是指提供能够满足同一种需求但不同产品的竞争者。例如，飞机、火车、汽车都可作为出游工具，这三种交通工具的经营者之间必定存在着一种竞争关系，它们也就相互成为各自的竞争者。产品形式竞争者是指生产不同规格、档次产品的竞争者。如消费者选择旅游团队的档次是豪华还是标准。品牌竞争者是指产品规格、档次相同，但品牌不同的竞争者。如消费者入住宾馆是选择王府井饭店还是长城饭店。显然，后两类竞争者是同行业的竞争者。旅游企业必须认清形势，明确并关注竞争对手，并设法建立竞争优势，保持对本企业的信赖和忠诚。

（五）社会公众

社会公众是旅游企业营销微观环境的重要因素，对旅游营销活动的成败具有实际的或潜在的影响。企业的生存和发展依赖于良好的公众关系和社会环境，“得道多助，失道寡助”。

旅游营销活动所面临的社会公众主要包括：

①金融公众。即那些关心和影响企业取得资金能力的集团，包括银行、投资公司、证券公司、保险公司等，它们对企业的融资能力有重要的影响。

②媒介公众。主要是指报纸、杂志、广播和电视等，它们能帮助企业实现与外界的联系。旅游企业与媒介的良好关系能扩大企业和产品的知名度和影响力。

③政府公众。即负责管理旅游企业的业务和经营活动的有关政府机构和企业的主管部门。旅游企业在制订营销计划时要考虑政府公众的影响，时刻关注政府政策、措施的变化。

④公民行动公众。包括保护消费者利益的组织、环境保护组织等，它们有权对旅游企业营销活动提出质询，并要求企业采取相应措施。

⑤社区公众。即企业附近居民和社区组织，它们对企业的态度直接影响企业的营销活动。旅游企业要与地方社区公众保持经常的联系，积极参与社区事务，赢得地方公众的好感与合作。

⑥内部公众。即旅游企业内部全体员工。董事长、经理、管理人员和一般员工都属于企业的内部公众。处理好与企业内部公众的关系是企业搞好外部公众关系的前提。

⑦一般公众。即普通公众，他们不购买旅游产品，但深刻影响消费者对企业及其产品的看法。企业在普通公众中的形象会影响到消费者的行动。

对旅游企业而言，不同类型的公众对其影响是不同的，旅游企业应努力采取措施，保持同各类公众的合作关系，树立其良好形象，以保证旅游企业营销活动的顺利开展。

（六）企业内部各部门

旅游营销是各职能部门、各环节、各岗位之间分工协作、权力分配、责任承担、利益和风险分享的系统运作行为。它需要决策机构、指挥机构、开发机构、执行与反馈机构、监督与保证机构、参谋机构共同参与和协作配合。

为使旅游企业的业务得以顺利开展，不仅营销部门的专职人员需要尽职尽责、通力合作，更重要的是必须取得其他部门、高级管理层的协调一致。总之，只有各部门各司其职、各负其责、各尽其用，旅游企业才具有整体性、系统性、互补性；只要各部门齐心协力，再加上训练有素的营销人员，旅游营销活动就一定能够取得成功。

二、旅游市场营销环境 SWOT 分析

旅游市场营销活动中一般运用 SWOT 分析法对旅游市场营销环境进行全面分析。SWOT，即企业自身的优势（Strengths）、企业自身的劣势（Weaknesses）、企业外部的机会（Opportunities）和企业面临的外部威胁（Threats）。其中，优势－劣势的组合（SW）分析是内部环境分析的重心，机会－威胁的组合（OT）分析是外部环境分析的焦点，而旅游市场营销战略的选择则取决于 SWOT 分析的结果。

（一）旅游营销环境优势－劣势（SW）分析

旅游营销环境的优势－劣势分析即对旅游营销资源的拥有及相对丰度的分析。一般来说，旅游企业营销资源可分为有形资源和无形资源两大类。有形资源主要包括企业人力、财力和物力等，是旅游企业开展营销活动，进行营销决策的基础；无形资源则包括技术、时间、信息、企业文化等，是企业营销活动的助推器。

旅游企业进行 SW 分析的目的是通过对企业市场、财务、运作及人力资源等方面的分析，充分挖掘企业的营利机会，使企业的优势得以发挥，同时规避阻碍企业运营的不利因素，在内、外环境平衡的基础上确定企业营销战略和决策方案，实现企业的经营目标。

（二）旅游营销环境机会－威胁（OT）分析

旅游市场营销机会是指对旅游企业发展产生促进作用的各种条件。旅游企业如果能在

特定的市场环境中把握机会，就可能获得较高的成功概率，也可能因此而超越竞争者，获得较大的差别优势。如2008年奥运会将在北京举办，中国多家旅游企业成为其指定接待单位，而那些没有获得奥运接待机会的企业就在该竞争中陷入了被动的局面。

旅游市场营销威胁则是指对企业发展产生不利影响的因素。这些因素涉及面很广，如国家的重大决策以及一些不可预知的灾害或事件等都会对相关旅游企业产生较大的冲击。

旅游企业进行SWOT分析的目的是通过正确认识机会和威胁对旅游企业影响程度，做出合理的战略选择，争取在竞争中赢得优势，取得突破性的发展。

复习思考题

1. 简答旅游市场营销宏观环境、微观环境的含义。
2. 简述旅游市场营销宏观环境构成因素有哪些？
3. 简述旅游市场营销微观环境构成因素有哪些？
4. 利用SWOT分析法分析当今国内旅游市场营销环境。

项目实训

一、实训任务

旅游市场营销环境分析。

二、实训准备

联系学院电子阅览室，预定小组查阅资料时间；联系一家旅游企业；准备好实训所需物品，进行人员分组，预习旅游市场营销环境的相关知识。

三、实训步骤

1. 按时到达预约电子阅览室；
2. 由指导老师指导学生查阅国际、国内旅游市场营销宏观环境内容；
3. 按时到达预约旅游企业；
4. 由企业办公室人员带领认知企业旅游市场营销微观环境；
5. 学生分组利用SWOT分析法分析讨论该企业面临的旅游市场营销环境；
6. 作出实训报告。

项目三　分析旅游消费者购买行为

☞ **知识目标**　1. 掌握旅游消费者行为的含义
2. 了解旅游消费者的分类
3. 掌握旅游个人消费者的购买决策过程及影响因素
4. 掌握旅游组织机构消费者购买决策过程及影响因素

☞ **技能目标**　1. 能够分析旅游消费者的旅游动机
2. 能够分析旅游消费者的旅游购买行为
3. 能够分析旅游消费者的旅游购买决策过程
4. 能够分析组织机构旅游消费者的购买决策过程

成功案例展示

揭秘：如何向 Airbnb 和 Uber 学习出色的营销

Airbnb 和 Uber 这两年在全球范围内迅速扩张，它们也会经常被放在一起比较。一方面是因为他们在共享经济上探索出了较为成熟的模式，另一方面得益于它们在全球范围内出色的营销。

Airbnb 的创始人说，“10 个人爱你，好过 100 个人有点喜欢你”。Airbnb 和 Uber 都在做这件事情，不盲目拉新，而是用心运营每一个用户，而用户一方，则形成忠粉，甘当自来水，为二者的良好口碑遍地发声，终于得到好评如潮的品牌形象。

本文试图探索 Airbnb、Uber 在营销方面上的成功。或许我们可以从这些案例中发现，它们的共性，找到一些灵感。

首先，我们为什么要把这两家公司放在一起聊？

二者都是共享经济平台，都是追求生活品质的消费，所以在用户群体上有很大的相似程度。他们要求用户对陌生人有足够的信任，所以用户往往具有一些先锋和实验精神，不会固守常规，敢于尝试新鲜的事物。这样的人往往也很容易被创意和情怀打动。

其次，Uber 是建立在追求更好的通勤体验，而放弃廉价的公共交通这样的消费理念之下，而 Airbnb 则是非传统旅行产品，要求用户有钱有闲，还需要独立的策划能力。这两点

就决定 Airbnb 和 Uber 的用户层次较高，需要一定的消费水平、对生活质量有所追求、有独立意识。

相同的营销卖点：他们寻求的跨界营销，并不单纯追求用户数和交易额。促销成为常规玩法，但并不是亮点，二者得到广泛认可的都是在创意和情感上的突破。诞生于互联网的企业，也热衷于互联网的营销方式，社交网络、热点追踪、不断出现的 Campaign 都增加了他们的持续曝光量。另外，对用户的粉丝营销，培养产品绝对的忠实粉丝是他们格外看重的事情。

那么，我们通过他们的营销案例究竟能学到什么？

倡导生活方式，实现平台的价值输出

为什么要选择 Uber 不用神州租车？为什么用 Airbnb 不用大型 OTA 网站。很大程度上是你认可这个平台的调性。互联网的快速迭代，迫切要求平台在建立之初就形成鲜明的调性，强势输出价值。让用户找到除产品、服务之外可以信任你的理由。

Airbnb 始终在探讨一个话题就是：人与人之间的关系。本世纪的信任危机、互联网的虚假消息都会让用户对新产品有所恐惧。Airbnb 在说故事的时候，将房东包装成为你旅行过程中会遇到的本地朋友，在说一个地方最吸引的是和当地人的相处。这不但戳中用户渴望人际交往、渴望融入当地社会的心情，同时也解决了共享经济模式下，要求用户充分信任对方。

要实现 Airbnb 模式的前提就是信任，而信任恰好又是这个时代用户关心的话题，那么 Airbnb 为什么不在营销过程中将这一点讲得透透的呢。并且，讲好了"人与人之间的关系"才能为 Airbnb 在后期建立起高黏性、有质量的用户社区。

在 Airbnb 猛打情怀牌的时候，Uber 的调性则是有趣和惊喜。Uber 不只是一个叫车软件，是生活方式的代表，不断策划营销活动，弱化 Uber 的单一功能性。

在戛纳电影节，Uber 推出了一键呼叫直升机送客的活动。价格大约 180 美元。首先利用戛纳电影节这一热点，可以让用户看到 Uber 所能涉及领域可以广阔到电影、艺术。利用直升机这一交通工具，则可以看到 Uber 对本身平台的高端定位，也出乎用户的想象力。

了解用户心之所向，利用合适的热点话题，与用户建立心理共鸣。

屏幕的隔阂很容易让互联网产品变得冰冷。而 Uber 和 Airbnb 却能够让产品做得有温度。在营销上，如果拼价格、做促销、愁拉新会让产品透露出互联网的急躁和逐利。而Uber和Airbnb在营销上极少拿钱说事儿，说得都是用户关心的话题。

在巴黎发生恐怖袭击之后，Airbnb号召在巴黎的房东们免费打开房门让那些受到事件影响的人们住进去。打开网页，Airbnb承诺，在13～17日期间，所有受到此次事件影响而产生的服务费用都将免费提供。

房东们可以选择免费提供自己的房屋，房客们则可以选择入住，下方有20页可供选择的房间，基本都是免费的。这甚至不被看作是一次营销事件，而是企业良心的体现。可以说Airbnb对这次事件的响应非常出色，不仅拿出态度，而是真正做出有实质意义的行动。

Uber则会关注到用户的不同需求领域，结合产品策划相应的活动。天气、节日、流行文化、职业发展、同情心，用“一键呼叫”顾忌到各个版块。

上海发生暴雨，Uber反应极其迅速，将附近的车辆图标改成了“船”，为上海人民量身订制了一键叫船。天气是一个城市中所有人都关心的问题，也是所有人都能感知到的问题，它没有任何的局限性，这个案例让Uber在当天迅速刷屏，并且赢得了一片叫好。它不仅仅是改变了图标这么简单，而是拉近了与上海人民的情感距离。

找到最契合的品牌是进行跨界营销，触达更精准的人群。

跨界营销的好处是，双方平台同时卖力吆喝，影响力迅速扩大。同时只要选择对了正确的合作方，对自己的调性是一个极为有力的提升。Uber和Airbnb都是跨界营销当中的佼佼者，堪称教科书级别。

麦当劳、淘宝、Olay、HBO、在行、梦龙，但是在2015年，Uber所尝试的跨界营销都可以这么一直罗列下去。根据不同的城市，找到最接地气的“合作方”。不断拓宽一键呼叫的范围。

2015年8月22～23日，Uber与淘宝共同打造了一个线下场景——移动试衣间。在杭州、成都、广州三地Uber用户可一键呼叫体验神秘专业人士的一对一换装搭配指导和全新造型打造。这次活动Uber可以借助淘宝在中国强大的用户基数，实现品牌的曝光，也可以丰富Uber想要塑造便捷生活体验的品牌理念，而淘宝作为电商平台进入线下，给了用于一个试衣的体验，本身也极具备话题性。

跨界合作像Uber这样做，就是真正做到了双赢，是共同构建一个新的情景体验。即使只是短暂性的一刻，但它们可以在不同的领域进行尝试，兼具实验性和趣味性。

相比Uber注重营销与产品的结合，Airbnb的跨界营销玩儿的花样可以更多。Airbnb强调情怀、格调，所以它们会在选择品牌商时独辟蹊径。

2014年Airbnb和伦敦水石书店合作，用户可以在水石书店过夜，休息时可以随意翻阅想看的书。在书店过夜这个浪漫的想法会让人自然联想到迷惘的一代在巴黎莎士比亚书店二楼借宿的经历，垮掉的一代与城市之光书店的渊源。Airbnb与书店合作符合自己用户的文艺气质，同时也极为聪明地勾起了用户对文化思想碰撞的黄金时代的回忆。对Airbnb自身调性来说，是一次强化和提升，也让用户把Airbnb这个品牌和文化联系起来。

有特色的系列营销，就像是追连续剧

系列营销的关键在于可以产生持续性的效应，可以不断的复制。用户熟知度高，可以轻松卷入。在系列营销中建立起品牌标志性的营销手段。上文提到Uber在2015年和大量

的品牌进行了合作，而这些合作都采用了同一个模式：一键呼叫。几乎 Uber 所有的营销案例中都包含了“一键呼叫”这个关键词。一键呼叫直升机、一键呼叫佟大为、一键呼叫铁王座、一键呼叫冰淇淋、一键呼叫 CEO、一键呼叫萌宠。而一键呼叫又是 Uber 产品中最直接的功能。

一旦用户卷入进来，就会对 Uber 接下来又将呼叫什么感到好奇。而“一键呼叫”这次几乎以洗脑的形式出现，成为它最大的特色。对呼叫的内容没有限制，脑洞大开，只要想玩儿了可以随时和热点结合。生活以内、想象力以外的所有的东西都可以得到。

Airbnb 的招牌项目则是“奇屋一夜”(Alighting)。包括上文提到的水石书店，Airbnb 还将“过夜”的概念搬到了宜家、喷气式飞机、巴黎老佛爷百货、球场等地。只要是颠覆传统住宿环境的地方，都可以是 Airbnrb 开展奇屋一夜的场所。

2015 年 12 月 14 日，Airbnb 在东方明珠旋转餐厅，利用玻璃帷幕特殊投影技术，打造了一个包含纽约、伦敦和东京三个不同城市风格的屋子，并邀请国际超模刘雯作为房东。对于地点的想象力可以让 Airbnb 的这个活动持续的开展下去，而不断刷新的住宿体验，会让用户对城市、对旅行、对住宿环境都产生无限的向往。

不单单只是工具，要有内容，才有独特性，才有黏性。

互联网创业公司，越来越注重内容的输出。内容包含了品牌的价值，也可以在更多领域造成影响力。就 Uber 和 Airbnb 这两家公司来说，前者模块功能简单的叫车服务，后者是旅行相关的低频产品，所以内容就是他们区别于其他竞争对手，提高用户黏性的必胜法宝。

Airbnb 早期，依靠房东和旅行者的故事，进行价值输出，而发展到现在，它对内容有了更高的要求。

今年夏天，Uber 在中国，与一条、VICE、TMagazine、理想家杂志、单向街书店等多家媒体合作。邀请媒体结合自己平台特色创建 Airbnb 心愿单，并为此写稿撰文。从选择的媒体上来看，Airbnb 精确得定位自己的用户：年轻、文艺、有一定的消费能力。从传播上来看，借助其他的平台属性，对自己平台的房源进行了营销。而 Airbnb 自身则获得多个有独特性，可以反复利用的心愿单。

Uber 则是依靠营销上的话题为自己制造内容。拿中国地区举例，Uber 的内容从来不用自己写，一旦出现负面消息，舆论都是一边倒地支持。所以 Uber 在内容营销这方面从来都是轻松的。信息量、多元性他们全都不考虑，只要拿出态度，一大片自来水就会帮他们传播。神州租车之后，微博和朋友圈会自发出现一些支持 Uber 的声音，“出行首优步X，次选人民优步，如果是神州租车，另可不出门。”其中不乏一些 KOL。

Uber 在全球面临着合法化的困境，Airbnb 则是安全的担忧，两家公司虽然扩展过程中困难重重，但是营销却做得风声水气。从二者的营销策略上来看，有一个贯穿始终的则是用户的卷入。营销过程中，用户的参与感是首位的，给用户制造惊喜，形成用户社区。所以才有口碑、所以才有忠诚度、所以才有自来水。

（资料来源：微信公众号品橙旅游）

思考：

1. Airbnb 在对待消费者市场上有哪些营销策略？
2. 通过阅读案例，结合熟悉的旅游企业，谈谈你还能想到哪些有效的营销方案。

任务一　认识旅游消费者购买行为

一、旅游消费者行为的含义

美国市场营销协会将消费者行为定义为：消费者行为是感知、认知以及环境的动态互动过程，是人类履行交易职能的行为基础。这里主要是强调影响消费者行为的因素。我们认为旅游消费者行为是旅游消费者为了满足旅游者需求，选择、咨询、决策、购买、享用和反馈旅游产品的一系列行为过程的总和。

二、旅游消费者购买行为的类型

按照不同的分类标准，旅游购买行为可以划分为不同的类型：

1. 按旅行购买决策单位

按照旅游购买决策单位可划分为个体消费者旅游购买行为和组织机构旅游购买行为。个体消费者购买行为是指以个人、家庭或者小群体为购买单位的旅游购买行为。个体消费者购买行为是为了进行最终消费，并不以转让牟利为目的。组织机构购买行为是为了满足较大规模组织的旅游消费，或者是为了盈利而产生的旅游购买行为，又分为一般组织机构的购买行为和旅游中间商的购买行为。

2. 按旅游者性格特点

根据旅游者性格特点的不同可划分为习惯型购买行为、理智型购买行为、经济型购买行为、冲动型购买行为、感情型购买行为、疑虑型购买行为和随意型购买行为七大类。

习惯型购买行为是指旅游消费者在购买旅游产品时，以往的购买经验和消费习惯使其购买行为呈现出反复性的特征，形成习惯型购买行为。

理智型购买行为是指旅游消费者在购买旅游产品之前，进行理性的分析，在搜集旅游产品信息、了解旅游市场行情、慎重权衡利弊之后做出的最终购买行为。

经济型购买行为是指旅游消费者对旅游产品的价格十分敏感的购买行为。这类旅游者特别重视旅游产品的价格，专爱选择价格较为低廉的旅游产品，他们往往善于发现别人不易察觉的旅游产品的价格差异。例如，许多学生旅游消费者由于受到收入水平的限制，往往选择在淡季出游，享受价格的优惠；此外，他们还非常关心如何安排线路以及利用他们的学生身份减少花费。

冲动型购买行为是指旅游消费者未经事先考虑，受现场情景激发而购买，以直观感觉为主，临时做出决定的购买行为。这种类型的旅游消费者往往在先天性格方面比较随意和感性，在旅游产品的购买过程中呈现出冲动购买的特征。

感情型购买行为是指旅游消费者根据情感的反应进行购买的购买行为，又称想象型。这类旅游者的购买行为大多属于情感的反应，以丰富的联想力来衡量旅游产品的意义。购买时，注意力容易转移，兴趣容易改变。

疑虑型购买行为是指旅游消费者在购买旅游产品前仔细考量，购买过后还疑心上当的购买行为。这类旅游者一般性格内向，言行谨慎、多疑，对营销人员抱有不信任感。例如，许多旅游消费者在旅游购物商店的购买行为明显呈现出疑虑型购买者的特征。

随意型购买行为是指旅游消费者在购买旅游产品时无固定偏爱，进行顺便购买或尝试购买的购买行为。这类旅游者或者缺乏购买经验，或者缺乏主见，心理尺度尚未稳定，既不苛求也不挑剔，购买行为也比较随便。

3. 按旅游者购买目标

根据旅游者购买目标的确定程度与决策行为的不同可划分为全确定型购买行为、半确定型购买行为、不确定型购买行为三种。

全确定型购买行为是指旅游消费者在购买行为发生之前，就已有明确的购买目标和具体要求（如旅游产品的类型、数量、价格），根据已经确定的目标和要求挑选旅游产品并毫不迟疑地进行购买的行为。这种旅游消费者通常不会花太多时间去选择旅游产品，也不太在意旅游营销人员的介绍和提示。例如，高端商务客人一般选择自己偏爱的某一品牌饭店。

半确定型购买行为是指旅游消费者对旅游产品有大致的购买意向，但具体目标和要求不明确。购买时，需要对同类旅游产品进行比较选择后才能做出购买决策的购买行为。这种情况下的旅游者一般需要搜集各方面的信息，来降低不太熟悉的旅游产品的购买风险。

不确定型购买行为是指旅游消费者没有明确和确定的购买目标，购买与否都是随意的、不确定的购买行为。一般旅游者在选择不太熟悉且价格较昂贵的旅游产品时，其购买行为往往表现为不确定型。因此，旅游营销人员需要研究潜在旅游消费者的心理特征，主动热情地做好宣传服务，尽量引起消费者对旅游产品的兴趣。

4. 按旅游消费者购买目的

根据旅游消费者的购买目的可划分为观光型购买行为、娱乐消遣型购买行为、文化知识型购买行为、公务型购买行为、家庭与个人事务型购买行为。

观光型购买行为是指旅游消费者以观光游览为主要目的，离开常住地外出进行旅游而导致的购买行为。

娱乐消遣型购买行为是指旅游消费者以通过娱乐、消遣来求得精神上的放松为主要目的，离开常住地外出旅游而导致的购买行为。

文化知识型购买行为指旅游消费者以获得精神文化的满足为主要目的，离开常住地外出参加文化旅游活动而导致的购买行为。

公务型购买行为是指旅游消费者以完成公务为主要目的，在一定时间内到外地出差，顺便参加旅游活动而导致的购买行为。

家庭与个人事务型购买行为是指旅游消费者出于探亲访友等家庭与个人事务而进行的购买行为。

三、旅游消费者行为研究的意义

1. 为研究旅游消费者行为提供激励手段

这有助于旅游企业更有效地开展旅游消费者行为分析，并以此作为营销策略转变的基础，落实“以旅游消费者为中心”的营销理念。

2. 鼓励测度影响旅游消费者购买行为的因素

影响旅游消费者购买行为的因素包括文化、亚文化、社会阶层、家庭、感觉、知觉、动机和个性偏好等诸多因素。这些因素对不同旅游消费者的购买行为的影响是不同的；即使是同一旅游消费者，随着时间的推移，这些因素的影响也会有所变化。因此，测度影响旅游消费者购买行为的因素是旅游消费者行为分析中很重要的一环。

3. 实施市场细分

企业细分市场是为了找到适合自己进入的目标市场，并根据目标市场旅游消费者需求的特点，制定有针对性的营销方案，使目标市场的旅游消费者的独特需要得到更充分的满足。旅游消费者行为研究为市场细分提供了知识基础。

4. 改善旅游产品定位

在旅游产品的开发和宣传过程中要使之具有在竞争中引人注目的特征，并使这些特征与特定细分市场的需要联系起来。

5. 在广告和个人销售中创造更多的选择性

当了解了旅游消费者行为的规律性时，就可以更多地强调选择性营销而不是整体营销，这样才可以满足旅游消费者多层次、差异化的需求。

6. 创造更有针对性的媒体和分销渠道

了解旅游消费者行为对于选择当前各种流行的专业杂志、商品目录、电话和互联，确定合适的专业旅游批发商和旅游零售商，都有重要意义。

7. 有助于旅游企业建立客户档案

旅游企业建立客户档案能记录下相关客户信息资料，以便在以后的相互接触与交往活动中提供辅助性信息，更好地为旅游消费者服务。对旅游者购买行为的分析，可以通过旅游消费者调研，搜集有关信息，可以建立较为完整的客户档案，有助于企业提供符合旅游消费者需求的产品，并能吸引更多的回头客。

旅游购买行为不仅包括旅游产品购买之前、购买过程之中，还包括购买旅游产品之后。例如，由于旅游产品具有明显的不可储存性，产品价格会随着时间的变化而变化，旅游消费者在购买旅游产品之后，很容易由于所购买旅游产品的价格变化而产生患得患失的心理。在旅游营销过程中，对于旅游消费者这类购后行为特征应该予以考虑，从而有针对性地展开相关的营销工作。

四、旅游消费者购买行为模式

研究消费者购买行为的理论学家曾设计了许多模式来研究和描述消费者进行购买行为决策的心理过程和影响购买行为的因素，其中较为科学且有代表性的一个模式是美国著名市场营销学家菲利普·科特勒在其《市场营销管理》一书中提出的刺激——反应模式。刺激分为两种：一种是营销刺激(营销 4P)，即企业可控因素的刺激，分别是产品(Product)、价格(Price)、地点(Place)、促销(Promotion)等因素；另一种是其他刺激，是企业不可控因素的刺激，包括经济、政治、文化、科学技术等因素。营销刺激与其他刺激一起构成了对消费者的外在刺激，它们共同作用以引起消费者的注意。消费者受到刺激而做出反应，期间还要经历一个过程，即具有一定特征的消费者个体购买动机形成，并产生购买行为的决策过程。购买者制定购买决策的心理过程及影响购买行为的因素是如何起作用的，这深藏在购买者的内心深处，如同“黑箱”一样，营销人员无法直接了解。

五、旅游消费者购买决策过程

旅游消费者的购买行为是由一系列环节、要素构成的完整过程，其中购买决策居于核心地位。在一定意义上，购买的过程就是旅游消费者不断进行决策的过程。事实上，旅游消费者购买决策过程早在实际购买以前就已经开始，而且一直延续到实际购买之后。旅游个体消费者与旅游组织消费者的购买决策过程从程序上大同小异，下面我们分别做一介绍。

旅游个体消费者典型的旅游购买决策过程一般可分为 5 个程序。

1. 认知需求

旅游购买者的需要一般是由来自内部和外部的两种刺激引起的，从而诱发购买动机。例如从电视、杂志上看到某景区广告而产生前往旅游的需求，进而产生购买欲望。所以，旅游企业应该了解旅游者产生了哪些需要，是由什么原因引起的，程度如何，然后，企业可以制定适当的市场营销策略，例如宣传产品特色，采用适当的时间、地点、价格激发消费者需求，用以满足消费、引导消费和扩大消费。

2. 搜集信息

当消费者对所要购买的物品比较熟悉，又易于购买时，这类需求很快就能得到满足。但在大多数情况下，旅游者对所要购买的产品不太熟悉，这时旅游者就会着手搜集有关信息作为决定购买的依据。旅游者信息来源主要有以下 4 个方面。

(1)个人来源

个人来源是指从家庭、朋友、邻居和其他熟人处获得信息。这类信息对消费者的影响力最大，消费者对其信任度最高。

（2）商业来源

商业来源是指从广告、推销员、零售商、展览会、产品说明书等方面得到信息。这种信息来源非常广泛，消费者的信息大部分来源于这些方面。

（3）公众来源

公众来源是指从报刊、电视等大众传播媒介的客观报道和消费者组织提供的有关信息上获得。这类信息往往有很强的导向作用。

（4）经验来源

旅游消费者从自己亲自接触、使用旅游产品的过程中得到信息。

在上述信息来源中，旅游企业要搞清楚旅游者获取信息的主要来源及其作用程度，从而能够及时、准确地利用各种手段，向目标市场有效地传递信息，千方百计地使本企业的产品和品牌包括在旅游者的考虑和选择范围之内，使旅游者最终购买本企业的旅游产品。

3. 判断选择

当旅游消费者从不同的渠道获取到一定的信息后，旅游者要进行旅游产品及品牌的比较和选择。一般来说，旅游消费者对旅游产品评价的标准集中在产品的属性、质量和价格上，但不同的消费者由于其消费结构不同，对产品信息的比较结果会有较大的差异。

4. 购买决策

经过对可供选择品牌的评价、选择后，旅游者形成对某种品牌的偏好和购买的意向。但购买决策的最后确定，除了旅游者自己的喜好外，还受到其他因素的制约。一是他人的态度，特别是家人的态度。二是出现意外情况，如受到家庭收入、产品价格、市场行情新动向的影响。三是非环境因素的影响。旅游者的购买决策还受到非环境因素的影响。如接待人员的态度、接待人员的技巧等方面的影响会使旅游者改变原来的决策。

5. 购后行为

旅游者购买一种产品以后，往往会通过自己的使用和他人的评判，对其购买选择进行检验，把自己所体验到的产品实际性能与以前对产品的期望进行比较。通过比较，旅游者会产生一定的购后感受，例如满意、基本满意或不满意等。这些感受往往会通过各种各样的行为表现出来，形成所谓的购后行为。为此，企业要注意及时收集信息，加强旅游者意见反馈收集和售后服务工作，并采取相应措施，改善旅游者购后的不良感受。

旅游组织机构消费者典型的旅游购买决策过程一般也归纳为以下 5 个程序。

1. 识别问题

当组织机构中有某个或某些成员意识到要通过对旅游产品的购买和消费才能解决某种需要时，旅游组织机构的旅游产品购买过程就开始了。这种旅游产品购买的需要被继而反映给旅游组织机构的高层管理者以及专门的购买组织或人员。高层管理人员或购买组织成员会对该需要进行重新判断和说明，并以此作为建立购买标准的前提。

2. 建立购买标准

当旅游组织确定旅游产品购买后，就购买确立各种标准，其内容包括：该组织机构应购买哪一类型的旅游产品、购买的数量、购买的时间、活动项目安排、初步预算等较为重要的购买标准。经过上级主管人员批准后，就可据此寻找旅游企业。

3. 寻找旅游企业

旅游企业的营销人员应该意识到，旅游组织机构的购买人员可以通过各种方法寻找旅游企业。他们可以寻找企业名录，请固定行业协会的咨询机构推荐，或请同行推荐。在此基础上，购买人员会选择若干家旅游企业，把购买标准拟定为投标书或招聘书，寄送给各个代理商，并请他们提出各自的建议书或招标书，以作为选择的依据之一。

4. 选择旅游企业

在这一过程中，旅游组织机构的决策人员依据各个旅游企业所提供的招标书、招聘书或建议书来决定旅游企业的取舍。在选择中，旅游组织机构成员会考虑旅游企业的信誉、产品质量、价格、支付条件、营销人员的素质以及对旅游组织机构购买人员的需要所做出的反应。广告、宣传品等均对旅游组织机构购买人员的决策产生重大影响。购买人员同样会根据他们感知到的每一个旅游企业的属性、提供利益能力的不同进行综合权衡，找出最具有吸引力的饭店。

在大批量、高价值的购买成交前，旅游组织机构的购买人员一般会与两家以上的旅游企业进行洽谈，以便在价格和服务项目上获得更多的好处。有时，大的组织机构还有可能将大批量的旅游产品购买分成几个小批量，选择几个旅游供应商，以便分散风险，并加强与小企业的关系。

5. 购后评价与反馈

在这一阶段，购买人员对旅游企业的服务质量进行综合评估。购后评估和反馈最终可影响组织机构决定下次继续购买或不再购买该旅游企业的产品和服务。因此，旅游企业营销人员应注重购买人员和最终使用者两方面对自己产品和服务的反应，以便及时向其提供购买后的服务并及时更新产品，提高服务质量。

同旅游个体消费者的购买过程类似，并非所有旅游组织机构消费者或所有旅游产品和服务的购买过程都要经历这样完整的五个阶段。只有价值高、批量大或重要程度高的旅游产品购买才会经历这样完整的过程。对一般性的预订而言，购买人员大多依据个人经验或他人推荐或使用者要求直接购买，而不需要经历仔细的选择过程。

任务二　分析个人消费者旅游购买行为的影响因素

个人消费者旅游购买行为的形成是一个复杂的、受一系列相关因素影响的连续行为。这些因素相互作用，使旅游者购买行为呈现多样性。分析研究旅游者购买行为的影响因素，有利于企业掌握旅游者购买行为的规律性，从而制定出有效的营销战略。现代旅游市场营销学理论认为，一个旅游者在市场上为什么购买，购买什么，购买多少，何时、何地购买，是由社会因素、文化因素、个人因素和心理因素综合作用于旅游者感官的结果。

一、社会因素

每一个旅游者都生活在一定的社会中，因而，其购买行为受价值观念及社会因素的影响。社会因素主要包括社会阶层、相关群体及家庭等因素。

(一)社会阶层

社会阶层指的是某一社会中根据社会地位或受尊重程度的不同而划分的社会等级。显然，存在于社会中的各个社会阶层是一个连续的系统，而且，划分这个系统的标准不是唯一的。也就是说，一个人位于哪个社会阶层不是单一地由某个因素决定的，而是至少由几个因素决定的。这些因素包括受教育程度、职业、经济收入、家庭背景、社会技能甚至住房档次以及居住的地理位置等。其中，受教育程度、职业和经济收入是尤为重要的。当然，在不同的社会里，上述各因素的相对重要性可能有差异。比如，对中国人来说，经济收入和父母亲的社会地位相对比较重要，而对英国人来说，他们可能更看重世袭成分在社会地位中的作用。

一定的社会阶层中的成员一般具有相同的价值观、兴趣及行为。对于旅游消费者而言，处于怎样的社会阶层将直接影响其购买行为。例如，商务客人一般选择入住星级饭店，选择飞机作为旅游交通工具；而一般工薪阶层和青年学生则选择入住普通招待所，选择汽车、火车作为旅游交通工具。

(二)相关群体

相关群体是指影响旅游者购买行为的个人或集团，又分为主要群体和次要群体。影响旅游者购买行为的主要群体，包括家庭成员、朋友、邻居和同事等，这一群体尽管不是正式组织，但与旅游消费者发生面对面的关系，因而对消费者的购买行为影响也最直接。影响旅游者购买行为的次要群体，包括社会团体、职业团体等，虽然这一群体对旅游消费者的影响不如主要群体那样直接，但也间接发生作用。

相关群体对旅游者购买行为的影响一般表现为 3 个方面：第一，为旅游消费者展示出新的行为模式和生活方式，使旅游消费者改变原有的购买行为或产生新的购买行为；第二，引起从众行为，从而影响旅游消费者对旅游产品和品牌的实际选择；第三，影响旅游消费者的态度和自我印象，从而导致旅游消费者行为的改变。

(三)家庭

家庭对旅游者购买行为有很大的影响力，在家庭的影响和熏陶下，形成了不同旅游者的价值观、审美情趣、消费习惯、个人爱好等。在旅游者购买决策中，家庭成员的影响作用是首位的。以家庭权威中心为标准划分的家庭类型有：丈夫决策型、妻子决策型、协调决策型和自主决策型 4 类。不同类型的商品，家庭购买决策的重心也不尽相同。旅游产品对于已婚人士来说，一般属于夫妻共同协商决策的商品；对于未婚成年人士来说，一般属于自主决策型。因而，旅游营销人员设计开发旅游产品时必须协调好家庭各方面需求与兴趣偏好。

(四)角色与地位

一个人在每一群体中的位置可以用角色和地位来说明。角色是周围的人期望一个人应该履行的各种活动，每个角色都代表一定的社会地位，地位反映了社会总体上对该角色的尊重程度。角色和地位都不是始终保持不变的因素。个人所扮演的每个角色与地位都会直接影响其购买行为。例如，一些公司的负责人在进行商务旅游活动时，特别关注接待等级，这样的购买行为往往是由他的社会地位所决定的。

二、文化因素

文化是人类从社会实践中建立起来的价值观念、道德、理想、知识体系和其他有意义的象征综合体，是人类欲望和行为最基本的决定因素。文化就像人类呼吸的空气一样，充满于我们生活的每个角落。不同的文化教育水平，就会带来不同的世界观和人生观，以及不同的宗教信仰，从而影响消费者的需求差异和购买行为差异。旅游消费具有很突出的文化特性，文化背景的不同会导致旅游行为的差异。比如，中国入境旅游者有很大一部分属于欧美文化，即传统所说的西方文化。这一类文化与中国传统文化有着天壤之别，主要表现在语言、信仰、习俗及生活准则等方面。正是东西方文化的这种差异成为中国吸引外国旅游者的重要因素。一般来说，欧美文化背景下的旅游者到中国来主要是为了满足“求新求异”的心理需求，所以欧美旅游者在选择旅游目的地时，更多地选择那些同他们所处的环境差异较大，具有浓郁的中国特色和悠久历史的地方。欧美游客大多比较偏爱云南的大理和丽江，就是因为那里更能满足欧美人的心理需求。

文化是整体的概念，但在一个大文化背景中，又可分为若干不同的亚文化群。亚文化是指存在于一个较大社会中的一些较小群体所特有的特色文化，表现在语言、价值观、信念、风俗习惯等方面的不同。亚文化为旅游者带来更明确的认同感和集体感，某一亚文化所持有的价值观与传统观从各种不同的方面影响着成员的行为。人类社会的亚文化群主要有以下 4 大类。

(1) 民族亚文化群

几乎每个国家都存在不同的民族，特别像我国是一个具有 56 个民族的国家，除了占人口 90% 以上的汉族以外，还存在 50 多个少数民族。由于自然环境和社会环境的差异，不同的民族有着独特的风俗习惯和文化传统。

(2) 种族亚文化群

种族是不同肤色的人类群体，如白种人、黄种人、黑种人等。不同种族有着不同的文化传统与生活习惯，例如黄种人吃饭用筷子，白种人吃饭用刀叉。

(3) 宗教亚文化群

不同的国家，甚至是同一个国家，往往存在好几种不同的宗教，如我国就有佛教、天主教、伊斯兰教、基督教、道教等。不同宗教具有不同的文化倾向或戒律。

(4) 地域亚文化群

同一民族，居住在不同的地区，由于各方面的环境背景不同，也会形成不同的地域亚文化，表现出语言、生活习惯等方面的差异。例如我国汉族人口众多，且都讲汉语，但由于居住地域辽阔，又形成各自居住地的地方方言，江南人讲吴语，广东人讲粤语，闽南人讲闽南语；在饮食方面，北方人以面食为主，南方人则以米饭为主，西南人、北方人喜欢吃辣，江南人偏爱甜食等。

鉴于文化对人们价值观念、生活方式及购买行为的影响，旅游企业在营销中应当密切注意和研究社会文化，以便选择目标市场，相应地制定营销策略。

三、个人因素

旅游者的购买行为受个人因素的影响，主要包括年龄及家庭生命周期的阶段性、职业、经济状况、生活方式、个性和自我观念的影响。

(一)年龄及家庭生命周期的阶段性

人类在不同的年龄阶段上会有不同的需求和偏好，其购买行为还会随着年龄的增长而不断改变。从中外旅游者年龄结构来看，可分为三大类旅游者。

第一类，21～30岁之间的青年旅游者，他们具有求新求异的心理，对新鲜事物很敏感，因而喜爱诸如探险之类参与性强的项目和能满足求知欲望的项目。这类旅游者多以散客或几个人结伴的形式出游，更多地选择较为奇险的旅游地。由于可支配的收入有限，他们只求最基本的花费，因而旅游消费水平较低，但在旅游地停留时间较长。

第二类，31～50岁的中年旅游者。这类旅游者事业已有一定的成就，有稳定的收入和一定的积蓄。许多人是因为公务或商务活动而出游的，他们往往出手大方，追求高档、豪华的享受，对旅游产品和服务的要求很高。但由于中年旅游者闲暇时间并不多，所以对旅游目的地个数的选择有限，在旅游地停留时间也较短。

第三类，51岁以上的老年旅游者。在所有年龄段旅游者中，这类旅游者的旅游条件最为优越，既有时间保证，又有经济条件。但由于老年人在体力上已不能同青年人相比，因而他们更愿意选择安全、不费体力、清静的地方去观光或度假，有海滨、温泉的旅游度假地被选择的几率较大。老年旅游者颇有积蓄，旅游消费水平较青年人高，在旅游地停留时间也较长。

此外，消费者还会由于家庭的生命周期不同而有不同的购买行为。根据消费者的家庭状况，因为年龄、婚姻状况、子女状况的不同，可以划分为不同的生命周期，在家庭生命周期的不同阶段，消费者的行为呈现出不同的主流特性。见表3-1。

表3-1　家庭生命周期对旅游者行为的影响

家庭阶段	家庭特征	旅游者行为特征
单身阶段：年轻且不与家人同住的单身	几乎没有经济负担，消费观念紧跟潮流	喜爱娱乐、度假
新婚夫妇：年轻且无子女	经济状况较好，具有比较大的需求量和比较强的购买力	旅游率高，爱度假
满巢期(Ⅰ)：指最小的孩子在6岁以下的家庭	消费者往往需要购买住房和大量的生活必需品，常常感到购买力不足	对新产品感兴趣并且倾向于购买有广告的旅游产品
满巢期(Ⅱ)：指最小的孩子在6岁以上的家庭	消费者一般经济状况较好，倾向于购买大规格包装的产品	受旅游广告信息的影响较小
满巢期(Ⅲ)：指夫妇已经上了年纪但是有未成年的子女需要抚养的家庭	消费者经济状况较好，消费习惯稳定，可能购买富余的耐用消费品	很难受旅游广告信息影响，喜驾车旅游
空巢期(Ⅰ)：指子女已经成年并且独立生活，但是家长还在工作的家庭	有住宅高峰期，对经济状况与银行储蓄感到满意	对旅游、娱乐、自我教育感兴趣，对旅游新产品不感兴趣

（续）

家庭阶段	家庭特征	旅游者行为特征
空巢期(Ⅱ)：指子女独立生活，家长退休的家庭	消费者收入大幅度减少，消费更趋谨慎，仍拥有住宅	倾向于购买有益健康、睡眠的旅游保健产品，适合老人特点的娱乐和旅游项目
鳏寡就业期	收入不错，但可能买房	医疗与健身疗养产品需要，休闲旅游娱乐似上
鳏寡退休期	收入急剧下降，需要照顾关怀	医疗与健康疗养产品需要，休闲旅游娱乐似上

(二)职业

职业状况对人们的需求和兴趣也有较大影响，不同职业的旅游者的需求也存在很大差别。比如，商人、医生、律师等职业的旅游者经济基础好，受教育程度较高，喜爱中国人文景观型的旅游地，而且很注重自己的身份和地位，在旅游消费中追求高档次，花费很大，对旅游产品和服务的要求也较高；学生由于经济条件有限，所以旅游消费水平较低，花费较少；而教师和科技人员有稳定的经济收入，但不是很高，因而在旅游中比较注重实惠，要求中高档次的消费水准。

因而，旅游企业对不同的职业对象进行研究分析后，可以开发适合于特定职业消费者需要的产品或服务。目前，针对商务客人设计的商务饭店就是用以满足这类特殊客人的职业需要。

(三)经济状况

经济状况实际上决定了个人和家庭购买能力的大小。由于旅游消费是一种弹性较大的消费，因而个人经济状况和社会经济环境等方面的变化都会影响旅游者的购买决策。因此，旅游营销人员必须了解潜在旅游者的可支配收入变化情况及对旅游支出的态度。而且，当经济景气变化时，旅游人员需要积极地重新进行市场定位，重新设计旅游产品的构成和价格。

(四)生活方式

在旅游者具有相同的文化背景、处于相同社会阶层的情况下，生活方式的差异与偏好也会形成不同的消费需求。生活方式主要表现为个人的活动、兴趣及意见等方面。旅游营销人员了解与研究旅游者的生活方式，可以根据旅游者的偏好建立起一致性关系，生产适销对路的产品。同时，不断调整营销策略，加强旅游产品对消费者生活方式的影响。

(五)个性和自我印象

个性在心理学中也称人格特质，它是指一个人独特的心理特征。旅游者的个性千差万别，因而影响旅游者购买行为的个性因素很多，如旅游者的性格是随和还是专横、内向还是外向、依赖还是独立、孤立还是合群、爱交际还是沉默寡言、保守还是激进等。比如，内向表明一个人以自己的理想为中心或只注意自己的生活范围内的狭小问题；外向只对多种事物都有很大兴趣，并且在行为上比较自信，具有很大的冒险性，希望一生中能有所建树。美国学者曾对以上两种不同个性类型旅游者的旅游行为进行对比分析。见下表：

内向型	外向型
选择熟悉的旅游目的地	选择非旅游地区
喜欢旅游点的一般活动	喜欢获得新鲜经历和享受新的喜悦
选择日光浴和游乐场所，包括无拘束的休息	喜欢新奇、不同寻常的旅游场所
低活动量	高活动量
喜欢驾车前往旅游点	喜欢乘飞机去旅游点
喜欢正规的旅游设施，例如设备齐全的旅馆	要求一般膳食，不一定要现代化的高级旅馆
喜欢家庭式的饭店和旅游商店	不喜欢专门的旅游商店
喜欢家庭气氛和熟悉的娱乐活动，不喜欢外国气氛	愿意会见和接触异国文化和异国居民
要准备好齐全的旅行行装，全部日程都事先安排妥当	旅游的安排只包括最基本的项目(交通工具和饭店)，留有较大灵活性

旅游者的“自我印象”，是指旅游者的自我画像，即在心目中把自己塑造成什么样的人，或者企图使别人把自己看成什么样的人。不同的人具有不同的自我印象，不同的自我印象又会影响购买行为的差异性。在现实生活中旅游者往往购买与自己的印象相一致的产品，如果与自己的印象不相称，就拒绝购买。比如自认为比较富有，追求物质享受的旅游者，喜欢丰盛的饭菜、豪华的房间、狂欢的夜总会；自认为比较高雅，追求精神享受的旅游者，则喜欢景区或景点原生态的山水草木、静谧的乡间小路、无污染的瓜果蔬菜、高山瀑布和泉水叮咚的人间仙境。

四、心理因素

影响旅游者购买行为的心理因素，是指旅游者的自身心理活动因素，所以也可称为个别因素。由于旅游者的个性千差万别，因而影响旅游者的心理因素也很复杂。但就其主要方面来说，有以下 5 个方面。

(一)需要

需要是旅游购买行为的起点，也是旅游市场营销的出发点。需要是指人们在个体生活和社会生活中感到某种欠缺而力求获得满足的一种心理状态。在人一生中的不同时期，总会有某种需要或多种需要，如生存、享受、发展的需要，只不过在不同时期需要的强弱各不相同。关于需要的著名理论就是美国心理学家马斯洛的需要层次论，其中将人类需要从低层次到高层次分为五个层次。

(1)生理需要

生理需要是指人们对衣、食、住、行、婚姻以及水、阳光、空气等的需要。现在我国大部分地区已经解决了温饱问题，人们在衣、食、住、行等方面已有了更高层次的追求。

(2)安全需要

安全需要是指人们对治安、稳定、秩序和受保护的需要。旅游企业应在食、住、行、娱、购、游等方面确保游客的生命、财产安全。做到防患于未然，扎扎实实地做好安全工作(包括交通安全、食品安全、娱乐设施安全)，注意防火、防盗。旅游企业安全工作要常抓不懈，应急预案也要做得周全，让游客玩得开心，玩得放心。

(3)社会需要

社会需要是指人们对社会交往及彼此之间情感、友谊、关爱、帮助等方面的需要。人们要想生活得有意义就必须参与到社会生活中去，与亲人、朋友、同学、同事友好相处，共同感受生活，共谋事业发展。大家共进晚餐或结伴出游都能够增进彼此的友谊。所以说旅游企业为人们社会交往提供了理想的场所。

(4)尊重需要

尊重需要包括自尊、他人的尊敬、羡慕等。旅游企业应在各个方面体现出对游客的尊重。旅游是一项高层次消费，在旅游过程中人们希望得到愉快的经历。因此旅游企业在接待的每一个环节中都要为游客提供热情、周到、细致、高效率的服务，以体现对游客的尊重。只有这样游客才会对旅游企业感到满意或非常满意。

(5)自我实现需要

自我实现需要即自我价值实现。它体现在自己的言行能够对周围或社会产生某种影响。VIP 客户大多事业有成，企业请他们献计献策能够满足其最高层次的心理需要。

马斯洛的需要层次理论从满足需要的角度解释了人类的行为，为人们理解旅游需要提供了极好的基础。旅游需要是人类总需要中的一个组成部分，另一方面它又在不同程度包含了人类各层次需要的内容。例如，一个人的旅游需要中可能同时包含有对饮食、休息、安全、求知、审美和社会交往等多种需要的内容。如果根据对旅游活动影响的大小来对旅游需要进行概括，较为主要和典型的旅游需要包括以下两种。

①变换生活环境以调节身心节律的需要。人们在日常生活中的工作和活动，往往会给人一种单调感和枯燥感，造成心理压力和心理的疲惫感，同时紧张的工作、生活也会造成人们体力和精力的疲劳。因此，人们就需要暂时摆脱这种环境和活动，寻求一个新的环境条件，参加一种新的活动，以一段新的生活经历来改变生活内容和节奏，放松神经、解除疲劳、调节心理和生理节律。这就是人们基本的、典型的旅游需要之一，是具有普遍性和长期性的旅游需要。

②探索求知的需要。探索求知是人的另一种重要的旅游需要。每个人都不同程度地对了解自身以外的事物、丰富自己的精神世界感兴趣，对使自己感到新奇的事物具有强烈的好奇心，希望了解、认识它们。为了获得更为广泛的知识，突破个人生活环境和地域限制的旅游就成为人们探索求知、开阔眼界的重要方式之一。探索求知是人们又一种基本的、典型的旅游需要。

探索求知的旅游需要包括两方面的内容：一是对自然现象的认识和对自然景观的审美；二是对不同文化和历史的认识，对不同民族生活方式的体验以及对社会美的欣赏。

这种旅游需要的突出特点之一就在于对新鲜和奇异现象的探索、体验和理解的强烈心理倾向。另外，与调节身心活动节律需要相比，探索求知的需要并不在于周期性的重复出现，而在于得到一定程度满足的条件下，具有逐渐增强、深化和扩大需求范围的趋势，它属于精神文化方面的需要。

变换生活环境以调节身心活动节律和探索求知，是两种基本的、典型的旅游需要。除了这两种需要以外，还有通过旅游以满足社会交往、提高社会地位、获得荣誉和尊重、满足生活多样性等需要。事实上，人们参加旅游活动时往往不仅仅具有某一种旅游需要，而是希望能满足几种旅游需要，只不过这些需要的构成、主次、对个体的作用等方面存在着差别。

（二）动机

从心理学角度讲，动机是推动人们进行各种活动的愿望与理想，是一种升华到足够强度的需要，能激励人们通过行动达到一定的目的。购买动机是旅游者购买行为的基础。购买动机由旅游者的需要引起，如前所述，由于旅游者的需要是千差万别的，因此旅游者的购买动机也是多种多样的。具体来说有以下几种。

①身心方面的动机。主要是为了健康或为了寻求精神上的乐趣。长期的紧张工作、城市环境的喧嚣、繁杂的家务等不仅造成身体的疲劳，而且精神上也十分疲惫，心理上易产生压抑感，这一切损害了人们的身心健康，妨碍了正常的工作。人们为了解除身体的疲劳、精神的疲劳和心理压力，调剂身心，需要暂时离开工作环境和家庭环境，摆脱俗务，于是产生旅游动机。它包括度假、疗养、参加体育活动、参加消遣娱乐活动、观光等。

②文化方面的动机。为了满足认识和了解异国他乡的情况、扩大视野、丰富知识的需要而产生的动机。

③社会方面的动机。为了社会交往、保持与社会的经常接触而产生的一种动机，如探亲访友、旧地重游、开展社交活动、宗教朝圣等。

④地位和声望方面的动机。人们为满足个人成就和个人发展的需要而产生的动机。旅游者希望通过旅游得到别人的承认，引人注意、受人赏识、获得良好的声誉等。属于这类动机的有：事务、会议、考察研究、求学等旅游活动。

⑤经济方面的动机。人们为了达到一定的经济目的而产生的旅游动机，包括贸易、经商、购物等。如我国每年举办的广交会和各地举办的交易会期间，来洽谈贸易的大批客商就是出于经济方面的动机。

（三）知觉

知觉是外界刺激作用于感官时人脑对外界的整体的看法和理解，它为我们对外界的感觉信息进行组织和解释。旅游者购买动机形成后能否化为购买行为，还取决于旅游者在购买过程中的预期和感觉。因为人们的行动在很大程度上并不依据客观的事实，而是依据自己感知中的事实，即以其“认为”的事实为决定依据。例如，两个旅游者都需要同一条旅游线路，同时进入一家旅行社，受到同一个服务人员的接待，但可能出现两种不同的结果：一人购买了这条旅游线路，另一人并未购买。究其原因，最大可能是两人对旅游线路、旅行社、服务人员的期望和感觉不同。

知觉存在着选择性注意、选择性曲解和选择性记忆三个过程。

1. 选择性注意

在现实生活，人们每时每刻都面临着各方面的刺激，但最能引起人们注意的情况有三种：一是与人们当前需要有关的；二是预期出现的；三是变化幅度大于一般的、较为特殊的刺激物。因此，引起旅游消费者对旅游产品的注意应当是旅游营销工作人员的主要工作。例如，许多旅游企业散发附有精美照片、制作精良的旅游产品宣传手册，设计新颖的大幅广告画面、高度概括性或具有幽默感和戏剧性形式的广告语，其主要目的就是为了吸引潜在旅游者的注意。此外，在旅游淡季，许多旅游企业采取价格策略吸引游客，较为明显的价格差异容易激发消费者的购买热情。

2. 选择性曲解

消费者在接受外界事物与信息的刺激时，往往会与原有思想模式相结合来解释外来刺激，从而容易造成先入为主，按照自身意愿曲解信息的倾向，这被称为“选择性曲解”。例如，近几年关于海南旅游购物在很多媒介上都有一些负面的报道，当游客来到海南时，导游的服务非常热忱、专业，即使相关的购物介绍有许多令人信服的承诺，但已经形成戒备心理的游客将不再相信这些购买信息，对即使是值得信赖的相关刺激购买信息也持排斥的态度。

3. 选择性记忆

在人们注意和了解的信息之中，被记住的只是其中的一部分，这部分往往是与自己观念一致的事物。这在旅游者的消费偏好中表现得十分明显。旅游者对某种品牌旅游产品的钟情而引起再次购买行为的发生，就是选择性记忆作用的结果。

（四）学习

人类除了少数本能支配的行为外，其他行为都是经过学习而产生的。消费者的学习，是消费者在购买和使用商品活动中不断获得知识、经验和技能，不断完善其购买行为的过程。消费者的学习有以下几种类型。

①模仿式学习。即消费者通过获取信息，观摩效仿的方法进行学习，其结果是消费者摒弃旧的消费方式，适应新的需求水平。

②反应式学习。即消费者通过外界信息或事物的不断刺激，形成一种相应的反应，促使其进行购买。

③认知式学习。即消费者通过对前人经验的总结与学习，学到分析与解决问题的能力，用自己的学识和辨别能力，对付不断面临的购买决策问题。

学习对于更好地指导、促进、提高消费者的购买行为，具有十分重要的作用，主要体现在：增加消费者的产品知识，丰富购买经验；进一步提高消费者的购买能力，促进购买行为的完成；有助于激发消费者的重复购买行为。

旅游消费者的一次消费行为，也就是一次完整的学习过程。例如，旅游消费者在进行旅游购买之前，首先根据自己的实际需要搜寻相关的信息，对信息进行分析甄别后做出相应的选择，在消费过程中进行评价，做出相应的判断、记忆，从而完成整个学习过程。

（五）信念和态度

信念和态度是指人们对某一事物所持的较长期的评价、看法和行动倾向。信念和态度可能是基于实际认识，也可能基于个人见解，有时也可能掺杂有个人感情色彩。人们通过学习建立起对旅游产品的信念和态度，并影响和作用于人们对旅游产品的购买行为。由于信念和态度的长期性、不易改变性，旅游营销人员在营销活动中，要了解旅游者和潜在旅游者对旅游产品的信念和态度，通过营销手段，增强旅游者对旅游产品的良好印象。另一方面，旅游企业也可以通过研制新的旅游产品推向市场和提高服务质量来改变旅游者对旧有旅游产品的不良态度。例如在旅游酒店的竞争中，一些酒店打出“三星的价格，五星的服务”的口号，正是利用了旅游者心目中对不同星级酒店的信念和态度而宣传自身服务的质优价廉。

任务三　分析组织机构消费者旅游购买行为的影响因素

知识学习

组织机构旅游消费者对于旅游企业来说，是一个庞大而有利可图的市场。由于这种旅游消费者的一次性购买量大，而且对价格比较不敏感，因此，很多旅游企业都把这个市场看作必须争取的市场，并设立专业的机构或配置专业的人员负责这一市场的营销活动策划。

一、组织机构旅游消费者的类型

按照购买旅游产品和服务的最终目的不同可划分为两类：一类是作为最终旅游消费者的组织机构，这些机构购买旅游产品和服务是为了自身的消费。它们的范围很广，包括公司企业、政府机构及军事机构、大学、企业或行业协会、各种专业协会、社交性俱乐部等。另一类是作为中间商的组织机构，它们出于盈利目的而从事转卖或代理活动的组织机构，这些机构购买旅游产品和服务不是为了自身的消费，而是为了经济的目的。旅游中间商有如下几类：旅游零售商、旅游批发商、会议代理商、奖励旅游代理商等。

也可以从营销的角度按照组织机构购买的频率和数量予以分类，从而有经常大量购买的组织机构、经常小量购买的组织机构、偶尔大量购买的组织机构、偶尔小量购买的组织机构以及非饭店消费者组织机构几种不同的类型。这种分类有利于旅游企业确定适当的营销策略。

也有人按照组织机构的属性划分，将旅游组织机构消费者分为营利性组织和非营利性组织。一般营利性组织的购买数量和时间受其经营状况和规律影响很大，而非营利性组织的购买则受到赞助商或其重要成员的影响。

二、组织机构旅游消费者旅游购买特点

(1)购买的数量大、总金额高

旅游组织机构购买者人数通常很多，而且很可能逗留较长一段时间，所以即使比散客享受更多的优惠，其购买额和利润贡献还是比较大的。

(2)在时间上有一定的规律性，可预见性强

很多团体在组织其成员进行旅游时一般都选在目的地最适合旅游的季节。一些例行性的会议或活动也是有规律可循的。这一特点使营销人员可以事先做出较为准确的预测，有利于做好各项工作。

(3)购买决策过程所需信息多，决策时间长

旅游组织机构购买决策可能关系到团体的重大战略等，可能将影响协会的国际声望、影响力及以后的发展，往往交易额也比较巨大。组织机构在购买决策过程中一定会广泛收集信息、仔细评价、认真决策，决策时间较长。

(4)对价格不太敏感

旅游组织机构往往财力雄厚，在购买旅游产品的决策、购买和消费分属不同的主体，加之对旅游产品和服务质量上的特别重视，因此对价格不太敏感。

三、组织机构旅游消费者旅游购买过程的参与者

旅游组织机构消费者购买决策的过程中有以下几种参与者角色：

(1)使用者

使用者是指最终实际使用旅游产品和服务的人。通常是他们提出购买建议，帮助界定所需产品的特性。他们的实际旅游体验质量会影响下次的购买。

(2)影响者

他们通常会帮助界定所需旅游产品的特性，提供评价各种备选方案的信息，直接影响购买决策，但不是最终的决策人。

(3)决策者

决策者负责选定旅游产品的供应商，决定旅游产品的各种具体要求。

(4)批准者

他们负责批准决策者或购买者所建议的行动方案。

(5)购买者

购买者对供应商的选择和具体购买条件的确定有正式的权力。购买者可以帮助确定对旅游产品的具体要求，在选择卖家和进行谈判中扮演重要角色。

(6)把关者

把关者是指对推销人员或各种信息抵达购买决策者的过程中起到一定的筛选作用的人，如推销员要拜访公司的策划人，就必须先过秘书这一关。

四、影响组织机构旅游消费者旅游购买行为的因素

影响组织机构旅游消费者的旅游产品购买行为的因素可以分为外部环境因素、内部组织因素、人际因素与个人因素。

(一)外部环境因素

公司的经营环境由经济、政治、社会文化以及技术等因素构成，这些因素对公司的旅游产品购买行为产生重大影响。

(1)经济因素

国家或地方经济发展战略和产业结构调整、经济周期、通货膨胀、利息率等因素的变化，都会直接影响到公司企业的销售、利润等经营绩效，进而增加或削弱其对旅游产品的购买力。经济环境较好、实力较强、业务频繁的企业一般购买旅游产品和服务的数量多、质量高。反过来，遇到亚洲金融危机这样的全球性经济不景气，企业效益大幅滑坡，企业的旅游产品的购买行为首当其冲被削减。

(2)政治、法律因素

我国处在法制不断完善的时期，各方面的立法正在有序地进行，从而最终将影响到员工出差、培训、接待来访客人和召开有关会议等引发的旅游产品购买行为。法律的修正和新法的制定，使企业的法律环境处于不断变化之中。这可能促进或限制企业业务的开展，直接影响其经济，继而影响其旅游产品购买。

(3)技术因素

技术进步一方面可以影响企业的劳动效率和经济效益，从而间接地影响到旅游产品购买；另一方面，信息技术的发展可以使公司之间的商业信息得到更加及时而准确地传输。互联网、电话、传真及网络会议等先进的通信技术，在很大程度上代替了业务人员之间的商务往来，使一部分商务洽谈活动失去了存在的必要性，减少了企业对旅游产品的购买。但无论技术如何发展，也难以全部代替商务人员面对面的交流。

(4)社会文化因素

社会文化因国家和民族的不同而差别很大，它将影响人们的价值观和生活方式。而且社会文化也随着经济的发展而不断演化。例如现代人越来越重视进修的机会和休假，企业为了留住人才、提高其员工素质，也不断加大培训方面的投入，提供越来越多的带薪假期或奖励旅游。这就增加了对旅游产品的需求。

(二)内部组织因素

影响公司企业购买旅游产品和服务的内部因素包括：该公司的业务特点、企业文化及公司组织结构等因素。

(1)企业的业务特点

企业的业务特点直接决定了该公司员工商务外出和培训的方向、季节和逗留时间的长短，并间接影响到旅游产品的购买。

(2)企业文化和公司的制度

企业文化在很大程度上影响着其商务人员的旅游产品购买行为。如一个强调节俭勤奋的企业文化会大大制约公司差旅人员购买豪华档次的饭店服务。企业文化也影响着其人员的思维方式，以及购买行为的模式。

(3)企业组织结构的特点

企业组织结构的特点也是影响企业旅游产品购买行为的重要因素。如果公司专门设有旅游部，则其对旅游产品购买就由旅游部门负责。该部门掌握的信息多、经验丰富，购买规模较大，且有规律。旅游营销部门要与这些部门搞好关系。而若无专门部门负责旅游产品购买的公司，其旅游购买行为较随机。

(三)人际因素

正如前文所述，在组织机构内部，负责旅游产品购买的相关参与者成分往往比较复杂。这些人的兴趣、权威和说服力都各有不同。旅游企业营销人员有时很难知道购买决策过程中这个群体内部是如何相互作用的，他们之间是怎样一种关系网络。比如，在中国这样建立在关系网基础上的社会当中，人际因素在决定组织机构购买决策中的作用就不容忽视。另外，旅游企业营销人员与组织机构购买决策相关人员之间的人际关系，也是影响其决策的因素。

（四）个人因素

组织机构本身并不购买任何旅游产品，进行购买决策的实际是企业中的一个或一组员工。由一组企业人员组成的购买决策单位通常被称为购买中心。购买中心的每一位成员或集体都在不同程度上影响着购买决策，并一同承担由购买决策引发的各种风险。在这个过程中的每个参与者都有个人的动机、认知和偏好。他们的年龄、收入、受教育程度、专业身份、个性和对待风险的态度，都会对参与决策过程的人产生影响。不同的购买者无疑会展示不同的购买风格。旅游企业营销人员如果能够了解顾客的个性特点，对于成功地进行旅游产品销售会有很大的帮助。

五、旅游中间商的购买行为分析

旅游中间商是指以转售或代理的形式将旅游产品和服务提供给最终旅游者的企业和个人。旅游中间商转售或从事代理的主要目的是获取利润或赢得声誉，这是其购买行为的最基本的动因。因此，旅游营销人员要认真考虑为中间商“让利”的问题。

为了达到获利的目的，旅游中间商可以对转售或代理的产品和服务进行以下组合：

中间商可以代理或转售一个旅游企业的一种、部分或全部产品，也可以代理或转售部分旅游企业的一种、部分或全部产品，还可以代理所有旅游企业的一种、部分或全部产品和服务。中间商的不同产品和服务组合就意味着有不同的顾客组合及旅游服务供应企业组合。对旅游营销人员来讲，了解中间商的产品和服务组合也就了解了自己的竞争对手有哪些。决定产品和服务转售或代理组合的中间商一般由地区或产品经理决定购买或代理哪些旅游产品和服务。因此，旅游营销人员应了解每个旅游中间商中具有购买决策权的经理，从而便于有针对性地进行营销活动。

影响中间商购买及代理的因素可分为外部因素和内部因素。外部因素包括宏观环境因素（经济、政治、法律、社会文化和技术等）和中间商的市场与竞争者因素，提供旅游产品的旅游企业和旅游消费者。旅游中间商对产品和服务组合的需求实质上是派生性需求，是由最终旅游者市场决定的。旅游者市场对旅游产品和服务的选择直接影响到旅游中间商对旅游产品和服务的购买和代理行为。内部因素包括组织特点（业务特点、组织文化、组织体制和机构设置等）和购买人员的个人因素（年龄、性别、家庭、职业、收入和受教育程度等）。

中间商也受旅游企业营销人员及营销活动的影响，并倾向于从他们认为最有利的旅游企业选择旅游产品和服务。当旅游企业营销人员能够为自己的产品提出能为旅游消费者接受的证据时，中间商就倾向于购买这些产品和服务。旅游中间商还会为旅游企业的广告进行促销活动。由于旅游中间商平时会收到无法计数的各种广告和宣传品，因此，旅游企业营销人员一定要使自己的广告宣传简洁明了，与众不同，这样才会获得中间商的优先注意。

由于“同行”的原因，无论从哪个角度考察，旅游企业的营销活动都要对旅游中间商的购买和代售行为产生不同程度的影响。旅游产品、质量、服务、技术、价格以及旅游企业的形象、产品品牌，广告宣传、佣金和支付条件等，都是旅游中间商所关注的内容，因此，旅游营销人员对旅游中间商的营销应该是全方位的。

复习思考题

1. 简答旅游消费者行为的含义。
2. 旅游消费者有哪些类别?
3. 简述旅游个人消费者的购买决策过程及影响因素。
4. 简述旅游组织机构消费者购买决策过程及影响因素。

项目实训

一、实训任务

个人旅游消费者消费行为分析。

二、实训准备

个人旅游消费者消费行为调查表;

选定某一院校周边景区或主题公园;

实训所需物品;

人员分组，预习个人旅游消费者消费行为营销因素。

三、实训步骤

1. 按时到达指定实训地点;
2. 仔细、认真、热情调研个人旅游消费者;
3. 根据调研材料分组讨论个人旅游消费者的消费行为影响因素;
4. 作出实训报告。

模块二

实践篇

项目四　掌握旅游市场营销调研与预测

☞ **知识目标**

1. 理解旅游信息的特点
2. 掌握旅游市场营销信息系统的含义
3. 了解旅游市场营销信息系统的构成
4. 掌握旅游市场营销调研的含义
5. 掌握旅游市场营销调研程序及方法
6. 掌握旅游市场预测的含义
7. 掌握旅游市场预测的程序及方法

☞ **技能目标**

1. 能应用旅游市场营销调研方法对某一细分旅游市场进行调查
2. 能为所调查旅游细分市场设计旅游市场调查问卷

成功案例展示

济南老年旅游市场调研报告

一、调研背景、目的及方法

1. 调研的背景

山东省人口老龄化问题严重。据统计，2010 年山东 60 岁以上人口 1413 万人，占总人口的 14.75%，高于全国 13.26% 的水平。山东老年人口规模在全国排在第一，并且老年人口增长过快，根据预测，山东省每年 60 岁以上老年人口增速为 70 万以上，人口老龄化问题严峻。

老年旅游市场前景广阔。随着我国社会保障体系的逐步完善，老年人生活质量的不断提高以及全民健康活动的普遍开展，老年人的身体素质越来越好。因此，他们在旅游客源市场上所占的比例将会越来越大。随着社会的进步和收入的提高，老年人已逐步抛弃“重积蓄，轻消费”“重子女，轻自己”的传统观念，旅游已经成为满足老年人精神需求、丰富其文化生活的重要组成部分。目前我国带薪休假制度尚不完善，除“五一”“十一”“春节”的旅游黄金周之外，很多人有强烈的旅游愿望，但由于工作原因，没有充裕的闲暇时间。

而广大老年人在正式退休后，便有了更多的可自由支配的时间。

目前老年旅游市场仍然存在诸多问题。受生理因素、心理因素的影响，与其他年龄相比，老年人旅游有其独特的消费心理与行为特征，主要表现如下：老年人更关注身体健康，追求精神愉悦；老年人怀旧心态越来越明显，所以偏好文化遗产类旅游资源、体现民俗风情的旅游景区；受中华民族崇尚勤俭的传统文化影响，我国现阶段的老年人大多注重勤俭节约，因此开发的旅游产品要求经济实惠；由于老年人身体方面的原因，他们更强调旅游的舒适、便利，对服务质量要求较高。但是目前，旅行社专门针对老年人开发的旅游产品相对较少，无论从产品类型上，从吃、住、行、游等各要素的服务上，还是从接待设施上，都和老年人独特的消费心理和行为特征不相适应。所以，老年旅游业产品急需创新。

2. 调研的目的及意义

“十八大”报告中提出“老有所养”，让长者安享幸福晚年，大力发展老龄服务事业和产业。发展老年旅游能够加快老龄产业的发展；而且，老年旅游可以促进老年人的身心健康，较大地改善老年人的生活质量。

本次调研的目的是真正了解老年旅游市场情况，了解旅游企业针对老年人开发的旅游产品现状，找出老年旅游产品供给和需求的矛盾，以便更好地服务于旅游企业，使旅游企业能够创新思路，开发出更适合老年人的旅游产品。

旅游业已经成为国民经济的增长点，开发、扩大老年旅游市场必然会推动整个旅游市场的发展，从而推动整体经济进一步增长；老年旅游是集休闲、健身、娱乐于一体的综合性活动，能够有效促进老年的身心健康。因此，本次调研具有重大的经济意义和社会意义。

3. 调研的原则与方法

(1) 三项基本原则

客观性原则：即收集资料，分析资料以及得出结论都不掺杂研究者的主观因素。科学性原则：调研借助各门学科研究的有关成果而建立起来的具有自我规律的体系。系统性原则：即调研要从系统的角度出发，适应对象的特点。

(2) 调研方法

本次调研采取多种调研方法，使调研结果具有科学性、先进性。问卷调研法：根据调研目的，对55岁以上的老年游客进行问卷调研。访谈法：对老年游客的旅游现状进行了个别访谈，对旅行社针对老年旅游市场设计的旅游产品情况进行了访谈，以真正了解老年旅游市场。电话调研法：对济南市各大、中型旅行社进行电话调研，了解老年旅游产品的销售情况。

(3) 调研数据分析方法

聚类分析：通过聚类分析，描述每一类群体的内在特征，每一类群体的观点、看法、对事物的评价倾向以及对某一特定事件的态度。判别分析：根据对问卷问题选项的选择对所研究的对象进行分类，就旅游业针对老年旅游市场作出的产品创新设计作出判断。

二、问卷调研设计

本次调研问卷根据研究需要主要分为三部分：第一部分为老年游客的人口统计特征，主要从性别、年龄、职业、月收入、受教育程度、家庭组成现状、闲暇时间等方面进行归类分析；第二部分为老年游客的旅游行为，如出游方式、旅游动机、旅游偏好、交通、食宿、花费等因素；第三部分为老年游客对各单项旅游产品和服务的满意度。

本次问卷的时间是2012年5月至2012年11月，地点选择在济南泉城广场、大明湖、趵突泉、千佛山等各大旅游景区及老年大学、步行街等客流量密集处，主要针对国内55岁以上的老年游客进行调研，共发放问卷425份，回收398份，回收率达93.6%。剔除无效样本，共获得有效问卷326份，有效率为81.9%，符合统计分析的需要。

三、老年旅游市场调研结果统计分析

1. 人口统计特征分析

调查结果显示，在济南市老年游客中，男性比例占52%，略多于女性；年龄方面，61～65岁的人数最多，占到32.2%，75岁以上的老年游客最少，只占到10.7%，此结果与全国性老年旅游统计调查结果类似；职业方面，大多数为普通工人、教师和技术人员，分别占到总人数的30.4%、13.8%和16.3%；月收入方面，3000～4000元以及4000元以上的老年游客分别占到12.9%、35.6%，2000元以下的游客只占到27.6%，充足的可自由支配收入为老年人出游提供了坚实的物质基础。

2. 旅游行为特征分析

从老年游客的出游方式上看，62%的老年游客选择团体旅游，其次为家人自助游，散客旅游最少，这与老年游客更注重安全的特殊心理是密不可分的。调查结果显示，85%的老年游客的主要动机是观光游览，54%的老年游客在观光游览的同时，兼有娱乐消遣或度假保健的动机，还有小部分老年游客的旅游动机是寻根、探亲、访友，以宗教为旅游动机的老年游客最少。

从出游时间上看，38%的老年游客选择在旅游黄金周，26%的老年游客选择在周末和春节前后，36%的老年游客选择在其他时间。由此看出，因为老年游客闲暇时间充裕，部分老年游客特意避开旅游高峰期，以此来提高自身的旅游质量。

从老年游客旅游消费情况看，92%的游客乘坐火车或汽车，93%的游客食宿标准为经济实惠型(52%)和标准规格型(41%)，他们的购物和娱乐支出均不多，但更关注交通和住宿的安全。数据显示，大部分老年游客比较偏爱自然资源丰富的景区、历史文化古迹，革命圣地和气候条件宜人的景区，部分老年游客偏好度假区、各类疗养地，只有少部分老年游客偏好宗教圣地、人造景点、博物馆及其他旅游景区。

3. 对产品和服务的满意度分析

总体来看，老年游客对以往旅游产品和服务的满意度不高，持“满意”态度的只占到30%，有57%的老年游客的态度是“一般”，不满意的占到了13%。

对最不满意的各单项产品的比例分析。调研数据显示，老年游客对单项旅游产品最不满意的是餐饮(26%)，其次为住宿(21%)、景点安排(17%)、交通(1.5%)，说明旅游企业对老年旅游产品的餐饮、住宿、景点安排不能真正符合老年人的特殊要求。

4. 对路线设计的合理性分析

调研数据显示，只有19%的老年游客认为旅游企业对路线设计是合理的，42%的老年游客认为比较合理，39%的老年游客认为个别不合理或不合理，由此看出，旅游企业还要重新审视路线的设计问题。

旅游中最关注的问题分析。调研数据显示，老年游客最关注产品的服务质量(25%)，其次为旅行社品牌(19%)和旅游线路(18%)、产品价格(15%)，所以旅游企业一定要提升服务质量，合理安排旅游线路和产品价格，从而提升旅行社的品牌声誉。

老年游客旅游经历中发现的问题及提出的建议。①旅行社产品类型单一，价格较高，产品类型不符合自己喜好，安全保障体系不完善。②旅游交通服务人员对老人的特殊照顾不够周全，舒适程度差，环境差。③旅游饭店住宿设施不够卫生，饮食不符合老年人口味，住宿环境不符合老年人心理特点，价位太高。④大部分老年游客认为真正的老年旅游产品不多，景区的旅游设施对老年旅游的特殊需要考虑不足。⑤老年游客希望产品价格经济实惠，接待设施舒适、安全、卫生，希望配有责任心强的随团医生，希望随团导游热情、细心、诚信，希望针对老年人的配套设施更健全，对老年人的服务更能体现人文关怀。

四、发展老年旅游市场的建议

1. 根据老年旅游市场的特殊需求创新旅游产品

根据老年游客的需求特点，从旅游线路的选取、行程的安排、食宿的计划等方面入手，不断创新老年旅游产品，突出老年旅游产品特色，开发出适合老年游客的旅游产品系列。例如，将老年旅游产品与养生保健有效地结合起来，推出健康旅游专线或养生旅游专线；根据老年人怀旧的心理，可以推出寻根游、红色革命故地游等，这些都将深受老年游客的欢迎。

2. 提高服务质量，体现人性化、个性化服务特色

由于老年人特殊的生理和心理特征，旅游企业要不断提高对老年游客的服务质量，培养专业的服务人员，为老年游客提供更细致、更周全、更人性化的贴心服务。

3. 注重老年游客的安全保障

旅游企业应把老年游客的安全因素放在首位，以保证老年游客的全程安全。比如，不应安排探险型、挑战型的景区。此外，旅游过程中一定要配备随团医护人员，以保障老年游客的安全。

4. 制定合理的老年旅游产品价格

由于大部分老年人比较注重经济实惠的旅游产品，所以旅游业各部门在制定交通、餐饮、住宿、景区等价格时一定要选择低价策略，使旅游产品的设计符合老年游客的心理特点。

（资料来源：根据老年旅游市场调研报告——以济南市为例改编）

思考：

1. 该调研报告所调研的市场因素有哪些？
2. 试完善该调研报告中短缺的调研内容。

任务一　认识旅游市场营销信息系统

知识学习

一、旅游市场信息

在完全市场化的今天，各种信息被接收、加工和利用。旅游信息技术资源已成为旅游

企业生存竞争的新热点，旅游市场信息在旅游企业经济运行中，反映了旅游企业营销活动有关的各种内部与外部环境的实际状况、特征及相互关系的各种消息、资料、数据、情报。

二、旅游市场信息的内容

旅游市场信息的内容总体上可分为旅游企业内部信息和旅游企业外部信息两大部分：

（一）旅游企业内部信息

旅游企业内部信息，顾名思义，产生于旅游企业内部。它是旅游企业内部生产、销售、调研、决策等部门信息的集成。主要内容有如下几点。

①旅游企业的营销能力信息。一般包括旅游企业的认知度与美誉度、市场份额、提供的产品与服务质量、研发能力、地理优势、营销成本等。如泰国的东方饭店以全员服务意识为核心，贯穿于所有经营环节，使顾客入住后可以得到无微不至的个性化服务，众口皆碑，饭店几乎天天客满，顾客不提前一个月预定，很难有入住机会。

②旅游企业财务能力信息。包括资金成本、筹资能力、盈利能力、资金的稳定性等。

③旅游企业生产技术信息。包括员工素质、设施水平、满足需要的能力等。

④旅游企业组织能力信息。包括旅游企业领导者及领导集团的行为方式、旅游企业的组织结构及旅游企业应变能力等。

（二）旅游企业外部信息

旅游企业外部信息，指来源于旅游企业外部的营销环境、市场状况、竞争对手等方面的信息。具体内容包括以下几方面。

①政治法律信息。从开发国际旅游市场的角度分析，有关的旅游市场信息内容包括：国际政治环境、接待国与客源国双边的政治制度和政治体制、政局的变化、政府的有关方针、政策等。

②经济信息。包括经济发展状况、国内生产总值、人均国民收入、通货膨胀率、失业率、物价水平、国家财政政策、税收政策、货币政策、居民的存款情况、消费结构以及旅游目的地基础设施和配套设施建设情况。

③社会文化方面的信息。这是旅游市场的一个重要特征。如果不研究社会文化环境，不根据这个环境的特征进行市场营销活动，那就是在浪费旅游企业的资源。此方面的信息包括社会的组成结构、审美观、价值观、宗教信仰、民俗、人口构成及受教育程度等。比如旅游市场的人口构成是不断变化的，人口老龄化，种族多样化，不结婚和不生育的人越来越多，这些趋势都会影响到旅游业。

④旅游者与社会公众方面的信息。包括旅游者的人口分布、消费水平、购买欲望和动机、购买习惯、出游方式以及大众传媒、政策机构及非官方组织等。如德国人比欧洲其他国家的人更倾向与使用零售旅行社。

⑤技术信息。包括现代技术对生活、生产、营销方式的影响等。不少人文景观运用高科技手段而大放异彩，如被高科技灯光点缀得五彩斑斓的陕西秦始皇地宫、北京八达岭“夜长城”等。

⑥营销中间机构方面的信息。包括中间商的商业信誉、产品价格及服务质量等。

⑦竞争者信息。正所谓“知己知彼，百战不殆”，旅游企业应收集竞争对手的产品、服

务、价格、渠道、优势与劣势信息等。

⑧自然信息。指与旅游企业市场营销有关的自然、地理、气候、环境、资源等信息。旅游市场营销就是通过了解旅游市场环境的变化和预测将来状况来准确地对应顾客的

⑨需求变化信息。所有的旅游市场营销活动都以信息为基础而展开，经营者进行的决策也是基于各种信息，而且经营决策水平越高，外部信息和对将来的预测信息就越重要。

三、旅游信息在旅游市场营销中的作用

对旅游企业而言，准确、及时的市场信息关系着旅游企业的成败和兴衰，关系着企业的前途和命运。它的作用主要体现在以下几方面：

（一）旅游市场信息是旅游经济活动中的向导和纽带

一方面，旅游企业在市场经济社会中，既是独立的经济组织，又是社会化大生产中的一个组成部分，任何现代企业都不可能孤立存在，需要与社会经济环境和市场发展变化相协调，才能获得持续、稳定、高速的发展，而这种协调关系需要靠市场信息来导航和维系。另一方面，旅游企业的今天是昨天的继续，又是明天的开始，纵观企业的历史，可以寻找到其发展的轨迹，透过历史的轨迹又可预见企业的未来，正是这种联系，人们可以通过分析以往和现在的市场信息来预见相关行业的发展变化趋势，也可以预测企业的未来。

（二）旅游市场信息是旅游企业经营过程决策的依据

旅游市场信息在企业生产经营过程中的作用表现在以下三个方面。

1. 旅游市场信息是旅游新产品开发的决策依据

任何旅游企业的产品都有生命周期，旅游企业要保持生机，就必须开发旅游新产品，开发什么产品，如何开发，就必须研究旅游市场需求，而市场又是不断运动和变化的，只有及时、准确地掌握市场信息，才能使企业生产与市场协调，当产品由盛转衰时，能及时更新产品，才能保证企业长盛不衰。

以游客需求变化为例，从观光型转向参与型再转向度假休闲型，旅游产品的开发也从第一代发展到第二代、第三代。

2. 旅游市场信息是旅游产品销售的决策依据

现代商品经济充满着激烈的竞争，旅游企业必须以适销对路的产品投入市场，开拓现有市场，发展潜在市场，并预测未来市场，即“生产一代、研制一代、设计一代、构思一代”。要做到这一点，旅游企业就必须善于捕捉与旅游市场营销环境及其变化相关的市场信息，利用市场信息，抓住机遇，及时做出正确决策，这样，才能在竞争中立于不败之地。

3. 市场营销信息是监督、调控企业营销活动的依据

旅游企业面临的市场营销环境是不断变化的，有些环境甚至是无法预料与控制的。这就需要旅游企业加强“预警系统”，密切注视市场信息变化，重视信息反馈，以便及时修正补充原有决策的不足和失误，只有这样，才能使企业沿着正确的经营轨道前进。

（三）旅游市场信息是提高旅游企业市场竞争能力的重要保证

旅游市场的拓展吸引了越来越多的竞争者瓜分市场，竞争者数量的增长要快于市场的成长。对于旅游企业而言，要想走在市场的前沿，就必须能够提供比竞争对手更能满足旅游者需要的产品或服务。那么，信息的重要性就更加凸显，谁先获得有关的市场信息，谁

就将获得先机，从而保证企业在激烈的市场竞争中立于不败之地。

（四）准确的旅游市场信息有益于提高旅游企业的经济效益

一方面，对旅游市场信息准确有效地吸纳可以提高企业领导人的知识水平和判断能力，更好地满足旅游者的需求；另一方面，由于旅游市场营销花费很大，如果方向不准确就会造成巨大的资源浪费。因此，有效地利用市场信息，是提高企业经济效益的关键所在。

显而易见，掌握市场信息是企业经营决策成功的前提，在营销活动中起着至关重要的作用。

四、旅游信息的特点

（一）效用性

旅游信息之所以能在旅游市场中广泛传播，就是因为它是有效的，这是旅游企业对旅游信息的首要要求。旅游信息的效用性是客观存在的，由于人们对旅游信息的需要和目的不同，旅游信息的效用会有所差别。一般情况下，旅游信息必须服务于旅游企业的特定目标或目的，不同的使用者需要不同的信息，即使同一条信息对不同的使用者而言其效用也是不一样的，有时同一信息也会因为传播人的不同而产生不同的效用。

（二）可贮存性

旅游信息可以通过“体外”和“体内”两种方式进行贮存。体内贮存是指人通过大脑的记忆功能把旅游信息贮存起来。体外贮存是通过各种文字性的、音像性的、编码性的载体把信息储存起来。记载在物质载体上的信息可以现时使用，也可以留到以后使用。因此，信息的可贮存性使信息具有多次使用价值。

（三）共享性

旅游信息的共享性是指旅游信息能够在同一时间内被多人利用，也可以在不同的时间内反复被利用。旅游信息的共享性不会因为使用次数的增加而消耗信息的内容，也不会因为被某人利用而减少它的效用。正是由于旅游信息的共享性，人们在广泛的交流中才会相互启发，不断产生新的信息。

（四）及时性

现代社会的信息纷繁复杂，瞬息万变，有些信息稍纵即逝，无法追忆。因此信息的管理必须最迅速、最敏捷地反映出工作的进程和动态，并适时地记录下已发生的情况和问题。信息一旦过时，就没有任何价值，甚至会起反作用。因此，对旅游市场信息的利用必须讲究时间效应，谁能最先掌握某种先机，谁就最有可能在竞争中取胜。

作为旅游企业的营销者应特别注意信息的这种效应，以超前意识开发运用尚处在潜在状态的信息，努力提高旅游市场信息工作的有效性，及时获得、处理、分析，从而抓住市场机会，充分发挥信息的效用性，走在市场前列。

（五）准确性

信息不仅要求及时，而且必须准确。只有准确的信息，才能使决策者做出正确的判断。失真以至错误的信息，不但不能对管理工作起到指导作用，相反还会导致管理工作的失误。

为保证信息准确，首先要求原始信息可靠。只有可靠的原始信息才能加工出准确的信息。信息工作者在收集和整理原始材料的时候必须坚持实事求是的态度，克服主观随意性，对原始材料认真加以核实，使其能够准确反映实际情况。其次是保持信息的统一性和唯一性。在加工整理信息时，要注意信息的统一，也要做到计量单位相同，以免在信息使用时造成混乱现象。

(六)再创性

信息又是可以再创造和再发挥的，也就是说旅游市场信息有时可能是一种启示。它的作用是激发人的灵感，促使人们产生某种联想，从而对旅游市场需求和消费者的需求产生新的认识。其次是它直接表达出来的含义并没有说明什么，只有通过不同的方式和方法来思考，才能找到市场需求新的线索。

(七)社会性

旅游市场信息是旅游营销活动中人与人之间传递的社会信息，反映的是人类社会旅游市场经济活动。在竞争性的市场上，无数旅游市场营销活动参与者以买者和卖者的身份交替出现。他们既是旅游信息的发布者，也是旅游信息的接受者。伴随着市场经济的发展和经济全球化，旅游市场营销活动的地域范围逐步扩大，旅游信息的传播更是空前广泛。

(八)经济性

旅游市场信息的收集、处理、传递方式必须符合经济利益的要求，通过对旅游信息的使用，必须使旅游企业在经济上有所收益，没有经济效益的资料是没有任何意义的。

五、旅游市场营销信息系统

随着科学技术特别是信息工程、计算机技术等高科技技术的飞速发展和普及，当今世界已进入到了信息时代。旅游企业和组织要求信息处理的数量越来越大，速度越来越快。

为了让管理者及时掌握准确、可靠的信息，以及执行之后构成真实的反馈，旅游企业就需要有一套科学的信息管理办法，使信息真正发挥作用，也就是说，旅游企业需要建立一个功能齐全和高效率的旅游市场信息管理系统。

(一)旅游市场营销信息系统的含义

信息系统就是一个输入—储存—处理—输出以及传输数据和信息的系统，它包含计算机硬件和软件、网络、电话、录像和传真以及所有者有这些要素的组合。

菲利普·科特勒曾将市场营销信息系统(Marketing Information System，MIS)定义为：由人、设备和程序组成，为营销决策者收集、挑选、分析、评估和分配所需要的适时的、准确的信息。

所谓旅游市场营销信息系统，是指一个由人员、机器和程序所构成的相互作用的复合体，旅游企业借以收集、挑选、分析、评估和分配适当的、及时的和准确的信息，为旅游市场营销管理人员改进市场营销计划、执行和控制工作提供依据。简单地讲，旅游市场营销信息系统，就是为旅游市场营销管理者和旅游经营者在必要时提供必要数量的、进行某种决策所必需的市场营销信息。

(二)旅游市场营销信息的作用

旅游市场营销信息具有一定的时效性、效用性、准确性和系统性，它不但会直接影响旅游营销活动的运作，而且对旅游企业的未来发展有着重要的导向作用，具体表现在：

1. 有利于旅游企业捕捉新的市场机会

旅游企业要在激烈的市场竞争中拓展市场、求得发展，既要优化营销巩固现有的市场占有率，还要不断发掘新的市场机会，采用攻势营销手段开拓市场。新的市场机会往往不是显而易见的旅游消费者的现实购买，而是需要经过深入调查研究才能逐步发现游客的潜在需求。旅游企业不仅要了解旅游者当前的需要并尽力使其得到满足，更要分析、掌握旅游者的潜在欲望和心理活动，凭借全面、完整的旅游信息系统，开展旅游市场的调研、预测活动，寻找新的旅游市场开发契机。例如，随着城市人均收入的提高，自驾车旅行成为新的市场亮点，企业若要深入把握具体的市场需求，就必须通过信息系统对相关信息进行调研，才能作出有效决策。

2. 有利于旅游企业制定或调整营销计划

在现代市场经济条件下，旅游企业拓展市场应制定周密的营销计划，而营销计划是否符合市场形势，则是决定营销成败的关键因素。实践证明，旅游企业营销活动的成败归结为一点，就是旅游者对该企业的旅游产品和服务能否认可、接受并感到满意，因此发现游客需要、适应游客需要就成为旅游企业营销活动的关键。目前，市场环境越来越复杂，旅游者的需求和欲望瞬息万变，个性化的需求、人性化的服务方式要求越来越高。旅游企业只有经常收集旅游者需求的各种信息，才能有的放矢地调整营销计划，使营销活动更大程度地满足旅游者的需求，并确保企业在旅游市场的竞争中做出绩效，站稳脚跟，开拓更广阔的市场空间。许多旅游企业对旅游者的反馈信息极为重视，从信息中更客观地了解旅游者的需求就是有效的做法之一。例如有些酒店在收集旅客意见时，发现许多旅客希望酒店能进一步满足他们个性娱乐的需要，因此该项娱乐内容经考证后，成了该酒店营销的一个亮点，深受旅客的欢迎。

3. 有利于旅游企业完善营销决策

现代旅游市场竞争是多样化的竞争，凭借削价来争夺市场，事实证明不是明智之举，单纯的价格竞争有时甚至会导致企业的“自杀”。目前综合运用产品特色、名牌效应、广告促销、形象宣传等多种手段去开拓市场、占领市场已经成为颇有成效的竞争手段。运用这些手段时，企业的基本决策依据就是信息，只有掌握了大量的相关营销信息，才能科学地筹划，完善其营销管理。例如伴随着“红色旅游”的兴起，旅游企业应充分了解信息，正确地把握产品更深层面的特点及游客的心理，这便是科学营销、占领市场的基本做法。

4. 有利于旅游企业由接待型向产业型的转变

我国的旅游企业已实现由接待型向产业型的转变，酒店、旅行社、景区实行的协同作业，

使整个产业满足了客源市场的需求。旅游企业必须要了解国内、国际旅游市场环境信息，把握宏观环境的变化，如人口、经济、政治法律制度、教育文化因素、科学技术因素、未来环境因素等，因为这些宏观因素不断在变，而且对旅游者、旅游企业的影响都是举足轻重的。例如 2005 年全国许多景点门票的涨价潮对旅游行业的影响就是我们要正视的信息。

从信息中了解市场、分析市场、把握机会，是旅游企业经营者们的共识。旅游市场的竞争从一定程度上已经表现为市场营销信息的竞争，谁先获得有关的市场营销信息，谁就将获得先机，如果能抓住机会，就能取得相应的竞争优势。因此，当今的旅游企业都很重视营销信息的搜集工作，一些实力较强的旅游企业在其内部设有专门的信息搜集、分析、整理和研究机构，以便及时与决策层沟通，从而提高决策的科学性。

六、旅游市场营销信息系统的构成

旅游市场营销管理人员为了履行他们的分析、规划、执行和控制职责，需要有关旅游市场营销环境发展变化的信息。旅游市场营销信息系统处于旅游环境与旅游市场营销管理人员之间，它的作用就是评估管理人员的信息需求，收集所需要的信息，并将信息及时传递给旅游市场营销管理人员。由此可见，旅游市场营销信息系统是旅游企业收集、处理并利用相关环境数据的工具，有效的旅游市场营销信息系统能向决策者提供迅速、准确、可靠的信息。旅游市场营销信息系统主要包括以下四个系统：

（一）旅游企业市场营销内部报告系统

旅游市场营销管理人员所使用的最古老、最基本的信息系统就是旅游企业的内部报告系统。旅游企业内部报告系统提供旅游企业内部信息，它是以内部会计系统为主，辅之以销售报告系统。这一系统是由报告订单、销售额、价格、存货水平、应收账款、应付账款等构成。集中反映订货、销售、存货、现金流量、应收账款及应付账款等数据资料，营销人员通过分析、掌握这种信息，能够发现重要的机会和信息。

例如，会计部门提供的销售和成本数据，原是用于财务分析的，现在却用来评估旅游产品及其推销力量或渠道运行情况。因此，旅游营销信息系统必须对其进行搜集、分类、整理和编目，以便于管理人员的使用。

在这个循环中，旅游企业应该注意的有：首先，旅游企业针对顾客的订单一定要重视，及时、准确是基本原则。其次，旅游企业也应该注重自己的权益，就是针对应收账款也一定要重视，以免出现大量的呆账。影响旅游企业的资金运营状况。

（二）旅游企业市场营销情报系统

旅游内部报告系统为决策人员提供的是事后数据，且容易获得。而旅游营销情报系统则提供正在发生的数据信息。

所谓旅游营销情报系统是为了营销决策人员获得日常的关于市场营销环境发展信息的一套程序和来源。这一系统通过对旅游企业外部环境的观察、评估以及信息的搜集，为旅游企业识别市场机会与发现危机提供相关材料。该系统的信息搜集可以通过旅游营销人员自行收集情报，经常通过阅读公开出版物、网络资料和国家政策法规；还可以征询企业的顾客、公众、中间商沟通；还可以与旅游业内部相关部门管理者、员工交流。但是这种方法带有相当的偶然性，容易造成有价值的信息可能丧失掉或得到的太迟，使企业面对竞争，面对新的需求、新的问题，不能做出最佳的反应。

因此旅游企业应采取下列一些方法来改进营销情报的质量、数量。

可以鼓励旅游营销人员去收集和报告新出现的情况。他们的工作是在第一线，所以在信息的搜集上是其他方法、部门所不能取代的。旅游企业应该培养、鼓励这部分销售人员，采用正确的方式收集、筛选、传递市场信息。

可以鼓励旅游中间商来反馈情报。旅游企业可以要求旅游零售商、旅游销售商等递交销售单据来了解最终用户的特点，来帮助改进营销计划。当然这需要旅游企业组织一些旅游中间商大会，通过密切的沟通、适当的奖励来维护这部分中间人员。

可以利用一些旅游情报供应商、专业的调查机构。例如零点调查机构、兰德调查机构。随着社会的进步、经济的发展，这种专业的调查机构越来越多，企业也越来越重视这种方式。

建立搜集竞争对手、行业相关单位的资料系统。例如行业发展年鉴、竞争对手的年报等。

因此旅游企业应该建立旅游部营销信息中心用以收集和传递营销情报。把所收集到的情报摘录后，制成新闻简报形式送给相关部门经理参阅。协助旅游管理人员评估新的信息。这些工作能够大大改进管理决策人员的工作效率。

（三）旅游企业市场营销信息调研系统

营销信息调研是系统地设计、收集、分析和报告旅游企业所需要了解分析的有关问题的各种数据和资料的工作。通过调研所获得的信息更深入，更细致，更有针对性，更系统化、专业化，前期的市场机会、过程中的市场份额、游客的购买行为及意见建议、旅游产品的价格、营销活动的方式等有价值的信息数据都可以通过深入的调研来获得。

但是在现实中，有很多旅游企业对专题调查没有给予足够的重视。原因在于：第一，对旅游市场调查的理解过于狭隘。仅仅将市场调查看成是对市场事实的了解。旅游调查工作就是设计市场问卷、选择样本、面访、报告结果，而没有明确所调查项目的目的，未明确决策层面临的决策选择，因此结果不尽人意；第二，旅游调查员的作用没有得到足够的重视，调查人员缺乏培训，导致调查人员能力参差不齐。直接影响调查的真实性、客观性、及时性；第三，旅游市场调查在人们心目中的认知度不高，许多人认为旅游调查就是检查自己的隐私资料，将这些资料公开。所以，这一系统的建立很重要，同时所需要准备的工作也最多。

（四）旅游企业市场营销信息分析系统

信息的收集是第一环节，信息的分析是核心的操作，所收集的信息只有通过分析才能使其价值得以凸现。具体操作可以根据解决问题的目标、改善经营的作为、取得最大效益的意愿作为动机的导向，通过对信息的统计程序和模式的处理来得出有意义和有价值的结果，帮助营销人员做出科学的决策。旅游企业营销分析系统是指由资料系统、工具和统计技术、分析决策模式等构成的集合，主要是由统计库和模型库组成。

统计工具库是一组先进的统计方法，帮助有关人员了解数据之间的关系及其统计的可靠性。而模型库是以相关的数学模型，帮助旅游营销决策人员做出量化的、科学的决策。

随着信息技术的运用，许多软件都可以帮助我们来分析、控制、计划市场营销业务，使旅游营销决策人员能够更好的工作。

任务二　掌握旅游市场营销调研

【案例导入】

景区开发与管理专业人才需求调查问卷

尊敬的企业领导：

您好！

为了深入了解当前企业对高职高专景区开发与管理专业人才需求情况及对其知识、能力和素质要求，为我们的专业设置和教育、教学改革研究提供必要的支持，我们设置了本调查问卷，希望听取您的宝贵意见。本次问卷仅为调查研究所用，没有其他任何商业用途，我们保证有关企业的所有信息均不外流。

感谢您对景区开发与管理专业高职教育教学改革以及人才培养提供的支持和帮助！

山西林业职业技术学院 旅游系
景区开发与管理专业教研室

（请您在符合调查意向后打✓，谢谢）

1. 贵单位全称

地址：

2. 贵单位的性质

国有企业（ ）；民营企业（ ）；合资企业（ ）；独资企业（ ）；其他（ ）

3. 贵单位的企业类型

旅行社（ ）；酒店（ ）；景区（ ）；在线旅游OTA（ ）；旅游规划设计咨询公司（ ）；会展（旅游）公司（ ）；其他（ ）

4. 贵单位成立时间

5年以内（ ）；5～10年（ ）；10年以上（ ）

5. 贵单位目前员工结构

员工总数（ ）人。其中：硕士以上（ ）人，本科（ ）人，大专（高职）（ ）人，中专（高中）（ ）人，高中及以下（ ）人

6. 贵单位近两年招聘情况

共录用景区开发与管理专业高职毕业生（ ）人，已有（ ）人得到晋升，有（ ）人离职

7. 贵单位提供应届高职高专毕业生的薪资水平（元）

1000～1500（ ）；1501～2000（ ）；2001～2500（ ）；2501～3000（ ）；3000以上（ ）

8. 贵单位招聘新进员工时更倾向于从下列哪些专业中选择人才？（可多选，最多4项）

景区开发与管理专业（ ）；公关与文秘类专业（ ）；财会类专业（ ）；市场营销类专业（ ）；经济贸易类专业（ ）；外语类专业（ ）；其他专业（ ）

9. 未来三年内贵单位对景区开发与管理类专业人才的需求状况

有需求，5人以下（ ）；有需求，5～10人（ ）；有需求，10人以上（ ）；无需求（ ）；不确定（ ）

10. 根据贵单位的实际情况，哪些岗位的人才需求最为迫切？（可多选，最多4项）

行政管理（ ）；项目管理（ ）；专项技术（ ）；市场拓展（ ）；企业品牌（ ）；后勤人员（ ）；其他（ ）

11. 贵单位引进高职高专毕业生人才的主要方式(可多选，最多5项)

校园招聘应届毕业生(　　)；人才市场中介(　　)；网络招聘(　　)；其他(　　)

12. 贵单位近两年招聘的景区开发与管理专业高职高专毕业生主要集中在哪些岗位？(可多选，最多4项)

行政管理(　　)；项目管理(　　)；专项技术(　　)；市场拓展(　　)；企业品牌(　　)；后勤人员(　　)；其他(　　)

13. 贵单位在人才开发方面遇到的最大问题是(可多选，最多4项)

人才来源渠道不畅通，符合企业需求的人才难找(　　)；人才流失问题严重(　　)；人才信息沟通不够及时(　　)；进行员工培训成本高(　　)；其他(　　)

14. 贵单位招聘景区开发与管理专业人才对性别要求

女生为主(　　)；男生为主(　　)；性别无要求(　　)

15. 贵单位对招聘员工的身高、外貌等外形条件有无要求？

必备的硬件(　　)；视岗位需求而定(　　)；不作要求(　　)；其他(　　)

16. 决定贵单位对景区开发与管理专业高职高专毕业生应聘人才取舍的重要因素有(可多选，最多4项)

仪容仪表(　　)；谈吐与礼仪(　　)；专业知识与专业技能(　　)；基础知识与日常工作能力(　　)；实习与社会实践经验(　　)；个人基本素质(　　)；服务意识(　　)；其他(　　)

17. 贵单位认为景区开发与管理专业高职高专毕业生应该掌握哪些基础知识？(可多选，最多4项)

管理学(　　)；经济学(　　)；管理心理字(　　)；基础会计学(　　)；统计字(　　)；思想道德修养(　　)；法律基础(　　)；英语(　　)；计算机基础(　　)；其他(　　)

18. 贵单位认为景区开发与管理专业高职高专毕业生应该掌握以下哪些专业知识？(可多选，最多6项)

旅游礼仪(　　)；中国旅游文化(　　)；景观植物概述(　　)；旅游法规实务(　　)；旅游市场营销(　　)；景区景点讲解实务(　　)；测量技术(　　)；景观工程制图(CAD)(　　)；旅游景区服务与管理(　　)；旅游资源调查与评价(　　)；景区规划与开发(　　)；景观设计实务(　　)；其他(转到19题)(　　)

19. 如果您选择了“其他”，请选择以下项目(可多选，最多6项)

中国旅游地理(　　)；度假区经营与管理(　　)；旅游服务心理(　　)；会展实务(　　)；景区解说系统(　　)；旅游企业财务管理(　　)；旅游电子商务(　　)；旅游商务英语(　　)；景区项目投资与运营(　　)；旅游企业人力资源与管理(　　)；其他(　　)

20. 景区开发与管理专业毕业生具备哪些专业工作能力才能更符合贵单位的要求？(可多选，最多4项)

优质的服务能力(　　)；良好的产品销售能力和售后服务能力(　　)；进行市场调查、预测、分析基本能力(　　)；营销方案组织策划能力(　　)；企业行政管理能力(　　)；基层生产或服务管理方面的能力(　　)；财务管理方面的基本能力(　　)；人

力资源管理方面的基本能力( )；产品设计能力(线路设计、景观设计或空间设计等)( )；其他( )

21. 景区开发与管理专业毕业生具备哪些个人素质才能更符合贵单位的要求？(可多选，最多4项)

道德品质高尚( )；吃苦耐劳，有奉献精神( )；团结友爱，团队合作精神( )；良好协调、沟通与表达能力( )；情绪稳定，有一定忍耐力( )；较强的学习能力，领悟反应能力与创新能力( )；独立工作，有较强领导能力( )；良好的心理素质( )；其他( )

22. 贵单位对招聘的景区开发与管理专业高职高专人才是否满意？

十分不满意( )；不满意( )；一般( )；比较满意( )；十分满意( )

23. 贵单位对高职高专景区开发与管理专业毕业生的评价：

评价指标	5分	4分	3分	2分	1分
专业知识和技能					
实践动手能力					
吃苦耐劳精神					
工作态度与热情					
外语和计算机应用					
团队合作精神					
沟通协调能力					
综合素质					

此次调查到此结束，再次感谢您的支持与帮助！

企业负责人：

(单位签章)

2016年4月7日

思考：分析本调查问卷的调查方法。

知识学习

一、旅游市场营销调研的含义

旅游市场营销调研是指旅游企业或旅游企业的外部机构为满足旅游企业对营销决策的需要而系统地设计、搜集、记录和分析并报告与该企业营销活动中的各种特殊问题相关的信息过程。营销调研是现代旅游企业运营过程中的一个重要内容，通过调研，可以了解市场需求，从而制定出市场需求的满意产品和服务，同时有助于管理人员制定营销策略、制定合适的价格。

二、旅游市场营销调研的作用

（一）有利于旅游企业及时掌握旅游市场需求变化

旅游市场营销调研是旅游企业认识市场、获得旅游市场信息的最基本的方法，通过旅游市场调研有利于旅游企业及时客观地了解旅游市场环境信息，发现旅游市场机会，进行旅游新产品的开发。如随着绿色旅游消费热潮，各类野菜登上五星级酒店的餐台，客人不但乐于接受，而且消费也很满意。原因得益于对市场的调查，把握住了客人的消费心理和消费趋势。

（二）为旅游企业制订营销计划、营销策略以及营销战略提供科学依据

通过旅游市场调研可以了解整个经济环境对企业发展的影响，了解国家的政策法规变化，能够帮助旅游企业认清机遇，转化新机遇为商机。例如，旅游产品在哪些市场的销售前景较好；旅游产品在某个市场上的销售预计可达到什么样的数量；怎样才能扩大旅游企业产品的销路，增加销售量；如何去掌握旅游产品的价格；应该使用什么方法去组织旅游产品的推销等。这些问题只有通过市场调查后，才能得到具体答案，能作为决策或修正策略的客观依据。

（三）有效促进旅游市场营销活动顺利进行

在旅游市场营销的整个活动过程中，旅游环境和旅游市场始终处于变化状态，一旦出现新情况、新问题，原定计划就应当适当修订，这一切就可以通过市场调查发现旅游企业现有产品的不足及经营中的缺点，使企业及时加以纠正，以保证其战略和计划的正确执行。

（四）有助于了解竞争者市场动态

通过旅游市场调查还可以及时掌握竞争对手的动态，掌握其旅游企业产品在市场上所占份额大小，针对竞争对手的策略，对自己的工作进行调整和改进，做到“知己知彼，才能百战不殆”。

（五）有助于开拓新市场

旅游市场营销调查是一项基础性的长期工作，它系统地、连续地搜集大量有价值的信息并输入到旅游市场营销信息系统中，使其内容日益完善。旅游企业可以据此作为旅游预测的基础，测量旅游市场上现有营销策略满足需求的程度，从而不断开拓新的市场。

三、旅游市场调研的前期准备

在进行旅游市场调研之前，应首先确定是否值得进行调查；是否进行旅游市场调查主要取决于预期成本是否大于收益。若预期成本大于预期收益，则需要调查，反之，放弃调查。但在有些特殊情况下，调查是毫无意义的。通常会出现以下问题：缺乏资源、调查结果用处不大、错过市场时机、已经做出决策、管理者还未对制定决策所需信息达成一致、制定决策所需信息已经存在等。倘若市场需要调查，应就需要调查的问题、目标、方法与方案、调查预算以及时间、人员安排等项目进行确认后，方可展开旅游调查工作。

四、旅游市场调查的内容

(一)对购买行为的调查

对旅游业而言，消费者的购买行为是变幻莫测的，但仅通过理论分析来把握潜在和现实的旅游者消费心理和购买技巧是不客观的，因此，针对旅游者需求所进行的市场调研是市场调查活动的最主要部分。在调查中，企业应注重调查以下问题。

谁买旅游产品(Who)。旅游企业做调查首先要明确旅游企业的目标市场在哪，需求量是多少，一个市场有效的需求量，直接决定着旅游市场规模的大小。

旅游者买什么(What)。旅游企业不仅要确定旅游者需要的服务内容，更重要的是了解他们希望从服务中获得什么样的利益。此外，还要明确不同地理区域的需求有什么区别，以及这些区别是如何变化和发展的。

旅游者什么时候购买，购买频率怎样(When)。获得这些问题的答案对旅游企业而言是非常重要的，这些信息将帮助企业“有的放矢”，确定适当的生产规模和弹性。另外，不同的购买频率也是制定服务促销和选址策略的重要参考依据。

旅游者为什么购买(Why)。通过对此问题的旅游企业可真正了解旅游者购买动机有什么不同，这样，旅游者可根据不同的购买原因设计不同的旅游产品，进行不同的宣传。如有求实惠的心理动机；有求名利的心理动机；有求新奇的心理动机，还有是出于好胜的心理动机。

谁做购买决策(Whom)。虽然很多旅游者也是旅游服务的受益者，但他们在购买决策过程中并不起主导作用。例如，对于一个家庭来说，购买旅游产品的具体内容，做出购买决策的大多是女主人。

(二)旅游竞争对手调查及其相关行业的调查

旅游市场调查中，一定要有针对性，具体找准竞争对手进行调查研究。一个市场一般要紧盯两个竞争对手：一个是第一竞争对手，另一个是潜在竞争对手。第一竞争对手是与我们产品同类的主导品牌、第一品牌。潜在竞争对手是与我们产品同类的新兴品牌，它现在的销量未必很大，但它极有可能成为未来的领导品牌。企业要想在竞争中保持有利地位，就必须对竞争对手进行调查研究，以便更好地确定自己的竞争策略。

竞争对手调查的内容有：了解对手以何种形式、何种价格提供何种产品，对手的市场占有率如何。对手采取了什么促销策略和分销渠道，对手在产品开发和营销活动中有何产品优势与缺陷。另外，企业还可以将市场调查的“触角”伸向与本企业以及本企业服务相关的其他行业和领域。因为不同行业、不同企业之间总存在可以互相借鉴和学习的地方。

(三)对旅游中间商的调查

旅游中间商直接面对市场，他们更了解顾客的需求和营销策略的效果，对旅游产品的特色、优势与不足有更深刻的认识；并且中间商在对多家企业旅游产品的代理、销售以及对单项旅游产品的组合搭配上，更能全面认识整个旅游产品市场的竞争与合作态势。因此，企业从对旅游中间商的调查中也能获得一定的有价值的信息。通常从以下两个方面进行：

1. 对旅游销售情况调查

旅游产品销售情况的调查是旅游市场营销调查应用最为广泛的内容，因为它直接影响营销效果，在旅游过程中，消费者会得到两个重要的服务感受——服务质量和满意程度。这两个感受将进一步转化为正面或负面的口碑，在更大的范围内影响潜在顾客对服务品牌是放弃还是购买。所以，企业对服务过程的调查应围绕这两个中心展开。

销售调查的目的是建立更为精干有效的销售组织，采用更加有效的销售方法，最大限度地降低销售费用，取得更好的销售效果，便利快捷地把旅游产品传递给旅游者，以提高旅游者的满意度。

2. 公众对旅游企业形象评价的调查

市场经济的发展不以人的意志为转移，竞争已超越产品本身，非产品竞争被置于突出地位。旅游企业的形象对于消费者，尤其是对于潜在旅游者的购买决策具有很强的说服作用。原因很简单，旅游服务是无形的，需要旅游企业的市场形象做代表。良好的企业形象是企业攻城略地、战胜强手、提高销售额的锐利武器。它不仅能够全面提升旅游企业整体形象和经营管理水平，还有利于促进旅游企业经济效益和社会效益的提高。因此，了解旅游者理想化的旅游服务形象，将是企业在制定促销宣传和有形展示策略时的重要参考。

五、旅游市场营销调研的误区及防范措施

市场调研在现实操作中往往陷入种种误区，影响旅游企业销售计划的正确性和针对性，反而难以达到企业所预期的效果，这些误区主要来自于：

①缺乏结论性营销调研报告。营销调研既耗时间又费成本，调研的题目往往很宽泛，结果仅仅能获得一些参考资料，很少有结论性的报告，这就很难对销售计划、销售决策提供切实的帮助。

②临时抱佛脚。旅游企业销售决策遇到难题需要市场资料时往往感到十分紧缺，于是连忙去进行营销调研，通过数据收集、整理、分析之后，问题的紧迫性又过去了，这样调查资料因错过最佳时机而失去其实际价值。

③管理人员与调查人员沟通不足。管理人员需要更多具体、明确、肯定性的结论，而调研人员往往只能提供一些参考性的倾向意见。两者之间的信息流通不畅，使得对问题的理解大相径庭而得出错误的决策。

旅游企业的管理人员在认识这些误区的同时，必须注意矫正自己的行为错误。

六、旅游企业市场调研的类型

（一）按照市场调研的目的分类

1. 探索性调研

此类调研主要用来发现新机会，或找出对现有问题的可能的解释，但不是要得出答案，当企业面临以下两种情况时，会采用这种调研方式。

一种情况是市场现象很复杂，实质性问题难以确认，为了确定调研的方向和重点，首先采用探索性调研帮助明确实质性问题，以便就此做更深入的调查；另一种情况是当旅游企业提出某些新的设想或构想时，可借助探索性调研来初步确认是否可行。此时旅游企业会面临错综复杂的各种可能的情况，如销售额下降，销售部门认为是产品及服务质量不能令人满意，具体运作部门感觉是竞争对手的销售更火爆，采购部门抱怨物价太高，而最高管理层则在猜测宏观经济不景气可能是根源所在。探索性调研就是要初步收集资料，排除

非关键因素，再有的放矢地进一步调研，以节约调研成本。

2. 描述性调研

此类调研是对市场的客观情况（包括历史情况和现状）进行如实的记录和反映，如对我国当前旅游企业发展状况这样的题目进行调研。描述性调研首先需要收集大量相关的市场信息，其中应当包括各种有关的数据，然后对调研的资料进行分类、分析、整理，最后形成调研报告。描述性调研应当内容翔实、全面、客观，并要做相应的定量分析。

3. 因果关系调研

此类调研主要是为了掌握有关市场现象之间的因果关系，也可用于某项市场试验。如为了试验广告效果，可以有计划地改变广告内容、广告频率和广告时间，然后收集有关销售额、品牌知名度、市场占有率等资料，从而掌握广告对企业销售的影响。但在使用因果调研时应注意防止片面性，因为同一现象或结果可能是由多种因素的变化引起的，有主要因素、次要因素、真实因素、虚假因素，这些都需要调研人员加以分析和区别。

（二）按照市场调研活动的针对性分类

1. 连续经常性市场调研

旅游企业的销售活动是在动态的、竞争性的环境中进行的，旅游企业销售环境的变化，目标市场的动态性，市场营销组合的策略效果，都是旅游企业长期面临的问题，必须进行经常性的市场调研，才能随时掌握情况。如产品（客房、菜单及其他配套设施的设计）是否符合顾客的口味，价位是否合理，销售渠道是否有效并控制得力，促销措施是否卓有成效等。

2. 专门市场调研

旅游企业根据某种特殊需要或具体活动而专门进行的调研，有些特殊的情况，如当旅游企业要组合一项特殊的旅游企业产品时，所举行的特殊的促销活动或特别的广告活动，就要求销售人员做专门调研，提出建议；又如旅游企业在一段时间内出租率下降，也需要对影响出租率的各种因素做详细的调研，找出存在问题的环节，分析问题产生的原因，并在调查报告中提出解决办法。

七、旅游企业市场调研的范围

作为一个重要的市场信息来源，市场调研所涉及的范围必须广泛，而且要贯穿于营销管理的全过程。一般来讲，市场调研的范围，主要包括以下内容：

（一）市场需求和销售趋势

估计市场需求，主要是量的分析。旅游企业市场调研人员应观察旅游企业市场总的发展趋势，了解旅游人数的增减情况。同时，旅游企业还应收集客源地资料，分析本旅游企业所在地区的旅游者人数。旅游企业通过市场调研，应尽力对市场需求做出定量分析，如游客的收入水平、闲暇时间、旅游数量与消费构成、分销渠道的调查以及促销效果调查等都可作为调研的内容。

1. 可控因素的影响

在市场调研中，旅游企业应针对产品的价格、渠道、促销等可控因素对销售的影响分别进行调研，并结合销售成本分析和利润分析，对旅游企业的战略、策略和未来的业务活动做出规划。其中旅游设施、旅游服务、旅游企业形象、旅游容量等内容也可以作为调查的因素。

2. 市场竞争情况

市场竞争情况是指直接影响旅游企业营销的不可控制的因素，需要认真调研，旅游企业应收集的信息包括如下几方面：

①市场占有率，这方面信息可使旅游企业管理人员了解本旅游企业在竞争中的进展情况。管理人员可通过比较本旅游企业的销售量与所有竞争对手的总销售量，来计算本旅游企业的市场占有率。

②竞争对手的销售策略和实际做法，了解竞争对手的销售方案，有助于制定企业的销售策略。连续数月从报纸杂志上收集竞争对手的广告，是获得这方面信息最好的，也是最简便的方法。

③旅游企业还应设法了解竞争对手在各种媒体中发布的广告及在营销推广等方面的销售活动情况。

④分析各竞争企业的特点，包括有形特点和无形特点。通过分析，管理人员应编制各竞争对手比较表。

3. 其他不可控因素的影响

其他不可控因素主要有政治、法律、经济、文化、科学技术等因素。一般来说，旅游企业很少直接进行其他不可控因素的调研，主要通过报刊等资料收集情报，如消费者的收入、收入分配趋势、消费者购买动向等信息。

(二)动机调研

动机调研主要是质的分析。在旅游企业行业，动机调研广泛应用于分析游客选择某一旅游企业而不选其他旅游企业的原因。例如，对游客常调查的项目有文化动机、交际动机、变换环境动机、地位与声望动机、业务动机等，这种分析研究有助于判断企业的哪些特征会对游客选择旅游企业产生决定性的影响，还可以用来判断本企业选择的目标市场是否正确，本企业是否提供了目标市场需要的产品和服务，是否满足了顾客的需要，是否向目标市场传递了适当的信息等，以便根据顾客的需要，做好销售工作。

在具体的操作中，旅游企业最常进行的营销调研活动有确定旅游企业市场的特点、预测旅游企业市场的潜力、市场占有率分析、销售分析、销售趋势研究、竞争分析、短期预测、旅游企业市场对新产品的接受情况和新产品的潜力、长期预测、价格研究等。

八、旅游市场营销调查的方法

旅游市场营销调查并不只是为了解旅游市场实情和现状，而是为了探明今后如何扩大市场，是一项具有积极意义的调查活动。旅游市场营销调查的方法大致可分为文案调查法、问询调查法、观察法和实验法。

(一)文案调查法

文案调查法是指通过搜集各种历史的、现实的资料，从中提取与旅游市场调查项目相关的信息资料。所获取的资料成为二手资料。文案调查的资料来源有：国家统计部门发布的统计公报，以及各类统计年鉴；各经济信息部门、旅游行业协会提供的信息公报等；国内外有关报刊、杂志、电视等大众传媒提供的各种形式的信息；国内外的各种博览会、洽谈会、展销会等发放的文件资料；旅游企业的各项财务年报、销售记录、影像资料等。

文案调查法有许多好处，既能节省时间，又能节省费用，而且调查的保密性强，实施起来也比较容易。

（二）问询调查法

问询调查法是旅游调查人员利用询问的方式向被调查者了解市场信息资料的一种直接调查的方法。具体的方式有以下几种。

1. 面谈调查

面谈调查是旅游调查人员与调查对象面对面地询问有关问题，从而取得一手资料的调查方法。面谈调查方法的优点有：回收率高、信息真实性强、资料搜集全面。但是所需经费较高，对旅游调查人员的要求较高，容易受到调查双方的影响。

2. 电话调查

电话调查是由旅游调查人员根据事先原则抽取样本，用电话向被调查者提出问题获取资料。这种调查方法使用起来速度快、省时、经济，但由于是不见面的方式，而且由于通话时间不会过长，因此所获取的信息也不会很详实和很完整。

3. 邮寄调查

邮寄调查是旅游调查人员预先设计好调查问卷，然后邮寄给调查者。调查对象按照要求填好后再邮回的方式。这种调查方法调查范围广泛，调查成本较低，但是回收率也低，回收时间长，且旅游调查者难以控制调查过程。

4. 互联网调查

互联网调查是把问卷的设计、样本的抽取以及调查的数据处理等整个调查过程通过计算机程序和互联网来完成的一种调查方法。互联网调查是近年来，随着互联网的迅速发展而出现的，这种调查方法的优点是：便利、快捷，大大缩短调查事件；同时可即时修正操作上的错误；调查成本也比较低。但是互联网调查的调查范围受到网络覆盖率、上网用户的限制；同时互联网还会受到计算机病毒的干扰和破坏，对调查结果的影响较大。

5. 座谈会调查

座谈会调查也称集体访谈法。邀请参加座谈（调查）的人员就调查主题进行研究讨论、发表意见来获取资料的方法。这种方法的优点有：调查成本较低；调查结果通过与会人员集中讨论，可较快地确定出调查结果。但不足是：调查意见容易集中在少数人身上，例如与会人员是相关的专家、且资历较深，更容易形成这种状态；由于座谈会选择的人员较少，所以代表性较低，影响调查结果。

6. 观察法

观察法是由旅游调查人员通过侧面观察调查对象的行为，并对其进行记录来搜集信息资料的调查方法。在调查过程中，通过客观的观察可以耳闻目睹现场情况，同时可以利用照相机、录音机、摄像机等设备对整个过程作直接的记录。以获取一手真实信息资料。这种方法的优点有：被调查者是在不知情的情况下被观察，使处于自然状态，所以搜集到的资料较为客观、可靠、详细。但是这种方法也只能观察到事实的发生，看不到行为的内在因素，同时所投入的费用也较大。如在旅游过程中，有的旅游者眉头紧锁，导游人员仅靠观察有时不能知道他眉头紧锁的原因。

7. 实验法

实验法是源于自然科学的实验求证法，是一种特殊的观察方法。在特定的特殊实验场所、特定的时间、特定的状态下，对调查对象进行试验，来获取资料的调查方法。实验法的目的是为了查明实验对象的因果关系。例如可以对相同的景点设计不同的游览线路，在某一特定时间对游客做小规模的实验，以调查旅游者的反应。

九、旅游市场调查的程序

旅游市场调查工作必须有计划、有步骤地进行，以防止调查的盲目性。一般说来，旅游市场调查可分为四个阶段：旅游调查计划准备阶段、旅游调查的组织与实施阶段、旅游调查总结阶段、追踪旅游调查阶段。

(一)旅游调查计划准备阶段

良好的开端等于成功的一半。为了保证旅游市场调查工作的质量，必须周到地做好一切准备工作。这个阶段的主要工作有以下几种。

1. 明确问题并确定调查目的

这是旅游市场调查的起点，旅游企业需要明确进行调查项目的目的，要解决什么问题。因此，需要把解决的问题设定到一定的限度内。

2. 确定资料的收集范围和方法

围绕调查项目，展开调查的范围(地域范围、调查对象的范围等)，同时确定此次调查所使用的调查方法，选择搜集一手资料观察法、问询调查法和实验法，还是搜集二手资料的文案调查法。

3. 调查表的设计和抽样方案的制订

调查表应该简单明了、主体突出，抽样方式和样本量的控制要以统计分析为前提。

4. 制定旅游调查计划

为了更好地开展和控制旅游调查项目，必须事先设计好各个环节上的工作内容。例如，时间的安排、经费的运用、人力的统筹等。

(二)旅游调查的组织与实施阶段

这个阶段是整个旅游市场调查过程中最关键的阶段，其主要工作是组织调查人员，按照既定的方案，系统的搜集信息资料和数据。对调查项目能否及时、准确、经济的完成起着重要的作用。

1. 旅游调查人员的选聘和培训

首先必须认真挑选一些条件优秀的旅游调查人员，这是做好整个工作的载体。然后对所招聘的旅游调查人员进行培训，人员培训包括项目执行人培训、督导培训、访问员培训。访问员的培训分为两种：一种是访问员的培训；另一种是有针对性的问卷培训。

2. 实地调查

将培训好的调查人员派出，按规定的时间、地点和方法收集资料。目的有两个：一是对访问的工作进行检查；二是对问卷中不清楚或者不明确的地方进行再确认。

(三)旅游调查总结阶段

这个阶段的主要任务是对所搜集到的资料进行整理、分析，获得结论，反馈给决策层。大体可分为以下几个步骤。

1. 资料的整理与分析

对所收集到的资料“去粗取精、去伪存真、由表及里”，使之条理化、清晰化，以便于归档、查找、使用，方便后来的工作。

2. 撰写调查报告

这是对调查的最终成果的反映，需要对决策者关心的问题提出结论性的建议。正规的市场调查报告包括：引言、摘要、正文、附件四个部分。其中基本内容是调查目的、调查对象的基本情况、调查问题的客观事实材料、调查分析的说明以及调查的结论和建议等。

（四）追踪旅游调查阶段

市场调查的最后一个阶段是追踪旅游调查阶段。提出旅游市场调查报告并不意味着旅游市场调查的终结，一般还需要做进一步的追踪调查。其内容一般有以下三个方面。

①对旅游调查报告中所提出的关键问题组织进一步深入连续的调查。

②对旅游调查报告中所提出的调查结论和建议与旅游市场形式的发展是否一致。

③了解旅游调查报告中所提出的调查结论在实际执行中是否被曲解。

总之，追踪调查对评估该项旅游市场调查的成果，改进调查方法，提高旅游调查质量具有重要意义。

十、旅游市场营销调研技术

旅游市场调研不仅要有明确的调研目的和科学的调研方法，还必须使用一定的调研技术。最常用的技术主要是抽样技术和问卷技术。

（一）市场调研技术中的抽样方法

大多数的市场调研是抽样调研，即从调研对象总体中选取具有代表性的部分个体或样本进行调研，并根据样本的调研结果去推断总体。抽样方法按照是否遵循随机原则可分为随机抽样和非随机抽样，抽样调研虽然是非全面调研，但它的目的却在于取得反映总体情况的信息资料，因而，也可起到全面调研的作用。

抽样调研的步骤为：抽样调研的准备工作；根据调研的精度要求，确定样本量；使用一定的抽样方法，进行抽样；收集样本资料，计算样本统计值；用样本统计值推断调研总体的参数值。

抽样方法主要包括随机抽样方法、非随机抽样方法。

1. 随机抽样方法

随机抽样就是按照随机原则进行抽样，即调查总体中每一个个体被抽到的可能性都是一样的，是一种客观的抽样方法。随机抽样方法主要有以下几种。

简单随机抽样，适用于总体中各个个体之间的差异程度较小或总体量少的情形。可用两种方法进行：第一种是抽签法，适用于总体量较少时，把抽样框内的抽样单位编号混合，从中随机抽取；第二种是随机数表法，在乱数表形成的条件下，总体量少时，对总体各单位加以编号，编号位数需相同，从乱数表中随机的数字“1”为起点往后取到编号位数，往后随机抽取编号范围内的样本量。

等距抽样，又称系统抽样，适用于大规模调研，特点是能使样本均匀的分散在总体中。具体过程是先根据一定的抽样距离从母体中抽取样本（抽样距离 = 总体 + 样本），然后进行编号，在第一个抽样距离内采用随机方法抽取一个单位作为起始点，取得一个元素后，每隔一个抽样距离抽取一个元素，直到样本数足够为止。

分层抽样，是最常用的抽样方法，其过程是先决定分层标准，然后将目标总体分成若干层，再从各层中随机抽取所需数量的个体单位，综合成一个调研样本。分层的标准选择常用的有人口统计、所属地或消费者偏好规律等标准。其步骤简单记为：①选择分层标准；②计算各层在总体中的比例；③按各层在总体中的比例，计算样本在各层中的具体分布数目；④在各层中采取等距抽样方法抽取样本单位。

2. 非随机抽样方法

常用的非随机抽样主要有以下几种。

①任意抽样。任意抽样也称便利抽样，这是纯粹以便利为基础的一种抽样方法。街头访问是这种抽样最普遍的应用。这种方法抽样偏差很大，结果极不可靠。一般用于准备性调研，在正式调研阶段很少采用。

②判断抽样。判断抽样是根据要求由样本设计者加以判断、进行抽样的一种方法，它要求设计者对母体有关特征有相当的了解。在利用判断抽样选取样本时，应避免抽取“极端”类型，而应选择“普通型”或“平均型”的个体作为样本，以增加样本的代表性。

③配额抽样。配额抽样与分层抽样法类似，按总体特征先进行分类，根据每一类的大小规定样本的配额，然后由调查人员在每一类中进行非随机的抽样。这种方法比较简单，又可以保证各类样本的比例，比任意抽样和判断抽样样本的代表性都强，因此实际上应用较多。

（二）市场调研问卷的设计方法

问卷调研是现代市场调研的一种十分重要的方法，而在问卷调研中，问卷设计又是其中的关键，问卷设计的好坏，将直接决定着能否获得准确可靠的市场信息。本部分我们将详细介绍问卷设计的有关概念和基本技巧。

询问调研法是收集第一手资料的主要方法，而问卷又是询问调研法中最常用的工具。问卷设计是一项十分细致的工作，一份好的问卷应做到：内容简明扼要，信息包含要全；问卷问题要安排合理、合乎逻辑、通俗易懂；便于对资料进行分析处理。了解和掌握调查研究的方法成为旅游调研人员必备的一项技能。

调研问卷，又称调研表，是调研者根据一定的调研目的精心设计的一份调研表格，是现代社会用于收集资料的一种最为普遍的工具。按照不同的分类标准，可将调研问卷分成不同的类型。

根据市场调研中使用问卷方法的不同，可将调研问卷分成自填式问卷和访问式问卷两大类。

所谓自填式问卷，是指由调研者发给（或邮寄给）被调研者，由被调研者自己填写的问卷。而访问式问卷则是由调研者按照事先设计好的问卷或问卷提纲向被调研者提问，然后根据被调研者的回答填写的问卷。一般而言，访问式问卷要求简便，最好采用两项选择题进行设计；而自填式问卷由于可以借助于视觉功能，在问题的制作上相对可以更加详尽、全面。

根据问卷发放方式的不同，可将调研问卷分为送发式问卷、邮寄式问卷、报刊式问卷、人员访问式问卷、电话访问式问卷和网上访问式问卷六种。其中前三类大致可以划归自填式问卷范畴，后三类则属于访问式问卷。

送发式问卷，由调研者将调研问卷送发给选定的被调研者，待被调研者填答完毕之后再统一收回。

邮寄式问卷，是通过邮局将事先设计好的问卷邮寄给选定的被调研者，并要求被调研者按规定的要求填写后回寄给调研者。邮寄式问卷的匿名性较好，缺点是问卷回收率低。

报刊式问卷，是随报刊的传递发送问卷，要求报刊读者对问题如实作答并回寄给报刊编辑部。报刊式问卷有稳定的传递渠道，匿名性好，费用省，因此有很大的适用性，缺点是回收率不高。

人员访问式问卷，是由调研者按照事先设计好的调研提纲或调研问卷对被调研者进行提问，然后再由调研者根据被调研者的口头回答填写问卷。人员访问式问卷的回收率高，便于设计一些需要深入讨论的问题，但不应涉及敏感性问题。

电话访问式问卷，是通过电话来对被调研者进行访问调研的问卷类型。此种问卷要求简单明了，在问卷设计上要充分考虑几个因素：通话时间限制；听觉功能的局限性；记忆的规律；记录的需要。电话访问式问卷一般应用于问题相对简单明确，但需及时得到调研结果的调研项目。

网上访问式问卷，是在因特网上制作，并通过因特网来进行调研的问卷类型。此种问卷不受时间、空间限制，便于获得大量信息，特别是对于一些敏感性问题，相对而言，更容易获得满意的答案。

要想设计一份完整的调研问卷，需从以下几方面做起：

1. 问卷的基本要求

一份完整的问卷调研表应从形式和内容两个方面同时取胜。从形式上看，要求版面整齐、美观、便于阅读和作答，这是总体上的要求，具体的版式设计、版面风格与版面要求，这里暂不陈述。再从内容上看，一份好的问卷调研表至少应该满足以下几方面的要求：

①问题具体、表述清楚、重点突出、整体结构好。

②确保问卷能完成调查任务与目的。

③便于统计整理。

2. 问卷的基本结构

问卷的基本结构一般包括 5 个部分，即标题、说明信、调研内容、编码和结束语。其中调研内容是问卷的核心部分，是每一份问卷都必不可少的内容，而其他部分则根据设计者需要进行取舍。

（1）标题

问卷的标题是概括说明旅游调查研究主题，使被调查者对所要回答问题的方向有一个大致的了解。确定标题应简明扼要，易于引起回答者的兴趣。例如“山西省休闲旅游市场调查问卷”“大学生旅游调查问卷”“市场调查问卷——针对旅游自驾游的专项调查”等。而不要简单采用“问卷调查”这样的标题，它容易引起回答者不必要的怀疑而拒答。

（2）说明信

说明信也称问卷说明，是向被调查者写的一封简短信，旨在向被调查者说明调查的目的、意义。有些问卷还有填表须知、交表时间、地点及其他事项说明等。说明信一般放在问卷开头，通过它可以使被调查者了解调查目的，消除顾虑，并按一定的要求填写问卷。

说明信既可采取比较简洁、开门见山的方式，也可在问卷说明中进行一定的宣传，以引起调查对象对问卷的重视。例如：

尊敬的先生/女士

您好！我是××(单位名称)的市场调查员，我们正在进行山西省休闲旅游市场的调查，希望得到您积极地参与。本问卷共有四部分，问项的填答并无“对”与“错”，填答的资料仅供本研究参考之用，涉及您隐私的地方，我们将予以保密。对于您的理解与支持，我们表示由衷的感谢，祝您在山西旅途愉快！

××市旅游局

××年×月×日

问卷的调研内容主要包括各类问题，问题的回答方式及其指导语，这是调研问卷的主体，也是问卷设计的主要内容。问卷中的问答题，从形式上看，可分为开放式、封闭式和混合型三大类。开放式问答题只提问题，不给具体答案，要求被调研者根据自己的实际情况自由作答。封闭式问答题则既提问题，又给出若干答案，被调研者只需在选中的答案中打“✓”即可。混合型问答题，又称半封闭型问答题，是在采用封闭型问答题的同时，最后再附上一项开放式问题。

(3)指导语

指导语也就是答卷说明，是用来指导被调查者如何填答问题的说明。不同类型的问卷，对指导语的要求也不相同。对指导语的要求目前并没有明确的规范，有的指导语简短的附在说明信的后面，有的单列出来，有的则分散在某些较复杂问题的前面或后面。例如：本题可多选。

(4)编码

编码一般应用于大规模的问卷调研中。因为在大规模问卷调研中，调研资料的统计汇总工作十分繁重，借助于编码技术和计算机，则可大大简化这一工作。

编码是将调研问卷中的调研项目以及备选答案给予统一设计代码。编码可以在问卷设计时设计好，也可以等调研工作完成以后再进行。前者称为预编码，后者称为后编码。在实际调研中，常采用预编码。

(5)结束语

结束语一般放在问卷的最后，用来简短地对被调研者的合作表示感谢，也可征询一下被调研者对问卷设计和问卷调研本身的看法和感受。

3. 问卷设计的程序

问卷设计的程序一般包括10个步骤，包括确定所需信息、确定问卷的类型、确定问题的内容、确定问题的类型、确定问题的措辞、确定问题的顺序、问卷的排版和布局、问卷的测试、问卷的定稿、问卷的评价。

(1)确定所需信息

确定所需信息是问卷设计的前提。调研者必须在问卷设计之前就掌握所有能达到以研究为目的和有助于验证、研究假设所需要的信息，并决定用于分析这些信息的方法，比如频率分布、统计检验等，按这些分析方法所要求的形式来收集资料，掌握信息。

(2)确定问卷的类型

制约问卷选择的因素很多，而且研究课题不同，调研项目不同，主导制约因素也不一样。在确定问卷类型时，必须先综合考虑这些制约因素，例如调研费用、时效性要求、被调研对象、调研内容等。

(3)确定问题的内容

确定问题的内容似乎是一个比较简单的问题。然而事实上却不然，这其中还涉及一个个体的差异性问题，也许在你认为容易的问题恰恰是他认为困难的问题；在你认为熟悉的问题在他认为是生疏的问题。因此，确定问题的内容，最好与被调研对象联系起来。分析被调研者群体，有时比盲目分析问题的内容效果要好。

(4)确定问题的类型

问题的类型归结起来分为5种：自由问答题、两项选择题、多项选择题、顺位问答题和量度式问题，其中后三类均可以称为封闭式问题。

①自由问答题。自由问答题也称开放型问答题，只提问题，不给具体答案，要求被调研者根据自身实际情况自由作答。自由问答题主要限于探索性调研，在实际的调研问卷中，这种问题不多。自由问答题的主要优点是被调研者的观点不受限制，便于深入了解被调研者的建设性意见、态度、需求问题等。主要缺点是难于编码和统计。自由问答题一般应用于以下几种场合：作为调研的介绍；某个问题的答案太多或根本无法预料时；由于研究需要，必须在研究报告中原文引用被调研者的原话。例如，您对我们饭店的服务还有哪些意见和建议？

②两项选择题。两项选择题也称是做题，是多项选择的一个特例，一般只设两个选项，如“是”与“否”，“有”与“没有”等。例如，您还会再次光临我们的景区吗？是(　)否(　)。两项选择题的特点是简单明了。缺点是所获信息量太小，两种极端的回答类型有时往往难以了解和分析被调研者群体中客观存在的不同态度层次。

③多项选择题。这是各种调研问卷中采用最多的一种问题类型。例如，你对我们旅行社哪些方面的服务比较满意？导游服务□交通服务□住宿安排□餐饮服务□旅游线路的活动安排□购物次数和内容□等，多项选择题的优点是便于回答，便于编码和统计，缺点主要是问题提供答案的排列次序可能引起偏见。这种偏见主要表现在三个方面：第一，对于没有强烈偏好的被调研者而言，选择第一个答案的可能性大大高于选择其他答案的可能性。解决问题是打乱排列次序、制作多份调查问卷同时进行调查，但这样做的结果是加大了制作成本。第二，如果被选答案均为数字，没有明显态度的人往往选择中间的数字而不是偏向两端的数字。第三，对于A、B、C字母编号而言，不知道如何回答的人往往选择A，因为A往往与高质量、品质好等相关联。解决办法是换用其他字母，如L、M、N等进行编号。

④顺位式问答题。顺位式问答题，又称序列式问答题，是在多项选择的基础上，要求被调研者对询问的问题答案，按自己认为的重要程度和喜欢程度顺位排列。例如：

最能吸引您选择我们饭店的因素依次是：

A 价格便宜　B 饭店位置方便　C 饭店餐饮有特色　D 饭店安全　E 良好的会议设施　F 景色优美

在现实的调查问卷中，往往是几种类型的问题同时存在，单纯采用一种问题类型的问卷并不多见。

⑤量度式问题。量度式问题就是把调研者提出的问题分不同程度列出答案，由被调研者选择答案。这种方法由于能够了解游客对产品评价的程度高低，因此，在旅游业调研中应用广泛。例如：

你对此次平遥古城之行的总体印象是：

很好□ 较好□ 一般□ 较差□ 很差□

(5)确定问题的措辞

很多人可能不太重视问问题的措辞，而把主要精力集中在问卷设计的其他方面，这样做的结果有可能降低问卷的质量。提问时有如下几条法则需要遵守。

①问题的陈述应尽量简洁。

②避免提带有双重或多重含义的问题。

③最好不用反义疑问句，避免应用否定句。

④注意避免问题的从众效应和权威效应。

(6)确定问题的顺序

问卷中的问题应遵循一定的排列次序，问题的排列次序会影响被调研者的兴趣、情绪，进而影响其合作的积极性。所以一份好的问卷应对问题的排序作出精心的设计。

(7)问卷的排版和布局

问卷的设计工作基本完成之后，便要着手问卷的排版和布局。问卷排版、布局，总的要求是整齐、美观，便于阅读、作答和统计。

(8)问卷的测试

问卷的初稿设计工作完毕之后，不要急于投入使用，特别是对于一些大规模的问卷调查，最好的办法是先组织问卷测试，如果发现问题，及时修改。测试通常选择 20 ~ 100 人，样本数不宜太多，也不要太少。如果第一次测试后有很大的改动，可以考虑是否有必要组织第二次测试。

(9)问卷的定稿

当问卷的测试工作完成，确定没有必要再进一步修改后，可以考虑定稿。问卷定稿后就可以交付打印，正式投入使用。

(10)问卷的评价

问卷的评价实际上是对问卷的设计质量进行一次总体性评估。对问卷进行评价的方法很多，包括专家评价、上级评价、被调研者评价和自我评价。专家评价一般侧重于技术性方面，比如说对问卷设计的整体结构、问题的表述、问卷的版式风格等方面进行评价。上级评价则侧重于政治性方面，比如说在政治方面、在舆论导向方面、可能对群众造成的影响等方面进行评价。被调研者评价可以采取两种方式：一种方式是在调研工作完成以后再组织一些被调研者进行事后评价；另一种方式则是调研工作与评价工作同步进行，即在调研问卷的结束语部分安排几个反馈性题目，比如“您觉得这份调查表设计得如何?”

一般而言，问卷的开头部分应安排比较容易的问题，这样可以给被调研者一种轻松、愉快的感觉，以便于他们继续作答。中间最好安排一些核心问题，即调研者需要掌握的资料，这一部分是问卷的核心，应该妥善安排。结尾部分可以安排一些背景资料，如职业、年龄、收入等。个人背景资料虽然也是事实性问题，也十分容易回答，但有些问题，诸如收入、年龄等属于敏感性问题，因此一般安排在问卷的末尾。当然在不涉及敏感性问题的情况下也可将背景资料安排在开头部分。

任务三 掌握旅游市场营销预测

一、旅游市场预测的含义与内容

旅游市场预测，是指运用各种定性和定量方法，在旅游营销市场调研的基础上，针对旅游企业的需要，对旅游市场未来发展变化作出的分析和推断，

调查是预测的前提，没有调查当然就没有发言权。因此，旅游市场预测实际上是旅游市场调查结果的运用与延续，与旅游市场营销相关的因素都可以成为我们的预测对象，但孰重孰轻，却要根据旅游企业的需求决定，一般主要包括以下六个方面：

(一)旅游营销环境的预测

旅游营销环境是旅游企业决策者们必须关注的因素，其预测主要包括：国际、国内政治、经济形势及国家产业结构变化趋势、自然环境和生活条件的变化趋势等。旅游业与许多产业有关联，随着生活水平的提高，人们的消费趋向发生了较大的改变，这些因素直接影响着旅游企业的经营。

(二)旅游市场需求预测

1. 需求总量的预测

旅游市场需求总量主要是指在一定区域和一定时间范围内，旅游者可能的购买力及购买力投向的总量。旅游需求总量可以标识旅游企业在一定时期和一定营销费用条件下，可能达到的最大销售额。

2. 旅游客源预测

预测客源地旅游者变动情况，包括旅游者数量变化、旅游者目的地季节变化、旅游者地区分布状况、旅游构成变化和旅游浏览时间长短变动等。可以采用宏观总量比例预测法，基本思路是先预测旅游企业所在城市或风景区的客源总前景(包括外地游客流量和本地居民区内旅游量)，再根据项目对游客的吸引力，确定适当比例以求得本项目客源量。

3. 旅游需求结构预测

旅游需求结构预测包括旅游者的餐饮、住宿、交通旅行、游览、娱乐、购物方面的消费变动情况，因为这些是旅游企业收入的主要组成部分，其变化会直接影响旅游市场需求潜力和旅游产品的销售。

(三)旅游容量预测

旅游需求与供给是旅游市场的两个主要因素，在预测市场需求的同时，也应对旅游供给的发展趋势进行预测。具体说，就是对旅游容量或旅游承载力进行预测。旅游容量包括旅游资源容量、旅游心理容量、旅游生态容量、旅游经济发展容量和旅游社会容量等。准确地测定旅游地的现有旅游容量和旅游极限容量，可以使旅游地的接待能力处于合理容量之内，并能维持供需的相对平衡，以保证旅游资源的吸引力和自然生态环境不至退化。

（四）旅游价格预测

旅游价格是旅游市场波动的主要标志和信息载体，常表现为价格下降，需求量增加；价格上涨，需求量减少。各种旅游产品对价格的需求弹性不同，旅游企业必须预测旅游市场价格变化给旅游市场需求带来的变化，以确定在旅游企业可控制范围内的最优价格和供给水平的变动趋势。

（五）旅游市场占有率预测

市场占有率是旅游企业的旅游产品的销售量占该产品市场总销售量的比重。对它的预测，一方面可以通过市场容量指标与市场占有率预测，得出本企业的销售量；另一方面可以看出本企业在旅游业中竞争对手的实力以及本企业在旅游行业中的竞争力和所处的地位，以便掌握市场竞争的动态状况，采取相应的竞争策略。

（六）旅游效益预测

旅游企业通过对营销成本和利润的预测，可以了解旅游收入的数量、构成与收入水平，明确旅游经济活动的成果，包括经济效益、社会效益和生态效益，有助于提高企业经营管理，并为投资决策和营销决策提供依据。

二、旅游市场预测的步骤

旅游市场预测工作具有一定的科学性、系统性和相关原则性，所以必须严格按照预测工作的过程，加强组织管理，促进各个环节的相互协调，以保证旅游市场预测的顺利进行，并提高预测的精度和质量。

（一）明确预测目标

首先要确定预测对象和明确预测目标。这样才能有的放矢地制定计划，掌握工作要求，合理安排相关事宜。

（二）搜集和分析资料

预测不是盲目的，必须依据相关资料及调查结果。通过核实、整理、审查这些结果，全面、系统、准确地掌握信息资料和调查结果，才能保证预测的质量。

（三）选择预测方法并建立预测模型

根据预测的对象、目标及具体的环境、人员、成本等情况，选择合适的预测方法。如此的市场预测要借助于经验判断、逻辑推理、统计分析、数学模型、电子计算机的计算等，并由此建立一种适合该次预测的模型。当然，也不能太过于刻板，遇到具体的事物要根据具体的情况进行科学地整合，采取多种手段及方法来选择。

（四）提出预测报告

旅游市场预测报告是对整个预测工作过程的概括和总结，其主要内容包括预测目的、预测对象和内容、采用的预测方法和模型、预测结果的准确性和可信度、实现预测结果的条件和措施等。要求对预测结果的可信度进行分析、修正和调整，确定预测结果后，再写出预测报告和策略性建议。

（五）及时追踪反馈

旅游市场瞬息万变，预测结果与客观事实难免有不吻合之处，这就需要旅游营销人员时时监控，随时调整，使预测更具实用性、客观性、前瞻性。

三、旅游市场预测方法

不同的预测方法有不同的功能，正确选择，合理使用，才能事半功倍。科学的市场预测需要应用定性分析和定量分析两种方法，并且要能将两者有机结合起来运用。

（一）定性分析预测法

在掌握的历史数据不多、不够准确或主要因素无法用数字描述进行定量分析时，定性预测就是一种行之有效的预测方法。常用的定性预测方法有：

1. 市场调查预测法

市场调查预测是指预测者在深入实际进行市场调查研究、取得必要的经济信息的基础上，根据自己的历史经验和专业水平，对市场发展变化前景作出的一种分析判断。

2. 专家评估法（又称德尔菲预测法）

专家评估法是向一组专家征询意见，将专家们对历史资料的解释和对未来的分析判断汇总整理，并对未来经济现象发展变化前景进行预测的方法。

（二）定量分析预测法

定量分析是一种用数学手段来研究、推测未来事件的变化及发展趋势的方法。用定量分析法预测旅游市场需求一般要使用多种统计方法和计量经济学方法，常用的方法有回归分析预测法和时间序列分析法。回归分析预测法包括一元线性回归法和二元线性回归分析法等；时间序列分析法包括简单平均法、移动平均法、指数平滑法、变动趋势预测法。

1. 简答旅游市场营销调研的含义。
2. 简答旅游市场营销调研的种类。
3. 旅游市场营销调研的主要内容有哪些？
4. 设计一份调研问卷应该注意哪些问题？
5. 旅游营销调研的程序有哪些？
6. 旅游市场营销预测的方法和程序有哪些？

一、实训目的

编写旅游市场营销调研报告。

二、实训要求

1. 以小组为单位，准时完成，要有创新。
2. 市场调研表要有效、可行、正确。
3. 课堂讨论，上交电子版 PPT 和文本。

三、实训内容

对山西省旅游品牌形象“晋善晋美”跟踪调研，了解旅游者对山西品牌形象的认知和认同情况，试编写一份抽样计划方案。

项目五　掌握旅游市场细分、目标市场选择与市场定位

☞ **知识目标**　1. 掌握旅游市场细分的含义
2. 明确旅游市场细分的方法和步骤
3. 了解影响旅游目标市场选择的因素
4. 理解旅游目标市场策略选择的方法
5. 掌握旅游市场定位的含义
6. 掌握旅游市场定位的方法
7. 认识 CIS 在旅游企业中的运用

☞ **技能目标**　1. 会运用旅游市场细分原理对旅游市场进行细分
2. 能准确分析影响旅游目标市场策略选择的因素
3. 掌握企业旅游目标市场的选择策略
4. 掌握企业旅游目标市场定位的步骤
5. 能策划设计旅游企业 CIS

成功案例展示

洛杉矶旅游营销模式带来的启示

洛杉矶旅游发展的成功不仅与其电影文化背景下丰富的旅游资源、完善的交通体系下的旅游枢纽建设、优质的旅游配套服务密切相关，有针对性的目的地营销模式更是推动洛杉矶入境旅游快速增长的动力。

洛杉矶旅游局以“Hello LA”为主题的针对中国市场的营销是个整合型项目。针对中国游客的出游特征以及个性化和多样化需求，洛杉矶旅游局不仅在旅游营销方式上实现整合创新，而且为中国游客量身定制各类旅游产品与服务，打造洛杉矶旅游品牌。精准的目标市场选择、多样化的目的地品牌形象推广、国内外业界合作、领袖人物现身说法，形成了独特的“洛杉矶旅游营销模式”，为我国旅游目的地的海外营销提供了借鉴。

一、中国北上广——精准的营销目标市场选择

洛杉矶是美国往来亚洲的第一大门户，美国第二大华人社区，探亲旅游每年吸引着大量的华人。从洛杉矶往返中国的航班数量居全美之首，北京、上海、广州与洛杉矶之间每天有近20个航班往返。洛杉矶旅游局锁定中国庞大的出境旅游市场，依托北京、上海、广州直飞航班的交通枢纽优势，将中国出境游客量最大的北京、上海、广州作为目标市场，有针对性地开展旅游营销活动。为了实现更加全面和精准的旅游营销，洛杉矶旅游局于2006年、2013年和2015年分别在北京、上海和广州设立办事处，成为全美第一个在中国开设全职办事处的市级旅游营销机构。洛杉矶旅游局驻华办事处成为沟通洛杉矶与中国游客的重要桥梁，是洛杉矶旅游营销活动的主要执行机构，为洛杉矶有针对性地对北京、上海、广州开展城市线上线下营销提供了便利。

二、线上线下互动——目的地品牌形象推广

洛杉矶旅游局以“Hello LA”为营销口号，朗朗上口的标语不仅容易识记，更传达出洛杉矶对游客的开放与欢迎。好莱坞电影文化是洛杉矶最主要的旅游吸引物，也是洛杉矶品牌形象的重要代表。洛杉矶旅游局积极开展各类线上线下活动。线下推广，直观生动地将巨型的好莱坞标志、星光璀璨的红毯、时尚动感的购物场景等洛杉矶形象标识遍布在北京、上海和广州的各大交通枢纽站，有效提升目的地的知名度。线上推广方面，洛杉矶旅游局中文官网 Hello LA. cn 于2014年初正式上线，从食、住、行、游、购、娱等多个角度全方位展现活力四射的娱乐之城洛杉矶，网站创新性地引入第三方“旅游达人体验”分享平台，借旅游达人的“口”，实现旅游营销的真实性与说服力，成为展示洛杉矶旅游品牌与形象的重要窗口。洛杉矶旅游宣传片《电影带你去旅行》，生动形象地展示洛杉矶的电影文化底蕴，将这座国际化娱乐大都市展现在人们面前。洛杉矶旅游局官方微博与微信公众号更是洛杉矶旅游形象推广的重要阵地。官方微博粉丝数量截至2015年12月已达145.5万人，并借助大量的微博活动，实现与粉丝的良好互动，传递洛杉矶品牌形象。

三、拓宽产品销售渠道——国内外业界合作与推广

加强与旅游业内同行的合作，拓宽旅游产品的销售渠道，是洛杉矶旅游局对华营销的另一法宝。洛杉矶旅游局拥有美国亚洲旅行社、美国旅游国际公司、中美旅游等16家会员旅行社，并与洛杉矶国际机场、美国运通、好莱坞环球影城在游客输送、游客支付以及旅游营销方面紧密合作，共同为中国游客提供优质服务。同时，洛杉矶旅游局加大与中国旅游业内同行旅行社、线上 OTA、旅游营销机构联合，借助同行平台实现旅游产品的销售与推广。

四、市长访华行——领袖人物现身说法

洛杉矶旅游局于2014年11月举办的“市长中国行”活动，借助节事营销与领袖人物的轰动效应，引入新媒体营销方式，在与民众互动中实现“发现洛杉矶”营销与推广，树立目的地品牌形象。市长作为领袖人物，其访华活动引起了国内外媒体的关注与争相报道，其友善亲切的形象、风趣幽默的谈吐和学贯中西的文化底蕴成为人们对洛杉矶旅游形象的初次认识。洛杉矶旅游局抓紧市长访华的契机，通过微信公众平台、新浪微博等新媒体在前期对活动进行预热，在市长访华期间进行实时播报，扩大事件的影响力。为实现与中国大众更好的互动，洛杉矶旅游局采取有奖竞答与有奖转发的方式植入式介绍洛杉矶旅游景点，让人们伴随着市长访华一道“发现洛杉矶”。市长访华并未随着活动的结束淡去，而是随着优酷平台上《老友记》的播出持续升温。贾塞提市长作为洛杉矶最年轻的市长，他在节目中与观众分享的洛杉矶旅游体验，以及他在洛杉矶旅游宣传片中才华横溢的形象都展示着洛杉矶这个国际大都市的文化底蕴与魅力。

五、优质产品与服务——旅游营销的持续动力

优质的产品与服务是旅游目的地吸引游客的持久动力，为吸引更多的中国游客赴洛杉矶旅游并实现更高的游客重游率，洛杉矶旅游局针对中国游客开展“乐购洛杉矶”活动，推出医疗旅游产品，并开展“China-Ready”旅游项目认证活动。洛杉矶旅游局为满足全球奢侈品消费的主力军中国游客的海外购物需求，推出“乐购洛杉矶”活动，精心准备了4万份纸质版“乐购洛杉矶”购物指南，并提供高品质的购物环境，以刺激游客在洛杉矶的购物冲动，同时提升洛城购物天堂的形象。洛杉矶旅游局看到了全球快速增长的医疗旅游产业以及中国公民医疗保健出境旅游的广阔前景，联合洛杉矶西达-塞纳医疗中心、洛杉矶儿童医院等五家顶级医疗机构，与中国南方航空公司以及京沪穗深等地相关机构签署合作备忘录，推出了多款以疾病预防和健康体检为主题的医疗旅游产品。为提升中国游客在洛杉矶的旅游质量，洛杉矶旅游局推出“面向中国”(China – Ready)旅游项目认证。该项目不仅为旅游从业人员提供面向中国游客服务的专项培训，而且为符合条件的商家提供项目认证，培育一批代表洛杉矶的“形象大使”。游客在洛杉矶可以享受中文讲解、中文导购、中文导览等全方位的优质服务，令游客产生归属感与独特的地方依恋。该项目的实施不仅鼓励中国游客延长逗留时间，确保其在洛杉矶获得高质量的旅游体验，而且帮助洛杉矶旅游从业者从接待中国游客的业务中获得更大的利益，实现洛杉矶旅游业的可持续发展。

（资料来源：智慧旅游　作者：江璐虹　单位：北京第二外国语学院）

思考：洛杉矶旅游局为了开辟中国旅游目标市场，采用了哪些有效的营销手段?

任务一　掌握旅游市场细分

【案例导入】

从国际案例看中国养生旅游细分市场

随着人口结构的老龄化与亚健康现象的日渐普遍，以及全球整体健康理念的革命性影响，人们对健康养生的需求成为继温饱需求之后的又一市场主流趋势和时代发展热点。

养生旅游细分市场集养生资源与旅游活动交叉渗透，实现融合，以一种新型业态形式的出现，满足了人们对身心健康的全方位需求，开始受到全球性关注。

如今的国际养生旅游业已初具规模，在很多国家都形成了具有核心竞争力和独特卖点的产品，如中国文化养生、日本温泉养生、泰国美体养生、法国庄园养生、瑞士抗老养生、美国养老养生、韩国美容养生、阿尔卑斯高山养生等，可谓异彩纷呈，各具特色。同时也发展出不同的养生旅游细分市场。

中国养生旅游竞争力——文化养生旅游细分市场

中国文化养生历史悠久。从老子《道德经》到《庄子·内篇》，从《周易》到《吕氏春秋》，从《黄帝内经》到《千金要方》，从《神农本草经》到《茶经》，我们的祖先从未停止过对健康和长寿的探索与追求："阴阳平衡，动静相生，天人合一，形神兼济，春生夏长，秋收冬藏，节饮食，调情志，调和气血，补益五脏，道法自然，诗意栖居。"五千年来中华养生文化内涵不断丰富和完善，形成了博大精深的养生文化体系。

太极功养生：中国的文化养生以特有的中医药养生观、道教养生观、中华茶文化和太极文化为核心思想，传承中国古老的养生文化内涵，以茶保健、温泉疗养、有机国药调理、太极养生功等为主要养生手段，结合养生旅游目的地建设，最终达到养身养心、天人合一的旅游策划全方位疗养，这是我国养生旅游的独特之处和可以形成国际竞争力的有效卖点。

我国真正意义上的养生旅游始于2002年海南省三亚保健康复旅游和南宁中药养生旅游，随后在四川、山东、安徽、黑龙江等省市发展迅速，于2007年演绎成为全国时尚旅游热点。

传统的养生方法和养生观念，都体现了对传统文化的传承，文化养生已经形成一套具有中国传统文化特色的养生旅游策划开发模式。

文化养生的开发即吸纳养生观念与技术，并通过对文化资源的广泛整合，实现一种现代意义的延长生命模式。"这种养生技术是经过了人文化之后的一种新的升华。

文化养生以高质量的自然环境、高水平的养生保健项目、人性化全程养生服务以及和谐的养生氛围为基础，以深厚的养生文化内涵为底蕴，融合先进的当代养生技术，打造一流的养生度假概念模式，建设养生旅游策划目的地，最终形成组合式文化养生旅游产业集群。

（资料来源：品橙旅游）

思考： 通过案例，查阅中国的养生旅游市场相关资料，为其细分市场。

一、旅游市场细分的概念

所谓旅游市场细分，是指企业根据旅游者的特点及其需求的差异性，将一个整体市场划分为若干个具有相类似需求特点的旅游者群体的过程。经过市场细分后，每一个具有相似需求特点的旅游者群体就是一个细分市场。

市场细分的原理和概念是美国市场营销学家温德尔·史密斯(Wendell Smith)于1956年最先提出来的。市场细分这一原理的提出主要根据的是：由于旅游者所处的地理环境、文化、社会、个人行为和心理特征的不同，决定了旅游者之间的需求存在着广泛的差异。因此，企业可以根据旅游者的特点及其需求的差异性把一个整体市场加以细分，即可以划分为具有不同需求、不同购买行为的购买者群体。然后从这些不同的细分市场中选择目标市场，在产品计划、销售渠道、价格策略以及推销宣传等方面，采取相应的一套市场营销策略，使企业生产和经营的产品，更符合各个不同目标市场的旅游者的需要，从而在各个细分市场上提高企业自身的竞争能力，增加销售量，获取较大的市场份额。

市场细分的概念从根本上改变了人们对市场的看法。过去人们把市场看做一个整体，认为所有的旅游者对产品的需求是大致相同的，只需要单一品种、单一性能和单一包装的产品；认为企业占领市场的主要办法是保证产品质量、降低成本和价格。实际上，企业还可以通过有针对性地提供不同的产品去满足不同旅游者的需求来达到占领市场、提高市场占有率的目的。因此，市场细分的概念一经提出，便受到企业界的重视，并迅速得到推广应用。

二、旅游市场细分的前提条件

（一）旅游者需求特征的差异性和相似性

旅游消费者一般分为同质偏好型、分散偏好型、集群偏好型三大类。如果旅游消费者的需求不存在差异性，即当市场是同质市场时，旅游者对商品的需求及企业的经营策略的反应相同或相似，则企业不必进行市场细分，只需向整体市场提供统一的标准化产品和服务就能满足所有旅游者的需求。然而，随着社会的进步，人们生活水平的提高，不同旅游者对同类产品需求的差异性越来越明显。因此，同质市场只局限于极少数产品，对绝大多数的产品而言，都属于异质市场，即分散偏好或集群偏好型，那么，我们就需要针对旅游消费者进行市场细分。

（二）市场细分是目标市场营销的起点和基础

旅游市场细分的最终目的是帮助企业准确的选择和确定目标市场，实施科学有效的市场营销组合，以最少、最节约的营销费用取得最佳的经营成果。从市场细分的最终目的这个意义来看，市场细分是目标市场营销的起点和基础，是企业市场营销战略的平台。企业的一切市场营销战略，都必须从市场细分出发。没有市场细分，就无法确定企业的目标市场，企业也就无法在市场竞争中找到企业的市场定位。

三、旅游市场细分的原则

（一）可衡量原则

可衡量原则即各旅游细分市场的需求特征、购买行为等要能被明显区分，各旅游细分市场的规模和购买力大小等要能被具体测度。

这主要包括两重含义：一是细分旅游市场所选择的划分标准要能定量，以便能明确划分各细分市场的界线。如旅游者的胆量、勇气等对旅游项目、交通工具的选择虽有较大的影响，但这样的因素难以衡量，因此一般不作为细分市场的划分标准；二是所选择的划分标准要与旅游者的某些旅游购买行为有必然联系，这样才能使各细分市场的购买行为特征被明显地区分，为旅游营销者有效地针对不同细分市场制定营销组合提供实际可能，这也是市场细分的根本意义所在。

（二）可盈利原则

可盈利原则要求细分出的市场在顾客人数和购买力上足以达到有利可图的程度，即要求细分市场要有被开发的经济价值。理解本原则有三点：一是虽然市场细分有使整体大市场小型化的趋向，但不能细分到失去一定规模经济效益；二是应注意到某些细分市场虽然在整体市场上比重很小，但其绝对规模或购买力足以达到盈利的水平，甚至具有很大的开发价值，如老年人旅游市场和探险旅游市场，前者绝对规模大，后者支付费用多，各有其开发价值；三是当外界条件的顾客人数规模和购买力不定时，是否有利可图还与开发成本有关，由于外界条件的变化或者通过主观努力而使开发成本得以降低时，就可能使一些原本无利可图的市场变得有利可图。

（三）可进入性原则

可进入性原则就是旅游企业对细分后的市场必须能有效地进入和为之服务。这对于具有异地特征的旅游市场尤为重要。假如企业的旅游广告无法让旅游者看到或理解，那么它对旅游者则没有任何价值。细分市场中的旅游者，必须在易于接触和沟通方面具有充分的相似之处，以便企业能较经济而有效地与这些潜在顾客接触沟通。这些旅游者可能在地理上是比较集中的，也可能经常接触相同的广告媒体，这样企业便可通过采用相应的促销手段，经济而有效地向他们进行推销。总之，那些不能充分发挥旅游企业优势，难以为旅游企业所占领的细分市场，就不能作为目标市场。否则，就会浪费旅游企业资源。

（四）稳定性原则

旅游市场细分是一项复杂而又细致的工作，这就需要细分后的旅游市场需求，要具有相对稳定性，要在一段时间内保持稳定，而不是那种“昙花一现”式的需求。特别是旅游企业要花费大量的投资来开发的细分市场，更需要重视其稳定性。

（五）规模性原则

规模性是指细分市场的大小必须具备一定的规模，达到值得单独营销的程度，即划分出来的细分市场必须是值得采取单独营销方案的最小单位。它的规模必须是能使企业从中获取一定的销售额，不但能保证企业的短期利润还要有一定的发展潜力，以保持企业较长时期内的经济效益。例如，在内地一个普通的县城，如果要满足少数人喜欢西餐的要求而专门开设一个西餐厅，则可能由于这个细分市场太小而最终得不偿失。

（六）独特性原则

独特性是指市场细分的结果应能凸显出各细分市场需求方面的特点。这些特点的差异将使细分出来的市场对企业市场营销组合有独特的反应，即通过某种特定方法细分出来的各个细分市场，其成员对企业市场营销组合的反应必须是不同的。如果各个细分市场在需求方面不存在差异，它们对某种市场营销组合的反应都是相同的，那就没有必要、也不存在不同的细分市场中实施不同的市场营销组合的可行性，那么，只要采用大量营销的方法就可以了。例如，我国早期的餐饮业，由于当时人们对食品的需求基本相同，因此当时没有必要进行市场细分。后来，随着人们生活水平的提高，人们外出用餐有了较大的差异，这时才有必要和有可能将餐饮客源市场细分为高档餐饮、中档餐饮和大众餐饮等细分市场。

四、旅游市场细分的作用

旅游市场细分为旅游企业制定个性化服务策略奠定了良好的基础，旅游企业实施个性化服务策略的首要前提是理解消费者个性化的需求。而市场细分的目的之一，就是通过研究影响消费者需求的因素，进而将这种需求差异加以分类，形成不同的亚市场。这个结果，就构成了旅游企业个性化服务策略实施的基础。

广义旅游业，涉及食、住、行、游、娱、购诸多领域，旅游业各个不同领域都有不同的次级市场。其涵盖的旅游市场范围可谓十分广泛，旅游者的需求可谓千差万别，如果仅仅提供单一的旅游产品，眉毛胡子一把抓，必然会影响旅游者的体验质量，形成旅游者流失，给旅游企业带来损失。因此，必须通过市场细分将旅游者的需求具体化、差别化，才能更好地满足其个性化需求。

（一）旅游市场细分有助于旅游企业识别新的市场机会

能更好地识别和发掘旅游市场机会，开发旅游新产品，开拓旅游新市场。通过市场细分，有利于旅游企业分析各细分市场上旅游消费需求的满足程度，而旅游企业一旦发现那些未被满足或未被充分满足的需求，往往就会得到一个很好的市场机会。特别是在已经细分过的貌似饱和的整体市场或较大的细分市场上，如果旅游企业采用新的标准或新的方法重新细分或进一步细分市场，往往还能发现更新、更好的机会。这些机会为旅游企业开发新产品和开拓新市场提供了依据。

（二）旅游市场细分可增强企业的竞争能力

经过市场细分，企业可以集中资源满足某种类型的消费者的特殊需要。这对于形成企业的竞争优势特别重要。很多企业在应付竞争时局限于价格手段，却忽略了消费者可能对价格的认知有完全不同的结果，同时也忽略了消费者对于其他非价格因素的重视。市场细分可以避免这种营销偏差。很多饭店和餐馆都从市场细分中体会到了形成竞争优势的好处。

（三）旅游市场细分能有利于旅游企业巩固现有的市场

通过市场细分，旅游企业可以了解现有市场各类顾客的不同消费需求和变化趋势，可以有针对性地开展营销活动，最大限度地满足市场需求，从而达到让现有旅游者满意、巩固现有旅游市场的效果。

（四）旅游市场细分能有针对性地制定和调整旅游市场营销组合策略

通过市场细分，有利于旅游企业分析各细分市场的基本特征，包括旅游者特征与竞争者状况等，由此可专门针对不同细分市场制定各有特色的市场营销组合策略。同时，在各细分市场上，企业也比较容易觉察旅游者对各种营销因素的反应和市场需求特征的变化，从而及时调整市场营销组合策略，使旅游企业能更贴切地满足目标细分市场上旅游者的需求。

（五）旅游市场细分能优化旅游企业有限资源的配置效果

通过市场细分，不仅便于勾画各细分市场的概貌，而且更容易分析出整体市场与各细分市场的结构特征，从而可以使旅游市场经营者根据自身的条件扬长避短，根据竞争者的情况避强就弱，根据市场能力取大舍小，选定某细分市场作为自己的目标细分市场，然后集中使用有限的人、财、物等资源条件加以开发经营。这一点对于实力较弱小的旅游企业而言尤为重要。

以上作用在总体上可以起到增强旅游企业的市场竞争能力，以获得最佳经济效益的功效。因此，从本质上说，旅游市场细分与目标市场营销是旅游企业参与市场竞争的一种强有力的手段。

五、旅游市场细分的依据

旅游市场细分，确定依据是关键。一般而言，只要能导致和反映旅游市场需求差异的任何因素都可作为旅游市场细分的依据。但归纳起来常用的一般有四大类，即地理因素、人口因素、心理因素和行为因素。

(一)地理因素

旅游企业通常会按照旅游者所在的地理位置来细分旅游市场，以便企业从地域的角度研究各细分市场的特征。如按区域、国家、地区、城市、乡村、气候、空间距离等，将旅游市场分为不同的细分市场。其主要理论依据是：处于不同地理位置的旅游者，对企业的产品各有不同的需求和偏好，对企业所采取的市场营销战略、市场营销策略也各有不同的反应。如我国北方人饮食口味偏重，而南方人口味偏清淡，餐饮企业应“因地而异”提供不同口味的产品。按地理区域进行市场细分又有三种具体形式：

1. 按主要地区细分

从国际旅游市场来看，世界旅游组织将世界划分为六大旅游区域：东亚及太平洋地区、南亚旅游区、中东旅游区、非洲旅游区、欧洲旅游区、美洲旅游区。六大旅游区域中，欧洲和美洲的旅游区最为繁荣，东亚旅游区发展最快。对于国际旅游市场而言，根据国际旅游流又可以分为一级市场、二级市场和机会市场。一级市场通常占目的地接待总人数的40%～60%，旅游企业制订营销计划时，应优先考虑一级市场的特点。二级市场是指目的地接待人数中占相当比例的市场，一般含三四个国家。机会市场也叫边缘市场，虽然现在接待人数较少，但会逐渐增加，潜力巨大。

2. 按国家、地区细分

这是旅游业最常用的一个细分标准，通过把旅游者按其国别划分，有利于旅游企业了解主要客源国市场情况，从而针对特定客源国市场的需求特性，制定相应的市场营销策略，以收到良好的市场营销效果。

3. 按气候细分

各地气候不同会影响旅游产品的消费，影响旅游者的流向。如在冬季，对于我国的国内旅游市场而言，南方游客外出旅游的热点常常是北京、哈尔滨等地，而许多北方游客则把海南、桂林、云南等地作为外出旅游的首选。从国际旅游市场看，凡气候寒冷、缺少阳光地区的旅游者一般趋向于到阳光充足的温暖地区旅游，这也是地中海地区、加勒比海地区旅游业发达的主要原因。

根据气候特点的不同，企业可以把旅游市场细分为热带旅游区、亚热带旅游区、温带旅游区和寒带旅游区等。

这是按照消费者所在的地理位置进行细分的方法。例如，在中国山西太原的一家四星级饭店，在对客源市场按照地理因素进行细分时，可以分为东北市场、华北市场、华南市场、华东市场、华中市场、西南市场和西北市场，也可以划分为近距离国内市场(山西省相邻四省)、远距离国内市场(沿海地区、西南地区)和国际市场。

(二)人口因素

人口因素一般包括年龄、性别、家庭规模、家庭生命周期、家庭年收入、职业、教育、宗教、种族和国籍等。

1. 年龄

不同年龄的人，在选择旅游产品的类型、对旅游产品的要求、对旅游产品价格的敏感度、对旅游企业各种服务的要求都有很大的差别。人们在不同年龄阶段，由于生理、性格、爱好的变化，对旅游产品的需求往往有很大的差别。因此，可按年龄范围细分出许多各具特色的旅游者市场，如儿童市场、青年市场、中年市场、老年市场等。比如，老年人由于有多年积蓄，阅历丰富，又无家庭负担，更关注身体健康，要求旅游企业提供的旅游接待设施齐全、安全性较高，因而消费水平较高，且对旅游产品的文化内涵有较高要求；中年人旅游多伴有会议、商务活动；年轻人则更喜欢刺激、动感的活动，但消费水平较低，以短途游为主。

2. 性别

在对产品的需求、购买行为、购买动机、购买角色方面，两性之间有很大的差别。如参加探险旅游的多为男性，而女性外出旅游时则更注重人身财产安全。公务旅游以男性为主，家庭旅游的时间和旅游目的地的选择也一般由男性决定，在购物方面女性通常有较大的发言权，在购买旅游产品时，男性通常对价格反应较迟钝，而女性则较敏感。

性别对游客的旅游特征有一定的影响，男性与女性在旅游过程中有一些明显不同的表现：男性多喜欢独立旅行，安全感要求较低，喜欢刺激、冒险；而女性爱好购物，喜欢参与集体活动，注重安全、卫生，对色彩和气氛的要求尤为强烈。

3. 家庭规模

家庭规模主要是指家庭中的人口数。现代中国的家庭规模以三口之家为主，即所谓核心式家庭。超过三口人的扩展家庭(三代同堂或四世同堂)在减少。这种家庭结构，会逐渐积蓄比较雄厚的经济基础，对于旅游和娱乐消费构成很大的市场潜力。

4. 家庭生命周期

家庭生命周期是家庭规模的另一种表现形式。家庭生命周期在很大程度上决定着或反映着一个人的生活方式。在西方社会中，主要有这样几个阶段：单身、已婚无子女、已婚有子女、空巢等几个阶段。这其中有些阶段对旅游产品经营有直接影响。比如，在单身阶段，对购买经济档旅游产品的频率和需求比较高；在空巢阶段(大约45岁以后)，对于购买比较高档的旅游产品的频率和需求比较高。

5. 职业

职业是影响人的生活方式的最重要变量之一，因为职业是一种标签式的身份象征，人们对不同职业的角色往往都很明确，在这种情况下，按照职业划分消费者类型，就比较容易预测其消费行为。职业的分类在各个国家和不同时代都有一定的差异。

6. 受教育程度

从事不同职业的人由于职业特点及收入的不同，其消费需求差异很大。旅游者受教育程度不同，其兴趣、生活方式、文化素养、价值观念、审美偏好等方面都会有所不同，这些都会引起对旅游产品的需求、购买行为及购买习惯的差异。

受教育程度的高低，影响着一个人的职业选择和经济收入，因此，它也是恒量消费者购买能力和购买倾向的一个重要指标。深入研究发现，受教育程度高的人，对饭店服务中的社会性因素会比较重视，而学历比较低的人倾向于对物质因素的重视。

7. 家庭年收入水平

家庭年收入水平的不同，不仅决定人们购买旅游产品的性质，还会影响其购买行为和购买习惯。如收入高的人往往喜欢到高档饭店消费，愿意选择豪华型旅游；收入低的人往往在普通饭店消费，更愿意选择经济型旅游。

家庭年收入是决定个人或家庭能否出行的主要因素。随着经济的发展，人们可自由支配的收入会越来越多。按照收入划分市场，直接反映了该市场的购买力潜力，因此它是经常使用的一种细分变量。如当前，美国、俄罗斯等航天技术大国，都已经开始瞄准未来的太空旅游市场，尽管随着太空旅游市场的开拓，这种旅游方式的费用将大大降低，但现在太空旅游的费用依然奇高，主要消费者还是自由支配收入较高的富人阶层。

8. 民族

不同的民族有不同的传统习俗、生活方式，因而呈现出对旅游产品的不同需求。按民族进行细分，可以更好地满足不同民族的不同需求，从而进一步扩大旅游企业的产品市场。

（三）心理因素

与地理因素、人口因素不同，心理因素显然更为主观，测量起来也比较困难，根据已划分出来的细分市场的可衡量性也不如前两种变量好。但人们还是喜欢尝试用这种方法来细分市场，因为人的需求、认知、态度、个性这个心理因素决定着人的行为，决定着人的生活方式。另外，即使用地理和人口因素进行了细分，要想认识客人的个性化需求，还是要在一定程度上借助对顾客心理过程的分析，进一步细分。

（四）行为因素

行为因素也是细分旅游市场的重要依据，它是指按照消费者对旅游产品的了解、态度、使用以及反应来细分市场。特别是在消费者收入水平不断提高的条件下，行为因素越来越显示其重要程度。消费者的行为因素主要体现在以下几个方面。

1. 购买习惯

根据不同消费者对旅游产品产生不同的需求和购买习惯，将他们区分为不同的群体。例如，教师和学生一般习惯于在寒暑假购买旅游产品。

2. 追求利益

这是按照旅游者购买旅游产品时所追求的利益不同，将其划分为不同的旅游群体。以此为依据，可细分出五大细分旅游市场：度假旅游市场、观光旅游市场、会议商务旅游市场、奖励性旅游市场和探亲访友旅游市场。

3. 购买情况和购买的频率

旅游购买者可分为：未曾购买者、曾经购买者、潜在购买者、初次购买者、经常购买者五种不同种类。调查表明某旅游产品的大量购买者虽然人数不多，但是购买频率非常高，因而其消费的数量却在消费总量中占很大比重，而少量购买者则刚好相反。

4. 购买行为

根据旅游者对产品的理解、态度、购买过程及方式等方面的不同，把整体旅游市场细分成不同的群体，具体来说包括下列六种细分方法：

①按购买目的细分市场。按一般旅游者外出旅游的目的来细分市场，大体上可划分为以下几种：度假旅游、观光旅游、公务会议旅游、奖励旅游、探亲访友、购物旅游、美食旅游、探险旅游、体育保健旅游等细分市场。这些细分市场，由于旅游者购买目的不同，对旅游产品的需求特点也各有差异。

②按旅游者寻求的利益细分市场。一般来说，旅游者购买某种产品，都是在寻求某种特殊的利益，因此企业可以根据旅游者对所购产品追求的不同利益来细分市场。旅游企业

在采用这种方法时，首先要断定旅游者对旅游产品所追求的主要利益是什么，追求各种利益的人是什么类型的，各种旅游产品提供了什么利益，然后根据这些信息来采取相应的市场营销策略。例如，一部分商务旅游者往往把豪华舒适的设备设施、周到完美的服务作为追求的利益标准；而另一部分商务旅游者则把快捷高效的服务作为利益标准；还有一部分商务旅游者利用从出差包干费中赚取“节余归己”的报销差额作为利益标准。只有充分了解不同类型的旅游者寻求的利益时，企业才能通过为旅游者提供最大的利益来实现营销目标。

③按旅游产品使用情况细分市场。使用情况是指旅游者从前是否有使用过某种产品或服务的经历，按这种标准，旅游市场可细分为潜在使用者、初次使用者和经常使用者市场。如从未光顾的客人、初次光顾的客人、饭店的回头客等。对潜在使用者、初次使用者和经常使用者应分别采用不同的营销方法。

④按购买过程及方式细分市场。即根据旅游者购买、使用产品的过程及方式的不同来细分市场。例如旅游企业往往根据旅游者外出旅游的过程及方式把旅游者划分为团体客人和散客，在旅游接待中，团体客人和散客对旅游方式、旅游产品与服务等方面的要求有很大的差别。

⑤按购买时机细分市场。按购买时机细分市场是指按旅游者购买和使用产品的特定时机细分市场。例如，某些产品和服务项目主要适用于某个特定时机，诸如“五一”节、国庆节、春节、寒暑假等。企业可以把特定时机的市场需求作为服务目标，如旅行社可以专为某种时机提供某些旅游服务，餐厅可在某个特定时机推出特定的菜肴和服务，诸如春节年夜饭等。

⑥按旅游者忠诚程度细分市场。旅游者忠诚程度是指一个旅游者坚持购买某一品牌商品的一种持续信仰和约束的程度。例如通过调查旅游者外出时对特定的航空公司、特定的旅行社、特定品牌酒店的忠诚程度，来辨别出本企业的忠诚顾客。旅游企业发现并保持这类顾客是十分重要的，应该为他们提供更好的服务。旅游企业可以通过给顾客某种形式的回报来鼓励旅游者对本企业的忠诚。不少饭店管理集团如凯悦国际集团、假日酒店集团、喜来登国际集团纷纷报出各种奖励项目，较为典型的一种形式是吸收那些多次购买本企业产品并忠实于本企业的顾客为会员，按购买数量的多少给予不同程度的奖励，以增强客源的稳定性。

旅游市场细分的目的，就是要寻找那些忠实于本企业产品、购买频率及规模程度都很高的顾客作为本企业的目标市场。

六、旅游市场细分的步骤

旅游市场细分是一项非常复杂的工作，只有用科学的程序加以指导，细分工作才能有条不紊地推进。根据美国营销专家麦卡锡的市场细分七步法，旅游市场细分可以按七个步骤进行。

1. 确定旅游产品的市场范围

在旅游企业确定经营目标的前提下，依据自身的能力和营销目标选择所要生产的产品和细分的市场，并确定旅游企业经营的市场范围。在选择市场范围时，旅游企业首先要深入调查研究市场，分析市场的需求状况。其次，旅游企业要综合考虑自身的经营目标、资源和能力。

2. 了解旅游市场需求

在选择目标市场范围后，旅游企业要以人口、地理、行为、心理、经济等各种因素为标准，大致估算潜在消费者的需求，以了解市场需求状况，并以此作为依据进行市场细分分析可能存在的旅游细分市场。通过了解消费者的不同需求，分析可能存在的细分市场。在分析过程中，旅游企业不仅要综合考虑旅游消费者的地区分布、人口特征、购买行为等，还要依据旅游企业的经营经验，从而做出正确的估计和判断。

3. 确定旅游细分市场标准

在可能存在的旅游细分市场中，存在不同的需求因素，旅游企业应分清哪些需求因素对自己进行市场细分是最重要的，并剔除那些对于各个细分市场都重要的共同需求因素，因为这些共同因素对于本企业进行市场细分并无帮助。

4. 划分旅游细分市场

根据潜在顾客基本需求上的差异，进一步调查研究已确定的细分市场，将其划分为不同的群体或子市场，根据各个细分市场消费者的主要特征，并赋予每个子市场一定的名称。

5. 分析各个旅游细分市场的具体特点

深入考察细分市场的特点，分析各个市场的不同需求和购买行为，了解影响细分市场新的因素，以决定各细分市场是否需要进一步细分或重新组合，从而不断适应市场的需求。

6. 评估各旅游细分市场

评估每一细分市场的规模，即在调查的基础上，估计每一个细分市场的顾客数量、购买频率、平均购买量等，并对细分市场上的产品竞争状况及发展趋势作出分析。

七、旅游市场细分的方法

市场细分的变量复杂多样，旅游企业必须根据旅游产品市场的旅游者具体需求特征和企业自身的目标来加以选择运用。细分旅游市场的方式，也即选择组合运用有关细分变量进行市场细分的具体方式有以下几种。

1. 完全细分法

根据每一位顾客之间的消费需求差异，最终将一定产品(服务)市场的每位顾客分割为一个特定的细分市场，这是极端形式的市场细分。采取这种方法细分市场的最终目的，就是要针对每位顾客的不同需求特征，专门为每位顾客“量身定做”，以满足其特殊需求的产品和服务措施，也即实施“定制”营销。

2. 单一变量细分法

即根据与旅游者需求差异紧密相关的某一最重要的变量因素，进行一定市场细分的方法。例如，游乐市场可按年龄细分为成人市场和少年儿童市场两个细分市场。这种方法一般适用产品(服务)通用性较强，选择性较弱的市场。在大多数情况下，此方法只能作为对市场进行系列细分的起点。在一定情况下，企业可以把某单项细分变量的细分程度加深，以适应市场竞争和消费者的需要，这称为单位变量的深度划分法。例如，对游乐市场还可以进一步将少年儿童市场划分为1~3岁、3~6岁、6~10岁、10~15岁等细分市场。

3. 综合变量细分法

即选择并综合运用与旅游者需求差异紧密相关的两种及以上的并列变量因素，对一定旅游产品市场进行细分的方法。例如，同时以家庭生命周期、家庭收入和利益追求 3 个变量因素交叉细分度假旅游市场。这样细分出的市场比采用单一变量细分法细分的市场多，但此方法并非要求运用所有与一定产品消费需求有关的变量因素，而是选择几个对形成一定产品消费需求差异影响突出，取得有关信息的成本又比较适宜的变量因素，进行细分市场。

4. 系列变量细分法

即考虑与旅游者需求差异相关的各种因素，将其按照由大到小，由粗到细的顺序对一定旅游产品市场依次进行系列细分的方法。此方法通常适合于旅游者需求差异较大，而市场竞争又较激烈的旅游产品市场细分。细分的要点是在各变量之间，充分把握它们在内涵上的从属关系，进行合理排序。否则，会造成细分工作的混乱，从而增加成本。本方法也是较严格意义上的市场细分方法。

八、关于"反市场细分"和"超细分市场"

一些企业在经营实践中发现，如果市场划分得过细，提供的品牌过多，产品设计成本、生产成本和广告成本就会上升。品牌在市场上的识别力差，本企业产品之间就会形成相互竞争的格局。因此，旅游企业在选择多个细分市场作为目标市场时，要注意其所选择的细分市场在某些方面的关联度。比如，关联度强且某些固定成本因销售量提高而相对降低时，企业可根据各细分市场之间存在的某些共性，将细分市场重新归并整合。这种由两个或两个以上的细分市场归并联合而成的新目标市场被理论界称为"超级细分市场"。企业如果能选择一个超级细分市场作为目标市场，通过减少品牌使每个品牌都尽可能吸引更大范围的顾客群，这就比选择多个细分市场对目标顾客更有吸引力，还能有效降低成本，这就是"反市场细分"。

反市场细分和选择超级市场作为企业的目标市场，并不是对市场细分理论的否定，而是在经营实践从逆向思维的角度完善市场细分理论。

旅游者的需求极为复杂，既有个性又有某些共性，旅游企业通过借鉴这一理论，使旅游市场细分和目标细分市场选择更符合经济规律的要求，如儿童旅游市场是块"大蛋糕"，旅游公司和酒店都想做，但做成功的并不多，原因是这块细分旅游市场虽然是潜在的庞大市场，但儿童本身无独立旅游行为能力，而另一细分市场——有小孩的夫妇又因孩子的拖累而难以去旅游，把这两个细分市场联系起来进行考虑，推出诸如"欢乐家庭之旅"的项目，则可能会给旅游企业带来新的商机。

任务二　掌握旅游目标市场的选择

一、旅游目标市场的含义

旅游目标市场是指旅游企业在市场细分的基础上，选定并决定为其服务的部分消费者群体。该消费者群体的市场需求即是旅游企业的主要经营对象。

旅游市场细分是按不同的需求影响因素划分旅游消费者群体的过程；旅游目标市场选择则是在旅游市场细分的基础上，选择一个或几个细分市场作为营销对象的过程。旅游市场细分是旅游目标市场选择的前提和基础，旅游目标市场选择是旅游市场细分的目的和归宿。

二、旅游目标市场选择的依据

1. 旅游市场中是否存在尚未满足的旅游需求

选择旅游目标市场时首先要考虑的是旅游消费者的旅游需求。只有当企业选择的旅游目标市场存在着尚未得到满足的需求时，旅游企业才有进入的价值。旅游企业进入该市场后，才能既满足旅游者需求，又能使旅游企业自身得以生存和发展。

2. 旅游目标市场是否具有足够的市场占有率

一定旅游细分市场的需求总量（即市场容量）是指在一定时空条件下，该细分市场旅游者人数（市场规模）、旅游者购买力和旅游者购买意愿的集合。当细分市场的规模确定时，其购买意愿总是最大的变量，这个变量在一定范围内，随着有效营销力度的增大而增大。

3. 旅游目标市场是否具有可实际获利的市场份额

旅游企业所选的目标市场要具有企业参与竞争的市场份额。从竞争者构成看，旅游企业要求旅游目标细分市场未饱和或未被完全控制。竞争者众多会导致价格战、广告战和新产品争夺市场等，从而使产品成本增高，利润降低。

4. 旅游企业是否具备经营目标市场的资源和能力

针对一定的目标市场，旅游企业必须考虑自身是否具备开发该市场所需要的人、财、物等资源条件，以及设立相应旅游产品营销组合的能力。同时，还要考虑由此开支的成本能否有足够的市场份额来支持企业参与竞争。

三、旅游目标市场策略

旅游目标市场一旦确定，就需要根据目标市场的需求特点制定相应的市场营销策略。概括起来，常用的目标市场营销策略有以下几种。

（一）无差异目标市场策略

无差异目标市场策略是指旅游企业无视整体市场内部旅游者需求的差异性，而将所有细分出的子市场都作为自己的目标市场，只推出一种旅游产品，制定一种价格，运用一种统一的旅游营销组合，为满足旅游者共同的需求服务。

这种策略的优点表现在：旅游企业可以进行大规模销售，简化分销渠道，相应地节省市场调研和广告宣传的经费开支，使平均成本降低。另外，对于垄断性、吸引力大的旅游产品容易形成名牌产品的强大声势，创造规模效应。

其局限性主要表现在：不能完全满足旅游者的差异性需求。随着旅游者的社会经济情况、生活方式以及个人兴趣的不断变化，对旅游多样化的需求日益增长，单一的市场策略不易吸引旅游者。因此，本策略主要适用于市场上供不应求或少数垄断性较强以及初上市的旅游产品市场，不能适应竞争激烈的市场环境。随着旅游市场竞争的加剧，旅游企业采用本策略的机会越来越少，它已不能适应现代旅游的发展。

（二）差异性目标市场策略

差异性目标市场策略是指根据消费者的不同需求特点，对整体市场进行细分。企业在此基础上选择整体市场中数个或全部细分市场作为自己的目标市场，针对不同细分市场的需求特点，提供不同的旅游产品及制定不同的营销组合，为满足不同的细分市场的需求服务。例如，将旅游市场细分为观光、度假、会议、体育等不同的细分旅游市场，而观光旅游市场又可细分为丝绸之路、名胜古迹、田园生活、山水风光等不同内容。旅游企业针对不同的需求，设计各种旅游路线、提供不同的服务设施和服务项目。

这种策略的优点表现在：能更好地满足各类旅游者的不同需求，有利于提高旅游产品的竞争力和扩大旅游企业的销售量。如果一个旅游企业能够同时在几个细分市场上占有优势，就会由于连带效应，从而树立起旅游者所信赖的、声誉很高的企业形象。另外，由于同时经营数个细分市场，有助于旅游企业降低风险。

其局限性主要表现在：旅游产品种类多，导致研发设计费用增多，同时要求具有多种销售渠道，使广告费用、推销费用、行政费用等随之增加。由于经营分散，在某一种产品中难以实现规模经济效益，从而影响了经营效率，影响旅游企业优势的发挥。

（三）集中性目标市场策略

集中性目标市场策略是指旅游企业在市场细分的基础上，选择一个或几个细分市场作为自己的目标市场，集中企业的全部精力，以某几种营销组合手段服务于该市场，实行高度的专业化经营。比如有的旅行社专门为探险旅游、农业旅游等特色项目提供服务。

四、影响目标市场策略选择的因素

目标市场策略的选择，是在对内外环境周密、审慎、准确分析和预测的基础上，并考虑到市场需求、自身实力、产品特点以及竞争者等诸多因素而进行的，这些因素主要包括：

①企业的实力：包括企业的财力、生产能力、销售能力和管理能力。

②市场同质性：即各细分市场的相似程度。

③产品同质性：即旅游者对产品特征感觉的相似程度。

④产品市场生命周期阶段：即产品市场生命周期所处的阶段。

⑤竞争状况：包括竞争者的数量、竞争者的目标市场策略及竞争的激烈程度。

五、旅游企业选择目标市场的程序

对旅游企业而言，选择目标市场就必须在市场细分的基础上，对各个细分市场进行充分的评估，了解哪些细分市场值得花大力气去开发，哪些细分市场的经营条件尚不成熟，应该考虑放弃；同时，对那些值得大力开发的细分市场，企业是否有足够的开发能力，是否有足够的竞争优势，围绕这些问题，旅游企业选择目标市场一般要经过以下步骤：

（一）评估各类细分市场的销售量及其发展趋势

值得企业大力开发的细分市场必须具有足够的销售量，旅游企业对各类细分市场销售量的评估包括以下两个方面：

1. 本地区各类细分市场的销售量及其发展趋势

旅游企业要注意收集历年来本地区的各类细分市场的销售情况，如接待人数、入住天数、销售额等。然后，以历史统计数据为依据预测各细分市场未来的需求量及发展趋势，以区分哪些是增长型的细分市场，哪些是衰落型的细分市场。由于利用现有需求比创造需求往往更为有效，企业的目标市场一般应选择增长型的细分市场。

2. 本企业各类细分市场的销售量及其发展趋势

企业根据自己过去积累的经营资料，对过去的销售情况进行统计分析，了解各类细分市场的接待人数、入住天数、客房利用率、该细分市场接待数占接待总数的百分比等。为保证企业经营的平稳性，企业一般会考虑把目前业务量比例最高的细分市场作为短期内优先开发的重点。

（二）评估各细分市场的盈利能力

企业应该选择能给自己带来最大利润的细分市场作为目标市场。能为企业带来较大利润的细分市场一般需求量比较大，比如说接待人数较多、入住率较高等。但是有些细分市场，虽然需求量很大，但如果价格偏低，就不会给企业带来很大的销售额，如果细分市场的经营费用较高，也不会给企业带来理想的利润。因此，旅游企业在选择目标市场时，还要分析各类细分市场的平均价格和销售额，分析各类细分市场所需要的经营费用。重点分析在企业产品生产中，哪些费用是变动费用，哪些费用是固定费用。通过分析各类细分市场的变动成本率、固定费用率、利润率，确定哪些细分市场能获取最大利润，应该花费较大的精力去争取；哪些细分市场开发费用及接待过程中的变动成本不算太大，当企业接待能力有剩余时，应该努力争取，以支付旅游企业庞大的固定成本。

（三）评估各类细分市场需求的季节变化模式

旅游活动具有很强的季节性，在旅游市场上，各个细分市场在不同的季节和时间里，需求的变化模式不同。绝大多数的旅游企业在一年中有旺季、平季和淡季之分，旺季的需求量很大，企业不需要做大量的市场营销和推销工作，接待旅游者的人数很多，企业的接待能力可以得到较充分的利用；平季需求量比旺季小，但能达到一定规模；淡季需求量则很小。因此，企业要分析旅游者需求的旺、平、淡季，把营销精力放在能充分利用旅游企业接待能力的细分市场上。

企业市场营销的主要精力，应放在不经努力需求量容易下降或经过努力需求量容易增加的那些细分市场上。如果在旺季对细分市场投入很大的精力，由于受企业接待能力的限制，销售额不会有很大的提高。在平季时，各竞争者的接待能力都有剩余，如果企业对细分市场不下大精力去开发，这些细分市场将会被竞争对手夺去。对于淡季应做具体分析，当此时的某一细分市场需求的绝对数量很小，即使企业下很大精力招徕顾客、推销产品也不会使销售量有很大的提高，企业就不值得过多地付出财力和精力；但是，此时若某些细分市场具有一定的需求量，或者是企业通过市场细分可以开发新的细分市场，则应考虑投入一定的精力去开发市场。

评估各类细分市场需求的季节变化模式，其重点是分析哪些细分市场可以充分利用平季和淡季的接待能力。首先应列出在没有经过积极推销的情况下，本企业在这段时间主要接待了哪些类型的顾客，他们购买本企业产品的目的是什么，对产品和服务有什么要求和需要，这些细分市场在淡、平季各月份需求量有多少，经过积极推销能否增加销售量。同时，还要分析有哪些新的细分市场经过特殊推销能被企业用来在平季及淡季招徕游客。

从外部分析，要密切注意竞争者在这些季节吸引哪些细分市场的游客，为什么他们愿意选择竞争者的产品，本企业是否有能力去争取这些细分市场。

（四）分析本企业对各类细分市场的开发能力

企业选择目标市场时，除了考虑各细分市场是否值得开发外，还必须分析自己是否具有足够的经营能力。因此，旅游企业必须分析自己的产品特色、设备设施情况及服务质量等，以明确本企业是否有条件招徕各类细分市场上的游客。首先要详细地研究各细分市场的具体需求，研究旅游者对同类产品和服务要求的最重要的因素是什么。例如对饭店产品，旅游者最关心的是地理位置、清洁卫生还是豪华舒适；对旅行社产品，旅游者最关心的是导游服务、方便舒适还是价格公道合理等。分析本企业现有产品和服务在这些因素方面能否满足旅游者的需要和要求，还有哪些没有满足，能否通过改变产品和服务去适应这些需求。

（五）分析竞争对手对细分市场的开发能力

除了企业自身的条件外，竞争对手的情况也是影响企业对各类细分市场开发能力的一个重要因素。因此，在选择目标市场时，企业还必须分析在各细分市场上有哪些竞争对手；在满足各类细分市场的需要和要求方面，竞争对手与本企业相比有哪些优势和弱点，竞争对手在哪些方面强于本企业，在这些方面能否赶上甚至超越对方，竞争对手是否正在大力开发这些细分市场，竞争对手的产品能否满足这些细分市场的各种需求。

如果某些细分市场虽然有一定的潜力，但各企业都在大力开发这些细分市场，而且接待能力已经超过这些细分市场的需求量。那么若此时企业还进入该细分市场就会造成很大的浪费，甚至会导致企业间的恶性竞争，这是企业经营应该注意避免的。

同时，企业还应该分析本地区旅游业是否存在一些没有得到满足的新市场或新需求。

任务三　掌握旅游市场定位

【案例导入】

“互联网＋”下的旅行社生存定位

在2015年8月18日召开的全国乡村旅游提升与旅游扶贫推进会议上，国家旅游局向参会的各界领导、各级代表及媒体印发国家旅游局局长李金早的署名文章《开明开放开拓迎接中国“旅游+”新时代》，专门提出“旅游+互联网”，推动用信息化武装旅游。

互联网及新兴线上平台究竟如何改变着游客出行？传统旅行社“触网”过程中还面临哪些问题和困局？新形势下，传统旅行社如何进行新定位？

“旅游+互联网”成行业大势所趋

数据显示，截至2015年上半年，中国网民规模达6.68亿，手机网民规模达5.94亿，与之相对应的是网上购物消费越发普及。在李金早的文章中，明确提到了应推动“旅游+互联网”。

据悉，按照国家旅游局的相关部署，下一步国家将推动在线旅游平台企业发展；支持有条件的旅游企业开展互联网金融探索，拓宽移动支付在旅游业的应用；会同有关机构发展实名制国民旅游卡，落实法定优惠政策和特惠商品折扣；放宽在线度假租赁、旅游网络购物、在线旅游租车平台准入许可和经营许可制度等政策，营造“旅游+互联网”良好的发展环境。以携程网为例，旅游已不仅仅是“互联网时代”，已经开始进入“手机时代”。最新统计数据显示，携程每年数百万的跟团游用户，一半以上通过手机下单并获得服务。比价、咨询、支付、办签证、出团、当地产品预订等全过程都可以通过APP实现。互联网及新兴线上平台正快速改变着旅游组织方式、市场经营模式以及游客的出游方式和消费方式，这是业内大势所趋。

报团前网上比价、看点评成习惯

由于传统旅行社逐渐开始步入“互联网+”时代，旅行社大量线路产品都“上线”进入各种在线旅游平台售卖，使得旅行社与游客之间传统的信息不对称局面逐渐被打破。

从在线旅游预订平台携程网了解到，截至8月下旬，与携程签约合作的旅行社供应商由去年同期的1000多家增至3000多家，国内各大省市的上网旅行社数量比去年增加了2倍以上，单就携程网一个平台就提供了10万条跟团游、半自助游产品。“以北京到欧洲为例，包括全国100多家知名出境社的3000多种优质产品，中、高、低各类价格，均可在携程网上查询。”携程网公共事务部区域经理高杰接受采访时说。

互联网平台不仅产品极大丰富、可以比价，更可以比产品人气和满意度。记者在携程网上查到一条“意大利罗马+米兰+瑞士琉森+法国巴黎13日跟团游”产品信息，显示有3572人出游，695条点评。任何一条线路产品，游客可以根据旅行社名称、预订销量、用户点评、价格等轻松进行排序对比，以快速找到适合的产品。

越来越多的年轻人习惯通过互联网来选择和购买产品，即便是游客来旅行社门市店现场报名，也往往都是在网上事先充分比对好了。游客来门店咨询线路产品、准备报团时，当工作人员报出行程及价格时，越来越多的游客都拿着手机铮铮有力的争辩，因为从网上查的相同的线路价格要便宜不少。

传统旅行社加盟“线上”也纠结

传统旅行社受到互联网的强烈冲击，很多第三方线上旅游平台联合景区、酒店和旅游产品批发商，以向消费者补贴的形式，为消费者提供低价的一站式休闲旅游服务，甚至还出现诸如‘1元出境游’的怪现象。传统旅行社为了生存，不得不进行“线上线下融合”，与携程、同程、去哪儿等第三方线上平台进行业务合作，将自己的线路产品拿到这些平台售卖。与此同时，上第三方线上平台销售的产品由于价格竞争的原因，其报价要比门市店低，同时还要给平台交一定的“服务费”，许多旅行社明知不得已而为之，但谁都不想丢失自己的品牌和这块阵地，况且通过平台确实能销售一些产品，只能随行就市了。

从全行业看，传统旅行社与线上平台联姻，确实并不总是融洽顺畅、相得益彰。2016年4月，就出现了众信旅游、中青旅等17家传统旅行社与线上旅游平台途牛旅游网“互相掐架”事件。17家旅行社称由于与途牛旅游网在共同维护正常的市场秩序、良性的行业发展以及合理的定价等问题上存在重大分歧，暂停向途牛网供应产品。随即，途牛方面指责旅行社不遵守契约精神、不顾客户体验，决定下线以上旅行社全部产品。

然而，更多的游客是在线上查阅了旅游线路后，为图个放心，最后还是要到实体店报名，于是就形成了网上价格与实体店价格的一个比对战，传统旅行社自己开发手机APP软件，效果一般，大部分客户还是通过传统途径报名，只有部分年轻人开始习惯从互联网预订。同时旅行社需要不断地往平台上交维护费，基本上APP软件弃之不用了，患得患失，传统旅行社面对互联网的冲击，如何进行新一轮的市场定位，成为当前业内面临的又一大挑战。

思考：针对案例，请你为当前形势下某一熟悉的传统旅行社进行市场定位。

一、旅游市场定位的含义

旅游市场定位是指旅游企业针对潜在旅游消费者的心理进行营销设计，并借助于各种营销组合工具努力在目标客户心目中创造有关产品品牌或企业的某种形象、属性或特征，保留深刻的印象或独特的位置，从而取得竞争优势的一种营销活动过程。

旅游市场定位是旅游市场细分、旅游目标市场选择之后的一个自然接续，定位策略就建立在市场细分与目标市场选择的结果上。它包括以下几层含义：

第一，定位的目的是培育旅游企业及其产品的形象。这种形象是通过企业的营销努力而潜在消费者心目中形成的关于企业和产品的特殊的位置。消费者将关于企业的特点、优势及其产品的属性、价值等信息便“储存”在这个位置上。如果企业不努力培育这个位置，消费者对企业及其产品不知晓，在消费者头脑中便没有位置，因此在消费者需要凸显的时候就不会想到该企业及其产品，也不会购买该产品，更谈不上顾客忠诚。

第二，市场定位所凭借的手段是综合性的，不是单一的广告，更不是仅仅一句广告词，它是对产品、价格、促销和分销等各种手段的综合利用。

第三，市场定位是一个沟通过程。在这个过程中，企业传达有关产品的各种信息，这些信息能协调地创造企业所期望的形象。

第四，市场定位的直接对象是潜在旅游消费者。对于不同细分市场或目标市场的消费者，定位策略应该是不同的。

第五，市场定位是对人的感知的影响，是对人的大脑的影响。这是定位最核心的含义。

二、旅游市场定位的作用

(一)便于企业建立竞争优势并方便旅游者选择购买

在知识经济已经到来的当今社会，同类产品的竞争越来越激烈，旅游市场的产品信息日新月异、让人目不暇接，过量的信息会干扰旅游者的购买决策，旅游者不可能在每次购买前都对产品做重新评价，为了简化购买决策，旅游者往往会将产品加以归类，即将产品和服务在他们心目中“定个位置”，这种产品位置就是旅游者将某种产品与竞争产品相比较后得出的一组复杂的感觉、印象。企业要想使自己的品牌获得普遍的认同，使品牌形象深入人心、持久不忘，就需要准确地为自己的产品定位。产品进行了有效的定位，会使旅游者产生深刻、独特的印象和好感，进而对该产品和该企业品牌形成习惯性购买，这样该企业的市场就会得到不断巩固和发展。

因此，企业进行市场定位，通过确定产品或品牌的竞争优势，着重推出与竞争产品和其他品牌不同的产品以满足旅游者要求，可以更有效地吸引该细分市场中的游客，增强旅游者的购买信心，有利于他们迅速做出购买决策，重复购买本企业的产品。

(二)避免企业间的恶性竞争

如果企业不愿意或不能进行有效的市场定位、不搞差异化，不仅不利于旅游者充分行使选择权，而且还会由于众多企业都以同样的产品和服务角逐同一市场的有限顾客，使得各级企业的市场严重分流，达不到理想的规模经济效益。同时，由于大家都想争夺有限的客源，必然会进一步加剧市场竞争，甚至会出现恶性竞争的局面。由于没有进行有效的市场定位，企业产品雷同，在产品品种、服务、人员、形象等方面没有明显的差异，企业间的竞争就会更多地反映在价格上。价格竞争又会进一步降低企业的利润，使企业缺乏技术改造和扩大生产的资金，最终影响到各个企业和整个行业的发展。

三、旅游市场定位的过程

(一)明确企业的竞争对手

旅游企业的竞争对手，也就是本企业产品的替代者，包括企业面对的现实的竞争对手以及潜在的竞争对手。一般来说，企业的竞争对手应符合以下几个条件：

①地理位置相近；

②目标市场一致；

③产品和服务相同，产品档次相同或类似；

④价格相差一般不超过20%。

(二)对竞争对手产品进行分析

在确定竞争对手后，企业必须从静态和动态两个方面了解、分析和比较竞争对手的情况，特别是竞争对手的产品种类、设备设施状况、服务质量及价格等情况，进而了解本企业产品的优势及不足。

(三)确立产品特色

确立产品特色是市场定位的出发点。首先，要了解市场上竞争对手的定位情况，了解其产品有何特色；其次，要研究旅游者对产品各属性的重视程度，并在市场定位时突出强调旅游者所关心的产品属性；最后要考虑企业自身的条件，有些产品属性，虽然是旅游者比较重视的，但如果企业力所不及，也不应成为该企业市场定位的目标。综合考虑这几方面因素，企业可以明确自己所要确立的产品特色。

(四)树立市场形象

企业确立的产品特色是其有效参与市场竞争的优势，但这些优势不会自动地在市场上显示出来。要使这些优势发挥作用，影响旅游者的购买决策，还需要以产品特色为基础，树立鲜明的市场形象，通过采取积极主动而又巧妙地与旅游者沟通的策略，引起旅游者的注意和兴趣，获得旅游者的认同。有效的市场定位并不取决于企业是怎么想的，关键在于旅游者是怎么看的，市场定位的成功直接反映在旅游者对企业及其产品所持的态度和看法上。

(五)巩固市场形象

旅游者对企业的认识不是一成不变的，由于竞争者的干扰或企业与顾客之间沟通不畅，会导致市场形象模糊，旅游者对企业的理解出现偏差、态度发生反转等。所以建立市场形象后，企业还应不断地向旅游者提供新的论据和观点，及时矫正与市场定位不一致的行为以巩固市场形象，维持和强化旅游者对该企业的看法和认识。

四、旅游市场定位策略

旅游企业在目标市场上可展现多种竞争优势，旅游市场定位也有很多形式，以下就是几种主要的目标旅游市场定位形式。

(一)特色定位策略

旅游产品在某些方面总可以找出一些与众不同的属性来，旅游企业可根据这些属性进行市场定位，如自然景观和人文景观就有不同的属性，同样是自然景观或人文景观也各具特色。如深圳的“世界之窗”旅游项目是典型的人文景观，把世界许多国家代表性旅游景点微缩其中，它的定位是“你给我一天，我给你一个精彩的世界”，在旅游产品特色定位方面大获成功。

(二)利益定位策略

这里所讲的“特定利益”不仅指经济利益，而且泛指能带给旅游者的各种利益，旅游企业可按特定旅游市场特定的利益来确定本企业或本企业产品在目标市场上的定位。如对经济型旅游市场的游客，可定位于“物美价廉”，以吸引这一细分市场的客人购买。

(三)时机定位策略

不少旅游产品都有一定的使用时机，按特定时机定位可充分显示产品的时间价值。如1997 年香港回归之际，京港等地的酒店独具匠心策划了“百年一夜，见证历史”迎回归活动，北京贵宾楼饭店推出 6 月 30 日饭店紫金厅外汉白玉观景台观看天安门广场盛大庆典活动。再如 1999 年，北京饭店抓住了国庆五十周年庆典之机遇，推出“开国第一宴”，产生了轰动效应，取得了很大的成功。

(四)空挡定位策略

有时，旅游市场虽有特定的需求，但尚没有旅游企业进入，经营者经反复权衡后可采取拾遗补缺策略进入，填补特定旅游市场空当。如在餐饮方面不少游客希望各地代表性菜系都能品尝到，但又不太可能亲临各地去品味。某酒店瞅准这一空挡，率先推出了集合各地菜系精华于一席的“大江南北宴”，颇受旅客欢迎。当然由于旅游产品较容易模仿，一旦同行认识到有机会，会竞相加入竞争，这要求先填补空挡者要尽快在市场上树立“领袖”地位，否则可能会被有实力的跟进者挤出市场。

五、旅游市场定位的步骤

在根据旅游者偏好的基础上，旅游企业从竞争的角度进行市场定位可以分为以下几个步骤。

（一）分析旅游产品，确定旅游产品的主要特征和利益

这一点很重要，但也很容易被忽视。旅游企业应该先了解本企业产品。描述旅游产品通常有两种方法：一种是直接描述旅游产品有形和无形的特征；另一种是描述旅游产品通过这些特征能满足哪些潜在顾客的需求和兴趣，即产品利益。

（二）发掘竞争优势

竞争优势包括现实的和潜在的优势。这种优势主要体现在成本优势与旅游产品差别化优势上。形成旅游产品的成本优势要从旅游产品及其营销组合设计，企业内部的经营管理，以及供应和储运成本等方面下功夫。发掘旅游产品差别化优势，就是要创造出易识别的，比竞争者更具吸引力的旅游服务特色及其有形特征。这一方面取决于市场的细分化程度，另一方面取决于企业对一定旅游产品营销组合的创意设计能力与实施能力。

（三）选择竞争优势

即运用一定方法对本旅游企业产品的若干竞争优势加以具体评估，以准确选定旅游产品的定位优势。企业通常采用评分法，即在本企业产品可能具有竞争优势的若干因素中（如服务、质量、服务设施、地理位置与环境因素等），让有关专业人员和旅游者同时给本企业和竞争者的产品评分，以此优选出本旅游产品的市场定位因素。

（四）传播定位特色

市场定位在本质上可以说是一种市场沟通策略。因此，旅游企业最终必须把产品的定位特色成功的传播给目标顾客，以在其心目中有效地树立起本企业旅游产品富有吸引力的特色形象。这不仅需要企业进行针对性很强的广告宣传，而且需要企业通过各营销组合因素的全面互相配合和协调一致，才能取得最佳的效果。也就是说，在市场定位目标明确之后，旅游企业风格和媒体的确定等，都应该尽可能传达同样的信息，表现同一定位形象。

（五）重新定位

当一种旅游产品的市场定位确立后，如果企业发现有较多竞争对手或强大竞争者正在与本企业争夺相同的市场地位，或发现自己所服务的顾客偏好发生变化，或发现更有力的新市场地位，或定位后的产品销售范围与实际范围不符等，这时还需要企业对产品进行重新定位。

六、旅游市场定位存在的问题

旅游企业在市场定位时常常会出现这样或那样的失误，或因旅游市场形势发生重大变化，原先的定位已不再适应新的市场需求。为此，旅游企业要对旅游市场重新定位或纠正“错位”的现象，纠正“错位”现象从一定意义上讲也是一种重新定位。旅游市场定位问题主要表现在以下三个方面。

（一）定位过低问题

这种定位是指使旅游者对旅游企业和旅游产品印象低于其客观实际水平，如虽是好产品，但旅游者认为质量一般，本企业虽有较强经济实力，但在旅游者的心目中却认为只是平常的公司。如某五星级酒店打出“五星享受，工薪价格”后，不但使原有的宾客认为在这个酒店消费会影响自己的形象，工薪阶层也觉得这可能是个“圈套”。

（二）定位过高问题

这种定位是指使旅游企业和旅游产品的被认知形象超过其实际存在形象。如，面向普通旅游者的旅游产品却定位于“豪华”“精品”之类，使目标市场客人不敢问津；明明只是低档次酒店却定位于“高档酒店”，给客人以“高处不胜寒”的感觉。

（三）定位混乱问题

这种定位使旅游企业和旅游产品在目标市场上认知混乱不清，如原本针对老年人的旅游产品，老年人去消费的不多，而年轻人却很钟爱。

七、CIS 定位在旅游企业市场营销中的应用

（一）CIS 的概念及其内容构成

CIS（Corporate Identity System）即企业识别系统，作为一种功能，CIS 可以被理解为企业形象定位战略。

具体地说，CIS 是对旅游企业本身的经营理念、行为方式及视觉识别进行一种系统的设计，并向社会统一传播，更直接一点说，CIS 就是企业的“脸”和“身份证”，其目的是要在宾客和公众中间树立完美的企业形象，从而获得宾客和公众的认可。

CIS 由理念识别、行为识别、视觉识别三个部分组成。

1. 理念识别（MI）

理念识别（Mind Identity）是企业识别的核心和精神所在，是旅游企业识别系统的原动力，也是旅游企业文化的重要组成部分。它包括旅游企业的价值观念、经营方针与路线、精神与道德风尚、规章制度等。

在旅游企业理念的开发中，一个重要的环节就是将抽象的理念变成可以把握、便于理解的条文。无论是为了规范员工的行为，还是向社会大众传递旅游企业需要传递的理念信息，该条文都必须容易阅读和理解，要简明扼要。除了做成宣言、行为规则、旅游企业公告外，还可做成精神标语、歌曲等。很多旅游企业还制定了表达企业理念的广告口号，例如，波音航空公司的“让人们走到一起”，南方航空公司的“您的空中之家”等。

由于旅游企业提供给旅游者的是人对人的服务，在经营接待与服务的过程中，旅游企业管理人员、服务人员与旅游者之间有更多的思想、情感的交流与对话，旅游者对管理人员、服务人员的经管理念的感受比对其他企业更为直接和强烈。同时，旅游者在消费过程中最为重视的是在接受服务时所获得的精神、文化方面的享受。因此，旅游企业在理念识别上更需要具有自身的特殊性，在向旅游者传递旅游企业理念和表明旅游企业的社会意义的广告口号中，应特别注重对旅游者的尊重与服务，语言应充满情感。例如，假日酒店集团的“一切为顾客着想，质优价廉”，希尔顿的“高效、诚实、守信、承担责任”，地中海管理集团的“娴熟的技巧、开朗的性格、面向世界”等等。而在旅游企业内部则应强调发挥人在经营中的主体作用，创造良好的人际环境。如一些饭店推出“你选择了一家旅游饭店，

你同时也选择了一种生活方式”“我们是为女士们和绅士们服务的女士和绅士”之类的口号就可以促进群体意识和心理的培养，提出“如果你不是直接为客人服务的，那么你的职责就是为那些为客人服务的人服务”的口号来创造管理者与一般员工之间的和谐关系。

2. 行为识别(BI)

行为识别(Behavior Identity)指的是在旅游企业理念指导下的全体员工自觉遵循的工作与行为方式，是旅游企业识别系统中的动态系统，它把理念化为有生命的行为。行为识别必须与理念保持一致性，而不能与之相违背，旅游企业的一切行为都应当做到上下一致、内外一致，都要围绕塑造良好的旅游企业形象这一中心。旅游企业的行为识别包含着旅游企业的经营管理、业务活动的一切领域，有对内、对外两个部分：一是旅游企业内部行为识别，包括旅游企业内部的传达与沟通、员工教育培训及行为规范化管理等；二是旅游企业对外行为识别，包括市场调查、产品开发、公共关系、服务活动、广告活动、人员推销活动等。

旅游企业给旅游者提供的主要是面对面、劳务性强的服务。员工的言行、态度、处事方式、敬业精神、专业水平等几乎都毫无保留地展现在旅游者面前，成为旅游企业形象的窗口。旅游企业在行为识别上必须形成自身的个性与特色，以使自身的服务既能满足旅游者的需要，又能超越通常的规范化、标准化服务的约束，才会给旅游者留下难忘的印象。行为识别要达到预期的效果，员工审美修养的提高有着特别的意义，具有较高审美修养的旅游企业员工才能在接待服务中，与旅游者建立起一种美好、和谐的人际关系，给旅游者提供主动、热情、真诚、细心、周到的服务。这种服务超越了一般的规范化、标准化服务，是主动寻找、发现旅游者需求的个性化服务，是没有或仅有极少交际障碍的服务，体现了服务者与服务对象在服务行为过程中的统一，在服务行为中还可以显现出特有的旅游企业形象风采。

3. 视觉识别(VI)

视觉识别(Visional Identity)是通过组织化、系统化、统一化视觉传播媒体的设计，将旅游企业的经营理念和各项信息有计划地传达给社会，塑造旅游企业良好的独特形象，它是理念识别的具体化和视觉化。

视觉是人们获得信息的最主要渠道之一，视觉传达无疑是旅游企业形象传播的主要途径。视觉识别的设计与传播不仅要与理念识别和行为识别相统一，而且其自身系统内的各部分也应具有一致的风貌、个性和特色。只有具有统一的设计思想，才能够产生巨大的社会影响，给人留下难以忘怀的印象。

旅游企业视觉识别的主要内容是企业的标志、旗帜、招牌和基色以及旅游企业的企业字体、印刷品、事务用品、交通工具和员工的服饰等。

(二)CIS 在旅游企业市场营销中的作用

旅游企业的企业形象是社会公众对旅游企业的总体评价，它是一个综合的、系统的整体。旅游企业形象是由多方面组成的，一般认为旅游企业形象包括旅游企业的市场形象、外观形象、技术形象、未来形象、经营者形象、公司风气形象、综合形象七个方面。此外，也可以将旅游企业形象归纳为旅游企业内部形象和旅游企业外部形象。

旅游企业形象包含着两个层面：一是被社会大众知晓、了解的程度——知名度，这是旅游企业“名气”大小的指标；二是获得大众信任赞美的程度——美誉度，这是旅游企业口碑好坏的社会尺度。旅游企业的知名度高未必美誉度也高，反之亦然。

1. 旅游企业在确定自己企业形象时，必须考虑两个因素：

旅游行业的特征。每一行业都具有自己的行业特征以及消费者普遍持有的期望值与消费心态，旅游企业形象要与本行业特征相吻合。据日经广告研究所进行的大范围的企业形象调查得知，人们对服务业所希望的良好的企业形象评分较高的内容依次为：稳定性、信赖感、对顾客服务周到、企业规模大、有传统性、良好的风气等。我国的旅游企业在确定自己要塑造的企业形象时，也可参照此标准。

本企业的特征。即本企业的现有规模、历史状况、本企业的特点、现有市场竞争力、员工素质、目标市场、旅游者的行为特征等。只有准确地分析和确定自己的企业形象，形象塑造工作才能有的放矢。

旅游企业开展市场营销活动，必须重视树立和传播良好的企业形象。CIS 的导入，使得旅游企业通过统一的经营理念铸造、行为方式表达和视觉识别设计，在顾客心目中和社会上确立自己的形象，有利于市场竞争，同时通过有效的系统的传播行为，可以进一步增进顾客和社会对企业的识别和认同。

2. 旅游企业导入 CIS，树立和传播良好的企业形象，其作用表现在以下几个方面：

(1) 良好的形象有助于企业产品和服务赢得顾客的信赖

首先，它树立了消费者的消费信心。随着经济的日益进步，社会产品大大丰富了人们的生活，消费者对产品的要求已不仅仅局限于“求廉”“求好”，现在是一个“感性”消费的时代，人们更注重“牌子”的硬度。正如美国《商业周刊》中的一篇文章所写的：在一个富足的社会里，人们已不太斤斤计较价格，产品的相似之处又多于不同之处，因此，商标和企业的形象变得比产品和价格更为重要。良好的形象有助于增强消费者的购买欲望，产生心理上的自豪感，以拥有此“牌子”为荣，以拥有其服务为自豪。

其次，良好的形象可以为企业推出新产品做准备。当企业拥有一个知名度高的品牌时，推出新产品的时候，就可以以此为资本吸引消费者，迅速打开销售局面，节省广告开支。目前连锁经营已成为一种良好的经营方式，而连锁经营的发展资本和根基就是依靠一个良好的企业形象。像假日、喜来登、希尔顿等集团，其分店遍布全球各地，依靠的就是一个良好的集团形象。

(2) 良好的企业形象有助于增强企业的凝聚力和吸引力

栽下梧桐树，引得凤凰来。牌子树立起来了，就能像吸铁石一样，吸引各种人才，改善企业的智能结构。试想，一个拥有良好形象的企业，在招工的时候，肯定能吸引大量的人才，这样，就能确保企业人力资本的可持续性。对内部职工而言，一个企业的发展目标、精神道德规范等软件系统对员工的职业观、价值观、道德观的形成有重要作用，他可以感染每一位员工，使大家在认同价值的基础上“凝聚”起来，形成一种上下一致、内外一致的行为准则，并使员工由心理上的认同转化为行动上的参与。而这种优良的凝聚力所产生出来的精神力量绝不亚于高技术本身所拥有的物质力量，良好的形象，可使职工产生“我是其中一员”的满足感和自信心，从而更加尽心地维护和推动这种给自己自豪的形象，从而避免因频繁的人事变动而使企业大伤元气。

(3) 良好的形象有助于企业获得社会各界的支持和政府的帮助

首先，良好的形象有利于获得贷款，不仅银行愿意贷款，公众也乐意购买该企业的股票和债券。

其次，良好的形象能获得可靠的原材料和能源供应，建立稳固的销售渠道和销售网络。良好的形象，本身就能产生两大奇迹：一是扩散。形象好，消费者会争相称赞该企业的产品如何好，服务如何周到，这比企业花钱做广告宣传自己要来得可信。二是延续。良好的形象，在消费者心中留下深刻的印象后，就不会轻易改变，它将长时间地影响人们的消费心理和消费行为。

再次，良好的形象容易赢得社区的欢迎。形象良好的企业，一定具有较强的社会责任感，关心社会的建设，社会关系融洽，社区也更乐意为企业的发展提供劳动力、水、电等重要资源，为企业的繁荣创造一个良好的外部环境。

最后，形象良好的企业，能得到政府的支持。政府总是乐意帮助、扶持经营作风端正、形象良好的企业，好的形象是企业发展的“通行证”。

(4)良好的形象有助于企业在竞争中赢得优势，站稳脚跟

企业的发展总是伴随着竞争。现代社会，企业的产品在质量、性能等硬件上日趋雷同，产品的替代品也日益增多，社会大众很难从日趋雷同的产品中感受到独特的印象。酒香也怕巷子深，皇帝女儿也愁嫁，企业间的竞争已不再是单一层次上的局部竞争，而是在理念与价值取向、传统与未来发展、决策与经营哲学、规模与设备投入、人才与技术储备、产品与市场拓展、服务与质量保证、公益与社会责任等各层次上展开的全方面的整体实力的竞争，也就是企业形象力的竞争。谁能够将优良鲜明的企业形象呈现在公众面前，谁就能在激烈的竞争中脱颖而出，稳操胜券。

复习思考题

1. 名词解释：市场细分、目标市场、市场定位。
2. 旅游市场细分的方法和步骤有哪些？
3. 目标市场选择的策略有哪些？举例说明旅游企业应如何选择自己的目标市场策略。
4. 旅游市场定位的方法有哪些？市场定位策略有哪几种？

项目实训

一、实训目的

为某旅行社策划设计旅游企业 CIS。

二、实训要求

以小组为单位，准时完成，要有创新。

课堂讨论，上交电子版 PPT、策划方案和设计文本。

三、实训内容

对山西省太原市某旅行社策划设计旅游企业 CIS，编写策划方案和设计文本。

项目六　掌握旅游市场营销组合策略

☞ **知识目标**　1. 掌握旅游产品的特点和构成要素
2. 熟知旅游产品的生命周期
3. 掌握旅游新产品开发的程序
4. 了解旅游产品品牌建设
5. 掌握旅游产品定价的影响因素和方法
6. 掌握旅游促销组合的因素
7. 掌握旅游促销的手段
8. 掌握选择旅游中间商的方法

☞ **技能目标**　1. 能独立设计开发某旅游市场旅游新产品
2. 能为旅游新产品定价
3. 能独立促销旅游新产品
4. 能为旅游新产品选择旅游营销渠道

请同学们课后查阅相关资料，结合课堂老师讲解和引导的重点难点内容，通过小组设计开发旅游新产品、为旅游新产品定价、为旅游新产品促销、为旅游新产品选择营销渠道等技能训练，共同讨论完成以上学习任务。

成功案例展示

体育 + 旅游会碰撞出怎样的火花?

“五一”期间，天津首届体育旅游大会开幕，户外徒步、定向穿越挑战赛、攀岩以及自行车环湖骑行、哈雷机动车骑行等丰富的赛事娱乐活动，吸引了众多海内外游客。在大众旅游时代，集体验性和观赏性于一体的体育旅游，越来越受到游客的喜爱。中国多地正在积极打造体育旅游的个性名片，吸引海内外游客。中国武术吸引许多外国游客，湖北武当山是中国著名的道教圣地、5A 级风景区、太极拳的发祥地。养生术、武当武术、道教音乐、道教哲理等丰富的内容，每年吸引着众多内地及港澳台、东南亚、日本、韩国、欧洲、北美等国家和地区的海外游客。

“打太极已成为一种风尚，强身健体、修身养性。道教、武术、养生，让武当山每年吸引约30万的海外游客。”武当山旅游经济特区管委会副主任刘建平介绍，相比于游山玩水，打太极、练武术对外国游客的吸引力更大，游客“回头率”更高。武当武术在继承古代武术、军事等攻防理论的基础上，运用《易》学原理，以阴阳消长、八卦演变、五行生克为其理论核心，是中华民族优秀文化遗产，也是当代人修身养性、强身健体的最佳选择。

“武当山武术文化久负盛名，一直就有‘北少林、南武当’的说法，我们把武当山养生、武术、道教文化融为一体，对外国游客吸引力很大，品牌含金量也高。”刘建平说。此外，武当山还通过在国外义演和开办国际养生班，吸引美国、泰国、韩国、新加坡、俄罗斯等国的游客，共同领略道教传统文化的丰富内涵。

素有“公园省”美誉的贵州，全省92.5%的国土面积为山地和丘陵，适宜发展登山、龙舟、徒步、攀爬、漂流、探洞和山地自行车等休闲型、体验型户外体育运动。贵州去年先后举办了兴义万峰林国际自行车赛、万峰林国际徒步大会、贞丰三岔河国际露营大会、中国万峰湖第九届野钓大奖赛、中国·贵州安顺坝陵河大桥国际低空跳伞挑战赛、海龙屯国际山地户外运动挑战赛等多项国际性体育赛事，吸引了美国、英国、法国、德国、俄罗斯、加拿大、意大利、瑞典、芬兰、泰国等36个国家的体育名将和国内外体育爱好者，深度体验贵州的山地旅游。

中国游客喜爱出境观赛

今年是体育大年，除法国欧锦赛、巴西奥运会，还有英超、欧冠等常规赛事。多家旅行社为体育迷们准备了丰富的观赛游产品。

“现场观赛之余游览周边风景名胜，了解当地人文风情，可以令出游的含金量大增。”凯撒旅游的负责人介绍，作为里约奥运会中国奥委会票务代理及接待服务供应商合作伙伴，凯撒旅游已推出“巴西阿根廷14日奥运观赛之旅”“巴西阿根廷13日奥运观赛之旅”等线路。目前，奥运观赛游产品的咨询者络绎不绝，已收到近千份订单需求。

以欧锦赛为契机，阿里旅行日前联合阿里体育，上线“体育爱旅行”频道，实现旅游平台与体育资源的强强联合。阿里旅行提供在线旅游平台的便利，包括品牌影响、流量入口、平台服务、支付便利、安全保障等；阿里体育提供专业体育赛事挑选、当地活动策划组织、体育IP和名人运用等。阿里旅行欧锦赛游产品首期将推出小组赛和半决赛的半自由行产品。

同程旅游今年也大幅度增加了在南美市场上的投入，包括海达路德号的南极包船。奥运之旅线路将贯穿南美洲所有的主要景点，包括里约、布宜诺斯艾利斯、伊瓜苏瀑布、圣保罗等。近年来，出境参加观赛旅游的人数呈现逐倍增长趋势，且家庭出游已逐渐成为一种比较热门的潮流。而“80后”男性是选择体育旅游的主要人群，出境观赛游也是他们释放工作压力的方式之一。此外，退休人群也是体育旅游的消费群体之一，相对于上班族，他们的时间更充裕，基于平时对锻炼和健康的关注，也对体育赛事充满了兴趣。

体育＋旅游，活力迸发

体育旅游因其注重参与和体验的特点而受到游客青睐。有数据显示，目前中国体育旅游产业每年增长30%～40%，正成为中国旅游休闲领域的亮点。

中国社会科学院旅游研究中心学术顾问李明德认为，体育已成为旅游重要的吸引力，体育与旅游结合将创造更大的价值。体育有三个非常重要的特征：一是体育本身具有健身作用，生命在于运动，健康是人类永远的追求；二是体育有很强的竞技性，体育精神追求更高、更快、更强；三是参与性强，是大众参与性活动，尤其是民间体育运动。正是由于体育这些特性，现代旅游和体育呈现出高度融合的状态，旅游离不开体育。

自去年成功上市后，凯撒旅游明确将体育旅游、户外旅游作为重要市场，在体育业务板块精准发力。募集资金用于体育旅游业务板块的扩展升级，开设体验中心，建设全球体育赛事票务预订平台与高尔夫球场预订平台以及移动互联网平台，高精准度锁定活跃用户。

“体育旅游，核心资源是‘体育’，因此门票资源优势和目的地体育文化体验将是体育旅游的重点。如何让游客深入体验到更纯粹的体育文化，也将是体育旅游是否有特色、该产品是否能够适应市场的决定性因素。”同程旅游负责人谈到，只有根据市场和消费者的需求及时调整，做到“体育＋旅游”的多元化和深层次，才能在激烈的市场竞争中赢得优势。

李明德指出，国家发展旅游业也应针对广大消费者在体育旅游方面的需求，改善供给，提供更多热门体育旅游产品，如滑雪、游艇、高尔夫等，同时要有创新精神，让旅游和体育实现更高程度的融合，以增加旅游本身的刺激性、趣味性、观赏性、参与性、体验性。

（资料来源：人民日报海外版　国家旅游局　作者：赵珊　敖阳利）

思考：根据以上案例，列举你所知道的旅游创新组合产品。

任务一　掌握旅游产品策略

一、旅游产品的含义

从旅游者角度讲，旅游产品是指旅游者以货币形式向旅游经营者购买的、一次旅游活动所消费的全部产品和服务的总和。从供给的角度来说，旅游产品是指旅游经营者借助一定的旅游资源和旅游设施，为旅游者提供满足其在旅游过程中综合服务的需要。

二、旅游产品的特点

旅游产品是一种特殊的商品，同样具有价值与使用价值的二重属性。它的价值构成不仅是人们过去的物化劳动，而且包含人们现今的即时劳动；它的使用价值体现在满足人们的旅游活动及相伴产生的其他需求上。虽然旅游产品也是一种为交换而生产的商品，但它与别的商品相比具有明显的不同。它不是以物质形态表现出来的一个具体劳动产品，而是以多种服务形式表现出来的无形产品。其特点具体表现在以下几个方面。

1. 旅游产品的完整性

旅游产品是由多种产品组合而成的综合体。具体地讲，一条旅游线路就是一个单位的旅游产品。在这条线路中，除了向旅游者提供各类旅游吸引物以外，还包括沿线提供的交通、住宿、餐饮等保证旅游活动顺利进行的各种服务。飞机上的一个座位，旅馆里的一间客房、一张床位、一顿美餐或是在游览点内导游人员的一次讲解活动，都只是整体旅游产品中的单项产品或服务，亦称单项旅游产品。每个单项旅游产品都是整体旅游产品的一个组成部分，这些单项旅游产品一般通过旅行社将他们组合起来，形成能满足旅游者各种需要的整体旅游产品，归纳起来有6类，即食、住、行、游、购、娱。

2. 旅游产品的体验性

旅游产品是一段旅游经历，这个经历包括旅游者从离开常住地开始，到旅游结束归来的全部环节，对所接触的事物、事件和所接受的各种服务的综合感受。旅游者眼中的旅游产品，不仅仅是其在旅游过程中所购买的一个饭店的床位、一次飞机或火车的座位，或是一个旅游景点的参观游览、一次接送和导游服务等，而是旅游者对所有这些方面的总体感受。换句话说，旅游者用货币换取的不是一件件具体的实物，而是一次旅游经历。这说明构成旅游产品的诸多单项产品和服务，在质地上应当是均一的，如果厚此薄彼，就会引起产品畸形，甚至有损于整个产品的形象和价值。例如，在一次旅游活动中，有一件单项产品或一项服务的质量特别低劣，以致引起旅游者的不满，那么这个旅游产品的整个身价也许就会一落千丈，也许就要信誉扫地，这个旅游产品的再生产、再销售也就会遇到困难。实践证明，在旅游产品的产、供、销全过程中，只有一丝不苟地按时、按地、按质、按量地组织好整个旅游产品的生产、销售及消费，保证整个旅游活动过程中各个环节的衔接和配合，才能最佳地实现旅游产品的价值，使旅游者获得一次良好的旅游经历及感受。

3. 旅游产品的服务性

从供给方面看，即从旅游经营者角度来看，旅游产品是指旅游经营者凭借一定的旅游资源和旅游设施，向旅游者提供的、满足其在旅游活动中所需的各种产品和服务，通过旅游产品的生产与销售，旅游经营者可以达到盈利的目的。旅游产品最终表现为劳动的消耗，即旅游服务的提供。旅游服务是旅游行业的员工凭借旅游资源、旅游设施以及其他必要的劳动资料，在旅游活动过程中，为旅游者提供各式各样的劳务以满足旅游者的需求。必须指出，旅游服务是与有一定使用价值的有形物质结合在一起的服务，只有借助一定的资源、设施和设备，旅游服务才能得以实现。旅游产品与其他产品的不同点在于，服务的使用价值不是以物的形式来体现其效用，而是通过人的活动、通过提供劳务发挥其有用性。也就是说，旅游服务不是作为物而有用，而是作为活动而有用。作为物而有用的产品，要先把这个产品生产出来才能消费；而作为活动而有用的产品——服务，既不能先于消费生产，也不能贮藏起来待价而沽。服务的生产和消费是同步进行的，二者同时开始，同时结束。例如，行李员把行李搬进客房的过程标志着服务开始；搬运结束，服务也就终止。因此，旅游产品是以服务形式表现的无形产品。

4. 旅游产品生产与消费的同时性

旅游产品的生产(经营)和消费通常发生在同一个时空背景条件下，因此密不可分。它们往往是一个过程的两个方面，旅游产品在生产开始时，消费也即刻启动，消费结束时，生产也不再进行。无论是核心旅游产品还是组合旅游产品都是如此。这个特性使旅游产品与一般消费品表现出巨大的差异，并深刻地影响着旅游企业管理原则的建立和管理方式的选择。

一般消费品从生产到消费往往要经过一系列的中间环节，包括储存与运输。由于生产与消费在时空上可能存在的差异，就允许企业在生产过程结束后运用各种技术手段对产品的质量进行检验，凡不合格的产品，为确保企业的长期声誉，企业都会将其剔除，杜绝劣质产品进入市场。然而，旅游产品的生产与消费过程几乎同时进行，生产者与消费者面对面接触，直接发生联系，旅游者只有加入生产过程才能最终完成旅游产品的消费。这无疑给旅游企业的生产人员、管理人员提出了更大的挑战和更高的要求。

首先，在旅游产品的生产过程中，由于旅游者参与旅游产品的生产过程，这迫使旅游企业的管理人员要正视如何有效地引导顾客正确地扮演他们的角色，如何鼓励和支持他们参与旅游产品的生产过程(即旅游的体验过程)，如何确保他们获得足够的旅游知识以达成生产与消费过程的和谐进行。事实上，旅游企业所提供的追加利益越多，就越需要关注旅游者的参与过程。

其次，旅游企业服务人员与顾客的互动行为极大地影响着旅游产品中所包含的服务质量以及旅游企业与顾客的关系。由于旅游服务要按照旅游者的要求即时生产出来，这就使一般在生产国进行质量管理的办法变得不适用了。另一方面，顾客的需要存在着自然的差异，对旅游产品的质量评价因人、因时、因地而异，这样提供旅游服务的员工是否具有足够的应变能力，以确保旅游服务能达到每个旅游者所期望的质量水平就非常重要。服务人员与旅游者在沟通中出现的任何误会，其所提供的服务有任何不接受的缺陷，都可能影响到顾客对旅游产品的评价，甚至使企业就此失去这位顾客。服务人员的服务质量和营销水平的高低，都会成为旅游者是否重复购买的决策依据，并在一定程度上影响着旅游者的消费水平。因此，旅游企业要对员工进行认真地挑选、培训和控制，即加强内部营销管理，以提高旅游产品的质量。

5. 旅游产品的综合性

旅游者的需求是多种多样的，从而决定了旅游产品的使用价值内容十分丰富，在旅游产品的生产过程中，涉及的行业非常多，例如，要满足旅游者吃、住、行的需求，就要涉及饭店业、饮食服务业和旅游交通业，而这些行业则延伸到农副业、商业、建筑业、制造业等部门，它们间接地为旅游者提供旅游服务；此外，还涉及一些间接的部门，如海关、邮电、公安、银行、保险、医疗卫生等。据美国工业标准分类(SLC)系统的一项调查表明，有30多个主要工业部门为旅游者服务，而涉及旅游业的其他行业和部门多达270多个。由此可以看出，旅游行业是一个综合性的行业，其综合性表现在它是旅游企业为满足旅游者的各种需要而提供的各种服务的组合，既包括物质的、精神的劳动产品，又包括非劳动产品和自然物。另外，旅游产品的综合性还表现在旅游产品的生产和经营设计涉及到众多行业和部门。

6. 旅游产品的无形性

由于旅游产品的价值内容有相当大部分是由生产者提供的即时劳动(主要为抽象劳动)所构成，所以当实物部分的旅游产品生产出来后，并不意味着产品的生产已经形成，从生产转内消费这一过程所包含的各种劳动都构成旅游产品的价值内容。旅游产品同样是物质产品和抽象劳动的统一体，而它具有一个最突出的特点——生产和消费具有同步性。只有在生产和消费同时进行时，才能实现劳动价值的交换，旅游产品的使用价值满足了消费者的效用，其凝结在旅游产品中的抽象劳动的无形性才会得到体现。旅游产品的这种同步性特征决定了其自身的不可储藏性，它的不可储藏性最突出的表现是受时间和空间双重限制。

7. 旅游产品的不可储藏性

生产和消费的同步性要求旅游产品从生产到消费之间的时滞性很小，更无仓储一说。例如，饭店不可能将淡季多余的客房留待旺季时出售。这种客观性决定了旅游产品在时间上的不可储藏性。另一方面，旅游产品的不可储藏性还体现在空间上不可转移。旅游产品的生产受到自然条件的限制。因而在地域上体现出极强的垄断性。旅游产品的这种地域性决定了旅游产品在生产过程中，不可能将旅游热点地区的产品迁移到旅游温点甚至冷点地区，进行人工调配。与一般的产品消费不同，旅游产品本身并不能发生运动，发生运动的通常是旅游者，只有旅游者来到旅游目的地，旅游产品的生产、消费才会同时发生。另外，在交易过程中，旅游产品的所有权并不发生转移，旅游者只是在消费过程中，在特定的时间和特定的地点具有暂时的使用权。

8. 旅游产品需求的高弹性

旅游产品需求量变动的幅度大于价格变动的幅度。一方面，因为旅游产品属于奢侈品，不是人们生活中不能离开的东西，人们是否购买这种产品主要取决于人们的收入状况和产品的价格水平，所以需求量受价格变动的影响大。另一方面，旅游产品之间的可替代程度较高，当一个旅游点的价格高或服务不好时，旅游者就可能选择到其他地方旅游。上面这两个因素决定了旅游产品是富有弹性的产品。另外，旅游产品具有消费上的关联性和多样性两个特点。旅游产品的消费与其他商品不同，人们购买一般商品，一次可能只买一件或两件，但外出旅游特别是远距离旅游时，人们一般要参观若干个地方，而不会限于一两个景点，否则消费成本太高了。旅游产品消费的多样性表现在它是集观、行、吃、住、购物等一系列活动于一体的消费行为。旅游产品的这两个特点决定，在旅游产品比较集中的地方，保持旅游产品的低价位有利于增加总收益。

9. 旅游产品的文化性

尽管旅游产品种类丰富，形态各异，所满足的旅游需求各不相同，而旅游者需求多样，动机各异，其旅游消费行为也各不相同，但驱使他们花费一定时间、金钱和精力进行旅游的根本动机是一种对文化的追求。这就是我们通常所说的旅游是为了满足一种高层次的精神文化需求，就其深层次来说，它具有强烈的文化性。旅游活动不仅是一种物质活动，而且是一种精神活动。旅游者花钱买的是精神上的享受，是为了增加社会阅历、增加见识和增加一种自我对世界的感知，旅游业生产出的是精神产品。因此，在旅游产品开发中，一定要有文化底蕴。例如，以文物古迹和历史遗址为重点的科考旅游产品、以民族文化为特点的文化旅游产品、以大型会展活动为核心的会展商务旅游产品，以及以特色农业和工业为主的工农业旅游产品等。旅游产品只有具备了丰富的文化内涵，才能提供给人们追求的文化目标。旅游产品的文化特征源于自然环境与历史演进的不同，形成了国家（地区）、民族之间在经济、政治、人文、自然等方面的差异，从而使旅游经营者能够据此提供具有深刻文化内涵的旅游产品。

10. 旅游产品的非实物性

旅游产品的非实物性可以从生产、交换和消费3个环节中体现出来。旅游产品的价值构成来自于两个方面：一方面，它包含了旅游生产者过去的物化劳动，如客房、菜肴等，它们都是物化劳动的具体体现；另一方面，旅游产品的价值更多地由旅游生产者的即时劳动构成。如从点菜、上菜，一直到结算等过程中所有的人工服务，包括就餐环境的营造(如灯光、背景音乐、空调、餐具等)都构成这一旅游产品。

进入到旅游市场流通的旅游产品并不以实物形态出现，它是根据旅游生产部门所提供的各种信息来完成其交换价值的转移。在这一转移过程中，多数旅游产品会出现使用权与所有权的分离。旅游者购买的仅仅是旅游产品的使用权，而其所有权仍留在生产者手中。这就决定了旅游产品的生产以旅游者需求为依据，而旅游产品的消费由于其地域限制而产生异地现象。

三、旅游产品的层次

现代营销学强调整体产品的概念，即消费者需要得到的有形利益和无形的满足感，它是由几个层次构成的。关于产品的层次有几种划分模型，包括二层次论、三层次论、四层次论和五层次论。同样，旅游产品也是一个整体的概念，同样需要考虑其层次。本书采用五层次论，即旅游核心产品、旅游形式产品、旅游期望产品、旅游附加产品和旅游潜在产品。

1. 旅游核心产品

旅游核心产品是旅游产品的核心部分，是旅游消费者所需要的最基本的效用或利益，它是产品的最基础的一个层次。旅游核心产品是旅游者真正想购买的，是旅游产品设计的起点。比如，对于旅游者来说，核心产品是付出一定的货币、时间、精力而获得的满足其自身物质和精神需求的经历。旅游航空公司提供的核心产品是实现旅客的空间移动，饭店客房提供的核心产品是客人的休息与睡眠。可见，旅游核心产品是一个抽象的概念，并非整体产品中有一个实体的“核”。因此，旅游营销者要借助具体的形式来反映顾客的核心需求，即将其转变为顾客可感知的一般产品。

2. 旅游形式产品

旅游形式产品是指旅游核心产品借以依托的有形部分，也是旅游产品的基本形式。也就是一般意义上，顾客认为他们所购买的东西。旅游形式产品可以具体体现为一张床或一顿饭，也可以抽象到质量、美观；它可以是无形的环境或档次，也可以是具体的地理位置。

3. 旅游期望产品

旅游期望产品就是指一般公众所普遍认同的旅游企业在形式产品基础上应该提供的一组属性和条件。例如，游客期望航空公司提供品种丰富的饮料和准点运行，期望入住的饭店提供干净舒适的床铺、洗漱用具、衣橱、相对安静的环境以及服务人员提供有礼貌的服务等。需要注意的是，期望产品通常被看作特定社会环境中，旅游产品必不可少的组成部分，它直接影响着游客对旅游企业的评价，对旅游产品策略有着重要意义。

4. 旅游附加产品

旅游附加产品是指旅游产品所包含的附加服务和利益，它能把本企业的产品与其他企业的产品区分开来。例如目的地旅游产品的附加部分包括安全保障、旅游信息服务、便利等。附加产品通过为顾客提供多种附加利益，能形成吸引顾客的独特因素，创造顾客忠诚。

5. 旅游潜在产品

旅游潜在产品是指旅游产品在将来最终可能会实现的全部附加部分和转换部分(产品将来的发展方向)。如饭店客房发展成附带厨房、书房的全套房间。如果说附加产品表现了产品现有的内容，那么潜在产品则指出了产品可能的演变趋势和前景。潜在产品也有个时间的界限，现在的潜在产品部分，一段时间以后可能会成为现实的附加产品或是期望。

四、旅游产品的构成要素

一般而言，旅游产品的基本构成要素有以下几个。

1. 旅游吸引物

旅游吸引物是指一切能够吸引旅游者的旅游资源及条件，它既是一个地区能否进行旅游开发的先决条件和旅游者选择目的地的决定性因素，也是构成旅游产品的基本要素。旅游吸引物的存在形式，既可以是物质实体，也可能是某个事件，也可能是一种现象。旅游吸引物的类型可以从不同方面进行划分。

按旅游吸引物的属性可划分为自然吸引物、人文吸引物、特产吸引物三类。

按旅游吸引物的开发程度可以划分为早期开发的、近期开发的、正在开发的、尚未开发的四类旅游吸引物。

按吸引力的大小可以划分为“热点”“温点”“冷点”三类旅游吸引物。

按是否消耗的程度可以划分为消耗性、非消耗性旅游吸引物。

2. 旅游设施

旅游设施是完成旅游活动所必需的设施、设备和相关的物质条件，是旅游者到达旅游目的地和旅游业取得效益的基本条件，也是构成旅游产品的必备要素。旅游设施在旅游产品构成中不是确定游客流向的主要因素，但旅游设施不配套则会影响或阻碍旅游者对旅游吸引物的追寻。旅游设施一般分为专门设施和基础设施两大类。

①专门设施。这是指旅游经营者用于直接服务旅游者的凭借物，通常包括游览设施、交通设施、餐饮设施、住宿设施等。

②基础设施。这是旅游业乃至旅游目的地城镇赖以生存和发展的基础。其内容包括城镇(风景区)道路、桥梁、供电、供热、通信、给排水、排污、消防、环境保护和环境卫生，以及城镇街区美化、绿化、路标、路灯、停车场等。这些设施是为了城镇居民生产生活需要而提供的，不是直接对旅游者提供服务，但在旅游经营中它是直接向旅游者提供服务的旅游部门和企业所必不可少的。

3. 旅游服务

旅游服务是旅游产品的核心，旅游者购买并消费旅游产品，除了在餐饮和旅游活动中消耗的少量有形物质产品外，还会对接待服务和导游服务进行大量消费。

从服务产品的产生过程角度划分，包括服务观念、服务技术和服务态度。服务所表现的是一种人与人的关系，因而服务观念是从事服务工作的前提。只有建立完整的合乎实际的服务观念，达到社会认知、自我认知和工作认知的协调一致，才可能具有积极主动的服务精神和服务态度。服务技术是从事服务工作的基础，高超而娴熟的服务技术会成为一种艺术表演，使表演者和欣赏者从中获得享受。因而服务技术水平的高低就成为评判服务质量的标准。服务态度是服务工作的外在集中表现，不仅表现出服务人员对旅游者的尊重和理解，而且也表现出服务人员的气度修养和文明素质，因此是旅游者关注的焦点。

从服务产品的静态角度划分，旅游服务包括服务设施、服务项目和服务价格三部分。服务设施是旅游服务的物质基础，其现代化水平决定了旅游服务能达到的水平和标准；同时服务设施的完善程度也从客观上影响和制约着旅游企业能否提供多功能的服务。服务项目是在服务设施基础上的扩大和深化，服务项目内容的多少决定着是否能为旅游者提供方便、快捷和高效的服务形式和内容。服务价格是服务质量的货币形式，与服务质量有着可逆的线性关系，不同的价格反映着所提供的不同等级的服务，这是国际旅游业的通行原则。

从旅游服务的经营阶段划分，可分为售前服务、售中服务和售后服务三部分。售前服务是旅游活动前的准备性服务，包括旅游产品设计、旅游线路编排、出入境手续、货币兑换等；售中服务是在旅游活动过程中向旅游者直接提供的食、住、行、游、购、娱及其他服务；售后服务是当旅游者结束旅游后离开目的地时的服务，包括送到机场车站、办理有关手续、托运行李、委托代办服务等。

4. 旅游链接

良好的链接是旅游产品构成的基本因素之一，它不仅是链接旅游产品各组成部分的中心线索，也是旅游产品能够组合起来的前提性条件，具体表现为进出入旅游目的地的难易程度和时效标准。链接的具体内容主要包括以下几个方面。

①交通条件。交通运输是进行旅游产品组合的必备条件，一个没有良好交通条件的旅游目的地是不可能吸引大量旅游者的。交通条件包括对外交通的工具种类，如车辆、飞机、船舶等；对外交通联系，如国际和国内交通的连接与方便程度等：区内地方交通的种类、数量、能力、布局以及区外交通和区内资源地连接的情况等。

②通信条件。通信设施也是旅游产品组合中不可缺少的必备条件，是旅游产品技术组合中不可缺少的重要因素。与交通条件的先行作用一样，旅游产品中通信设施具备与否，其配套状况、规模、能力以及线路布置，都将直接影响旅游产品的质量及旅游业的投入产出效益。

③手续的繁简程度。这包括出入境签证手续的难易、出入境验关程序、服务效率和频率、咨询信息等，这不仅影响旅游目的地的客流量大小，而且对旅游产品的成本、质量、吸引力等都有重要的影响。

④当地社会的承受能力。这主要指当地社会公众对旅游开发的态度、社会公众舆论、社会治安状况、社会管理水平、人口密度、交通管理等状况，这些都是影响可达性的重要因素。

五、旅游产品的生命周期

在旅游市场上旅游产品也有类似于动植物那样的生、长、衰、亡的生命周期。旅游产品和其他产品一样都有产生、成长、成熟、退出的过程。与其他产品自然生命周期不同的是，旅游产品经济生命周期不是指旅游产品使用的价值的存在和消失，而是指旅游产品是否能被旅游市场接受及其接受程度。

典型旅游产品的市场生命周期经历投入期、成长期、成熟期、衰退期等四个阶段。

处于经济生命周期不同阶段的旅游产品会呈现出不同的特点，这些特点大致可从市场认知程度、旅游者类型、竞争者数量、销售金额产品、成本、利润水平、产品质量等这几个方面进行判断。根据不同的特点，旅游企业在成本策略、质量策略、渠道策略、价格策略、沟通与促销策略方面也应有所不同，每个阶段的营销工作也应有所侧重。

旅游产品经济生命周期不同阶段的特点与营销对策如下：

1. 投入期的特点与相应营销策略

旅游产品刚投入市场被称为投入期。由于旅游者对新产品了解和认识的程度都很低，产品往往销路不畅，如某内地酒店刚推出西餐时，当时旅游业还不发达，外国游客基本上没有，除当地少量“海归”人士偶尔来品尝外，其他游客很少问津。究其原因，除饮食习惯不同，还有一个重要原因是想品尝西餐的旅客都不了解吃西餐的方式，怕闹出笑话。

在投入期内销售量很少，而经营费用如员工工资、固定资产折旧分摊、水电费、广告费等开支又较大，因而分摊在单位旅游产品中的成本很高，导致企业利润很少，甚至亏损。

在投入期，销售渠道往往较为单一，中间商不愿在看不准市场的情况下帮助企业推介和代理新产品。另外，在一般情况下，旅游新产品的质量从不稳定到稳定，从不成熟到成熟有一个时间过程。以酒店业为例，新酒店、新员工、新顾客，员工与设备之间、部门之间、员工之间、员工和游客之间都需要有一个“磨合”的过程，往往刚开业时，客人的不满和抱怨较多、投诉较多。

所以，在旅游产品投入期，营销策略的重点是提高旅游者对旅游产品的了解和认知程度，以扩大市场面。经营者在旅游产品上市前就应策划好旅游广告与宣传，突出“人无我有”、引领旅游消费的新时尚，争取目标市场“先锋型”客人，使他们敢于第一个“吃螃蟹”。在这一阶段，旅游企业向广大潜在旅游者介绍旅游产品性能、使用一些方法是十分必要的，因为毕竟不了解旅游产品的性能或使用方法，客人就不愿消费。

在旅游产品投入期，旅游企业还必须千方百计打通销售渠道，解决渠道过窄而导致的销路不畅问题。因经营者一时难以发现哪些是最有效的中间商，因此，往往采取“来的都是客”的办法，实行广泛的销售渠道策略。在实行此种销售策略时，还要节省不必要的开支、减少浪费、适度降低生产经营成本。

2. 成长期的特点与相应营销策略

在旅游产品成长期，旅游者对旅游产品了解和认知程度提高，旅游产品销售额快速增长。

这一时期，旅游消费者已从“先锋型”转变为“大众型”，众多的客人加入某项旅游产品的消费队伍。随着销售量的快速增长，“赚钱”的示范效应吸引了投资者的加入，旅游行业市场准入的法律与政策“门槛”不高，先进入的旅游企业又很难像工业企业那样以专利的形式保护自己的旅游产品，旅游产品如旅游服务产品、旅游线路等又很容易被模仿，投资者进入的技术“门槛”较低，有利于“后来者”加入竞争，使市场竞争的压力进一步加大。

在旅游产品成长期，销售渠道被打开，众多的中间商愿意加入旅游产品的销售队伍。旅游产品销售量快速增长，随着旅游产品销售量的增长，单位成本下降，企业盈利增长。

由于经过了一段时期“磨合”以及各项质量保证措施的落实，旅游产品质量日趋稳定并不断提升。

因此，在旅游产品成长期，营销策略的重点是增加市场深度。旅游沟通与促销策略应从“人无我有”、从对旅游产品功能与属性介绍转向“人有我优”，适时实施优质旅游产品传播策略，塑造优质产品的市场形象。注意培养回头客，以优质产品的品牌吸引新游客。经营者还要善于借鉴后加入的竞争同行的经验，必要时可与同行开展“合作竞争”。

在旅游产品成长期，旅游企业应注意解决销售渠道杂乱无章的问题，注意选择适合的旅游中间商，构建与中间商的共赢机制。旅游企业应注意进一步挖掘旅游市场，在开发市场深度上做文章，如发现尚未充分满足的需求、增加符合旅游市场需要的旅游产品品种、数量等。旅游企业还应注意保持旅游产品质量的一致性和稳定性，切忌以牺牲质量为代价来赚取短期利润。旅游企业可实行“相机而动”的价格策略，根据旅游产品在市场上的不同状况来调整价格。旅游企业可适当降低成本，但不能降低产品品质。以五星级酒店为例，若该酒店在客房销售很好的情况下，为更多地降低成本而不惜降低客用品品质，如把“力士”香皂换成普通香皂、赠送入住宾客“晚安致意”的巧克力由两块减成一块、客房内摆放的鲜花换成塑料花等，虽然成本降了一点点，但客人的不满增加，回头客大为减少，结果得不偿失。

3. 成熟期的特点与相应营销策略

在成熟期，随着更多竞争者的涌入，旅游产品的供给不断增加。如众多的旅游企业推出相同的热点旅游线路、热点旅游服务项目等，市场很快饱和、竞争空前激烈，原先走俏市场的旅游产品风光不再，销售量虽有所增长但增速大大减缓甚至停滞。

成熟期的旅游消费者更趋向大众化，连保守型人士也愿意购买，市场对这种旅游产品已十分熟悉。旅游产品质量已很稳定，单位旅游产品成本也较稳定，但有上升趋势，利润较高，但有下滑迹象。

成熟期的营销策略重点在于保护市场面，维持现有的市场份额，开辟新市场。此时，沟通与促销的主题应是“人优我特”，以特取胜。

旅游经营者还应以更长远的眼光，从战略高度把优质产品升华为名牌产品，进而把企业升华为名牌企业，为旅游企业的可持续营销创造条件。

在旅游产品成熟期，旅游企业可通过开辟新市场吸引新的游客前来消费，来延长经济生命周期。在这个阶段，旅游消费已十分大众化，保守人士也愿购买，旅游产品销售渠道不够畅通的问题日渐显露，为此旅游企业要积极疏通和调整销售渠道，争取做到货畅其流。旅游企业应继续保持旅游产品质量的稳定，因为它是知名产品品牌和知名企业品牌升华的基础。

实行时机价格策略，根据不同的情况实行高价、中价或低价策略。此时降成本已达极限，努力保持现有成本不上升已颇不容易，当然有条件时仍可挖掘节支潜力，争取实现利润最大化。在成熟期，如能发现现有旅游产品的新用途，很可能会使该产品继续畅销较长时间。

4. 衰退期的特点与相应营销策略

在旅游产品衰退期，旅游消费者的兴趣已发生转移，只有一些怀旧型客人才肯光顾，销售量急剧下降，单位成本快速上升，利润迅速下降甚至发生亏损，同地竞争者纷纷退出市场。如早期的卡拉 OK 热退潮，旅游消费者兴趣转向保龄球，后又再转向迪吧等，就是一项项旅游产品在市场上从兴起、兴旺转向衰退的见证。一些旅游企业因对“衰退期”缺乏足够的认识而猝不及防，所以该企业也会随着现有旅游产品衰退而走向衰亡。衰退期的营销策略重点是收缩市场面，旅游企业有几种具体的营销策略可供选择，重点是减少退出损失。其一是放弃策略，对没前途、无法挽救、给企业造成亏损的旅游产品果断结束业务，退出市场；对还有一定销路的旅游产品，则可采取逐步放弃的策略。在选择放弃策略的同时，应及时推出新产品进入新一轮循环。其二是集中策略，收缩战线以减少促销费用和渠道费用，把主要资源用于尚有利可图的市场。其三是坚守阵地，因为竞争者纷纷退出，市场上仍有一批“怀旧型”旅游者，可坚守一段时间后再退出，或等待新的复苏。

六、旅游新产品开发

旅游市场营销所认为的新产品，根据其在功能或形态上与现有产品相比而具有的新颖程度，一般分为以下四类。

1. 全新旅游产品

采用新原理、新设计、新方法生产的，市场上前所未有的旅游产品。相对而言，全新旅游线路的设计并不是太难，一些新服务项目的创新也较容易做到，而实物形态的全新旅游产品的设计往往有一定的难度。全新旅游产品推出往往给旅游者耳目一新的感觉，如危地马拉有一家“催眠旅馆”，以治疗失眠、神经衰弱而闻名于海内外，旅客不管患多么严重的失眠症，入住该旅馆，上床五分钟后都能酣然入睡，至少能睡八小时。原来是因为在床上浸了一种叫“留安那”的草药，具有催眠作用。

2. 换代新产品

在原有的旅游产品基础上做出重大变革，使旅游产品性能有重大改进，如对招待所进行改造和装修后变成四星级酒店，在原来观光旅游线路基础上设计为观光休闲旅游线路等。

3. 改进新产品

旅游企业只对原有旅游产品进行局部改进，而不进行重大改革所设计的旅游产品，如自助餐会根据客人口味变化调整部分菜肴，原有旅游线路增加一两个更有吸引力的景点等。

4. 仿制新产品

旅游企业在认为有利可图的情况下，仿制目前旅游市场已有的旅游产品，或者做局部的改变，但总体上属仿制性质。大部分旅游产品科技含量不高或缺乏专利保护，很容易被别的企业仿制。如“佛跳墙”是闽菜代表作之一，凡是做闽菜的酒店大都仿制原本出自“聚春园”酒店的这道名菜；又由于旅游者喜好不同，加上仿制产品研发厨师的技艺水平参差不齐，不少低档酒楼以“坛烧八味”来替代正宗的“佛跳墙”。随着国家对知识产权保护力度的加强，企业在仿制旅游新产品时应十分注意避免侵权问题。从长期考虑，仿制特别亦步亦趋式的仿制是没有出路的，一些学习型企业在实践中逐步认识到，创新是永葆活力的关键。

七、开发旅游新产品的方式

新产品开发要以满足市场需求为前提，以企业获利为目标，遵循根据市场需要，开发适销对路的产品；根据企业的资源、技术等能力确定开发方向；量力而行，选择切实可行的开发方式等原则。

采用何种策略则要根据企业自身的实力，根据市场情况和竞争对手的情况。当然，这与企业决策者的个人素质也有很大关系，开拓型与稳定型的经营者会采用不同的策略。常用的策略有以下几种。

1. 先发制人策略

先发制人策略指企业率先推出新产品，利用新产品的独特优点，占据市场上的有利地位。采用先发制人策略的企业应具备强烈的占据市场"第一"的意识。因为对于广大消费者来说，对企业和产品形象的认知都是先入为主的，他们认为只有第一个上市的产品才是正宗的产品，其他产品都要以"第一"为参照标准。因此，采取先发制人策略，就能够在市场上捷足先登，利用先入为主的优势，最先建立品牌偏好，从而取得丰厚的利润。而且，从市场竞争的角度看，如果你能抢先一步，竞争对手就只能跟在后面追，而你不满足占领已有的市场，连续不断地更新换代，开发以前没有的新产品、新市场，竞争对手就会疲于奔命。一个不断变化的目标要比一个固定的靶子更让人难以击中，这样就会取得竞争优势。采用先发制人的策略，企业必须具备以下条件：企业实力雄厚，且科研实力、经济实力兼备，并具备对市场需求及其变动趋势的超前判断能力。

2. 模仿式策略

模仿式策略是指等别的企业推出新产品后，立即加以仿制和改进，然后推出自己的产品。这种策略是不把投资用在抢先研究新产品上，而是绕过新产品开发这个环节，专门模仿市场上刚刚推出并畅销的新产品，进行追随性竞争，以此分享市场收益。所以，又称为竞争性模仿，即有竞争，又有模仿。竞争性模仿不是刻意追求市场上的领先，但它绝不是纯粹的模仿，而是在模仿中创新。企业采取竞争性模仿策略，既可以避免市场风险，又可以节约研究开发费用，还可以借助竞争者领先开发新产品的声誉，顺利进入市场。更重要的是，它通过对市场领先者的创新产品做出许多建设性的改进，有可能后来居上。

3. 系列式产品开发策略

就是围绕产品向上下左右前后延伸，开发出一系列类似的、但又各不相同的产品，形成不同类型不同规格、不同档次的产品系列。例如相同的一条旅游线路会根据不同的旅游者的消费情况，形成经济型、标准型、豪华型等不同的层次。此外，在选择不同策略的基础上，企业还应根据具体情况选择相应的新产品开发的方式，具体有以下五种方式：

①独立研制方式。这种方式是指企业依靠自己的科研和技术力量研究开发新产品。

②联合研制方式。这种方式是指企业与其他单位，包括大专院校、科研机构以及其他企业共同研制新产品。

③技术引进方式。这种方式是指通过与外商进行技术合作，从国外引进先进技术来开发新产品，这种方式也包括企业从本国其他企业、大专院校或科研机构引进技术来开发新产品。

④自行研制与技术引进相结合的方式。这种方式是指企业把引进技术与本企业的开发研究结合起来，在引进技术的基础上，根据本国国情和企业技术特点，将引进技术加以消化、吸收、再创新，研制出独具特色的新产品。

⑤仿制方式。按照外来样机或专利技术产品，仿制国内外的新产品，是迅速赶上竞争

者的一种有效的新产品开发方式。

八、旅游新产品的开发程序

新产品开发关系到旅游企业的生存与发展，而经验表明 2/3 以上的新产品开发是失败的，导致失败的原因之一是开发程序不合理、不科学，如一些旅游景点开发取得成功后，一些旅游企业经营者头脑发热、盲目跟风，结果导致巨额投资损失。开发旅游新产品从构思到取得商业上的成功，应遵循科学的开发程序，缜密安排、紧密衔接。

旅游新产品开发一般经过 8 个程序，即收集创意、筛选创意、形成新产品概念并进行测试、拟定新产品营销计划、商业分析、试制、市场试销和正式投放。

1. 收集创意

在开发旅游新产品过程中，旅游经营者要集思广益，创造宽松的环境、构建必要的创意激励机制，激发员工丰富的想象力。激发创意的方法很多，有头脑风暴法、角色扮演法、逆式思维法、相似类推法、连接联想法、焦点法等。旅游企业倡导员工创意，把员工创意与旅游新产品开发结合起来，把有用的建议收集起来。此外，旅游企业还可以从旅游者、同行竞争者、旅游中间商等处吸收新产品的创意。

2. 筛选构思

收集创意是为开发旅游新产品服务，但收集来的各种创意绝大多数可行性较差或与旅游企业发展目标不符。因此，旅游企业对收集来的大量创意需要进行筛选，以去粗取精。在筛选过程中，旅游企业遇到的难题是可能把很有价值的创意筛选掉，本来应是“砂里掏金”，却变成了“抛金留砂”，导致新产品开发的后续工作变成无价值、负价值的工作。要减少误选或漏选，关键是提高从事筛选工作人员的素质。一些旅游企业采取企业高层主管、员工代表、本行业专家三结合的方式进行筛选，这样有利于减少误选或漏选情况的发生。

3. 形成新产品概念并进行测试

旅游企业对筛选后的创意进一步升华，发展成旅游新产品概念。其任务是把创意转变成旅游者喜闻乐见、愿意购买的现实产品，因而这项工作是新产品开发中的关键性环节之一。不同的创意会形成不同的新产品概念，相同的创意也可能会形成不同的新产品概念。如“绿色”旅游产品创意，既可能设计成绿色旅游线路，也可能开发一个绿色旅游景区，还可能设计成“绿色”客房、餐厅等酒店产品。旅游企业发挥这些创意，也可能发展成一连串系列新产品。

旅游新产品概念测试大都采用文字、图像、模型等形式进行，一些旅游企业已采用多媒体来说明旅游新产品的特点、功能和结构等，特别是酒店设计、新旅游线路的说明等已较广泛地采用多媒体方式。通过这种方式展现概念产品，并向游客征询意见。通过“概念测试”，吸收旅游者对新产品功能、质量、结构、品牌、价格等方面的意见，可进一步完善新产品概念，争取使拟推出的旅游新产品更符合游客需要，被旅游者认为没有前途的构思和概念产品将被淘汰。

4. 拟定旅游新产品营销计划

为提高旅游新产品的市场成功率，旅游企业在形成新产品概念并经过测试后，就要制定相应的营销计划。旅游新产品营销计划包括新产品的目标市场、在旅游市场上的定位、目标市场规模与发展潜力、目标市场占有率、短期、中期和长期的价格、渠道、沟通与促销等营销策略。

5. 商业分析

旅游企业推出新产品是商业行为，必须讲求经济效益。因此在旅游新产品研制出来之前，还必须进行商业分析。商业分析又称经济分析，是指对旅游新产品潜在盈利进行分析评估。新产品商业分析方法很多，应用较多的有销售量测算、量本利分析法等。

销售量测算。旅游新产品销售量关系到企业占有市场份额的大小，一些旅游企业由于对旅游新产品销售量测算不准，导致生产过多而销售不出去或生产过少而供不应求的后果。

量本利分析法。量本利分析法即盈亏分析法，是最简便的测算方法。盈亏分析法又有两种形式：其一是保本点分析法；其二是目标利润测算法。

6. 试制

在经过商业分析之后如果不可行则应该果断放弃以防止损失的增加，如可行即进入新产品的试制阶段。旅游企业在试制阶段的任务是把概念性的旅游产品转化为显示的旅游产品。

由于旅游产品的特殊性，在本阶段旅游企业对实物性的旅游产品和服务性的旅游产品在试制方面的要求有较大的差异。实物产品试制既要考虑领先水平又要考虑在技术上有一定的先进性，服务产品更多的要考虑服务技能所达到的水平及旅游者兴趣变化的趋势。

7. 市场试销

旅游产品研制以后一般不宜大批量生产，而应拿到市场上进行试销。通过试销旅游企业可以进一步了解旅游者的偏好，了解旅游者对旅游产品质量、样式、价格方面的意见，发现旅游产品设计时所忽略的问题。旅游企业根据市场试销搜集来的信息，对旅游新产品加以改进和完善。生产成本不高或对旅游市场很有把握的旅游新产品，也可以直接拿到市场销售，以抢占市场先机，对于投入大或者一时拿不准的产品，一般还要经过市场试销这一环节。

8. 正式投放市场

经过试销改进后，旅游产品即可全面上市，也就进入了商业化过程。在旅游新产品刚投放市场时一般销量较小，各种费用较高，往往会发生一定程度的亏损，这是正常现象，旅游管理营销人员的任务就是把亏损控制在一定范围内。旅游产品正式推向市场，时机选择很重要，特别是季节性产品，对时机的把握尤为关键。适当地点的选择同样也很重要。旅游新产品正式进入市场后，应及时关注旅游者的态度，根据旅游者的要求对旅游产品改进，促进旅游产品的不断完善。

九、旅游产品品牌建设

1. 旅游品牌的含义

所谓旅游品牌，即指用来识别一个(或一群)旅游企业的产品或服务的名称、术语、标记、符号、图案或组合，它是旅游产品或服务的质量、价值以及满足旅游者效用的可靠程度的综合体现。旅游品牌属于服务品牌的范畴，其首要任务是通过强调与众不同的、对顾客具有特殊价值的服务，来确定旅游目的地或旅游企业的市场优势。

对于旅游地和旅游企业来说，旅游品牌一般由名称、标记和广告标语构成。例如，中国旅游业的标志是“马踏飞燕”，它的图案由“中国旅游”的中、英、日、法等文字样组成，整个标志生动地刻画出古老的中国历史文化和旅游业发展的巨大潜力。

2. 实施旅游品牌策略的作用

企业竞争已进入品牌竞争的高级阶段，品牌决定产品的竞争地位，品牌代表市场的发展方向，只有拥有优质品牌的大型旅游企业才能在激烈的市场竞争中获得生存和发展。

(1)突出旅游产品或服务的特色

品牌的一项重要功能是创造事物差别，即让某个企业或某项产品与其他企业或产品区别开来，旅游品牌也是如此。旅游业的回报率和低技术性使得提供同类产品的旅游企业大量出现，这客观需要有一种标记来表现同类产品之间的差别，这种标记就是旅游品牌。对于旅游企业而言，品牌是其产品质量的重要标志及产品特色的主要载体，顾客一看到这个品牌，就会联想到企业产品或服务的品质、价格甚至亲身消费后的感受。

(2)树立鲜明的旅游形象

品牌有利于旅游目的地或企业塑造鲜明的市场形象，主要表现在三个方面：其一，旅游品牌能突出旅游产品或服务的特色，从而在顾客心中形成独特的市场卖点；其二，品牌作为旅游目的地或旅游企业的标志，便于旅游者识别和认同；其三，在某个特定时期内旅游经营主体总是以统一的标志、口号进行市场营销，这将增强营销活动的震撼力和影响力，有助于旅游目的地或企业树立良好的市场营销形象。

(3)提高旅游者的购买效率

旅游品牌大都由文字或图案构成，其特点形式形象直观、易记，这便于顾客识别旅游企业及其所提供的产品。另一方面，有经验的旅游者对市场上的一些旅游品牌已有所了解，当决定出游时，就会选择能满足自己需要的品牌。成功的旅游品牌策略不仅能为旅游者的购买行为创造便利的条件，甚至可以达到这样的效果：对于某个特定的目标群体，只要他们外出旅游，就会选择本品牌的企业或产品。

(4)反映旅游企业的综合竞争力

首先，旅游品牌具有很强的市场渗透力，一旦一个品牌得到了旅游者认可，除其主导产品外，同一品牌的系列产品或服务也将赢得旅游者的信赖，因而，拥有卓越品牌的旅游企业通常可以收到较高的市场回报。其次，品牌的树立和成长受产品质量、服务水平、技术创新、资本实力等诸多因素的影响，对于旅游企业而言，品牌是企业综合接待能力及经济规模的反映。同时，品牌的塑造与维护需要企业全体员工共同长期的努力，因此，良好的品牌形象也能体现旅游企业的内部凝聚力。

3. 旅游品牌的分类

对旅游品牌进行分类，常见的方法有两种。一是以表现形式为标准，将旅游品牌分为图案旅游品牌以及文字与图案结合式旅游品牌。二是根据品牌主体的性质，把旅游品牌分为旅游目的地品牌、旅游企业品牌、旅游产品品牌和旅游服务品牌。在这里，我们着重讲述第二种分类方法。

(1)旅游目的地品牌

旅游目的地品牌是游客对某个地区旅游业的总体感知，它更多地表现为目的地的主题旅游形象。独特的品牌能转化成巨大的旅游吸引力，进而推动整个地区旅游业的发展。香港旅游业的快速稳定发展与其“购物天堂”“动感之都”的美誉是分不开的，便是一个明证。当然，除了主题旅游形象，旅游目的地品牌还包括目的地的生态环境状况、当地居民的好客程度等因素。

(2)旅游企业品牌

旅游企业品牌，即旅游企业标志，它是标志旅游企业身份、传达企业整体形象的品牌。与一般商品品牌不同，企业品牌是独一无二的，每个旅游企业只能有一个企业品牌，否则旅游者将无法识别。可以这么说，旅游企业品牌是旅游经营主体的代表。在旅游业发展日益走向国际化的今天，旅游企业品牌往往是指旅游企业集团的牌号，这一点在饭店业中表现得尤为突出。

(3)旅游产品品牌

旅游产品品牌是旅游产品品质及满足顾客需求程度的综合体现。它反映旅游产品的质量，并往往突出产品能给旅游者带来的独特利益，因而是旅游者做出购买决策的重要依据。拥有卓越产品品牌是旅游企业生存和发展的关键，因为一个或若干个知名产品就能提高旅游目的地或旅游企业的吸引力和美誉度，而且，旅游者的满意程度主要依赖于旅游产品或服务的质量。因此，旅游产品品牌是最重要的旅游品牌。

(4)旅游服务品牌

这里的旅游服务品牌包括两个方面的涵义：一是标示旅游业务性质的品牌，如机场问讯处和饭店宴会厅等，其主要功能是向旅游者说明在某处他们能享受什么服务。二是旅游企业服务的种类、品质以及满足顾客程度的表征。后者属于更广意义、更高角度上的旅游服务品牌，因为它强调了服务品质对旅游企业的重要性。例如，假日、喜来登、希尔顿等著名饭店集团受到旅游者的青睐，在很大程度上要归功于它们拥有独具特色的服务品牌，即分别为“温暖”“快捷”和“物尽其值”。

4. 旅游产品品牌的创立

随着旅游产业发展进入成熟阶段，旅游目的地、旅游企业之间的竞争不断升级，品牌日益成为旅游经济竞争力的重要构成因素。然而，创立旅游品牌是一项系统工程，旅游企业应根据市场需求和自身条件正确选择创立模式、准确进行品牌定位、合理设计旅游品牌，以及不断强化旅游品牌的内涵和价值，以促进旅游品牌向旅游名牌转变。

这里的模式实际上指的是一种战略取向。从旅游市场需求的角度分析，为了突出旅游者的独特利益，旅游企业可以从旅游者的价值、身份、习惯、规范、情感五个方面来塑造品牌。从旅游营销者的角度来考虑，旅游品牌应反映出企业的综合实力，换个角度说，旅游企业可以采用以下四种模式来创立品牌，即服务质量创品牌，经济规模创品牌、营销活动创品牌、企业文化创品牌。

(1)服务质量创旅游品牌

旅游品牌的内涵相当广泛，但起决定作用的是旅游质量，因为只有提供高品质的产品或服务，旅游品牌才能赢得顾客的长期购买与支持。而且，由于服务满意度的“水波纹效应”，如果一个旅游者对某个旅游品牌满意，他将对周围的至少 10 个人介绍、推荐这个品牌，这无疑有利于良好品牌形象的传播。另外，在后工业化社会，越来越多的制造企业也将服务质量看作是品牌产品的重要部分，并通过提高服务品质来有效延伸品牌的价值，旅游企业作为服务性企业更应如此。因此，服务质量创造品牌是塑造旅游品牌的主要模式。

（2）经济规模创旅游品牌

一般来说，具有强大品牌竞争力的企业必须有一定的经济规模作支撑。首先，品牌的发展需要企业不断提高产品质量，强化市场营销，并通过引进技术和人才进行各方面的创新，进而逐渐扩大经营规模，这些都要求企业具备足够的资本实力。其次，在激烈的现代市场竞争中，一个企业若不具有较大的规模，就很容易被更大规模的品牌兼并。由此可见，具有一定的经营规模是创立品牌的基本条件。

随着世界旅游业的迅速发展，一些国际性的旅游集团正在凭借其资金、人才、技术、营销网络等优势，对小规模的旅游企业实行合作、兼并，以不断增强自身的品牌竞争力。面临国外旅游品牌的强烈冲击，中国旅游企业必须通过实施资本运营战略，尽快形成品牌规模，以实现规模效益，提高我国旅游业的国际竞争力。

（3）营销活动创旅游品牌

营销活动对旅游品牌的创立具有重要意义，任何一个知名旅游品牌背后都有一套成功的市场营销方案。我们可以从三个方面来理解：一是旅游企业需要开展营销活动来展示产品或服务特色，以便旅游者从众多企业和产品中顺利识别；二是旅游企业可以通过营销系统发掘新的市场需求，并不断改进产品和服务的质量，从而提高销售业绩，扩大企业品牌的规模；三是持续的市场营销能给消费者和社会公众造成强有力的视觉冲击，进而在公众心目中树立起鲜明的企业或产品品牌形象。

（4）企业文化创旅游品牌

旅游业是一项经济性的文化产业，所以旅游品牌的创立与文化是紧密相连的。例如，旅游目的地品牌的一个重要内容便是当地的传统文化和民俗风情。对于旅游企业而言，品牌的创立离不开独具特色的企业文化，具体包括企业的经营理念、价值取向、员工精神等。一方面，企业团结向上的奋斗精神和为社区服务的价值观，会赢得旅游者和社区公众的认同和支持，这有利于提高企业品牌的知名度和美誉度；另一方面，旅游企业将优秀的民族文化、地方文化与企业实际相结合，为旅游者提供有文化内涵的产品或服务，不仅顺应现代旅游消费的潮流，而且将增强旅游产品的吸引力，提高旅游品牌的价值。

5. 旅游品牌的塑造

在明确了旅游品牌的创立模式后，旅游企业应根据市场需求状况和自身竞争能力，增强品牌的吸引力，提高旅游品牌的价值。

（1）旅游品牌定位

品牌定位是品牌塑造的基础，是品牌形象独特性的主要标志。旅游品牌定位由三个要素构成，既主体个性、传达方式和受众认知，三者相辅相成，缺一不可。主体个性是指旅游企业或其产品在品质和满足旅游者需求方式上的独特风格。传达方式是指旅游企业把产品或服务个性准确、有效地传递给目标受众的措施和途径，如广告宣传、公共关系等。受众认知指旅游企业或其产品品牌得到了目标市场及社区公众的普遍认同，是旅游品牌定位完成的标志。旅游企业必须根据市场需要和自身优势，选择合适的定位策略，对企业或产品品牌进行准确定位。

（2）品牌设计

旅游品牌设计不同于“标志—文字—口号”式的平面设计，而是一个复杂的系统。成功的旅游品牌设计至少应包括以下四个方面的内容：积极导入“CI”战略，为旅游企业设计鲜明、简洁的标志和经营口号，并通过指导企业行动来体现旅游企业的经营理念和价值取向；品牌构成要突出旅游者的满意程度；策划一系列营销推广和社会公益活动，不断加强社会公众对旅游企业的良好印象；指定一系列措施，努力提高旅游企业员工的整体素质以及产品或服务的质量，以使企业品牌不断得到优化。

(3)品牌传播

即使是一个设计几乎完美的品牌，如果不进行有效传播，也难以树立鲜明的市场形象。而且创立一个优秀的旅游品牌通常需要企业付出长时间、持续的努力，但成功的品牌推广策略能大大缩短这个过程所需要的时间。因此，旅游企业必须采用多种方式和渠道，尽力向社会宣传、推广企业或产品的品牌形象；以统一的标志、图案、颜色及格调开展市场营销，给消费者和社会公众留下深刻的印象；利用广告、新闻报道、展览说明等方式，展示企业或产品的优点与个性；在提高服务质量的同时，加强企业员工与顾客、社会公众之间的交流，以增进社会对企业的认同和了解；积极参与社会公益活动，在社会公众心目中树立良好的口碑。

6. 旅游品牌的维护

俗话说“创业难，守业更难”。良好的品牌形象树立起来后，更需要精心的管理与维护。旅游品牌维护的基本目标是：当品牌适应旅游市场需要时，企业要通过提升服务品质、加大宣传促销等手段，不断强化此品牌形象；当品牌不能适应新的市场竞争形势时，企业应通过产品创新、服务创新、形象更新等方法，改善原有品牌形象或对旅游品牌进行重新定位。

(1)旅游品牌内在化

旅游品牌内在化主要是指企业经营理念和员工精神在品牌中的充分体现。一方面，旅游企业向顾客提供优质服务尤其是超常服务，并积极向他们征询意见和建议，让客人觉得企业在时刻为他们着想，以逐步建立起顾客对企业的品牌忠诚；另一方面，旅游企业要充分发挥员工的工作积极性和创造性，使他们带着饱满的情绪投入到每一天的工作中，在整个企业中树立一种强有力的合作精神，从而为品牌质量的提高打下坚实的基础。

(2)旅游品牌强化

旅游品牌强化可以通过三种途径来实现。第一，根据旅游市场需求及满足效用程度，切实改进产品或服务中的缺陷，并精心设计新的旅游产品，不断提高顾客对企业或产品的满意度。第二，根据市场竞争状况和企业自身实力，大力宣传本企业区别于其他企业的个性，不断强化企业原有的品牌形象。第三，组织一系列规模大、影响力强的促销活动，并有效利用广播、电视、报刊、杂志等大众传媒，不断提高旅游企业的知名度和美誉度。

(3)旅游品牌检测

旅游市场瞬息万变，受到旅游者需求、竞争对手实力等诸多因素的影响，旅游企业在向品牌转变中难免会遇到阻力，甚至背道而行。因此，旅游企业必须制定详细、科学的品牌管理战略，对旅游企业获利能力的评价是品牌检测的核心。

(4)旅游品牌再定位

旅游品牌再定位，即旅游企业根据新的市场形势，对原有的企业标志、名称、经营理念或产品的内容、表现形式等进行修正和完善的一种经营战略。依据修正的程度大小，将旅游品牌再定位分为完全更新和递进更新两大类。一般情况下，旅游企业不会采用完全更新品牌的策略。

任务二　掌握旅游价格策略

一、旅游产品价格的含义

旅游产品价格，就是旅游者为满足自身旅游活动的需要而购买的旅游产品的价值形式，它是由生产同类旅游产品的社会必要劳动时间所决定的。

旅游者对旅游产品的消费与对其他产品的消费不同，旅游者完整的旅游活动，就是在一定时间内，消费旅游企业提供的诸多不同产品。因此，旅游者购买旅游产品时就可按其需要，购买整体旅游产品或单项旅游产品。

二、旅游产品定价的影响因素

1. 内部因素

(1) 成本

旅游产品的成本是影响旅游产品价格最基本、最直接的因素。旅游产品成本是由产品的生产过程和流通过程所花费的物质消耗和人力资本所形成的，它是构成产品价值的主要组成部分。为了企业能长期生存下去，平均价格必须高到能创造足够的收入以支付所有固定成本和可变成本，并给所用资产带来令人满意的回报。当然，在一些非正常的竞争环境下，企业对产品的定价不一定能如实反映产品的成本。

(2) 营销目标

现代旅游企业以社会营销为导向，在制定旅游产品价格前，需要明确目标市场和市场定位。而价格是营销组合中非常有影响力的要素，通过调节价格可以达到企业的特定短期目标。

(3) 营销组合策略

由于营销在实践中是围绕对消费者行为和情况的了解而进行的，所以营销组合是围绕着目标市场设计的。定价只是为实现企业预期营销目标过程中诸多营销组合工具当中的一种。价格一定要与产品设计、分销以及促销等手段相互协调，才能构成统一有效的营销计划。营销人员在定价时必须考虑到整个营销组合。

(4) 产品特点

在对旅游产品进行定价时，往往需要考虑到产品的自身特性，包括产品对购买者的吸引力、产品的声誉、季节性特点等。

(5) 非价格竞争因素

非价格竞争是旅游营销中常用的营销策略。它通过各种方式使企业避免卷入削价竞争，保持良好的利润水平和市场优势。旅游企业为了实现较高价格的销售，一般都要施之以较高水平的服务，使旅游产品的价格和相应的服务一致，从而使旅游者加深对旅游产品价格的理解、认可。另外，通过针对目标市场扩大产品外延，极有可能增加产品所提供的利益，从而强化根据产品品质而非最低价格进行选择的理由。

(6)组织方面的因素

企业的规模、组织结构、管理方式不同也会对价格的制定有一定的影响。在一些小企业中，价格的制定者通常是最高管理层；而在一些大企业中，价格通常是由企业中的销售部门制定，其他业务管理部门可以有一定的调整价格的自由度，但必须在年度财务结算时对整个定价目标负责。国外许多大型航空公司、游船公司、汽车出租公司以及饭店联号设有收益管理部，负责定价以及与其他能影响价格的部门间的协调。

2. 外部因素

(1)市场

企业产品定价的自主权因所处市场类型的不同而异。在完全竞争的市场中，企业没有定价自主权，只能被动地接受市场竞争中的价格，这种市场结构一般是一种抽象的极端现象，在现实生活中几乎是不存在的。另一种极端的市场结构是完全垄断市场，旅游产品或服务只是独家经营，没有竞争对手，这种情况在一些资源依托型旅游产品中较为明显。由于资源的独占性和政府的保护，这类产品的价格在很大程度上是垄断性价格。大多数旅游企业在类似于垄断竞争或寡头垄断市场中经营。在垄断竞争的市场中，由于旅游企业彼此提供的产品存在差异，企业根据其“差异”的优势，价格能够在一定范围内进行浮动。

(2)需求价格弹性

价格弹性反映了消费者对价格变化的敏感程度。不同旅游产品具有不同的价格弹性，从其弹性大小的角度决定旅游企业的定价策略。若用 EP 表示需求价格弹性系数，则当 $EP > 1$时，说明需求量相应变化的幅度大于价格变化的幅度，称为需求富有弹性。对于这类产品，价格上升或下降会引起需求量较大幅度地减少或增加，经营者可以通过降价达到增加利润的目的。当 $EP = 1$ 时，说明需求量于价格等比例变化，称为需求无弹性。这类产品价格变动对旅游企业的销售收入影响不大。当 $EP < 1$ 时，说明需求量的相应变化幅度小于价格变化幅度，称为需求缺乏弹性。对于这类产品，价格的上升或下降会引起需求量小幅度的减少或增加，经营者可以通过提价来获得更大的利润。

(3)消费者对价格与价值的认知

在确定产品价格时，营销人员必须考虑消费者是怎样看待价格的，必须考虑这些认知性因素以何种方式影响购买决策。正如其他营销决策一样，价格决策也必须是顾客导向的。营销人员必须设法研究消费者选择某种产品的原因，并根据消费者对产品价值的感知来确定价格水平。由于消费者赋予产品的价值不同，营销人员常常在不同的细分市场上采用不同的价格策略，以不同的价格提供不同的产品特征组合。

(4)竞争者

旅游企业在经营过程中，在短时间内对产品价格进行调整大多是由竞争因素引起的。正是在战术性营销这个层次上价格竞争才成为主要影响因素。目前旅游业的竞争日趋激烈，营销人员必须熟知竞争者的价格、质量和产品特征，并把这些信息作为制定自己产品价格的基点。

(5)其他因素

在确定价格时，旅游企业还必须考虑外部环境中的其他一些因素。像通货膨胀、汇率变动、繁荣与衰退等经济因素会影响价格决策。它们既影响产品的生产成本，也影响产品价格，更影响消费者对产品的价格和价值的认知。此外，旅游产品价格也经常受到政府的管制。由于公众健康和安全的原因，也为了保证供应商之间的竞争，保护消费者，所有国家的政府都经常干预或影响价格决策。旅游产品定价也必须将此因素考虑在内。

3. 旅游者的需求

旅游产品成本决定了产品价格的最低限度，而产品价格的最高限度则取决于旅游者的需求程度，因而旅游企业在对产品定价时必须考虑旅游者对价格的理解及这种理解对购买决策的影响。一般来说，旅游产品价格与旅游市场需求量成反比，产品价格越高市场需求量越少；当然，也有一些旅游产品例外，如世界名人下榻过的富有传奇色彩的旅馆，在一定限度内其价格的上升反而会激发市场需求量的增多，原因就在于旅游者往往认为此类产品价格高，质量也就好。另外，不同旅游产品的市场需求量对价格变动的反应不同，也就是不同产品的需求弹性系数不同。如在一旅游目的地中，往往游览、观光的主要景观产品缺乏弹性，而食、宿等方面的产品却有较大弹性，因而旅游企业在对旅游产品定价时要充分考虑到需求弹性的大小，对弹性大的产品可用降价来刺激旅游者的需求，扩大销售；反之，弹性小的旅游产品的价格变动，对旅游者的需求变化则没有多大影响。

4. 竞争者的状况

旅游市场中，旅游产品竞争的激烈程度对产品的定价有很大的影响，竞争越激烈，对定价的影响就越大。在完全竞争的市场中，旅游企业没有定价的主动权，只能被动地接受市场竞争中形成的价格；在不完全竞争的市场中，由于旅游企业彼此提供的产品存在着差异，企业根据其“差异”的优势，可通过部分变动价格的方法来寻求较高的利润；在寡头竞争的市场中，只有少数几家旅游企业控制着产品的价格，其他旅游企业要进入这一市场会受到种种阻碍，而少数企业相互制约和垄断，市场中产品的价格不易随意改变；在纯粹垄断的市场中，旅游产品只是独家经营，没有竞争对手，垄断企业控制了进入市场的种种阻碍，所以就完全控制了市场价格，这种情况在风景名胜区中较为明显。

5. 旅游产品自身的特性

不同的产品满足不同层次的市场需求，产品自身的特性将直接影响企业价格的选择。旅游产品与其他产品一样，也存在着替代性，尤其是旅游购物、娱乐、住宿、交通等产品，出现同类产品的可能性较大。若在同一旅游目的地同类旅游产品并存，旅游产品生产者和经营者就有可能实行削价竞争。另外，单项旅游产品与整体旅游产品相比，往往具有更大的价格灵活性。

6. 旅游消费者心理

旅游消费者心理是旅游企业制定产品价格时最不易考察的一个因素，同时又是必须考虑的一个重要因素。通常旅游者在选购旅游产品时，总是根据旅游产品为自己提供效用的大小来评定此产品的价格，他们对产品一般都有客观的估价。若企业定价高于消费者的心理期望值，则很难被旅游者所接受；反之，也可能会引起旅游者的误解及拒绝。例如，法国的许多旅游者对中国传统文化的民俗、民族风情有极大的兴趣，认为它们是人类文化的精品、旅游资源的瑰宝，因而愿意接受较高的中国文化旅游产品价格，若价格偏低反而会使这些旅游者产生不信任感。

另外，旅游者在购买时往往受不同心理倾向的支配，如买涨不买落心理、追求时尚心理、炫耀心理等。不同的消费心理对产品的价格有不同的要求。随着消费心理的日趋复杂，心理因素对定价的影响越来越大，旅游企业只有研究并掌握旅游消费者的心理，才能制定出最佳的产品价格。

7. 法律和法规的约束

出于保护旅游者、维持正常竞争秩序的考虑，旅游产品的价格经常会受到政府的管制。政府会通过法律和法规的约束来干预和影响旅游企业的价格决策。由于存在这种约束，旅游企业不能任意地为旅游产品制定高价来牟取暴利，同时也限制了旅游企业之间过度的价格竞争，维护了正常的市场秩序。很多国家都制定了最高限价和最低保护价。旅游企业在做出定价决策时必须将此因素考虑在内。除以上几点以外，旅游市场中影响旅游产品定价的常见因素还有汇率变动和通货膨胀等。

三、旅游产品的定价目标

定价目标是指旅游企业通过制定及实施价格策略所希望达到的主要目的。企业定价目标是除成本以外影响定价的第二个主要内部因素。一般认为，企业的定价似乎都是获取尽可能高的销售额和利润。但这只是企业长远的整体目标，具体到某一时期为某一产品定价时，旅游企业进行定价的目标主要有生存目标、当期利润最大化目标、市场份额领先目标等。

1. 生存目标

如果遇到激烈的竞争或者消费者需求变动时，企业就要把维持生存作为主要目标。为了维持企业生存，企业必须定低价，并且希望市场对价格是敏感的。例如，一些中小旅行社，为了与垄断企业竞争，争取客源，降低旅游产品的价格，大打价格战。

2. 当期利润最大化目标

实现当期利润最大化是企业追求的直接目标，通常采用扩大销售和提高价格两种途径。旅游企业应估计需求和成本，然后评价可供选择的价格，通过比较选定一种能够产生最大当期利润、现金流量或投资收益率的价格。但是追求短期最大利润，有可能影响企业的市场占有率，为竞争者提供机会。

3. 市场份额领先目标

这是指旅游企业为扩大市场份额而制定产品价格。增加产品销售量，扩大市场份额，为提高企业利润总额提供了可靠的保证，同时在拥有最大市场份额后企业可以充分享有规模经济。因此，为了追求市场份额的领先地位，企业往往制定尽可能低的价格。

四、旅游产品定价的方法

旅游企业进行旅游产品定价时，一般遵循的原则是：旅游产品成本是旅游产品价格的下限，竞争者与替代产品的价格是旅游产品定价的出发点，旅游者对旅游产品特有的评价是旅游产品价格的上限。因此就形成了成本导向、需求导向、竞争导向三种基本的定价方法。

1. 成本导向定价法

成本导向定价法是指旅游企业以旅游产品成本为基础的定价方法，主要包括成本加成定价法和目标利润定价法。

(1)成本加成定价法

成本加成定价法是指在单位旅游产品成本的基础上加上预期利润而制定的旅游产品价格，用公式表示为

$$旅游产品价格 = 单位产品成本 \times (1 + 加成率)$$

单位产品成本是单位产品变动成本与平均固定成本之和，加成率是单位产品的预期利润率。成本加成定价法的优点是计算简单、简便易行，有利于缓和同类旅游产品的价格竞争，能使旅游企业获得预期的利润；缺点是未考虑旅游市场的需求和竞争因素，缺乏灵活性。成本加成定价法主要应用于制定旅行社产品、饭店餐饮产品方面的价格。

(2)目标利润定价法

目标利润定价法是指旅游企业根据估算的总成本和预计的总销售量，确定应达到的目标利润，从而制定相应的旅游产品价格，用公式表示为

$$旅游产品价格 = (总成本 + 目标利润) + 预计销售量$$

目标利润定价法的优点是，如果旅游企业预计的销售量和估算的总成本都比较准确，则能实现预期的目标利润。缺点是此方法是以预计销售量来制定价格，而价格是对销售量起决定性作用的因素，所以目标利润定价法计算出来的价格，难以保证销售量的必然实现，尤其是当旅游产品的需求弹性较大时，这个问题更为突出。因此，只有经营垄断性旅游产品或具有很高市场占有率的旅游企业才有可能采用目标利润定价法进行定价。

(3)需求导向定价法

需求导向定价法指的是旅游产品的价格不是以其成本，而是以旅游者对旅游产品的需求强度、对旅游产品价值的理解和可支付的价格水平为依据，来确定旅游产品价格的定价方法，价值定价法就是以需求为导向的定价方法。

(4)理解价值定价法

理解价值定价法是指旅游企业以旅游者对旅游产品价值的感受和理解程度作为依据来制定旅游产品价格的方法。理解价值是指旅游者在观念上对旅游产品价值的认同程度，而不是旅游产品的实际价值。旅游企业采用这种方法定价时，关键在于通过深入的旅游市场营销调研，对旅游者所理解的旅游产品价值有正确的判断。为了加深旅游者对旅游产品价值的理解，旅游企业要搞好旅游产品的市场定位，并通过各种营销手段，加深旅游者对旅游产品的印象，使旅游者感到购买旅游产品能获得更多的附加价值，从而提高旅游者愿意支付的价格水平。

(5)竞争导向定价法

竞争导向定价法是指旅游企业以旅游市场竞争对手的价格为基础的定价方法。这种定价方法是以旅游市场竞争为中心，同时结合旅游企业的自身实力状况、发展战略等因素的要求来制定价格，主要包括率先定价法和随行就市定价法。

①率先定价法。率先定价法是一种主动竞争的定价方法，是指旅游企业根据自身旅游产品的实际情况以及与竞争对手旅游产品的差异状况来制定旅游产品价格的定价方法。在制定价格时，旅游企业首先将旅游市场上竞争产品价格与企业估算价格进行比较，分为高

于、低于、一致三个层次；其次，将本企业旅游产品的性能、质量、成本、产量等与竞争对手进行比较，分析造成价格差异的原因；再次，根据以上综合指标确定本企业旅游产品的特色、优势，在此基础上确定旅游产品的价格。为了适应旅游市场的竞争，旅游企业还应注意竞争产品的价格变化，并相应调整本企业旅游产品的价格。采取这种定价方法的旅游企业，一般具有较强的规模与实力，在竞争中处于主动地位。

②随行就市定价法。随行就市定价法是指旅游企业根据旅游市场上同类旅游产品的平均价格水平来确定旅游产品价格的定价方法。在激烈的旅游市场竞争中，生产同类旅游产品的企业，若旅游产品的价格高于竞争对手，市场销售额就可能减少；若价格低于竞争对手，就会减少利润。而平均价格被旅游者认为是合理的价格，旅游者易于接受，又可以避免旅游企业之间的价格竞争，采用平均价格可以使企业获取稳定的市场份额。实践表明，同类产品的价格都趋于实行随行就市的价格。

五、旅游产品的定价策略

旅游产品的定价，不仅需要科学的理论和方法为指导，还必须有高明的定价策略和技巧。旅游产品的定价策略是指旅游企业根据旅游市场的具体情况，从定价目标出发，灵活运用各种价格手段，使其适应市场的不同情况，以实现企业的营销目标。

1. 新产品定价策略

新产品定价的难点在于无法确定旅游者对于新产品的理解价值。如果价格定高了，则难以被旅游者接受，影响新产品顺利进入市场；如果价格定低了，则会影响企业效益。常见的新产品定价策略有三种截然不同的形式：撇脂定价、渗透定价和适中定价。

(1)撇脂定价

新产品上市之初，将价格定得较高，在短期内获取厚利，尽快收回投资。这一定价策略就像从牛奶中撇取其中所含的奶油一样，取其精华，所以称为“撇脂定价”策略。

利用高价产生的厚利，使企业在新产品上市之初，即能迅速收回投资，减少了投资风险，这是使用撇脂定价的根本好处，而且高定价可使企业在销量逐渐呈现下滑趋势时，还有降低价格的余地来吸引对价格敏感的下一层次的旅游者。一般情况下，如果在市场上存在着一批愿意以高出市场平均水平的价格购买旅游产品的旅游者，撇脂定价是一种非常合适的定价策略。它使旅游企业可以较快收回产品生产经营成本，即使在市场认为产品初始价格过高时，还可通过降价来解决问题。

通常撇脂定价策略适用于以下几种情况。

目前市场上有足够多的旅游者对旅游新产品存在迫切的需求；旅游者认为高价代表了该旅游产品的优质形象；市场竞争不十分激烈。对企业而言，采用撇脂定价策略，必须要使旅游者相信高价格购买这种新产品是值得的。从本质上看，撇脂定价是一种追求短期利润最大化的定价策略，若处置不当，则会影响企业的长期发展。因此，在实践当中，特别是在旅游者日益成熟、购买行为日趋理性的今天，采用这一定价策略必须谨慎。

(2)渗透定价

这是与撇脂定价相反的一种定价策略，即在新产品上市之初将价格定得较低，以吸引大量的购买者，扩大市场占有率。采用渗透价格的旅游企业无疑只能获得微利，这是渗透定价的薄弱处。但是，低价可以带来两个好处：首先，低价可以使产品尽快为市场所接受，并借助大批量销售来降低成本，获得长期稳定的市场地位；其次，微利防止了竞争者的进入，增强了自身的市场竞争力。

如果一家旅游企业以追求市场份额最大化作为定价目标，采取渗透定价策略不失为一个较好的选择。然而，企业在设置低价的同时，也意味着单位利润的降低，为此，企业的产品销量应达到较大的规模。如果需要很长时间企业才能实现高销售量，那么企业收回成本的过程也是较为缓慢的。

渗透定价策略一般适用于以下几种情况。

市场需求的价格弹性较大，使用低价格能够明显刺激市场需求的增加；旅游产品的生产销售成本会随着产量的增加而逐步下降；由于价格低廉，竞争者对该市场不感兴趣。

对于旅游企业来说，撇脂策略和渗透策略何者为优，不能一概而论，需要综合考虑市场需求、竞争、供给、市场潜力、价格弹性和企业发展策略等因素才能确定。在定价实务中，往往要突破许多理论上的限制，通过对选定的目标市场进行大量调研和科学分析来制定价格。

(3)适中定价

适中定价策略是一种折中策略，价格水平居于撇脂定价和渗透定价之间。当不存在适合于撇脂定价或渗透定价的环境时，旅游企业一般采取适中定价，按照行业平均利润和价格水平来制定价格。这种定价策略兼顾了供给者与需求者双方的利益，既能使企业有稳定的收入，又能使消费者满意，形成稳定的购买者。但是采用这种策略也有不足之处：由于产品的定价是被动地适应市场，而不是积极主动地参与市场竞争，因此可能使企业难以灵活地适应瞬息万变的市场状况。

2. 心理定价策略

心理定价策略是指旅游企业在定价时，利用旅游消费者心理因素，有意识地将产品价格定得高些或低些，以满足消费者生理和心理、物质和精神的多方面需求，通过消费者对企业产品的偏爱或忠诚，扩大市场销售，获得最大效益。常用的心理定价策略有整数定价策略、尾数定价策略、声望定价策略和招徕定价策略。

(1)整数定价

这种定价策略是指旅游企业有意识地将产品的价格制定成整数，对角分忽略不计。这是因为在现代旅游活动中，旅游产品十分丰富，旅游者往往只能利用价格辨别产品的质量，特别是一些旅游者不太了解的旅游产品，整数价格反而会提高产品的身份，使旅游者产生价高质优的购买意识，从而促进旅游产品的销售。

(2)尾数定价

尾数定价又称非整数定价，是指旅游企业利用旅游者求廉的心理，制定非整数价格。这种定价方法直观上给旅游者一种便宜、价格计算精确的感觉，从而激起旅游者的购买欲望，促进产品销售量的增加。另外，消费者购物求吉利的心理，是近年来企业采用尾数定价策略的另一原因，如中国人喜欢价格以“8”“6”数字结尾，美国人喜欢以“9”作尾数等。旅游企业可以根据不同民族和地区人们的喜好，灵活确定价格的尾数。

(3)声望定价

声望定价是根据旅游产品在旅游者心中的声望、信任度和产品在人们心目中的社会地位来确定价格的一种策略。声望定价可以满足某些旅游消费者的特殊欲望，如地位、身份、财富、名望和自我形象等，还可以通过价格显示名贵优质，因此这一策略适用于知名度高、有较大市场影响、深受市场欢迎的旅游产品。这种有着高声望的高价旅游产品，与旅游企业的形象联系也是非常紧密的。因此，采用声望定价策略应慎重，事先要进行详细的市场调查，考察旅游者消费实力，研究市场所能接受的最高价格限度等，旅游企业所设置的产品高价不宜超过此最高可接受价，否则会引起产品需求量的减少。另外，一定要保证这类旅游产品的质量，做到质价相符，这样才能维护企业声誉，并保证旅游者的利益。

(4)招徕定价

招徕定价是指旅游企业有意制定特殊的低价，发挥促销导向作用，吸引潜在的旅游者，从整体上提高企业的销售收入，增加盈利。具体有以下两种策略：

①亏损价格。采用这种价格策略的旅游企业会在自己的产品结构中，把某些产品或服务的价格定得很低，甚至亏损，以价格低廉迎合旅游者"求廉"心态而招徕顾客，借机带动和扩大其他产品的销售。

②特殊价格。旅游企业在某些节日、季节或在本地区举行特殊活动的时候，适度降低旅游产品或服务的价格以刺激旅游者，招徕生意，增加销售。这种定价策略往往在旅游淡季时受到企业的重视。一般说来，采用这种策略必须要有相应的广告宣传配合，才可能将这一特殊事件和信息传递给广大的旅游消费者。

企业在运用这种策略时也应注意，降价的产品必须要能真正引起旅游者的兴趣，使其产生购买动机和行为；降价产品的品种和数量要适当；降价产品的质量要有保证。

(5)习惯定价

习惯定价策略是指旅游经营者在定价的过程中维持旅游消费者已经形成的有关价格的"心理定势"，即使市场供求关系发生变化或者成本变动也不改变旅游产品的价格，而是通过调整产品的组成形式进行相应的调整。

这种定价策略适用于价格长期固化的旅游产品以及在旅游者心目中具有独特文化价值的旅游产品，例如旅游饭店的自助餐价格，城市一日游线路价格等。按照习惯价格进行定价，容易符合旅游者的习惯与心理承受能力，有利于旅游产品在市场上进行销售。但在供求关系或者成本发生变化后，经营者通过降低质量或者减少数量的方式赚取利润，往往容易招致游客的反感。例如，当海鲜的价格上涨时，旅游饭店提供给旅游团队的海鲜餐价格并未发生变化，然而原先价格较贵的海鲜品种却被换掉了，这往往引起旅游消费者的不满。

3. 折扣与折让策略

折扣与折让定价是指对基本价格做出一定的让步，直接或间接降低价格，以争取顾客，扩大销售量。其中，直接折扣的形式有数量折扣、现金折扣、功能折扣和季节折扣；间接折扣的形式有回扣和津贴。

(1)数量折扣

数量折扣是指按购买数量的多少，分别给予不同的折扣，通常购买数量越多，折扣越大。其目的是鼓励大量购买，或集中向本企业购买。数量折扣包括累计数量折扣和一次性数量折扣两种形式。累计数量折扣是指规定顾客在一定时间内，购买产品若达到一定数量或金额，则按其总量给予一定折扣，其目的是鼓励顾客经常向本企业购买，成为可信赖的长期客户。一次性数量折扣是指规定一次购买某种产品达到一定数量或购买多种产品达到一定金额，则给予折扣优惠，其目的是鼓励顾客大批量购买，从而促进产品多销、快销。

数量折扣的促销作用非常明显，旅游企业因单位产品利润减少而产生的损失完全可以从销量的增加中得到补偿。此外，销售速度的加快，使企业资金周转次数增加，流通费用下降，产品成本降低，从而导致企业总盈利水平上升。

旅游企业采用数量折扣策略时，应注意以下几点：首先，企业制定的享受数量折扣的标准不宜过高，应该让大多数旅游者都有享受优惠的机会；其次，采用数量折扣策略的目的是通过大批量出售旅游产品以降低营销费用，增加企业利润；最后，规定数量折扣的价格和条件应对所有旅游者一视同仁。

（2）功能折扣

对于部分旅游企业，经营中必须借助旅游中间商经销其产品。在旅游中间商当中，有一部分经销能力强，有一部分经销能力相对较弱。功能折扣就是指旅游产品的生产企业按照各类经销商功能的不同给予不同的价格折扣，一般来说给批发商的折扣比给零售商的折扣要大。

这种折扣方式有利于拓宽旅游企业的销售渠道，调动批发商和零售商经营企业产品的积极性。它以利益为刺激因素，借助旅游中间商的营销渠道来销售旅游产品，能解决直接销售渠道能力不足的问题。但是由于这种折扣方式只考虑到经销商的功能，没有考虑到销售的数量和销售金额的大小，不利于调动销售数量和金额都很大的旅游零售商的积极性。

（3）季节折扣

季节折扣策略是指旅游企业根据旅游者购买季节的差异而给予一定的折让。部分旅游产品在消费的淡、旺季节，需求差异是非常明显的，有些产品在一周或者一天的不同时间段消费也是不均衡的。为充分发挥供给能力，避免资源闲置造成的浪费，旅游企业也会区分淡旺季，对淡季或者生意较为清淡时段的购买者给予优惠。

（4）现金折扣

随着支付方式的多元化以及信用消费时代的到来，许多旅游企业允许旅游者采用信用购买；同时，行业竞争的加剧，使得许多企业在产品销售时，难以当即获得现金的支付。但经济生活中也存在信用危机，一些客户可能会不讲信用，长期拖欠账款不愿支付，这样被拖欠账款的旅游企业将承担很大的风险。此外，作为经营主体的旅游企业都希望可以尽快地回笼资金，经营者往往对一定时间内支付现金的购买者给予一定的折扣，这种策略便是现金折扣策略。

旅游企业在运用现金折扣策略时，要为产品确定一个合理的折扣率，实行折扣只是一种手段，收回账款、加速周转才是企业的最终目的。因此，折扣率应有一定的界限，通常是在企业加速资金周转所增加的盈利和银行贷款利率之间找到一个合理的折扣水平；同时，企业还要规定对那些逾期仍未付款的旅游者应采取什么措施。

（5）实物折扣

实物折扣策略是指旅游企业对于购买者采用给予实物的形式进行激励的一种折扣策略。许多旅游企业在关联性较强的旅游产品的销售过程中，经常使用这种折扣策略。例如，酒店对入住客人提供免费的双人早餐，会务公司为与会人员提供免费旅游安排。

实物折扣的给予可以通过将实物给予消费者，以达到吸引消费者的目的，以此保住主要的利润来源。同时，部分实物还是非常合适的纪念品，具有较强的纪念价值和纪念意义。但具有一定购买经验的消费者往往会认为免费给予的实物实际上增加了自己的支付费用，增加了自己的负担。

六、旅游产品价格的调整策略

旅游企业在确定了产品的定价结构和策略之后，在一定时期内，应该保持价格的相对稳定。但是，旅游企业随着自身的发展，其战略目标在与时俱进地调整。在另一方面，企业经营的外部环境在不断发生变化，环境因素的多样性、动态性和复杂性使得企业必须根据变化来调整战略，以适应竞争的需要。在这些情况下，价格也做出动态性的战略调整。

1. 旅游企业主动调整价格

主动调整价格是在市场整体运行比较稳定的外部环境下，旅游企业根据自身的市场份额、利润额、产品供求关系等经营业绩及与其市场变化而做出的先期价格调整。从战略的意义上来说，这是一种进攻性的定价战略调整。这种调整不外两种表现形式：调低价格或调高价格。

(1)降价

当旅游企业面临生产能力过剩，市场占有率下降，或具备一定的成本优势时，可以适当调低旅游产品的价格。但降价也可能引发行业内部更加激烈的价格竞争，对企业本身来说也存在一定的风险，例如容易陷入低质量陷阱。

(2)涨价

当旅游企业面临成本上涨、供不应求、通货膨胀因素等情形时，不得不提高价格。成功的提价能够增加利润。但提高价格常招致顾客、经销商甚至本企业销售人员的不满。

2. 旅游企业被动调整价格

如果竞争者率先调整价格，企业必须采取应对措施来应付竞争，这样企业就需要采取防御战略，也要相应调整价格。这属于被动调整价格。在同质市场中，如果竞争者率先降价，大多数旅游企业会无奈地选择同样降价的策略。在异质市场上，当市场对价格很敏感时，企业可以降价，以便和竞争对手的价格相匹敌。

改善产品和服务质量并提高价格。这样做的目的是要进一步差异化，以此来争取更多重视价格的顾客，而放弃一些对价格过分敏感的顾客。

设立一种低价格的“战斗品牌”。所谓“战斗品牌”是指一个受到威胁或潜在威胁的企业可能引入一种品牌，这一品牌由于其与竞争产品相近而具有对竞争者的警告或威慑的作用。

任务三　掌握旅游促销策略

一、促销组合的含义

促销组合(Promotion Mix)，即根据目标市场、企业自身的条件要求，有计划、有目的地将人员推销、广告、公共关系、营业推广等促销手段有机地组织起来，形成系统化的整体，在不同环境下把各种促销方式有机搭配和统筹运用，使企业获得最佳的营销效益。

旅游企业为开展促销活动开发出大量促销工具，如商业广告、推销介绍、旅游博览会、季节性折扣、团体优惠券、海报、宣传小册子等等。每一种工具都拥有各自的特点，适合不同的沟通对象，起到不同的效果。所以，对这些工具的综合利用，构成了旅游企业的促销组合策略。目前，在旅游业最常用的促销组合因素是旅游广告、旅游营业推广、旅游公共关系和旅游人员推销。促销组合的各个方面必须协调一致，以达到最好的沟通效果。

二、旅游促销的作用

1. 提供旅游信息，沟通供需联系

旅游企业必须采取各种方法及时向消费者传递产品或服务的信息，向他们介绍产品的特点、性质、价格、所提供的服务等消费者关心的信息，以引起消费者和旅游中间商的注意。而旅游中间商也需要向其下游中间商或消费者提供信息、介绍产品或服务，以达到促销的目的。

2. 突出产品特点，强化竞争优势

通过旅游促销，企业会把旅游产品的定位特色、旅游产品独特的信息传递给消费者，使其产品或服务在消费者心目中有一个清新的形象与定位。这种形象的定位，使得消费者很容易将旅游企业的产品从众多相互替代的产品中识别出来，从而强化了旅游企业的竞争优势。

3. 刺激旅游需求，引导旅游消费

旅游促销活动不仅可以诱发旅游需求，还能够创造需求，吸引消费者去尝试从未消费过的新产品，起到引导旅游消费的作用。通过针对性的促销活动，购买旅游企业产品的旅游消费者人数迅速攀升，起到一定的示范作用，促使持观望态度的消费者迅速做出购买决策。

4. 树立良好形象，加强市场地位

由于旅游产品属于一种高层次的审美享受与精神层面的产品，旅游企业通过生动而有说服力的旅游促销活动，可以塑造友好、热情、安宁、服务周到以及其他人格化的良好旅游服务形象，赢得更多的潜在旅游消费者的青睐。而一旦出现一些不利于其良好形象和市场地位的因素时，旅游企业就要立即行动，通过一定的宣传促销，改变自身消极的印象，重塑有利形象，达到恢复、稳定甚至扩大市场份额的作用。

三、影响促销组合的因素

在选择采取哪一种或几种促销方式时，要确定合理的促销策略，实现促销手段的最佳结合，必须注意把握影响促销策略的各种因素。

1. 促销目标

促销目标是影响促销组合决策的首要因素。不同的旅游企业或旅游目的地，同一旅游企业或旅游目的地在不同时期、不同市场环境下，都有其特定的促销目标。而每种促销工具——人员推销、广告、销售促进和公共关系都有其各自独立的特性、优势与成本。因此，企业必须根据具体的促销目标选择合适的促销工具组合。

2. 产品及市场类型

对于不同类型的旅游产品，消费者在信息需求、购买方式等方面是不同的，需要采用不同的促销方式。一般说来，对于人们熟悉的价格比较低的产品，可确定以广告为主、其他为辅的促销组合，而对于顾客不熟悉且复杂的价格昂贵的产品，则以人员推销为主、其他手段为辅。如客房、餐饮、娱乐等产品，可以广告促销为主；而会议、宴会、大型活动则以人员推销为主。旅游生产企业会对旅游中间商市场多采用以人员推销为主的促销组合，而对最终旅游者的促销则主要采用广告和旅游促销方式。经营消费品的公司一般都把大部分资金用于广告。其次是销售促进、人员推销和公共关系，一般来说，人员推销着重于昂贵的、有风险的旅游产品，以及少数大买主市场。

3. 产品生命周期

在旅游产品不同的生命周期阶段，旅游企业的营销目标及重点不同，因此，促销方式也不尽相同。在导入期，要让潜在的旅游者了解新产品，可利用广告与公共关系，同时配合使用销售促进和人员推销，鼓励消费者尝试新产品；在成长期，要继续利用广告和公司宣传来扩大产品和旅游企业或目的地的知名度，同时用人员推销来降低促销成本，促销活动则可以减少，因为这时所需的刺激已较少了；在成熟期，竞争激烈，相对广告而言，销售促进又逐渐起着重要作用，同时应注意在运用广告及时介绍产品的改进或新的旅游产品；在衰退期，销售促进的作用更为重要，此时需配合少量的广告来保持顾客的记忆。

4. 企业的运营状况

当公司不景气时，这些公司总是探索以一种促销工具取代另一种促销工具的方法，以获得更高的效益。许多公司已经用广告、直接邮寄和电话访问取代了某些现场的销售活动。有的公司增加了与广告有关的销售费用，以达到更快的销售。促销工具的可替代性，解释了为什么在单个营销部门中营销职能需要加以协调。

当一种工具促进另一种工具时，应考虑设计促销组合，而设计促销组合就更为复杂。如各种销售促进活动，总需要广告的配合，以告知公众。许多因素影响着市场营销者对促销工具的选择。促销预算的大小直接影响促销手段的选择。预算少，就不能使用费用高的促销手段。而预算开支的多少要视旅游企业的实际资金能力和市场营销目标而定。对于一些小型旅游企业，如小旅行社则多采用人员推销方式，小型饭店则多采用销售促进方式。

四、旅游促销组合决策的步骤

1. 确定促销对象

确定促销对象就是界定目标市场，确定“向谁促销”。回答这个问题并不容易。由于很多旅游企业没有对自己的目标市场形成清晰的概念，导致尽管进行了大量促销工作却没有什么明显的效果。明确促销对象将直接决定后面几个步骤的工作方向，否则所有的促销努力都没有意义。

2. 明确促销理由

在这一阶段，需要解决的是“为什么促销”的问题，即旅游企业通过促销要达到什么目的。促销通常要达到这三条之一的目的——它们或者含有特定的信息，或者具有劝说性，或者具有提醒的功效。含有特定信息的促销对于新的产品和服务，以及对于在早期买阶段的顾客效果最好“劝说性促销主要是未来让顾客在竞争行业的产品和服务中做出选择，并实际进行了购买”而提醒促销则会唤起顾客对于他们所看到的广告的回忆，并可以刺激他们再次购买。

3. 选择促销方式

选择促销方式主要是确定“如何促销”，即选择沟通的渠道。这一方面需要了解各种促销方式的特点，要根据旅游促销的目的、产品和服务的类型以及市场特点来决定如何进行选择和组合。例如，饭店和航空公司经常选择“常客奖励”活动，快餐连锁店则展开了电视广告大战，旅游景区则强调向旅行社推销，而旅行社则通常在地方性的报纸上刊登广告。

4. 确定促销频率

在进行促销决策时，还必须明确“多长时间促销一次”，即促销活动将在多长时间间隔中进行，每一次促销将持续多长时间(例如电视的时段、报纸的版面、飞机上的杂志)，这些常常受到预算的限制以及时机的影响等，需要仔细策划。

5. 选择促销媒体

这里涉及的是在“哪里促销”的问题。是选择电子媒体还是印刷媒体，或是其他的载体？这些媒体的受众范围是多少？能否满足目标？媒体的类型不同，其特点和沟通质量不同，所以需要促销策划人员加以全面衡量，仔细选择。诸如必须考察人口统计的、地理的、心理的、收入的以及大量其他的决定性因素。

五、旅游促销的主要手段

促销的手段很多，在具体选择促销组合时，应对各种促销方式进行分析，选择最有效的促销手段。目前，在旅游业最常用的促销组合因素是旅游广告、旅游营业推广、旅游公共关系和人员推销。

(一)旅游广告

旅游广告是指旅游企业借助广告媒体，以付费形式介绍旅游产品或企业，与目标消费者沟通，达到影响消费者购买目的的活动。旅游广告是一种非人员沟通与促销的方式。

1. 旅游广告的种类

主要有报纸、杂志、电视、广播、户外广告、直邮广告以及互联网广告等。

(1)报纸

报纸是旅游广告的主要媒体。其优点是：读者面广，可信度较高，市场覆盖率高，信息传递迅速，制作简单，费用较低，读者可反复查阅、增加印象。缺点是：信息量较大，易分散读者的注意力，制作粗糙，表现力差。

(2)杂志

其优点是：具有特定的阅读对象，针对性强，印刷精美，能够有效地表现产品，保存时间长，印象深刻；其缺点是：发行周期长，发行量有限，价格偏高。

(3)电视媒体

在实际操作时比较复杂，因此使用较少。其优点是：视听并存，感染力强，可以真实地表现出旅游产品，传播范围广、速度快、刺激性强。缺点是：费用高，每次播出时间短，制作难度较大，易受干扰，观众选择性差。

(4)广播

其优点是：传播迅速，传播面广，费用较低。缺点是：信息的停留时间短，听众记忆困难，广告效果不好。因此，这种媒体在旅游广告中也较少使用。

(5)户外广告

户外广告指在车站、建筑物、街道两旁以及交通工具等公共场所，设置的招牌、海报、旗帜、路牌等旅游宣传广告。其优点是：灵活，醒目，展示时间较长，可加深印象。缺点是：不易更改，内容具有局限性，宣传范围小。这种广告一般适合在特定地区发布。

(6)直邮广告

直邮广告即以邮政部门为媒介寄发散布的旅游广告。通常包括商业信函、旅游宣传小册子、明信片、贺年卡、挂历、新闻简报等。其优点是：目标明确，方式灵活，受时空条件制约少。缺点是：人员、时间投入较多，使用不当易引起接收人的反感。适用于对老顾客宣传、邮寄。

(7)互联网

网络的兴起为旅游企业的广告宣传打开了新的通道。旅游企业可以通过 Web 服务器和客户浏览，在互联网发布各种信息。消费者可以借助检索工具迅速找到所需要的旅游产品信息。广告形式有旗帜广告、图标广告、文字链接、电子邮件广告、使用新闻组及网上问卷调查等。网络广告本身是一种很有潜力的广告载体，它具有传统媒体广告所无法比拟的优势。其特点是具有交互性、广泛性、针对性和易于统计性。

2. 旅游广告的特点

旅游广告作为一种信息传递形式可以利用任何想象出的形式来传播，根据使用媒体的不同，旅游广告可以分为报纸、杂志、电视、广播、户外广告、直邮广告以及互联网广告等。

广告以其大众化、重复性的表现力而成为一种富有大规模激励作用的信息传播形式。一方面，旅游地风貌、旅游服务设施的易展示性和整体旅游产品的可感受性，为旅游广告的表现力发挥提供了有利的基础；另一方面，旅游产品中包含了不可触摸、试用、测试和直接观赏的无形服务产品，它使潜在旅游消费者将更依赖于旅游广告信息，尤其是旅游手册之类的宣传品来进行选择性购买决策。

广告虽然不能改变旅游产品或服务的性质，但是可以帮助旅游消费者改变自己对旅游产品或服务的认识和看法，改变对旅游企业的看法。从而帮助旅游消费者去了解旅游产品和服务。最重要的一点是，旅游广告可以消除一部分消费者的误解或错误的认识，改变消费者对旅游企业和旅游产品的态度，进而激发消费者对旅游产品或服务产生购买的兴趣和欲望。

广告是一种高度公开的信息沟通方式，这种公开性能够冲淡消费者在购买时对于产品的可信度产生的怀疑。

3. 旅游广告的作用

旅游广告是旅游促销的重要组成部分。它不仅是一种受到企业普遍重视和广泛应用的促销形式，而且是消费者接触最多、对社会生活影响最大的促销方式。一般说来，旅游企业使用广告主要有以下用途。

（1）宣传旅游企业的旅游产品或服务

这是旅游广告的基本用途。通过广告向旅游消费者介绍旅游企业的产品和服务以及其特色，介绍旅游产品的预订和购买方式，使消费者了解本产品或服务，造成他们对旅游产品或服务的偏爱，从而劝诱、鼓励、帮助旅游消费者购买本旅游产品或服务。

（2）树立、创造旅游企业的形象

旅游企业运用声望广告、形象广告、公益广告等来突出整个企业的形象，以提高其知名度和美誉度。

（3）抵御竞争对手广告的影响

保守式广告可以用来抵御或削弱竞争者促销广告的影响，保住本企业的固有市场，防止销售量或市场份额下降。

（4）加强消费者的信任感

在旅游产品生命周期的成熟阶段，通过提醒式广告，旅游企业可以设法保持其知名度，增强消费者的信任感。

（5）提高销售人员的销售效率

人员推销在促销活动中占有相当重要的地位，旅游企业可以通过广告说明联系方法，吸引和鼓励消费者前往索取更多的信息，为人员推销创造机会。

4. 旅游广告设计的要求

旅游企业在设计旅游广告时，将面临一个重要的问题：如此多的信息如何能够让旅游者在最短的时间内接收到并做出准确的判断。为了解决这一问题，在设计旅游广告时，首先要对信息进行筛选，找出最具有吸引力的、能刺激旅游者的信息，作为旅游广告的主要内容，并以艺术的和心理的形式表达出来。

在进行旅游广告的内容设计时要注意：内容要真实，有针对性，要符合旅游广告的特点和要求；旅游广告的构思和设计要有吸引力，能引起顾客的注意；广告的制作和表达方式要有思想性。

为了使旅游广告作品把旅游企业的要求、意愿和信息艺术、情感用直观的形式表达出来。要注意以下五个方面的把握：确定旅游广告的主题，反映广告信息的内涵，针对旅游者心理，把握要说明的基本概念；广告要有创意，引人入胜的构思是旅游广告成功的保证；广告要用精练、准确、通俗易懂的文字和语言，以免引起旅游者的误会；通过生动的形象增加旅游者的信任感，留下深刻印象；注意运用各种艺术表现形式充分发挥旅游广告的独特性。

5. 旅游广告的决策过程

旅游广告决策的过程由五部分构成，即目标决策、预算决策、信息决策、媒体决策和效果评价。

（1）旅游广告目标决策

旅游广告所要达到的目标，必须依据旅游企业市场营销策略和目标市场来确定。旅游广告目标可以分为以下三种类型。

①告知型。主要应用于旅游产品投入市场的初始阶段，通过向旅游者介绍新产品、新的服务项目，宣传旅游企业的市场地位及对旅游者采取的便利性措施，以树立良好的市场形象。例如当一家航空公司开发一条新航线，公司的管理层往往用整页的篇幅登广告，向

市场传递有关该项新服务的信息。

②说服型。主要应用于旅游产品的成长期和成熟期，这类广告主要突出旅游产品的特色及给旅游者带来的利益，以激发旅游者的选择性需求，促使旅游者形成品牌偏好。因此，说服型广告主要用于同类旅游产品展开竞争的阶段，可以表现为进攻型，也可以表现为防守型。例如，华美达旅馆的广告主题曾定为“走出假日旅馆，走进华美达客栈”。这则广告暗示华美达会提供比假日更多的价值，具有一定的进攻性。

③提醒型。主要应用于旅游产品的衰退期，通过提醒旅游者保持对旅游企业及其产品的记忆，并适时提醒旅游者记住购买时机和购买地点，以促使旅游者完成购买行为。例如，有一幅旅游广告画，整个画面无一字，仅有一幅用广角镜头拍摄的照片，夕阳下的科罗拉多大峡谷宁静而壮美。去过大峡谷的游客看到这幅画，心中无不为之唤起美好的回忆。这样就达到了使消费者记住或重新记住产品的效果，以促使意欲购买者完成购买行为，并刺激老顾客重复消费的欲望。还有一些餐馆连锁店，常常采用给顾客寄明信片的方式感谢他们的惠顾。明信片的特殊之处就在于方便、灵活、成本低，并可以根据顾客的不同地位、身份、性别、爱好等写上不同话语，诸如“盼望君再来”，唤起顾客对餐馆的美好回忆。

(2)旅游广告预算决策

旅游广告预算是指在一定时期内旅游企业按销售额或实现的利润额的一定比例提取的广告预算总额，它主要包括市场调研费、广告设计费、广告制作费、广告媒体租金、广告机构办公费及人员工资、广告公司代理费等项目。确定旅游广告预算的主要方法有量入为出法、销售比例法、竞争对等法和目标任务法等。

(3)旅游广告信息决策

旅游广告信息决策就是对发送给旅游者和潜在旅游者的广告信息的内容和形式进行创造性的设计，从而使旅游广告发挥尽可能大的作用。旅游广告信息决策一般通过广告信息的创作、广告信息的评价与选择和广告信息的表达三个步骤来实现。

①广告信息的创作。旅游产品可表达的信息题材是多方面的，而一则旅游广告可容纳的信息量是有限的，一则旅游广告只能有一个主题。因此，旅游广告需要选取同一旅游产品不同角度的信息题材，创作多种广告信息，然后进行选择。

②广告信息的评价与选择。创作出备选的多种旅游广告信息后，应对广告信息的吸引力、独特性、可信度三方面进行评价和选择。旅游产品作为高层次的消费品，其广告信息要挖掘和激发人们内心深处的潜在需求，提供尽可能详细的旅游产品信息，尤其要让旅游者知道旅游产品能带来的利益，这样的广告信息对旅游者才有吸引力。不同旅游产品之间存在天然或人为的差异，因此，旅游广告信息的创作要刻意寻找旅游者对旅游产品所感兴趣的独特利益点，才能吸引旅游者的注意。另外，旅游广告信息一定要真实可信，更多地提供实实在在的、有价值的信息。

③广告信息的表达。旅游广告的效果不仅取决于说什么，还取决于如何说。广告信息的表达是指广告用词、语气、风格、版式等方面的组合运用和具体安排，它有生活片段、幻想情景、气氛或形象、音乐和美术等表达形式。

(4)旅游广告媒体决策

旅游广告信息必须通过一定的媒体才能传达给旅游者。旅游广告媒体决策就是选择传播广告信息的媒体类型。旅游企业进行旅游广告媒体决策时，宜于进行综合性考虑。不仅应了解各种媒体的优缺点，还需要综合考虑旅游目标市场的视听习惯、旅游产品的特点、旅游广告信息的特点以及广告费用等因素，以便正确选择媒体的类型及传播时间。有时，可以选择单一广告媒体，在不同时段里，也可选择不同的广告媒体。有时可以同时选择两种或两种以上的广告媒体，在采用多种广告媒体时，又可分出主次。选择广告媒体总的原则就是以尽量少的广告花费获取尽量大的广告传播效果。

(5)旅游广告效果评价

旅游广告效果的评价可以从沟通效果和销售效果两个方面进行评价。沟通效果可以用旅游者对旅游广告的注意、理解、记忆的程度来评价；销售效果可以把旅游广告发布前后的旅游产品的销售量增长、利润增长等情况进行对比，以此来评价旅游广告的效果。

(二)旅游营业推广

旅游营业推广是指旅游企业在某一特定时期与空间范围内，通过刺激和鼓励交易双方，并促使旅游者尽快购买或大量购买旅游产品及服务而采取的一系列促销措施和手段。旅游营业推广的主要目的是解决一定时间和空间内旅游需求不足的问题，扩大旅游产品的销售。旅游营业推广有一定的时间和空间限制，旅游营业推广的对象既可以是旅游者，也可以是旅游中间商，还可以是销售人员。

1. 旅游营业推广的特点

(1)非常规性

典型的旅游营业推广+像广告、人员推销和公共关系那样作为一种常规性的旅游促销活动出现，而是用于短期和额外的旅游促销工作，其着眼点往往在于解决具体的促销问题，承担短期内具有特定目的和任务的促销工作。因此，旅游营业推广是对旅游广告、旅游公共关系和人员推销的一种补充措施，以非常规性和非周期性的使用方式出现。

(2)灵活多样性

旅游营业推广的方式多种多样，能从不同角度吸引有不同需求的旅游产品购买者和消费者。例如以批量折扣、推广津贴等方式对旅游中间商进行营业推广，以赠送纪念品、旅游地特产、风情纪念册等方式对旅游者进行营业推广。旅游企业可以根据经营的旅游产品特征，以及面临的不同市场环境加以科学的选择和有机的组合运用，从而大大增强旅游营业推广的灵活多样性。

(3)强烈刺激性

旅游营业推广是为了使旅游中间商和旅游者尽快或大量购买旅游产品而采取的旅游促销手段。因此必须从多种渠道和多种角度加强和加快旅游产品购买者、消费者对促销信息的理解，促进消费者购买需求和行为的迅速产生，这也就决定了旅游营业推广必须具有强烈的刺激性，给旅游产品购买者以不同寻常的刺激，以诱使旅游消费者购买某一特定旅游产品，从而取得明显的短期效果，较快地增加旅游企业的销售额，巩固和提高旅游企业应有的市场占有率，实现企业短期的具体目标。

(4)短期高效性

旅游营业推广注意的是实际的行为，即在限定的时间和空间范围内，通过激励、刺激旅游中间商和旅游者产生购买行为，因而短期效益明显。

旅游营业推广的上述特点，体现了旅游营业推广手段的明显优势，有利于促进旅游产品的短期销售，从而激励更多的旅游者的需求和开拓旅游市场。

(5)一定的局限性

旅游营业推广的某些方式可能会显现出销售者急于出售的意图，容易造成消费者的逆反心理。如果使用太多或使用不当，就会使消费者怀疑此产品的品质、产品的服务以及产品的价格是否合理，产生一种“可能被欺骗”的错误心理，从而影响了营业推广的效果。

2. 旅游营业推广的主要方式

旅游营业推广的方式很多，可根据具体的目标、具体的对象选择合适的方式。

(1)针对旅游者的营业推广

优惠提供旅游产品。旅游企业以一定的优惠价格提供旅游产品。

①赠送礼品。通过赠送有旅游企业标识的小礼品，以介绍本企业产品的名称、特点、购买方式、价格等。如赠送旅游企业特制的日历、台历、打火机或向团队客人赠送太阳帽、旅行包等。

②优惠券。当价格成为影响旅游者购买的主要因素时，优惠券是一种有效的方式。既可以单独发放，也可以附带介绍或宣传资料发送，主要是通过广告附送或者邮寄，甚至直接随机发放。优惠券上一般标明优惠额度及有效期限，目的是促使旅游者尽快地进行消费。

③有奖销售。主要是通过特定方式，以特定奖品为诱惑，鼓励消费者积极参与、购买。如当消费者消费达到一定水平时，有机会参加抽奖，赢取奖品。在进行有奖销售时，需要注意奖品应对消费者有足够的吸引力，并且应考虑中奖范围，保证及时兑奖等。

④直邮推广。主要是指旅游企业通过邮局直接向旅游者发送邮件，进行销售推广。邮件中可包括信件、回函单、宣传小册子、旅游产品照片、日历以及旅游企业各种优惠活动的说明等。

⑤免费试用。旅游企业通过邀请特定的旅游者免费旅游或免费试住等方式进行营业推广。

⑥会员卡。旅游者交纳一定的会费后即成为会员，价格上可享受一定的优惠。旅游企业通过这种方式可以将旅游者组织化。

(2)针对旅游中间商的营业推广

①销售折扣。主要是对长期合作或销售业绩较好的旅游中间商给予一定的折扣，包括批量折扣、现金折扣和季节折扣等。如旅游酒店对旅行社组织的团队客人房价予以50%的优惠等。销售折扣既有利于加强与旅游中间商的长期合作，同时也可以鼓励旅游中间商扩大销售，提高其积极性。

②推广津贴。旅游企业为了鼓励旅游中间商经营本企业的产品，采用资金奖励或补贴等形式，包括销售补贴、广告补贴、降价补贴等多种形式。如可以请旅游中间商进行免费奖励旅游，一方面使中间商更加了解企业和产品，促进销售；另一方面也可以加强双方的沟通。

③旅游交易会和展览会。旅游企业参加旅游产品交易会和展览会，对旅游中间商进行营业推广。在会议期间，旅游企业可以发布新产品信息，也可以就销售中的问题与旅游中间商进行沟通，促使旅游中间商在短期内集中购买。

④免费赠品。旅游企业给旅游中间商一定的赠品予以奖励，一般采取赠品印花形式，

达到一定量时可兑付赠品。

⑤提供宣传品。旅游产品生产企业向中间商提供用于陈列和展示的广告招贴画、小册子和音像制品等。

(3)针对销售人员的营业推广

①销售奖励。首先规定专业销售人员的销售指标，对在一定时间内超额完成指标的销售人员按一定比例提成，使其获得一定的奖励，以鼓励销售人员积极推销产品。销售奖励的形式有奖金、奖品、免费旅行等。

②销售竞赛。在所有销售人员中进行销售竞赛，达到一定销售目标即给予一定物质奖励和精神奖励，用以激发销售人员的积极性，扩大产品的销售。

3. 旅游营业推广的作用

旅游营业推广以其自身特有的优势和不可替代作用成为旅游产品营销中的重要手段。

加速新旅游产品进入市场的进程。新开发出来的旅游产品在投放旅游市场的初期，绝大多数旅游消费者或目标消费者对其没有足够的认识和了解，也没有充分的理由对该旅游产品做出积极的反应和强烈的购买兴趣。通过采取一些必要的促销措施，旅游企业可以在短期内迅速为旅游新产品开辟道路。实践证明，免费旅游、特价优惠旅游以及新旧产品搭配出售等营业推广方式，对在短期内把旅游新产品打入现有市场是行之有效的措施。

抵御和击败竞争对手。有效地抵御竞争对手和参与竞争是旅游企业求生存、谋发展的必由之路。当竞争对手大规模地发起营业推广促销活动时，企业若不及时采取有效的促销措施，就可能会大量丧失现有的市场份额，减少营业利润。因此，营业推广是旅游市场竞争中对抗和反击竞争对手的有效武器。例如，采用免费赠品、折扣优惠、服务促销和联合促销等方式来增强旅游企业经营的同类旅游产品对旅游者的吸引力，以稳定和扩大自己的消费购买群体，抵御竞争对手的侵入。

增加旅游产品的消费，并带动关联产品的销售。通常，旅游企业运用旅游营业推广促销手段，可向经销商提供交易折让。例如，企业采用购买馈赠、交易补贴、批量折扣、经销竞赛等方式来劝诱中间商更多地购买旅游产品，并同企业保持稳定、良好的购销关系，促使中间商制定有利于自身的经营决策。另外，旅游企业可向旅游消费者提供刺激与鼓励，如采用赠品、折扣、旅游者竞赛与抽奖等方式来指明旅游产品新的利益，提高旅游者对旅游产品的关注与兴趣，从而增加对旅游产品的消费，提高整体产品的销售额。同时，对于一定区域而言，增加某种品牌的销售能带动和提升关联产品的销售量。

(三)旅游公共关系

旅游公共关系是作为一个重要的市场营销工具，指在营销活动中正确处理企业与社会公众的关系，树立企业的良好形象，从而促进产品销售活动的过程。

1. 旅游公共关系的特征

(1)公共关系的核心是塑造良好的旅游企业形象

在社会公众中树立高度的声誉，良好的形象，得到社会公众的理解、信任、支持与合作是任何一个企业要得到长远发展的首要条件，旅游企业的公共关系活动就是要为之带来协调的人际关系、最佳的社会舆论以及和谐的发展环境。

(2)公共关系的价值取向是企业自身利益与社会整体利益的统一

旅游企业在从事经营活动时必须要承担社会责任，从全社会的利益出发，参与社会生活方式的设计，保持社会生态环境的完善，在整个社会的稳定发展中谋求自身的利益和发展。

(3) 公共关系的手段是信息的双向交流

企业的公共关系活动必须充分运用各种大众传播媒体，一方面从各种社会舆论中分析和调整自身的行为；另一方面通过信息输出，让社会公众认识自己、了解自己，从而获得其信任与支持。

(4) 公共关系是一种长期的、间接的促销活动

塑造一个良好的旅游企业形象，需要坚持不懈，进行长期的努力，关注社会环境的变化，及时调整公共关系策略，使之与社会的长期发展同步。此外，公共关系活动虽不能直接促进产品的销售，但是可以通过建立良好的形象与信任，扩大旅游企业的知名度，从而间接地扩大产品的销售。

2. 公共关系的主要形式

(1) 选择多种大众传播媒体，反复宣传旅游企业的优良形象

主要通过广播、电视、报纸、杂志以及专家、学者、名人传递旅游企业的经营宗旨、方针、策略的信息，传播旅游企业和其所提供的服务的优势，展示旅游企业的风采。旅游业的公关活动得以发展的一个原因是它的可信度。大多数类型的宣传被消费者视为来自第三方的信息。例如，在报纸中开辟一个有关某旅游目的地的专栏给人以客观、公正和可信的印象；某美食家推荐的一个餐馆比广告有更大的影响力。新闻报道和新闻发布会是比较常用的两个工具。

(2) 举办各种会议或社交活动

召开座谈会、答谢会、联欢会，密切同社会各界知名人士和代表的友好关系，介绍本企业的发展变化，以建立广泛的社会联络，以及双方的信任与合作。与新闻发布会相比，这类活动的氛围不仅仅是传播信息，更有助于加强旅游企业同新闻媒体之间的关系。

(3) 通过各种特别事件开展公关活动

①新产品宣传报道。旅游企业在把新产品推向市场之前，可以通过新闻媒体发布新产品的信息及进行各种宣传活动。

②庆典或开业。一个新的旅游企业开张或一家重要的新景点开业，或者是旅游企业举办一些特别具有纪念意义的活动时是进行一次公关活动的典型良机。他们可以邀请有影响的名人来剪彩和参加活动，并邀请一些新闻媒体参加，力图通过新闻媒体的宣传报道，提升企业形象，加深公众印象。

③节事活动。旅游企业或目的地为了提高自身的知名度并在公众中树立良好的品牌形象，往往针对媒体、嘉宾和公众策划一些节事。这些活动有明确的主题但没有固定的形式，多以娱乐性、消遣性为特征。如举办圣诞嘉年华会、邀请名人做代言人、放映旅游电影、组织音乐剧演出以及举办美食节、啤酒节等都属于专题旅游公关活动，可能成为地方媒体和公众关注的焦点。

④参与公益活动。注重社会效益的企业总是容易赢得公众的好感。旅游企业可以利用参加社会性、公益性、赞助性公关活动，支持社会公益事业，扩大其社会影响，提高企业信誉，赢得社会公众的了解、支持、赞扬和爱护，为旅游企业树立良好的社会形象。

⑤听取和处理公众意见。旅游企业应当积极收集公众对自身所提供的产品及服务等的

意见和建议，及时将改进后的情况告知公众，并予以感谢。这样既能满足公众要求，发扬诚实作风，又可使顾客心满意足，密切顾客与公众之间的关系。

⑥消费者教育。对旅游企业和旅游产品及其相关的延伸领域，消费者不可能有足够深入的了解，而这些又是他们所愿意知道的。因此旅游企业可以通过举办一些专门培训和宣讲教育活动，来帮助消费者了解更多的消费知识和旅游常识，这样可以增加他们对旅游企业的好感，培养他们的忠诚度。

⑦危机处理。旅游企业在经营过程中，往往会遇到由于自然或人为的因素造成的负面影响，如目的地遭遇自然灾害、航班延误、游客食物中毒、客人遭遇盗窃等。公关活动应该在危急时刻发挥作用，以正确的方式说明事实，把负面消息的影响降到最低，之后采取实际行动弥补损失，努力逐步把公众舆论扭转到对企业有利的方向上来。艾里克・伯格曼指出，在危机管理中，我们应该更多地关注管理和沟通问题而不是危机本身。

⑧建立旅游企业内部的公共关系制度。旅游企业应当关心职工的福利，鼓励他们的工作积极性。要开展针对职工家属等公共关系活动，密切与社会各界的联系。

3. 公共关系活动的过程

有效的公共关系是一个过程的结果。这一过程必须与旅游企业的营销策略相结合。为了使公共关系活动能够顺利进行，达到既定目标，通常会遵照以下几个步骤来进行。

(1)调研

这一阶段是进行公关事前调查，其目的是掌握足够的信息，弄清组织所处的环境，确定公共关系的目标和问题。

(2)设置公共关系目标

在进行公关活动之前，只有制定一个明确的目标才能使其顺利进行。对于公共关系来说，最好是为组织的每一类公众都设定具体的目标，这样就可以确保所有的"公众"都能持续地被关注到。例如，一个旅游企业的公共关系目标可能是要提高它在当地社区的形象。尽管将公共关系的目标量化是相当困难的，但最好还是要设置可以测量的公共关系目标。在执行公共关系计划之前和之后都要进行测量。如刚刚提到的例子中，就可能要涉及在公关活动之前和之后，在当地做一些调查来测量该旅游企业在当地社区的形象。

(3)选择公共关系的具体方式

旅游企业在确定了公关的目标后，应根据公关目标的要求，结合市场的具体情况和企业的实际具体设计、制定出公关活动的计划和方案。公关策划人员必须清楚，谁是你想要吸引的受众——你想要传递给他们什么信息？应该使用什么宣传媒介和技巧？

(4)实施公关计划

旅游企业的公关人员在实施公关活动时需要慎重的考虑和细致的头脑，使公关活动顺利有效地进行，并且能够在发生事故及变化时迅速地找到替代的方法或解决的途径。

(5)评价公关效果

由于公关活动是一种长期的、间接的促销活动，因而其活动的效果衡量相当困难。一般来说，可以用来评价的方法有：

①公众调查法。即旅游企业对目标公众采取一定的手段展开调查，从公众的态度、反映来判断公关活动的成效。利用如分发调查表、电话调查等方式了解公众对饭店公关活动的看法、公关活动前后态度的转变、对公关活动是否知晓、有多少目标受众从中受益。

②媒体统计法。即通过统计旅游企业的公关活动在各种媒体中的展露次数，如在电台中播出的时间、报纸或杂志中的版面和发行量等，从而获得接受信息的公众数目，分析和评价公关活动的成果。

(四)旅游人员推销

旅游人员推销是旅游企业所有促销手段中，唯一利用人员所进行的最直接的促销活动，是构成旅游促销策略的重要组成部分。旅游人员推销是最古老的一种促销方式，同时也是现代旅游企业的一种重要的促销手段。旅游人员推销是指旅游企业利用推销人员直接与旅游者接触、洽谈、介绍和宣传旅游产品，以达到促进销售目的的促销方式。

1. 人员推销的特点

(1)传递信息准确、针对性强，能解决顾客的切实问题

人员推销是面对面洽谈业务，推销员可以直接接触顾客，彼此都能立即了解对方的特点和供求信息，使推销员能根据顾客的需求提供服务，帮助客户购买；能够比较快地促成交易；人员推销在赢取顾客信赖方面有特殊优势，它能够更有效地把顾客对旅游产品的需求转化为实际的购买行为，因为人员推销既可以使顾客得到个性化的信息，还可以使销售人员得到及时的反馈信息并采取相应的行动。通过人员推销，旅游企业可以从顾客那里得到明确的许诺和预订，推销员有机会把旅游产品和服务卖给愿意购买它的顾客，有助于交易的完成。

(2)树立良好的形象

推销员利用自己留给客户的良好印象，有助于旅游企业与外界保持良好关系，与客户建立长期稳定的联系。最为重要的是，可以随时回答顾客的提问，有机会纠正顾客对本旅游企业产品和服务的偏见，改善其印象。所以，它既有利于巩固老客户，也有利于开拓新市场。当然，人员推销也存在一些不足之处。首先，推销人员不可能遍布整个市场，推销范围也不可能太大，往往只能作选择性和试点性的推销；其次，人员推销的单位费用一般比较高，因此，选择适当的人员推销对象，从而最大限度地提高人员推销的效率是其中的关键；最后，人员推销对专职推销员的素质要求很高，而高素质的人才又很难得到，也不易培养，如果推销员的素质不理想，又会直接影响推销效果和企业形象。

(3)推销过程的灵活性

推销人员通过与旅游者交谈，能够掌握旅游者的购买心理，因而可以从旅游者感兴趣的角度介绍旅游产品，唤起旅游者的需求。同时还要解答旅游者的疑问，消除旅游者的不满，并抓住有利时机，促成交易。

2. 人员推销的种类

在旅游业中主要有三种方式的人员推销：外部推销、电话推销和营业场所推销。

(1)外部推销

外部推销是发生在旅游企业营业场所之外，由销售人员与目标顾客进行的面对面的直接交流。旅游业的外部推销主要是面向大集团、机构或公司，因为这些组织可能是旅游业的一部分或是直接的大客户。例如，航空公司通过外部推销人员向旅行社销售其产品；旅行社通过推销人员向旅游俱乐部销售；旅游景区和度假村在旅游交易展示后也会使用销售代表拜访潜在客户；旅游目的地营销组织通过外部销售来游说旅游经营商、协会、政府部门和公司参观他们的目的地，或者到目的地召开会议或举办节事。外部推销是一种最昂贵

的人员推销形式，因为它涉及销售人员的薪金和旅行成本，以及为销售的支持性材料(包括幻灯片展示、录像带、宣传册等)所投入的资金。

(2)电话推销

电话推销是指销售人员借助电话与目标顾客进行的直接或间接导向销售的沟通形式，它包括销售人员打电话给目标顾客推销产品，以及销售人员在接到顾客咨询电话后进行推销。电话是确认预期顾客和评定预期顾客的一种有效途径，它被用来收集信息、安排约见、跟踪已承诺的信息并确认预期顾客要求的细节。在某些情况下，特别是在一个旅游企业无力承担大量外部推销的旅行和薪金成本时，它可以代替面对面的外部推销。

(3)营业场所推销

营业场所推销是指旅游企业为提高销售的可靠性和增加顾客平均花费量而在其营业场所进行的推销。例如，在旅行社办公室工作的销售代表、饭店负责接待预订和参观的接待人员、出租车公司设在机场办公室的工作人员等都属于营业场所的推销人员。他们不仅可以按顾客的要求来提供产品或服务，还可以主动为其做出最佳消费建议。

3. 旅游人员推销的任务

(1)传递产品信息

在促销组合中，人员推销可以直接与客源市场的中间人和目标层进行交流，与客户和潜在旅游者进行面对面地交流，详细介绍产品，及时回答询问，容易使旅游者产生亲切感与信任感。在这种时候，推销员较之广告、小册子更能引起注意。

(2)销售产品

推销人员通过与客户的直接接触，向客户介绍和销售产品。作为旅游企业的代表与客户签订交易合同。在一定的权限范围内，可根据客户的意见和要求，调整旅游产品的内容，如旅游线路中的交通安排、食宿条件和旅游活动等。

(3)获取市场信息

在企业里，推销员常被看作是旅游者的代言人，因为他们最了解旅游者喜欢还是不喜欢自家的商品。并且推销员很可能第一个知道市场上又多了一家竞争对手，以及竞争对手有什么新产品、新战略等。这些信息反馈回来，对企业制定调整营销战略、实施计划、实行控制是十分有益的。

(4)提供服务

推销人员要免费向客户和现实与潜在旅游者提供各种服务，包括回答咨询、给予技术协作、提供售后服务等。

(5)开拓市场

推销人员不仅可以与原有的客户保持联系、稳定市场销售，还能寻求新的客户，开拓新的客源市场。

4. 人员推销的基本步骤

(1)寻找和限定潜在顾客

推销工作的第一步是找出潜在顾客。这一点对于外部推销和针对团体市场推销来说更为关键。寻找客户是一个识别与确认的过程。识别是指推销人员搜索顾客的过程，确认则是指筛选出那些有希望成为顾客的重要客户，二者有时是个序列过程，有时又是交叉进行的。要避免那种没有目的的、没有针对性的四处推销。推销人员为了能快速有效地识别并锁定潜在顾客，可利用的一些特殊的方法，如顾客的各种询问、现有客户介绍、社区领袖或有影响的人物、现成的名单、向潜在顾客邮寄促销材料、不速之访(cold call)等。

(2)接触前的准备

无论电话推销还是登门推销，都需要销售人员在事前进行周密的计划和准备。首先，推销人员必须具备产品、顾客和竞争者的丰富的知识；其次，推销人员应当明确访问目的，是证明顾客的资格，还是收集信息，或立即达成交易等；再次，要选择最佳的接触方式和访问时间；最后，推销人员应为此次访问活动制定出一个全面的推销策略。其中最重要的就是设法将旅游企业所能提供的产品与服务有形化，并将这些努力直接与顾客的需求挂钩：该强调什么？如何表现才能产生积极效果？怎样应付异议？本次推销要达到什么目标等等。

(3)接触

这一阶段是指推销人员开始与潜在顾客面对面的交谈。此时推销人员应给对方一个良好印象，并验证在准备阶段所得到的全部情况，并为后面的谈话做好准备。开始的谈话应该是肯定的，例如，“张先生，我是ABC公司的小李，我的公司和我感谢您愿意接见我，我将尽最大努力使您和您的公司感到这次访问是有益的和值得的。”接下来可能是关键问题和积极地倾听以及理解对方的话及需求。

(4)旅游产品的介绍和展示

这是人员推销的中心环节，销售人员通过对旅游产品的介绍和一些展示手段，向顾客强调可以满足他们的需求或解决他们的问题。在介绍过程中，销售人员应该指出旅游产品的特色，劝说顾客购买。然而，仅仅提供信息还远远不够。要在了解顾客需要的基础上，进一步将产品特色解释成可以给顾客带来的利益。如果商务旅行者已经表明不希望在一个拥挤、嘈杂的环境里开会，那么可以提供舒适会议环境的宾馆就会给这些商务旅行者带来利益。在人员推销中，将产品特征转化为顾客利益的能力是极其重要的。帮助顾客理解产品好处的销售代表可以使产品变得有意义，即不同于同类产品，更显个性化，从而使销售更容易成功。

(5)应对异议

在展示的过程中或被要求订货时，顾客几乎总是提出反对的意见。一个有经验的推销人员应当具有与持不同意见的买方洽谈的技巧，随时有准备应对否定意见的适当措辞和论据。推销人员遇到的推销障碍主要有：价格；产品与服务的档次、质量与功能；旅游企业形象；决策压力；推销员的个性问题。有时，推销员与客户之间也会因个性差异而引发不快。作为推销员，应该培养一种能够与各种人打交道的能力。为了使推销获得成功，当然要克服这些障碍。克服这些障碍的简单有效的办法就是“四步走”：倾听、表示理解、解释和达成谅解。在解释过程中包含着对上述所有的障碍的处理，其中的方法有：

①表示同意并加以解释。承认客户所提的问题，但接着要设法说明为什么该问题不算什么问题或根本不成问题。这个过程中一定要举出有说服力的证据。如果客户的事实根据是错误的，那么很容易就纠正过来了，但如果客户怀有成见，那就比较难以改变。

②将障碍转变为商机。有时客户不了解为什么不同企业提供的类似旅游产品存在差异。比如价格，当客人认为你的报价昂贵时，你可以用事实说明你的价格为什么高(比如是高档服务的表现；所提供的设施设备好；旅游线路虽然相同但餐饮和住宿的档次不同、

乘坐的是直达航班；等等）所以，很可能因为解释这个疑问而创造商机。

③推迟对障碍的处理。如果客户一开始就提出了某个问题，比如对价格表示不满，那么，立刻就这个问题进行解释未必是良策。推销员可以跟客户说我们稍后再谈这个问题。因为在客人对产品与服务没有一点概念的情况下去讨价还价，往往是没有用的，甚至会产生消极效果。另外，对客户的问题不要抱有侥幸心理而不予回应。客人是不会忘记自己所关心的问题的。

（6）完成销售

一旦问题得到妥善的解决，预期客户做出购买的意思表示时，就意味着销售进入达成交易的实质性。销售人员应该随时关注顾客的购买信号，如表情、动作、姿态和语言等。销售人员要谨慎地对待顾客的否定回答，把握最后的成交机会，灵活机动，采取有效的措施、技术和方法，帮助消费者做出最后的选择，促成交易，并完成成交手续。

（7）事后跟进

如果推销人员希望确保顾客满意并再次购买，那么“跟进”这一阶段是必不可少的。推销人员应该认真执行订单中所保证的条件，如产品价格和服务质量等。跟踪访问的直接目的在于了解客户是否对自己的购买感到满意，发现可能产生的各种问题，表示推销人员的诚意和关心，以促使顾客再次购买。西方许多成功推销人员奉行的一句口号是“要么纠缠，要么玩完”（follow—porous—up），就是说推销人员应当制订一个客户维持计划，以确保该顾客不会被遗忘或失去。

5. 推销人员的选聘和培训

（1）推销人员的选拔

与其他促销手段相比，在人员推销中，人的因素至关重要，销售人员的素质直接决定着人员推销的效果。因此，成功的推销队伍经营管理的核心是选择有效的销售代表。普通的销售代表与顶尖的销售代表之间的业绩差距是相当大的。一项调查显示，27% 的顶尖销售代表带来超过 50% 的销售额。

推销人员的选拔不仅要在那些没有从事过推销工作的人员中进行，而且也包括对现有推销人员的重新选聘，以淘汰那些不适应旅游推销工作的推销员。在选拔活动之前，旅游企业的高层管理人员应事先明确本企业的推销活动期望招聘到什么样的推销员，这可以通过编制职务说明书来达到这个目标。

对推销员选拔的具体方式和程序，一般可从推销员的举荐、职业介绍所、人才交流中心、学校等多条途径来招聘应征者，通过考试、单独面谈、查阅档案和身体检查等程序来选拔和录用。在选拔中，正式成绩只是一个参考条件，更应注重应试者在实际活动中所表现出的能力，只有把两个方面结合起来，才能选拔出真正优秀的推销人员。

（2）推销人员的培训

旅游企业在完成了推销员的招聘任务后，还要在从事实地推销工作之前，进行一系列必要的培训来提高他们的推销技巧，增强他们的组织观念和战略眼光。培训的时间会由于推销活动的复杂程度和推销员自身素质水平的不同而有所差异。不仅推销员上岗之前要经过一段时间的培训，即使上岗之后也要每隔一定时间进行临时性的短期培训，因为新的技术、产品不断涌现，市场供求关系和营销手段不断变化，旅游企业必然需要调整推销计划或开拓新的市场。这种培训的内容一般应包括旅游企业的状况、旅游产品和服务的特点、客户和竞争者特点、推销员艺术与技巧等。

(3)推销人员的考核

推销人员因工作的流动性较大，独立活动较强，因此建立科学的推销人员考核制度，有利于领导激励他们搞好推销工作，发挥工作积极性。考核的要求包括：

①明确责任，实行定员定额。一般可根据推销人员的推销组织形式规定任务，参考历史资料，结合现状，规定工作指标。其内容包括每个推销人员在一定时间内平均访问次数、每次访问平均所用时间、推销费用、销售定额以及增加新客户数等。

②建立推销员报告制度。这要求推销员对自己所从事的推销活动在一定时间内向本企业写出推销报告。报告内容应包括工作计划执行进度、费用开支、市场情况预测、客户变化、推销经验、存在问题等。有关领导可根据报告考察推销人员的工作业绩，并提出改进工作的意见等。

③适时召开推销员座谈会，听取推销人员的意见与反映。这是检查推销员工作态度、推销绩效、推销行为对饭店形象的影响等的重要途径。

④建立必要的激励制度。激励推销员的方法很多，有物质激励和精神激励。前者如工资晋级、发放奖金以及享受其他福利待遇等；后者则包括口头表扬、文字表扬等。还可以定期召开推销人员会议，以便交流经验，开展竞赛，相互促进，共同提高。

任务四　掌握旅游渠道策略

知识学习

一、旅游产品分销渠道的含义

旅游产品分销渠道是指旅游产品在其使用权转移过程中从生产领域进入消费领域的途径，也就是旅游产品从旅游企业向旅游者转移过程中所经过的各个环节连接起来而形成的通道。旅游产品分销渠道的起点是旅游企业，终点是旅游者，中间环节包括旅游代理商、旅游批发商、旅游零售商、其他中介组织和个人等。

二、旅游产品分销渠道的类型

在旅游市场营销中，由于受旅游市场、旅游企业、旅游中间商以及旅游者等多种因素的影响，旅游产品分销渠道有多种多样的形式。即便是同一种旅游产品，也可以通过不同的分销渠道来销售。一般来说，旅游产品的分销渠道有直接分销渠道和间接分销渠道、短渠道和长渠道、窄渠道和宽渠道等多种类型。

(一)根据旅游产品在流通过程中是否通过中间商划分

根据旅游产品在流通过程中是否通过旅游中间商，可将旅游产品的分销渠道分为直接分销渠道和间接分销渠道。

(1)直接分销渠道

直接分销渠道是指旅游企业在旅游市场营销活动中不通过任何一个旅游中间商，而直接把旅游产品销售给旅游者的分销渠道。如旅游饭店、旅行社直接向旅游者销售旅游产品。通过直接分销渠道，旅游企业直接和旅游者交往，有利于获得旅游者的信息，有助于提高旅游产品的质量，强化旅游企业的形象。直接分销渠道可以划分为三种形式：①旅游者到旅游企业生产现场购买；②旅游者通过各种直接预订方式购买；③旅游者通过旅游企业的自设零售系统购买，直接分销渠道的不足之处是旅游产品的市场拓展不够，而且销售成本高。

(2)间接分销渠道

间接分销渠道是指旅游企业通过旅游中间商把旅游产品销售给旅游者的分销渠道。间接分销渠道是目前最主要的旅游产品分销渠道，利用的旅游中间商越多，旅游产品市场扩展的可能性就越大，但旅游企业对旅游产品销售的控制能力和信息反馈的清晰度也越差，不利于旅游企业通过信息反馈提高旅游产品的质量和改善旅游企业形象。间接分销渠道按中间环节的多少，可以划分为以下三种形式：

①一级分销渠道。一级分销渠道的模式为：旅游企业—旅游零售商—旅游者。即旅游企业向旅游零售商支付佣金，由旅游零售商把旅游产品销售给旅游者。这种分销渠道仅适用于营销批量不大、旅游市场狭窄或旅游产品单一的旅游企业，它有利于旅游企业降低成本、减少开支，从而提高经济效益。

②多级分销渠道。多级分销渠道有两种模式：旅游企业—旅游批发商—旅游零售商—旅游者，这种旅游产品分销渠道中的旅游批发商规模大、技术力量雄厚、分销网点分布广泛，可以把旅游产品销售到更广阔的市场，因此，适用于规模大的旅游企业；旅游企业—旅游代理商—旅游批发商—旅游零售商—旅游者，这种旅游产品分销渠道增加了旅游代理商，代理商的分销能力、控制地域及其忠诚程度直接关系到这种旅游产品分销渠道的效果。这两种旅游产品分销渠道模式在国际旅游中应用得较为广泛。

③多级多层分销渠道。多级多层分销渠道十分繁杂，共分为五个层次、十二个中间环节。第一个层次：旅游企业—旅游代理商—旅游批发商—旅游零售商—旅游者；第二个层次：旅游企业—旅游批发商—旅游零售商—旅游者；第三个层次：旅游企业—旅游批发商—旅游者；第四个层次：旅游企业—旅游零售商—旅游者；第五个层次：旅游企业—旅游者。选择利用这种旅游产品分销渠道，必须注意旅游市场大小及结构分析，最好选用一种或若干种分销渠道组合使用，同时还要注意调整并充实现有的分销渠道，根据需要慎重地选用新的旅游中间商。

(二)根据旅游产品在流通过程中通过中间环节的多少划分

根据旅游产品在流通过程中通过中间环节的多少，可将旅游产品的分销渠道分为短渠道和长渠道。

(1)短渠道

短渠道是指旅游企业在旅游市场营销活动中没有或只通过一个中间环节，就把旅游产品销售给旅游者的分销渠道。如旅游者直接到旅行社购买其提供的某城市一日游，这样的分销渠道就较短。短分销渠道信息传递快，销售及时，旅游企业能有力地控制分销渠道，但旅游企业承担的销售任务也较多，销售范围受到限制，不利于旅游产品的大量销售。

(2)长渠道

长渠道是指旅游企业在旅游市场营销活动中通过两个或两个以上的中间环节，把旅游产品销售给旅游者的分销渠道。如旅游者在其常住地的旅行社购买了去异地的三日游，该旅游产品又是地方旅行社从旅行总社购买来的，而旅行总社又是从旅游企业的旅游代理商处购买的，这样的分销渠道就较长。在长分销渠道中，旅游中间商完成大部分营销职能，但信息传递慢，流通时间长，致使旅游企业难以有力地控制分销渠道。

(三)根据旅游产品中间商数量划分

根据旅游产品在流通过程中分销渠道的每一层次使用相同类型旅游中间商的数量，可将旅游产品的分销渠道划分为窄渠道和宽渠道。

(1)窄渠道

窄渠道是指旅游企业在旅游市场营销活动中，分销渠道的每一层次只使用一个旅游中间商，旅游产品在市场上销售面较窄的分销渠道。窄渠道对旅游企业而言，比较容易控制，但市场的销售面受到限制，因此窄渠道一般适用于专业性较强或费用较高的旅游产品的销售，如穿越塔克拉玛干沙漠旅游、环球旅游等旅游产品。

(2)宽渠道

宽渠道是指旅游企业在旅游市场营销活动中，分销渠道的每一层次使用两个或两个以上相同类型的旅游中间商，旅游产品在市场上销售面较广的分销渠道。一般的、大众化的旅游产品主要通过宽渠道进行销售，即通过多家旅游批发商或代理商批发给更多的旅游零售商去销售，这样企业能大量地接触旅游者，大批地销售旅游产品。如近年来我国日益兴起的赴新加坡、马来西亚、泰国等地的观光旅游产品就是通过许多旅行社共同销售的。

(四)根据旅游产品分销渠道类型划分

根据旅游产品在流通过程中使用旅游产品分销渠道类型的数量，可将旅游产品的分销渠道划分为单渠道和多渠道。

(1)单渠道

单渠道是指旅游企业使用单一的分销渠道，如所有的旅游产品全部由自己直接销售或全部交给旅游批发商销售。一般情况下，旅游企业经营的旅游产品较少或经营能力较弱时，可采用单渠道。

(2)多渠道

多渠道是指旅游企业根据不同的旅游产品或不同的旅游者采用不同的分销渠道，如对本地业务采用直接分销渠道，对外地业务采用间接分销渠道，或同时采用长渠道、短渠道。采用多渠道可扩大旅游产品的覆盖面，能大量地销售旅游产品。

三、旅游产品分销渠道的功能

从经济理论的观点来看，分销渠道的基本职能在于把自然界提供的不同原料根据人类的需要转换成有意义的产品组合。旅游营销渠道对旅游产品从生产者转移到旅游消费者所必须完成的工作加以组织，其目的在于消除旅游产品(或服务)与使用者之间的分离，解决旅游产品价值的交付问题，具体功能如下。

1. 便于交易功能

旅游营销渠道为旅游消费者和旅游企业双方都提供了极大的便利。从旅游消费者的角度看，旅游企业通过形式多样的营销渠道把旅游产品带到旅游消费者面前，从而为旅游消费者节省了大量购买时间和精力；对旅游企业而言，由于旅游中间商的存在，旅游企业也能节省大量人力、物力。

2. 沟通反馈信息功能

一方面，营销渠道中的中介机构负责与顾客沟通，可以及时地将旅游产品和服务的相关信息提供给旅游消费者，从而刺激旅游消费者的购买欲望；另一方面，又可以利用自己与旅游消费者的直接联系，将有关竞争者、新产品、市场需求和价格的变化等方面的信息及时反馈给旅游产品的生产者，帮助其对市场变化做出反应，提供适销对路的旅游产品和服务。

3. 组织加工功能

任何一个旅游企业均不能满足旅游消费者在完整的旅游活动中对所需的吃、住、行、游、购、娱等环节的各种旅游产品的需求，只能通过旅游分销渠道把各种旅游产品组合在一起，成为配套的旅游产品，即包价旅游线路。组合旅游产品主要通过旅游中间商完成。因此，旅游中间商运用自身与多家旅游企业的广泛联系，具有强大的旅游产品组合、加工能力。

4. 促销功能

旅游营销渠道的中介机构利用其全面的市场营销能力以及市场影响力等专业优势，帮助旅游企业进行广告宣传、咨询服务等促销活动，来激发旅游消费者的购买欲望，促进市场需求的形成，从而使旅游企业的产品销售达到企业自身所不可能达到的广度和深度，大大提高产品的销售量。

5. 分散风险功能

在销售的整个过程中，由于中介机构的介入，原应由旅游企业所承担的风险可以分散到渠道的各个成员中去，从而使销售的风险通过渠道成员的调整和经营而得以减缓。如旅游经销商通过预订旅游产品，减少了旅游产品未能及时销售带来的损失，同时也有责任承担一部分在销售过程中可能出现的损失所带来的风险。

四、旅游营销渠道的特征

良好的旅游产品销售渠道系统应具有以下特征：

1. 连续性

旅游企业所选择的旅游销售渠道应能够保证旅游产品连续不断地从生产领域，经流通领域，最终进入消费领域。在此期间，旅游经销商应尽可能避免脱节、阻塞和不必要的停滞等现象，否则，不仅中间商要发生损失，旅游企业也会失去良机甚至信誉。连续性明显是良好旅游产品销售渠道的首要特征。例如，在我国连续的几次“五一”“十一”假日旅游中出现的由于组团社与地接社承诺的严重脱节而引发的高投诉现象，不仅损害了旅游者的切身利益，而且使旅游市场受到了重创，部分旅游企业的信誉严重受损。

2. 辐射性

旅游销售渠道的辐射性直接影响着旅游企业产品的市场覆盖面和渗透程度。旅游企业选择中间商的多少，以及中间商的辐射和经营能力都将影响旅游企业产品的市场覆盖面的大小和市场渗透力的强弱。旅游中间商多且有次级中间商支持，旅游企业的市场机会就会明显增加。但由于旅游企业的性质不同、规模不一、营销目标不同等，使得即便是同一种旅游产品，对市场的覆盖率也不完全一样。

3. 配套性

旅游产品的组合性，要求旅游销售渠道同时兼有营销活动所需要的各种配套功能。旅游中间商除具有买卖交易能力外，还应具有促销、运输、开发市场等配套功能，这样才能保证旅游产品顺利地完成由生产领域、流通领域向消费领域的转移，才能更有针对性地满足多种旅游消费者的需要，实现旅游企业的营销目标。

4. 经济效益性

旅游企业在选择、确定销售渠道时，应当尽可能以较少的耗费获得较高的收益，实现理想的经济效益。具有良好经济效益状态的旅游营销渠道，应该能够降低旅游产品的流通和营销费用。这要求旅游企业应当谨慎选择适量的中间环节和中间商为交易对象，以便加快企业资金周转次数，提高资金的周转效率，追求旅游营销渠道综合效益的最优化。

五、影响旅游产品分销渠道选择的因素

旅游企业选择旅游产品分销渠道，会受到许多因素的影响和制约，旅游企业在对可供选择的分销渠道进行评估和决策时，就必须充分考虑这些影响因素。一般情况下，影响旅游产品分销渠道选择的因素有旅游产品、旅游市场、旅游企业自身状况和宏观环境。

1. 旅游产品

旅游产品是旅游企业进行分销渠道选择时应首先考虑的因素。旅游产品的性质、种类、档次等因素直接影响和制约着旅游产品分销渠道的选择。一般情况下，旅游景点、餐馆、商务性饭店、汽车旅馆、旅游汽车公司等旅游企业主要采用直接分销渠道销售自己的旅游产品；而游船、机场旅馆、度假饭店、包机公司以及经营国际旅游业务的旅游企业往往采用间接分销渠道作为旅游产品的主要分销渠道。对于高档的旅游产品，因其价格昂贵、旅游者少且多为回头客，因而这类旅游产品往往采用直接分销渠道进行销售，如探险旅行社经营的旅游产品就是如此；而较低档次的大众化的旅游产品，由于市场面较广、旅游者多，采用间接分销渠道更易于在较大的市场空间内吸引和争取广大的旅游者。

2. 旅游市场

旅游市场中影响旅游产品分销渠道选择的最主要的因素有旅游者、旅游中间商和竞争者。

(1)旅游者

旅游者对选择旅游产品分销渠道的影响首先表现为需要某种旅游产品的旅游者的数量。若旅游者的数量多，市场规模大，分销渠道就应当“长”且“宽”，如中国的长城、秦始皇兵马俑是令人叹为观止的世界奇迹，对全世界的旅游者都有吸引力，因而分销渠道就应当“长”且“宽”；若旅游者的数量少，市场规模小，分销渠道就应当“短”且“窄”，如探险旅游。其次，旅游者的地域分布也会影响分销渠道的选择。若旅游者分布比较集中，分销渠道就应当短一些、直接一些；若旅游者分散，分销渠道就应当长一些、宽一些。此外，旅游者的消费习惯对于分销渠道的选择也会产生影响。如果旅游者购买频率高，交易工作量就会相应地加大，旅游企业就应当利用一些旅游中间商开展销售活动，分销渠道就应当长一些；如果旅游者购买频率低，每次的购买量大，旅游企业就应当少利用一些旅游

中间商开展销售活动，分销渠道就应当短一些。

(2) 旅游中间商

旅游中间商的性质、功能及其对旅游产品的销售服务也会影响旅游产品分销渠道的选择，具有高水平服务和设备的旅游中间商适合销售高品质的旅游产品。如果旅游零售商的实力较强、经营规模较大，旅游企业可以直接通过旅游零售商销售产品，反之，旅游企业就只能通过旅游批发商销售其旅游产品。

(3) 竞争者

旅游产品分销渠道的选择还受到竞争者使用的分销渠道的影响。旅游企业一方面可以利用竞争者已经成功使用的分销渠道，加以模仿，在同一分销渠道与竞争者进行竞争；另一方面，也可以避开竞争者已使用的分销渠道，开辟新的分销渠道，以便争取更大的获利空间。

3. 旅游企业自身状况

旅游产品分销渠道的选择还必须考虑旅游企业的自身状况，这包括旅游企业的经营实力和管理能力。

旅游企业的经营实力随着旅游企业规模的扩大、资金实力的雄厚，市场控制能力就会增强，愿意与该企业合作的旅游中间商就会增多，旅游企业选择分销渠道的灵活性就增大；反之，旅游企业在选择分销渠道时就会受到限制。另外，旅游企业的形象和社会信誉越好，就越有可能挑选和利用各种有利的分销渠道。

旅游企业的管理能力。如果旅游企业对旅游产品市场营销活动的管理能力较强，就可以自行组织分销系统；如果旅游企业缺乏营销管理方面的经验，就只能依靠旅游中间商来开展营销活动。

4. 宏观环境

旅游企业对旅游产品分销渠道的选择还受到旅游宏观环境的影响。我国实行改革开放以来，旅游市场快速发展，旅游产品的分销渠道大大拓宽，极大地促进了旅游产品的市场营销活动的开展。当然，旅游市场营销还要受到国家法律、法规及政策的限制和约束，旅游企业只能在国家所允许的范围内选择分销渠道，如为了保证旅游市场的正常秩序，国家规定国内旅行社不能到海外组织客源，只有国际旅行社才有此权利，所以国际旅行社可在境外销售产品，借助境外的中间商，采取较长的分销渠道。旅游市场的规模与经济状况密切相关，在经济繁荣的情况下，旅游客源市场就会扩大。因此，旅游企业应根据经济发展形势和旅游客源市场变化，灵活地调整分销渠道。另外，自然环境对旅游产品分销渠道的选择也有很大影响，这主要表现在地理条件方面，若旅游产品地处交通便利的地区，开展直接分销的可能性就较大；若旅游产品地处偏远的地区，则只能采取较长的分销渠道。

六、旅游中间商的选择

1. 旅游中间商的含义

旅游中间商是指在旅游生产者和旅游者之间专门从事旅游产品营销的各种中介组织和个人。旅游企业如果采用间接营销渠道，旅游中间商的选择就十分必要。旅游产品从旅游企业转移到旅游消费者的过程中，旅游中间商发挥了重要的作用。旅游中间商一方面可以使旅游企业将旅游产品信息，在恰当的时间和地点传递给相关的目标细分市场；另一方面也可以为旅游产品消费者提供方便的购买地点和便利的服务。旅游中间商一般处于旅游产品消费者密集的客源地，拥有自己的目标群体。旅游中间商拥有一批有经验、懂业务、了解市场、掌握旅游者心理的专门人才。所以旅游中间商有助于加快旅游产品的流通，提高旅游产品的销售，从而可提升旅游产品生产者和供应者经济效益；旅游中间商也有利于旅游产品供求双方之间的信息交流，促使供求关系尽可能趋于平衡。

2. 旅游中间商的类型

在旅游市场营销中，旅游中间商一般从中间商的业务性质和中间商是否拥有旅游产品所有权两个标准来划分。

(1)根据旅游中间商的业务性质可将其分为旅游批发商和旅游零售商

旅游批发商是指从旅游产品生产者那里大批量购买单项旅游产品，经过包装组合，再通过旅游零售商销售组装好的旅游产品的旅游中间商。在组合包价旅游产品的过程中，旅游批发商首先要从航空公司、旅游景点、饭店等旅游企业手中购买一定数量的机票、景点门票和饭店客房等，并享受批量折扣，然后组织多种价格、时间和旅游目的的包价旅游产品，并将其批发给零售商。从这个意义上来说，旅游批发商也是旅游经销商。

旅游零售商是指直接向旅游产品消费者出售各种形式的最终旅游产品的旅游中间商。旅游零售商的经营业务可以是向旅游者提供广泛和正确的旅游咨询服务，或者安排各种专项旅游。也可以是代理航空公司、旅游景点、饭店等销售其机票、门票、床位等单项旅游产品。如果旅游零售商的收入来自被代理企业支付的佣金，则这类旅游零售商即是旅游代理商。如果其收入来自买卖旅游产品的差额，那么这类旅游零售商也是经销商。

旅游零售商与旅游批发商的最大区别在于旅游零售商直接面对旅游者从事销售业务，而旅游批发商则是直接面对零售商，不接触旅游者。

(2)根据旅游中间商是否拥有旅游产品所有权可将其分为旅游经销商和旅游代理商

旅游经销商是通过购买或预付定金的方式批量订购旅游产品，再直接转售或将旅游产品加工之后再销售出去的中间商。旅游经销商在购买之后对旅游产品拥有所有权，独立享受和承担产品再转卖过程的所有利益和风险。旅游经销商的利润来自旅游产品销售过程中买入价和卖出价之间的差额。在旅游市场中，旅游经销商一般也是旅游批发商。

旅游代理商是指接受旅游产品生产者的委托，在一定区域范围内代理销售其旅游产品的旅游中间商。旅游代理商进行产品代销时，不需要预付定金或购买产品，对产品不具有所有权，其收入仅来自被代理旅游企业按协议支付的佣金。旅游代理商几乎不承担旅游产品销售的市场风险。但是当旅游企业需要在某一地区开拓市场，或客源集中于某一区域而旅游企业又无法直接进行营销活动时，可以借助于代理商的营销资源优势寻求市场机会，扩大销售。在旅游市场中，旅游代理商一般也是旅游零售商。

旅游经销商与旅游代理商的最大区别在于其取得收入的方式不同：旅游代理商是以佣金形式取得的；而经销商是通过旅游商品买卖差价而获得。

3. 旅游中间商的选择标准

不同类型的旅游中间商，其在营销渠道中发挥的优势各不相同，旅游企业要选择那些符合本企业经营目标、营销战略、产品营销渠道特点的中间商。一般旅游企业选择中间商重点从以下几个方面考虑。

①目标市场与经营范围。主要考虑旅游中间商目前的旅游消费主体是否与旅游企业的

目标顾客及旅游企业准备进入的细分市场相一致，旅游中间商主要经营的产品类型是否有竞争者的产品，其与本企业产品之间的质量与价格差异如何。

②旅游中间商的资源状况。主要是指旅游中间商的人力、财力、物力等方面的资源条件。人力包括中间商从业人员的数量、素质水平、业务经验、服务质量等；财力主要考查中间商的资产负债情况、资金周转能力、资金筹措能力、债务履约情况等；物力则主要考虑中间商是否具备旅游企业的产品所必需的设备、设施。旅游中间商的资源条件也包括旅游中间商的经营场所所在位置，理想的中间商其所处的位置应该是方便旅游者购买、方便向旅游零售商供货。

③企业形象。主要是考察中间商的声望、信誉、知名度。可以通过银行、中间商的服务对象及其现在和过去的主要合作者了解其诚信经营的程度。旅游企业要积极争取和那些有声望，信誉度高的中间商进行合作。

④营销能力与专业能力。除了考察其自然条件外，还要考察中间商是否有丰富的营销经验，是否有与旅游产品相关的专业知识。企业要选择那些有较多的销售网点，销售能力、沟通交往能力强，能懂得与旅游产品相关的专业知识的中间商。尤其对那些采用独家经销渠道的旅游企业，对中间商的专业水平要求更高。

⑤经营机制和管理水平。有先进的经营理念和科学的管理方式，高效的组织结构的旅游中间商更能适用于市场环境的变化，有利于旅游产品营销渠道的稳定性。所以旅游企业选择中间商时也考虑中间商的管理水平和经营机制。

⑥合作意愿。旅游企业应该选择那些主观上愿意，并愿意花费专门的人、财、物完成旅游企业产品销售的中间商。

另外选择中间商还要考虑整个营销渠道的经济效益、抗风险能力、应变能力等。

虽然上述列出了选择中间商需要考虑的各个方面的因素，但是每个方面都符合要求的中间商是很少的。另外，旅游企业选择中间商的同时，中间商也在选择旅游企业，二者是建立在自愿、互惠互利的基础上的，是一种双向选择，所以只要中间商的主要标准符合要求就可以。企业可以通过自己的优势进行弥补中间商的不足。

4. 旅游中间商的激励与评价

旅游企业不仅要选择中间商，还要经常激励中间商使之尽职。旅游中间商与旅游生产企业一样，是独立的组织，拥有自己的经济利益，在旅游市场营销渠道中，他们是一种合作关系，双方有时不可避免地会因为利益冲突而产生矛盾，旅游企业为了实现本企业的营销目标，保证营销渠道稳定高效的运行，就必须采取各种激励措施充分调动旅游中间商的工作积极性。为了保持与中间商持续稳定的合作关系，旅游企业不能仅从考虑自己的角度出发，也需要站在旅游中间商的立场上去看问题，解决问题。为此，旅游企业在激励中间商的工作中可以采取以下措施。

尽可能地为旅游中间商创造各种便利条件。如提供适销对路的旅游产品，提供市场信息，进行各种高水平的产品促销活动，联合宣传与推销，协助中间商开展各种经营活动，必要时给予中间商资金支持，提供优惠的付款方式，协助旅游中间商进行营销策划等。

维护中间商的尊严，保证中间商的利益。旅游企业一定要明确旅游中间商不是本企业的“受雇”者，要激励中间商，首先要尊重中间商的独立性，维护中间商的尊严。旅游中间商经营的根本目的是为了赢利，旅游企业要信守对中间商的种种承诺，严格按协议或对中间商的各种优惠政策办事，减少中间商的风险损失。

采取灵活多样的激励措施。如对于业绩好的中间商可适当提高毛利率，放宽信用条件，减收或免收预定金，组织奖励旅游，考察旅游，邀请中间商旅游，开展中间商销售竞赛，评选最佳中间商，颁发奖品等，旅游企业制定的奖励措施，要从物质奖励和精神奖励两方面考虑。

加强与旅游中间商的沟通。旅游中间商是旅游企业与旅游产品消费者之间的桥梁，旅游企业要经常和中间商进行业务联系，了解旅游产品消费者对旅游产品的满意度，了解其产品销售进度，听取中间商的意见、建议，及时解决出现的各种问题，共同协调改进营销工作。

建立长期合作的伙伴关系。旅游企业与旅游中间商的合作一开始都是比较松散的，旅游企业要创造条件升华与中间商的关系，变成紧密型的合作关系，使利益目标一致，旅游企业可以实行专业化的垂直渠道系统，使旅游企业与中间商的需求紧密结合起来，达到各自独立时所不能达到的效果。

旅游企业除了对中间商进行有效地选择和激励外，还需要定期评估旅游中间商的工作绩效。对于绩效过分低于既定标准的中间商，则需要找出原因，同时考虑可能的补救办法，必要时改变现有的营销渠道，剔除绩效差的中间商，以保证渠道的效能。对中间商的考评指标主要有销售定额的完成情况；市场覆盖率；向顾客的交货时间；对企业促销与培训计划的合作程度；对顾客的服务水平等。

七、旅游产品分销渠道选择策略

旅游企业在确定了渠道成员的销售水平及中间商的分工后，接下来的工作就是设计具体的营销渠道。它包括两方面的内容，即渠道长度选择和渠道宽度选择。

1. 营销渠道长度选择

旅游销售渠道长度是指旅游产品从旅游生产者到旅游消费者的路径中所经历的中间环节的多少，经历的中间环节越多，销售渠道越长。只有一个中间环节的渠道，称为短渠道。具有两个或两个以上中间环节的渠道，称为长渠道。

(1)短渠道策略

短渠道策略具有以下优点：由于中间环节少，减少了营销费用，旅游消费者有可能购买到较低价格的旅游产品；加快了旅游企业与消费者之间的信息沟通，可以有效地避免信息的误传、失真等情况的发生；由于渠道短，旅游企业能够较为有效地控制整个渠道的运作。短渠道策略的缺点是：不利于旅游产品的推广和市场营销工作的全面开展；旅游企业对中间商的依赖程度高，一旦旅游企业与中间商产生矛盾，销售渠道将被阻塞。

(2)长渠道策略

在销售渠道中有两个以上的中间商，并在同一环节启用多家同类中间商。长渠道策略具有以下优点：有利于旅游企业建立纵横交错的销售渠道网络系统，并借助于该网络系统大量吸引客源；可以迅速双向传递信息，提高企业经营决策的可靠性和对市场行情变化的灵敏性。其不足之处是：中间环节多，旅游产品直接报价高，降低了市场竞争力；由于将部分或全部旅游产品的权利让给旅游中间商，旅游企业将丧失部分对目标市场的控制权和利润；在买方市场条件下，旅游中间商的谈判能力得到加强，导致旅游企业潜在利润的流失；而旅游中间商有其自身独立的经济利益，一旦他们认为无利可图，必将丧失推销的积极性。

一般来说，在实际的营销活动中，旅游企业会同时采用这两种营销渠道。因为，一方面，对近距离市场，企业自身营销能力可以达到，则多用直接渠道；另一方面，绝大多数旅游产品的目标市场都比较庞杂、分散，且有生产与消费异地的特点，因此，仅凭企业自身的营销力量很难建立起足够的营销网点，而借助各种类型中间商的力量，可以使营销活动的辐射空间更为广阔。

2. 营销渠道宽度选择

营销渠道的长度设定之后，旅游企业还应对每个环节中间商的数量，即渠道覆盖能力进行选择，一般有密集型营销、独家营销和选择型营销三种策略。

(1) 密集型营销

密集型营销指旅游企业在营销渠道中选取尽可能多的中间商，以扩大与旅游市场的接触面。该策略的优点是：能够广泛渗透目标市场，方便顾客购买，可更多地吸纳客源，从而有利于扩大销售量和提高市场份额。其不足之处是：渠道费用高，控制难度大，为争夺客源易引发渠道冲突。此外，当客源量过大时有可能导致旅游产品供求失去平衡及服务质量下降等问题的发生，从而影响企业乃至旅游目的地国家和地区的信誉。

通常这种策略适用于客源比较分散以及机票、火车票、大众化观光旅游产品的销售。

在主要目标市场采取密集型营销，效果往往更为明显。如许多海外旅游公司常通过中旅、国旅等大型批发商在我国开展促销。另一方面，旅游企业也要充分考虑这种策略的不足之处，如营销控制力弱、信息反馈缓慢等。

(2) 独家营销

独家营销指旅游企业在特定市场上仅选择一家旅游批发商或零售商全面负责销售企业的产品。实施这种策略时，合作双方常需要达成某些限制性条款，即在合同期内，旅游产品生产方不得在旅游产品所在地区内自设销售点或者再委托其他旅游中间商销售其产品；销售方也不得代理销售生产者竞争对手的同类产品。因产销双方利益紧密联系在一起，故利于沟通协调，易于调动中间商的积极性，成本亦比较低。但是若中间商选择不当或中间商信用等发生危机，其销售乏力，都可能引发巨大的市场风险。通常这种策略适用于客源量少以及品牌知名度和美誉度高的豪华型或某些特种旅游产品的销售；也适用于客源量大且合作的旅游中间商自己有较完备的零售系统的情况。

这种营销渠道决策有助于调动中间商的积极性，而且企业对中间商的控制能力较强，在价格、促销、信用和服务等方面也更便于双方合作，其缺点是灵活性较小，不利于大众消费者分散购买。

(3) 选择型营销

选择型营销指旅游企业只选择那些素质高、营销能力强的中间商销售其产品。该策略取上述两种策略之长而避其短，有利于企业将主要力量放在主要目标市场上，既利于渠道控制及降低渠道费用，又利于扩大销量，因而得到最广泛应用。选择销售渠道策略适用于各种旅游产品的销售。

这种策略一般更适用于档次高、专业性强的旅游产品，因为它要求中间商有较强的销售能力，并具备相应的专业知识，能给消费者提供具有针对性的服务。选择型营销有助于旅游企业树立鲜明的整体形象，提高知名度和美誉度。

复习思考题

1. 简答旅游产品、旅游产品价格、旅游促销、旅游分销渠道的含义。
2. 简答旅游产品的特点和构成要素。
3. 简述旅游产品的生命周期及各周期的营销策略。
4. 简述旅游新产品开发的程序。
5. 简答旅游产品定价的影响因素和方法。
6. 简答旅游促销组合的因素和手段。
7. 简述影响旅游产品分销渠道选择的因素。
8. 如何正确选择中间商？

项目实训

一、实训任务

研发设计旅游新产品并进行定价、促销、选择营销渠道。

二、实训准备

实训所需物品；

旅游交通地图册；

人员分组，预习旅游市场营销组合策略的相关知识。

三、实训步骤

1. 独立设计开发某旅游市场旅游新产品。
2. 为旅游新产品定价。
3. 独立促销旅游新产品。
4. 为旅游新产品选择旅游营销渠道。
5. 作出实训报告。

模块三

提升篇

项目七　掌握旅游景区营销

☞ 知识目标　1. 掌握旅游景区的含义
2. 掌握旅游景区的类型
3. 熟知影响旅游景区营销的因素
4. 掌握旅游景区营销原则

☞ 技能目标　1. 能应用景区营销战略策划具体营销方案
2. 能应用景区营销战术对具体产品进行市场营销
3. 能设计旅游景区市场营销组合策略

成功案例展示

新西兰《指环王》奇迹

10年前，新西兰南部是一片风景壮丽，景色优美，但是人烟稀少的地方。2003年12月1日，新西兰首都惠灵顿万人空巷。由美国新线电影公司投资拍摄的电影《指环王》三部曲之第三部《国王归来》在这里举行全球首映。这不仅是第一次好莱坞影片在新西兰举行全球首映，而且首映规模也创造了历史纪录：参加人数达10万人。一位专程从其他城市赶到惠灵顿的影迷说："这部影片将是新西兰电影史上的唯一，是所有新西兰人的骄傲。"

这部典型的好莱坞风格影片无形中令远离美国的南太平洋国家新西兰获得了神奇的力量。如今只要提起《指环王》，世界各地的观众都能轻易地联想到新西兰，因为电影中神话般的"中土世界"，正是取自新西兰南部一片风景壮丽、人烟稀少的地方。

《指环王》三部曲在无形之中，成就了一个经典的旅游品牌，新西兰的旅游业也因此有了一个鲜明的主题。

1. 旅游品牌定位：魔戒之国；

2. 旅游主题开发：在原有新西兰旅游的基础上，重新包装推出探访新西兰南北岛各大新奇景点的"魔戒"主题游。

新西兰国家旅游局最近发表的一项调查显示，每十个到新西兰旅游的外国游客中，就有一个声称是被《指环王》吸引来的，并且，这股热潮短期内不会停止。

由此，利用强大的影视资源，展开营销传播活动，对剧中的自然风光与人文特色展开具有特色品牌打造，资源开发，成为了可能。

1.《指环王》对新西兰南部旅游地的整合营销传播；

2.《指环王》赋予了新西兰南部旅游鲜明的品牌价值、文化内涵。

影视、比赛等文化娱乐活动会让观众感同身受，从而产生身临其境的期望——旅游成了满足这种期望的最好方式。所以，结合热门的文娱活动进行深度旅游和特色旅游线路的开发，将会成为旅行社开发新品的趋势之一，也将越来越广泛的被消费者认同和接受。

清华大学总裁班网络营销专家刘东明认为，新西兰其实可以借力指环王更全方位的传播，参考韩国影视剧与旅游的深度合作以及服饰、餐饮、影视周边产品联动的模式。刘东明老师还强调尤其需要学会使用互联网媒体传播。互联网已经超过了“报纸”“杂志”“电视”等传统媒体，成为公众获取旅游信息的最重要的渠道，是旅游信息传播的第一媒体。

（资料来源：微信平台 鸿景旅游）

思考：《指环王》的拍摄对新西兰旅游起到了哪些推动作用?

任务一　分析旅游景区营销概述

【案例导入】

全世界最好的工作

Sapient 公司是澳大利亚昆士兰州旅游局长期合作伙伴，每年都承担许多昆士兰旅游推广项目。2008 年初，公司接到推广大堡礁岛屿旅游项目时，有点为难。“全世界最好的工作”的设计师、Sapient 公司澳大利亚全国管理总监——迈克尔·布拉纳觉得需要一个能迅速吸引人们注意和打动消费者内心的全新策略方案。Sapient 的团队决定从消费者心理入手。“而成为一个当地居民，是体验文化的最好方式。”布拉纳强调。

布拉纳团队总结出一句话的营销策略：“感受大堡礁，生活在这里。”

2009 年初，正值金融风暴席卷全球，企业大量裁员、失业率居高不下，人心惶惶。所以，谁能够拥有一份稳定、高薪的工作，绝对是一件令人羡慕的事情。基于以上两点考虑，布拉纳团队的想法有了一次飞跃：让人们想象，能生活在大堡礁——不仅仅是旅游，而是拥有一份每小时 1400 澳元超高待遇的工作，而且工作环境又惬意，工作内容又轻松。“这该会有多么大的吸引力啊！谁能不为这份工作心动呢?”

当这些想法成熟后，布拉纳团队开始为世人讲述这样一个美丽的故事：在北半球一片阴沉和寒冷的时候，这里的热带岛屿阳光明媚，有一份惬意的工作正等着你。是的，这是“全世界最好的工作”。招聘的流程很漫长，这是布拉纳团队特意设计的，因为这样，世界各大媒体就会有充分的时间持续报道。广告投放也非常简单。他们仅在澳大利亚旅游主要客源国，如美国、欧盟、新西兰、新加坡、马来西亚、印度、中国、日本和韩国等，发放一些分类职位广告、职位列表和小型的横幅，引导人们登录网站。另外，布拉纳的团队还利用网络的交互性，比如 YouTube、Twitter、社交网站等，使活动影响力不断延伸。经过一年的运作，“全世界最好的工作”的受众达到 30 亿，几乎占了全球总人口的一半；收到来自202个国家(和地区)近3.5万份申请视频。全球每个国家(或地区)都至少有一人发了申请；招聘网站的点击量超过800万，平均停留时间是8.25分钟；谷歌搜索词条"世界上最好的工作+岛"，可搜到4万多条新闻链接和23万多个博客页面。

招聘活动结束的当天，昆士兰州州长安娜·布莱由衷地赞叹道："'全世界最好的工作'不仅是一段令人赞叹的旅程，也是史上最成功的旅游营销战略！"

（资料来源：微信平台 鸿景旅游）

思考：该案例在对景区营销中，应用了哪些营销策略？

一、旅游景区的含义

旅游景区作为一种特殊的自然—社会经济—文化地域空间的载体，通过向旅游者提供层次丰富、形式多样的各类旅游产品和服务，以满足人们观光体验、度假休闲、健身娱乐、科考科普、探险寻访、文化修学等多层次的精神需求。在我国，旅游景区指"经县级以上(含县级)行政管理部门批准，有统一管理机构，范围明确，具有欣赏、文化或科学价值，自然景观、人文景观或活动旅游景点比较集中，并提供相应旅游服务设施或产品的独立单位"。

二、旅游景区的类型

旅游景区的类型很多。根据不同的标准，可以划分出不同的类型。根据景区吸引物的不同，可以分为自然旅游景区和人造旅游景区；根据景区产品项目的多少，可以分为单一型旅游景区和复杂型旅游景区。

从市场营销学的角度出发，根据出游者的出游动机和目的的不同，可以把旅游景区归纳为以下三类：

1. 休闲度假型

这一类型的旅游景区具有优质的旅游度假环境，如宜人的气候、温泉、海水、海滩及阳光等，地理条件优越，符合现代旅游需求的发展趋势，以"健身休闲"为理念来组织经营度假休闲、运动健身、娱乐及疗养等旅游产品。例如一些海滨旅游城市大连、秦皇岛及海南等地，空气清新，环境洁净，舒适宜人，是我国理想的旅游休闲度假胜地。

2. 游览观光型

这一类型的旅游景区具有品位突出、风景优美、历史悠久、文化底蕴深厚的自然景观和人文景观的地域组合特征，以开展游览、观光、科学考察等旅游项目为主。例如山东曲阜的"三孔"景区、桂林山水景观等，都吸引了国内外众多的游客前去参观游览。

3. 综合型

这一类型的旅游景区，自然风光、名胜古迹、度假休闲设施都比较突出，地域空间上有机结合，旅游功能系统完善。随着旅游需求差异的不断分化，大众市场需求日益个性化，要求旅游景区必须不断健全景区的各项功能，向着综合型发展。

三、旅游景区营销的内容

旅游景区的市场营销是景区以消费者需求为出发点，有计划地组织各项经营活动，为消费者提供满意的商品或服务而实现景区目标的过程。这里的消费者不仅指广大的旅游者和潜在的旅游者，还包括旅游中间商。

旅游景区主要有以下四个产品营销因素：

（一）旅游景区吸引物

旅游景区吸引物是指景区内标志性的观赏物，它是景区旅游产品中最突出、最具特色的景观部分。旅游从某种角度讲可称作“眼球经济”，游客之所以不远千里，不怕车马劳顿到某地旅游，从根本上讲是受该地旅游资源吸引的结果。吸引物不仅靠自身独有的特质来吸引游客，还要有一个良好的形象和有力的宣传才能取得良好的效果。实际上，也就是在旅游景区原有资源的基础上，给景区旅游产品定位，把景区最有特色、最吸引人的地方突现出来，并进一步打造景区的品牌，进而形成旅游市场的品牌。世界上许多著名的旅游胜地都是以其独特的地貌景观、建筑景观、历史遗迹、民俗风情等来吸引海内外游客前来游览的，如埃及的金字塔、纽约的自由女神、承德的避暑山庄、西安的兵马俑等。

（二）旅游景区活动项目

旅游景区活动项目是指结合景区特色举办的常规性或应时性的供游客欣赏或参与的大中小型群众性盛会或游乐项目。景区活动的内容非常丰富，如观看动物表演、民间习俗再现、各种绝活演艺、游客参与项目等。这些项目不仅是景区旅游产品的一部分，而且还可以作为景区促销活动的内容。旅游景区活动能使游客的感受更有趣味性，使旅游服务的主题更加鲜明、更有吸引力。如秦皇岛市的南戴河国际娱乐中心，既有鸟类表演等观光类节目，又有卡丁车、小火车等游乐项目，尤其是滑沙、滑草等惊险、刺激的特色项目，吸引了大批游客前往。

（三）旅游景区管理与服务

在影响景区产品质量的诸多因素中，人是主导因素，也是最活跃的因素，其影响是通过工作质量表现出来的。景区产品的核心部分是旅游者所追求的经历，这次经历是否满意，是否有价值，是旅游者评判整个旅游活动中旅游产品质量高低的重要依据。而旅游从业人员的工作质量即旅游服务质量是旅游产品中最中心的环节，它不仅贯穿了旅游活动的始终，而且是评价景区旅游产品质量的重要依据。因而，对服务过程中的管理就显得更加重要。旅游景区管理包括两方面：一是对员工的管理；二是对景区的管理。对前者的管理要靠各项规章制度做保证，因此，必须建立健全的管理体制和行之有效的管理监控手段，建立系统的、程序化的奖惩机制。对后者的管理，主要体现在对旅客的服务上。旅游景区的服务可分为前台服务和后台服务，也可分为有人值守服务和无人值守服务，还可分为基本服务和有偿添加等多种服务。不管是哪种服务，都要以最大限度地满足旅客需要为宗旨，让游客高兴而来，满意而归。上述两种管理互相影响，互相渗透。

（四）旅游景区可进入性

可进入性指的是旅游景区交通的通达性，由于很多景区处在交通闭塞的偏远地区，游客进出旅游景区极为不便，甚至成为营销的瓶颈。为使游客安全快捷地到达景区，这就要求有安全完善的交通运输设施，除常规的交通工具之外，还可在景区内增设缆车、索道，既能节省时间、减轻游客疲劳，又可以让游客从一个新的角度观赏风景。

四、影响景区营销的因素

与所有企业一样，旅游景区也是在不断变化着的社会经济环境中运行，在与其他企业、目标游客和社会公众的相互影响中开展营销活动。同时，景区产品是一种不可贮藏、不可转移的特殊产品，这一点决定了旅游景区对可能影响其发展的所有外部环境的敏感性。环境的变化，既可以为景区营销带来市场机会，也可以形成某种威胁。我们分析旅游景区营销环境的目的就是为了寻求营销机会，避免环境风险，以适应外部环境的变化。

旅游景区营销环境是指作用于市场营销活动的外部条件中关联因素的部分集合。营销成败的关键，首先在于旅游企业能否把握市场营销环境的特点及其变化，只有与环境的变化相适应，才能顺利地开展营销活动，并实现预期的各项目标。

（一）宏观环境因素

政治因素。政府的法令条例，特别是有关旅游业的经济立法，对旅游市场需要的形成和实现具有不可忽视的调节作用，而这些法律或规定都是在企业的控制范围之外的，其调整变化将对景区营销活动产生很大影响。如自从我国实行每周五天工作制以来，当地居民大量地参与到地区旅游当中，到市郊或邻近城市的旅游景区做短线旅游。

经济因素。经济因素是影响景区营销的重要因素，它直接关系到市场状况及其变动趋势。本国或本地区的经济衰退会使投资于商业、娱乐业、旅游业的消费大大偏减，居民对景区的游览次数也会呈递减趋势，以致影响景区客源。

文化因素。社会文化因素是指一个国家或地区的民族特征、文化传统、价值观、宗教信仰、教育水平、社会结构、风俗习惯等情况。文化对个人有提醒、制约的力量以及潜移默化的作用，它影响和支配着人们的生活方式、主导需求、消费结构和方针以及人们对旅游的观念态度等，因而景区营销活动必须要与文化相适应。

科学技术因素。科学技术直接影响到景区产品的开发、设计、销售和管理技术，决定了企业在旅游市场上的竞争地位。高科技的娱乐项目已成为旅游活动的吸引物，闻名遐迩的迪斯尼乐园就是集光、声、电等多种先进技术于一体的产物。

（二）微观环境因素

景区产品的成本。这是由产品的生产过程和流通过程所花费的物质消耗和人力资本所形成的，它是产品价值的主要组成部分，是影响景区产品营销的最直接的因素。

景区产品的特色。景区产品与其他产品一样，也存在着极强的替代性问题，在营销过程中，出现同类产品的可能性较大。在同一旅游目的地同类旅游产品并存时，具有特色的景区产品将处于优势地位。

旅游者的需求。事实表明，在所有经济领域，游客的期望值都在不断提高。景区营销要从顾客的角度出发，有针对性地开发旅游产品和拟订营销方案，不断在新、奇、特上下功夫，以吸引不同类型的旅游消费者。

淡旺季的影响。许多以自然资源为主的景区，由于气候等因素的影响，存在着极强的季节波动性，因而也向运营提出了挑战。根据粗略的计算，许多景区以最大容量或需求量运营的时间通常一年中只有 20 天左右，其中的每一天都将接待其全年游客总数的近 1%。因此，在人满为患时，尤其要考虑到景点的环境承载力。一个靠近度假地的景区，如秦皇岛，其年接待量的45%可能会在7、8月内实现。针对这一特点，景区营销的主要职责就在于在有限的高峰期之外创造尽可能多的需求。

与旅行社的沟通。对于景区而言，旅行社是一个稳定的游客来源。旅行社具有双重身份，对于景区而言，它是渠道，是分销商；对于消费者而言，它又是产品制造商。景区是硬环境，相当于硬件产品，旅行社开发的“线路”，相当于软件产品，如何达到最优组合，需要双方的相互配合。

五、旅游景区营销的原则

1. 信息性原则

信息是商贸的眼睛和决策的依据，景区营销策划活动是在掌握大量有效信息的基础上进行的。市场营销信息帮助营销策划人员作出正确的营销策划方案，保证营销策划活动得以正常运行，是创新的来源和变革的基础，占有大量的市场信息是景区营销策划成功的保证。

2. 系统性原则

景区营销策划是一个系统工程，其系统性表现为：一是营销策划工作是景区全部经营活动的一部分，营销策划工作的完成有赖于景区其他部门的支持和合作；二是进行营销策划时要系统地分析诸多因素间的相互影响，并将这些因素中的有利一面最大限度地综合起来加以利用；三是营销策划的最终实施是以营销策略的组合为手段的，营销的最终成功需要一套系统的“组合拳”。

3. 权变性原则

所谓权变性原则就是随机应变，营销策划要及时准确地掌握策划对象、策划资源和策划环境条件的变化状况，随时调整和修正策划方案。营销环境是景区不可控制的因素，景区营销策划及其行动方案必须适应这些变化。权变性原则要求策划者增强动态意识和应变观念，了解对象信息及其变化规律，准确把握变化并对经营策划案进行及时调整。具有营销策划的动态意识和应变观念，了解对象信息及变化规律，准确把握变化并对营销策划案进行及时调整。

4. 可操作性原则

景区营销策划是要用于指导营销活动的，其指导性涉及营销活动中每一个人的工作及与环境关系的处理。不能操作的方案创意没有任何价值。可操作性要求策划者对策划方案进行可行性分析和可操作性实验。

5. 创新性原则

创新性表现为营销策划应有其独特创意和鲜明特色，这不仅要求策划的内容、方案、技术创意新，表现手法也要新。创新是营销策划工作的核心，只有具有特色的营销策划活动才能引人注意，只有给人留下深刻印象，营销活动才容易取得成功。

6. 效益性原则

景区的根本目标是盈利，景区不能实现利润就失去了其存在的价值。作为景区经营管理手段和工具的营销策划、更应体现出效益性原则，因为对营销策划优劣的评价往往是根据景区获利的多少来决定的。

7. 综合考虑原则

现代科学的发展导致各学科的渗透、交叉和相互影响，各学科间的相互作用越来越强，学科本身的某些复杂问题单靠其自身已经无法解决，要求营销策划者不仅要客观地看待周边的问题，还应用普遍联系的、发展变化的以及辩证的观点去看待问题。

任务二 掌握旅游景区营销策略

【案例导入】

荷兰“海平面下的艺术之光”

为更好地推广荷兰深度游产品，继成功推广“探访世界上最美丽的春天”及“海平面下的骑行”大型主题活动后，荷兰旅游局结合凯撒国际旅行社“缤纷荷兰6日体验之旅”产品，与荷兰5家著名旅游机构一起合作推出“海平面下的艺术之光”网络游戏推广活动，目的在于巩固并提高荷兰业者在中国市场中的知名度，促进更多本地业者参与荷兰旅游推广活动，同时吸引更多中国旅游者选择荷兰作为他们的旅游目的地。

将通过网络游戏的形式将荷兰特色展示给参与游戏的消费者，游戏简单、有趣、轻松，内容活泼、丰富。所有参与者都有机会获得丰富的奖品，数量多多，周周惊喜不断；另外，荷兰旅游局还将在活动最后通过抽奖的方式产生“荷兰双人游大奖”，中奖者可以亲身前往荷兰，领略这座海平面下国度的艺术魅力。清华大学总裁班网络营销专家刘东明认为网络时代的营销需要遵循网络营销4I原则，其中首当其冲的是interesting利益原则，网络营销要趣味化，而游戏恰恰是娱乐化程度最大的。旅游美景与游戏融合自然让网民流连忘返。

参观阿姆斯特丹国立博物馆和凡高美术馆作为重点，穿插乌特勒支音乐盒博物馆以增加产品的多样性及参观情趣，使消费者在花费较少费用的条件下，尽可能的享受更多精彩。此产品极具竞争力的市场价格，以及独特鲜明的旅游亮点，自投放市场以来，已经受到许多消费者和业者们的高度关注。

据数据统计显示，自2005—2007年，中国游客到荷兰旅游人数每年都以15%的比例进行增长；在2008年“探访世界上最美丽的春天”主题活动中人数增长相对于2007年一度高达36%，所获得的巨大成功是前所未有的。

（资料来源：微信平台 鸿景旅游）

思考：荷兰旅游局创意性营销策略是否适用于中国旅游景区的营销？为什么？

知识学习

一、景区营销的CS战略

进入20世纪90年代以后，企业竞争达到“白热化”程度，产生了超越CI策略的CS战略。CS 战略是英文 Customer Satisfaction 的缩写，意为消费者满意度。现代旅游景区的 CS 战略理论，是指旅游者在接受有形产品或无形产品后，感到满足的程度。游客的满意度可分为三个层次：

一是物质满意层，指游客在旅游产品核心层的消费过程中所产生的满意度，如游览景区的数量、质量、项目的丰富程度等，这是游客满意度中最基础的层次。

二是精神满意层，指游客对景区所提供的旅游产品形式层和外延层的消费过程中产生的满意度，如景区的环境卫生、导游服务人员的服务态度和服务质量、旅游过程的心情与享受等。

三是社会满意层，指游客对景区企业所提供的旅游产品消费过程中所体验到的社会利益维护程度。

上述三个满意层次是逐层递进关系。在旅游产品这种以服务和精神享受为主的产品消费中，第二层次具有超越一般工业或生活消费品的更重要的意义。

CS 战略可为景区增加无形资产，因为游客满意，重游率也随之提高，故 CS 既是企业促销的有效战略，又是构成企业竞争力的实质内容，而且 CS 战略弥补了景区在 CI 形象策略中过分强调自身形象的不足，使景区的促销活动跳出了企业中心而走向游客中心。

二、旅游景区的绿色营销战略

自然资源和生态环境是旅游景区赖以生存和发展的基础条件，景区可持续发展的前提是区内各种旅游资源必须在生态环境平稳容量之内，有较充分的选择和机动余地以及环境质量的有效保持和稳步改善。

随着旅游业的快速发展，其对环境的污染和对生态的破坏亦日趋严重，旅游资源遭到破坏，旅游环境质量下降，已对旅游经济可持续发展构成严重威胁，所以旅游企业必须把环境保护列入自己的经营活动范围，开展绿色营销。

绿色营销战略是指景区在现代市场营销的基础上，加强环境保护意识，在充分满足游客消费需求、争取适度利润的发展水平的同时，注重自然生态平衡，避免或减少环境污染，保护和节约自然资源，维护人类社会的长远利益，为促进景区与生态的协调发展，为实现景区利益、游客和社会利益以及生态环境利益的统一而对其产品、定价、分销和促销进行策划和实施。由此可以看出，绿色营销是将环境保护视为景区生存与发展的条件和机会的一种新型营销战略。因此，绿色营销战略又被称为环境营销战略。

绿色营销战略的实质是在市场经济条件下将市场营销与环境保护结合起来，使市场营销运行与环境保护得到协调统一的发展，因此，与传统意义下的市场营销并无本质区别。旅游景区实施绿色营销战略的关键是要解决好以下几方面的问题：

树立绿色营销观念。在营销过程中始终坚持绿色理念，充分认识到实施绿色营销是适应环境与发展相协调战略的需要，是追求合理经济效益的需要，是适应人们“环绿回归”热潮、树立良好企业形象的需要。

制定绿色纲领。纲领应明确景区应承担的环保责任、应达到的环保目标、经营活动对环境影响的评价、环境保护应采取的行动以及采取行动的优先领域等内容。

确定绿色容量。景区的绿色容量是指旅游环境容量，亦指旅游承载力，景区绿色容量的大小主要取决于区内自然生态环境对游客数量的承纳能力，当出现旅游超载问题时，应及时采取“分流”策略，调节游客流量。

销售绿色产品。要尽量开发不影响或少影响生态环境的旅游项目，销售在消费过程中不污染环境的绿色物品，抵制销售污染环境的产品。

营造绿色文明。要利用各种宣传媒体，采用多种形式的措施营造保护环境的氛围，倡导绿色文明旅游，以影响广大游客，使他们自觉遵守景区的旅游管理规定，注重维护旅游环境，做“仅留下脚印，带走照片”的绿色文明使者。

实施绿色管理。要建立健全景区旅游环境保护的各项规章制度，建立区内生态环境监测、监督体系，分类别、分层次、分范围地明确环境管理的职责和环境保护的具体要求，并列入岗位目标，以切实加强环境管理与保护工作。

三、旅游景区的体验营销战略

在国外，体验营销是1998年美国战略地平线LLP的两位创始人BJosephPineII和JamesH. Gilmore提出的，他们对体验营销的定义是“从消费者的感官、情感、思考、行动、关联五个方面重新定义、设计营销理念”。

景区体验营销就是景区内的工作人员通过声音或图像等媒介为客人营造一种氛围、一种情景，让客人沉浸其中，努力为游客创造一系列难忘的经历。在景区实施体验营销不但可以使游客在传统的游玩中增长见识，更可以让他们得到难忘的愉悦经历，留下深刻的印象，还可以增加回头客，更好地宣传景区文化内涵。

景区实行体验营销战略是大势所趋，忽视游客体验的景区将难以维持下去，所以应努力开展体验营销，给游客营造难忘的经历。

四、旅游景区的联合营销战略

联合营销战略是指与构成同一线路的其他同类景点或同一地区不同类型景区在促销和分销方面开展卓有成效的合作，这种合作关系可以通过政府旅游组织的支持或景区之间的直接合作来实现。

寻求合作的另一方面是与交通、住宿和其他旅游企业开展联合促销和分销，这些企业往往在经营业务主体的同时，通过外延的扩展来增加其产品的附加值以及对市场的吸引力，这类合作中最常见的是景区与旅游汽车公司的合作。此外，提供周末度假产品的饭店也越来越乐意将景区门票作为其合作的一部分，在这种情况下，景区成为旅游交通和饭店外延的一部分，而饭店反过来又成为景区的一个分销渠道。

五、旅游景区营销战术

在战略营销框架指导下，战术营销的重点在于围绕固定的供给创造需求，尤其是在景区固定成本已经确定的条件下，应争取能代表所获净利益的额外门票收入。景区营销的战术包括：

（一）广告宣传

广告是一种高度大众化的信息传递方式，有利于实现快速销售，树立被传播对象的形象。根据使用媒体的不同，广告促销主要分为：报刊广告，电波广告（利用广播和电视），户外广告（利用广告牌、灯箱、条幅等室外展示物），自办宣传品广告（如招贴、地图、手册、音像材料、文化衫等）。通过各种方式增强消费者对旅游景区的印象，以树立良好的品牌形象。

（二）营业推广

营业推广又称为销售促进，是旅游景区营销组合的一个重要方面，它是指景区除人员推销、广告宣传以外的用以增进旅游者购买和交易效益的那些活动。诸如陈列、展览会、展示会等不规则的、非周期性的销售活动，都能够激发游客兴趣并可以免费获得媒体报道。

（三）公关营销

公关营销是一种促进与公众良好关系的方式。包括邀请并接待旅游批发商、零售商和媒体记者、作家、摄影家采风；在主要客源地的有关媒体上发表宣传文章；管理者和促销人员在公共载体上印制景区介绍和交通线路等；积极参加有意义的公益活动；借助名人和公众人物促销；举办各种形式的庆祝活动等。尤其要加强与旅行社的沟通，力求在思想上或精神层面上达成高度一致，形成一种利益趋同。

（四）网络营销

在网络化的今天，用互联网进行促销具有更多的优势，营销中的诸多因素，如品牌、渠道、促销等都会在互联网营销中体现，而互联网营销更为营销各要素带来了新的形式与内容，给传统营销形成了巨大的冲击，并构成了“21 世纪营销领域的创新焦点”。它的优势实际上在于它的信息流的优势，即高速即时、互动、全球性、全天候、私人性，不但节省了成本，而且节约了顾客的精力、体力和时间。

六、旅游景区营销组合策略

（一）产品开发策略

景区产品是旅游景区一切经营活动的主体。旅游景区在确定市场营销组合策略时，首先面临的问题是景区能够提供什么样的景区产品或服务去满足旅游市场的需要。正确的景区产品决策是旅游景区生存和发展的关键。

景区是一种产品，既然是产品，就必然要有“卖点”，尤其是在产品同质化时期，而产品的“卖点”，又必须是独特的。

（1）改造老产品

改造老产品，即对原有景区产品不进行重大改革，只对它进行局部形式上的改进，这是景区吸引游客、保持和拓展市场的一种重要手段。例如，“仙境之旅”伴随着蓬莱的旅游一直走到今天，多年的习惯形成的“仙境之旅”使游客只注重游览蓬莱阁，即使是包括在门票价格之内的天横山、博物馆、影院等景点都不参观，造成了景点资源的浪费，削弱了本可以产生的巨大综合效应；同时也形成了蓬莱旅游格局仅局限在海边，不能把旅游引向纵深腹地的局面。因此，不如将“仙境之旅”改为“寻仙足迹游”，把“仙人脚”“九顶会仙山”“蓬莱阁”等旅游吸引物引向内地（农村），不仅可以发展“寻仙游”，还有利于带动农村的自然风光游、民俗风情游等，以促进蓬莱市整体旅游发展大格局的形成。

（2）换代产品

换代产品，在现有产品基础上进行较大改革后生产的产品。例如，某景区原来经营纯观光产品，这是第一代产品，其特征是“参观式”。现在游客要求增加文化内涵，因而第二代产品将纯观光旅游改成文化观光旅游，参观式和参与式结合。而第三代产品除了考虑对资源的全面利用外，其重要特征是以“参与式”为主，特种旅游产品(如冒险)、专题旅游产品(如赛马)都必须亲身参与，得到体验。像“美国的荒野体验”融真(动物)、假(人造树林)、虚(电影特技)于一体，创造了“在广阔的户外漫步”的后现代旋律。杭州的宋城主题公园，通过对《清明上河图》的再现，通过对宋文化的真实演绎，满足了游客“给我一天，还你千年”的体验，因而获得极大的成功。

(3)完全创新的产品

完全创新的产品指景区以前从未生产和销售过的新产品，如新开发的景点。因为投资和风险较大，开发周期长，这些全新产品是不可能经常出现的。除了耗费资金改造更新、引进新项目之外，旅游区更应该致力于实现产品的多元化，因为很多旅游景区开发和管理单位已经认识到，一成不变的产品是不能长久维持市场兴旺的，需要在开业以后再作“二次开发”。但大多数的管理单位还没有认识到，同样一个旅游景区，应当对市场提供不同的产品。就像一个饭店不能用同一个菜谱来招待所有的客人一样，旅游景区也不能用同一个宣传口号、同一个导游词来招徕、接待各种层次的客人。例如，有的景区可以对老年人宣传自己的观光疗养，对年轻人宣传自己的新奇探险，对中年人宣传自己的度假设施，对学生宣传自己的科学知识等。

(二)价格策略

门票价格策略是市场营销策略中最难确定的因素。定价是为了促进销售、获取利润，这就要求景区既要考虑成本(材料、工资、促销费用等)的补偿，又要考虑旅游者对价格的承受能力，从而使价格策略具有买卖双向决策的特征。景区定价应从兼顾景区、旅行社和游客各方利益的角度考虑，确保买卖双方实现双赢，最大限度地获得旅行社各方的支持。

景区门票价格是否适当，往往直接关系产品在市场竞争中的地位。针对景区的目标市场，其价格的制定可以从以下几个方面入手。

(1)景点的资源评定价值

价值是价格的基础，是景点门票价格内在决定的根本因素，因此，景点门票价格根据价值等级实行分等定价，使价值高的景点门票价格与价值低的景点门票拉开距离，使资源得到优化配置。如北京市将景点价值划分为历史文化价值、审美价值、科研价值、生态价值、适度满意度价值、市场价值 6 个方面。

(2)价格要考虑居民消费水平和心理承受能力，有利于增加社会效益

对与居民日常生活关系密切的城市公园、纪念馆、博物馆和展览馆等门票价格应按照充分体现公益性的原则核定。同时，对学生、现役军人、老年人、残疾人，要实行优惠票价。针对旅游的季节性特点实行旅游差价策略，平衡供求关系，保证进一步增加游客量。如淡季降价，或价格不变而增加产品和服务，丰富内容，以此刺激需求，扩大销售。

(3)价格要促进资源的保护与利用，有利于可持续发展

实行门票价格策略主要是针对保护性开放的重要文物古迹、大型博物馆、重要风景名胜区和自然保护区等，门票价格应按照有利于景点保护和适度开放的原则核定。

(4)价格要合理补偿环境建设价值

我国旅游业开发与发展属于政府主导型模式，在这一模式下，政府需要进行大量投资来改善旅游交通、电力、通信条件，加强旅游资源和环境的保护，因此，景区门票价格构

成中可适当包含政府投资回报构成。比如，我国一些大景区门票价格中有的含有资源保护费、宣传促销费、机场建设费等。

(5)景区开发和管理成本

补偿景点开发和管理成本是维持景区正常运营的保障。

(6)与景区周边知名景点联合

以制作联票、发放赠票等方式扩大市场份额，同时适度让利，促进销售。只有充分了解市场，能够对市场作出灵敏反应的价格策略，才能起到促进销售、获取利润的作用。

(三)销售渠道策略

销售渠道的建立，使信息传递更畅通，并将对节省营销成本、扩大知名度、开拓客源市场起到积极作用，从而给予景区持续发展的后劲。景区的销售渠道可分为直接销售渠道和间接销售渠道。

1. 直接销售渠道

直接销售渠道主要是指由游客自己直接来到景区景点，购买门票，然后进入景区游览。这种购买方式主要是针对一些散客，如自助游客以及景区附近的近距离游客。

2. 间接销售渠道

景区产品的间接销售主要有几下几种情况。

(1)通过旅行社中介或旅游代理商中介销售

任何一个景区产品的推介力度都与旅行社有着密切的联系，景区产品的销售依赖于旅行社或旅游代理商。景区产品基本上是由他们组织的包价旅游买去的，产品销售模式是：景区产品—旅行社或旅游代理商—游客。旅游景区按旅行社或旅游代理商的业务量对其给予不同力度的优惠折扣，并将因此节省游客因排队购票而浪费的游览时间。

(2)旅游信息中心销售景区产品

这种销售方式是由于景区为宣传产品、扩大客源、方便和吸引游客而设置了销售网点。游客从中心购买产品常常可以享受折扣优惠。

在选用景区产品的间接销售渠道时应注意这样一个问题，即景区销售推力的强劲是由景区给旅行社、代理商等渠道组成者所享受利润空间的大小来决定的。给谁的利润大，谁就有动力推动景区旅游。因而，景区可采取如下一些应对措施，来强化渠道推力。

价格折扣，包括消费总额的现金折扣、游客数量折扣、淡季折扣，其目的是为了刺激以旅行社为主体的渠道组成者以提高其推动景区消费的积极性。

设立专项奖，如最佳合作奖、冷点温点地区市场开拓奖、景区特别贡献奖等。

赠予收益期权，对一些为景区发展作出特别贡献的渠道组成者，给予一定的收益分配权。

广告合作与支持，与目标地旅行社签订广告支持协议，共打广告、共同策划。

给予特别礼遇，对一些为景区营销作出过特别贡献的渠道组成者，给予高规格的接待安排，甚至可以安排他们进入公司发展，组成制定战略的顾问团队。

一些知名的大旅游景区如黄山、泰山、峨眉山、庐山，如果仅仅依靠旅行社、中间商的推动是远远不够的，应以形象营销、品质营销为主，而对于一些三、四线景点，确有发展潜力，但地处偏僻交通不便，无法被更多的人认识，这样的一些景区应该给予中间商、旅行社更大的门票折扣、收入折扣，刺激中间商、旅行社组团前去游览，然后，通过日积月累的口碑传播树立品牌形象，在品牌辐射能量的积累达到一定程度后，再辅之以形象宣传。如黄山市的翡翠谷景点，基本沿用此营销组合。

（四）促销策略

在旅游促销中用来传递信息的手段是多种多样的，景区可使用的促销工具主要有以下几种。

（1）印刷品

因为许多景区产品是无形的，而对无形的产品只能通过语言、文字或图像来进行描述，所以，发放宣传手册等印刷品就成为一种重要的促销工具。印刷品的设计、内容、规格的大小以及发放情况，是发放景区印刷品收效的关键。在利用印刷品进行促销时应注意以下几点：所有的印刷品要用景区目标市场通用的语言文字印刷；要注意景区目标市场所在的国家或地区的禁忌，印刷品的内容、形式、色彩绝对不能犯忌，要投其所好；对印刷品的大小和规格要有所选择，大小合适的印刷品便于游客拿在手中并随身携带。例如，将A4 纸对折两下后的大小是景区宣传册普遍采用的规格；印刷品的设计要多利用图像符号，文字叙述要简短、有趣；印刷品的内容应该能够为潜在游客提供他们需要的信息，比如景区包含的设施及其位置，同时还应该有恰当的评论以促使他们产生访问景区的意愿；及时销毁过时的印刷品，否则会造成游客信息混乱。

（2）广告

一般情况下，报刊是景区的主要广告媒体，包括当地和地区的报纸、杂志。相对而言，景区较少利用广播和广告牌做广告。成功的广告宣传取决于恰当的广告内容在恰当的时间登在恰当的媒体上。我国大多数旅游景区用于广告宣传的费用向来是短缺的。

由于大部分景区产品不是大众市场产品，属于特定市场产品，因而景区通常不需要使用昂贵的大众市场媒体。有针对性的目标广告战略通常与景区关系更密切。设定目标可采用多种形式。

（3）新闻与公关

新闻与公关能够在媒体上给景区提供免费的报道，但需要景区为媒体提供值得报道的新闻形式的信息。

（4）赞助

景区可以通过赞助某些活动、人或组织，使景区在人们的心目中留下一个美好的形象，让人们了解景区景点。

（5）促销

促销是景区在淡季或特殊时期为增加业务量而暂时提供的优惠或折扣。如某野生动物园在“六一”儿童节前后，推出“两位成人可免费带一位 14 周岁以下孩子入园”的促销活动，吸引了很多家庭前来。

景区常把广告、公关、促销、人员推销四种营销手段加以组合运用，根据不同的细分市场特征、营销目标，选择和组合这四种促销方式，以取长补短，制定出适合的促销策略。对于一些一、二线知名景区而言，应更多地运用广告和公关这两种手段，因其具有传播速度快和宣传面宽，能迅速提高景点知名度和美誉度的特点。对一些不太知名的区域性三、四线景区而言，则应更多地运用推销和促销以及与大景点捆绑销售、借“景”生“情”等手段。

复习思考题

1. 简答旅游景区的含义。
2. 旅游景区的类型有哪些?
3. 影响旅游景区营销的因素有哪些?
4. 简答旅游景区营销原则。
5. 简述旅游景区市场营销策略。

项目实训

一、实训目的

掌握旅游景区市场营销组合策略的制定。

二、实训准备

1. 全班分组。
2. 联系某一旅游景区。
3. 实训所需纸笔等工具。

三、实训内容

1. 认知景区旅游产品类型及内涵取向。
2. 了解景区目前市场营销组合策略。
3. 为该旅游景区提出创意性营销组合策略。
4. 做出具体实训报告。

项目八　掌握旅行社营销

☞ **知识目标**　1. 掌握旅行社的含义
2. 掌握旅行社营销的定义
3. 熟知旅行社常见的基本业务
4. 掌握旅行社常见的产品及其特征
5. 熟知影响旅行社产品设计的因素
6. 掌握旅行社产品设计的原则
7. 熟知旅行社产品的开发程序
8. 明确新时期旅行社产品开发趋势

☞ **技能目标**　1. 能为某旅行社市场进行市场细分
2. 能正确选择旅行社目标市场
3. 能为旅行社指定的细分市场进行准确定位
4. 能够为旅行社策划制定市场营销组合策略

成功案例展示

迎接旅游消费升级，中青旅遨游强势挺进教育、体育+旅游新兴市场

2016年5月25日下午，中青旅遨游在京召开品牌升级新闻发布会，各大旅游局、航空公司、主题乐园、酒店集团、邮轮公司、新闻媒体、合作品牌代表及中青旅控股公司领导等120余名嘉宾出席发布会。会议宣布，在中青旅“控股型、多平台、营造旅游新生态”的集团战略指引下，中青旅遨游主动拥抱旅游消费升级趋势，积极多品类扩张，将“强势挺进教育、体育+旅游等新兴市场，不断实现品牌自我迭代”，会议正式发布中青旅遨游移动端品牌形象，并发布新的市场推广语“好旅游、上遨游”。

中青旅遨游推出全新品牌slogan：“好旅游，上遨游”

2015年9月28日，中青旅整合旗下遨游网、观光公司、度假公司、连锁店、京外分子公司等版块，大手笔成立“中青旅遨游网总部”，本次发布会是中青旅遨游网总部成立后第一次发布会，会议不仅发布中青旅遨游移动端品牌形象，并正式推出全新品牌slogan：好旅游上遨游。

中青旅遨游网总部总裁林军表示，中青旅的互联网战略不是简单发展互联网渠道，而是要通过线上线下融合、合力解决消费者日益增长的旅游需求与落后的旅游产品和服务的结构性矛盾。在产品体系的打造上，中青旅遨游将按照“正品行货、创意主题、中高端定制”三个方向打造产品线，在服务质量体系提升上，在原购物承诺、安全承诺基础上，针对用户痛点推出到家服务、专业陪签服务等。林军强调，成立后的中青旅遨游网总部，将传承发扬中青旅行业领先优势，搭建线上与线下、自营与开放合作的业态结构，通过存量融合提升、增量创新布局，实现传统与互联网的融合创新与提效。

发布会上，中青旅遨游展示了包括深度游、半自由行、海外当地玩乐、博物馆游学、户外旅行、私人定制等更加丰富的产品服务品类，并首次推出“遨游钻级体系”，对旅游产品的住宿、航班、领队导游等方面均有明确分级标准，在此标准下，消费者可以一目了然判断产品等级，给鱼龙混杂的旅游产品供给市场注入了一股清风。

与此同时，中青旅遨游移动端“遨游旅行 app”品牌标识活力亮相。该品牌标志由汉字遨游、向上攀升的飞行弧线共同构成笑脸的形象，设计风格简洁有力，令人印象深刻。饱满的橙色意味着传承中青旅 36 年专注高品质旅游的匠心精神，遨游两个字则带来无限遐想的旅游体验，飞行弧线勾勒出快乐的笑脸，象征着中青旅遨游致力于为用户创造快乐，潜心打造好旅游、持续为用户创造更加精彩的旅游体验。

升级后的遨游不再只是中青旅旗下的渠道品牌，将致力成为中青旅在移动互联网时代下，瞄准旅游消费升级全力打造的旅行生活体验品牌。

双管齐下，积极布局体育旅游市场

随着体育产业大发展，体育消费快速增长，体旅两大产业互动融合存在巨大商机。专业机构预测，未来我国体育旅游市场规模将超过 1 万亿。

2015 年 7 月 29 日，中青旅遨游以内部创业的孵化机制，创建体育旅游品牌“如是户外”，经过近一年的快速发展，如是户外推出了包括济州马拉松、俄罗斯贝加尔湖徒步、加拿大班夫滑雪、新西兰皇后镇骑行、露易丝湖体验皮划艇等丰富的海外体育旅游产品，成功举办古北水镇半程山地马拉松、乌镇童玩跑、小兴安岭伊春冰雪越野赛等自主赛事，吸引超过 2000 人参与了如是户外相关赛事、产品、户外活动等体验。如是户外以协同古北水镇、乌镇为景区赛事运营为切入点，发挥中青旅遨游旅游行业的运营领先优势，在体育旅游风口到来之际抢占先机。另一方面，中青旅以中青旅联合体育公司为平台，凭借丰富的体育赛事资源和专业经验，提供体育赛事运营、体育活动经营等，出色完成了包括北京国际田联世界田径竞标赛、冬奥会申办等重大项目。双管齐下，未来值得畅想。

发挥“青”字头优势，强势挺进教育研学领域

中国的游学市场近几年快速发展，国家层面积极倡导研学旅行，青少年教育与旅游市场潜力巨大、空间广阔。中青旅 1980 年创立之初即以提供国内外青少年交流为使命，在共青团中央的引领和政策支持下，中青旅宣布依托共青团的强大组织优势，以创新的激情和担当的精神，中青旅遨游网总部将强势挺进教育 + 旅游领域，积极开拓和培育新的增长点，以高品质的“游”和“学”结合的产品赢得市场。

本次发布会上，中青旅遨游携手青少年博物馆公共教育机构忆空间，联合发布博物馆研学品牌“瑞米游学”。博物馆记录着人类文明的珍宝，珍藏着民族创新的灵魂，是青少年去了解和认识一座城市、一个国家、一个民族最好的窗口。瑞米研学立足于青少年和博物馆，将博物馆学习和教育深入融入旅游行程，不仅教会孩子们欣赏博物馆的文物本身价值，还启发他们更多地了解历史、思考世界。近期，瑞米游学重点推出了埃及文明探索10日游、乌兹别克斯坦丝绸之路8日游、西安兵马俑3日深度游等别具匠心的一带一路研学旅游产品，受到了家长和孩子们的欢迎，报名火爆。

中青旅遨游网CEO骆海菁透露，中青旅遨游将通过内部孵化、引进来、走出去、资本合作等创新机制，积极培育多层次的业态结构，在体育、教育与旅游融合的万亿级大市场持续发力。

思考：认真阅读案例，探索中青旅遨游网的营销模式。

任务一　分析旅行社营销概述

一、旅行社的含义

旅行社是指从事招徕、组织、接待旅游者等活动，为旅游者提供相关旅游服务，开展国内旅游业务、入境旅游业务或者出境旅游业务的企业法人。从广义上说，旅行社是在旅游销售渠道中，各种旅游企业组织和个人的总称；从狭义上说，旅行社是指旅游公司、旅游批发商、旅游代理商或旅游经纪人。

二、旅行社的基本业务

旅行社主要为旅游者代办出境、入境和签证手续，招徕、接待旅游者，为旅游者安排食、宿、交通、游览等服务。一般而言，作为旅游中间商，旅行社最具代表性的业务有五项，即：组合产品、设计线路；促销产品、传递信息；销售产品、招徕客源；组织协调、安排客源；实地接待、提供服务。

(一)组合产品、设计线路

能否向顾客提供使之满意的产品是决定企业经营成败的关键。旅行社若要在竞争激烈的市场上立足并发展，就应该对它的产品及其质量予以足够的重视。从广义上说，凡是能向旅游者出售的任何服务和产品都可以称为旅游产品，它是旅行社出售的能满足旅游者一次旅游活动所需的各项服务或服务组合。

(二)促销产品、传递信息

旅行社对其产品进行促销，旨在刺激目标市场的旅游者做出更快更强烈的购买反应，以促进和影响旅游者的购买行为。由于旅游产品的无形性，使它无法以实物形态进入流通领域，而只能以信息的形式表现，因而，旅游产品的促销方式虽有多种，但无论是媒体广告、营销公关，还是销售推广，现场促销，其本质都是一种以销售产品为目的的信息传递和沟通活动。

(三)销售产品、招徕客源

如果没有畅通的销售渠道，没有行之有效的销售策略，旅游产品的价值与使用价值就无法得以实现，旅游者需求的满足就更无从谈起。尤其是如何在客源国寻找并选择合作者，使之能积极主动地销售我国的旅游产品，已成为我国经营国际旅游业务的旅行社所面临的主要问题，因为这直接关系到一个旅行社是否能招徕到更多的客源(亦即出售更多产品)，是否能在国际市场上进一步扩大我国旅游产品的市场份额。

(四)组织协调、安排客源

作为中间商，旅行社的重要功能就是要将与旅游者旅游活动有关的食、住、行、游、购、娱等各项服务有机地组合起来，提高旅游产品的效用，最大限度地满足旅游者的整体性需要。然而旅行社却无法做到向旅游者提供全方位的服务，它必须与交通部门、参观游览部门、住宿部门、餐饮部门、购物商店、娱乐部门、保险公司及相关的旅行社等企业进行协作。因此，协调与各协作企业或部门的关系，组织各项旅游服务的供给，安排落实旅游者旅游活动所涉及的各项事宜便成了旅行社的基本业务之一。

(五)实地接待、提供服务

旅行社向旅游团(者)预售产品并安排好各项服务事宜之后，还要为其提供向导、讲解和旅途照料等相关的旅游接待服务。从实质来看，实地接待旅游团(者)的过程，是旅游团(者)消费旅游产品、实现产品效用的过程，也是旅行社提供旅游服务、实现产品价值的过程。

接待服务水平的高低决定着旅游者对产品质量评价的高低，关系到旅游者旅游需要的满足程度，影响到旅行社乃至一个国家或地区的声誉。

以上五项是旅行社的基本业务内容，随着旅游业的蓬勃发展，旅行社的业务活动在不断扩大和加强，进而使旅行社在现代旅游业中和人类旅游活动中的地位和作用进一步提高。

三、旅行社常见产品

旅行社产品是旅行社为满足旅游者的需要而提供的各种旅游服务及相关物质条件的总和。旅行社销售的旅游线路中的食、住、行、游、购、娱等各个部分均可成为独立销售的产品。旅行社产品通常有以下六种。

1. 单项服务

单项服务也称零星代办业务或委托代办业务。旅行社根据旅游者的具体要求提供各种有偿服务。如导游服务、交通集散地接送服务、代办交通票据和文娱票据服务、代订酒店客房服务、代办签证服务、代客联系参观游览项目服务、代办保险服务等。

2. 包价旅游

包价旅游有团体包价旅游和散客包价旅游两种。包价旅游一般针对 10 人以上的团体。主要内容有：依照规定提供酒店客房、一日三餐、固定的旅游用车、导游服务、交通集散地的交通服务、游览门票、文娱活动入场券、全陪服务等。旅游者参加团体包价旅游的好处是省钱、省心。“省钱”是指旅游者可以从旅行社获得优惠价格，而且由于可预知旅游费用，旅游成本较易控制。“省心”是指旅游活动由旅行社统一安排，旅游消费者可在熟悉的氛围中，在导游的陪同下享受自己的旅程，有安全感。

3. 半包价旅游

半包价旅游是指在全包价旅游的基础上，扣除中晚餐费用的一种包价形式。这种产品的形态可以降低产品直观价格，增强产品竞争力，同时也可以方便部分客人。

4. 小包价旅游

小包价旅游的名称是针对团体综合包价提出的，外国旅游者称之为可选择性旅游。对旅游者来说，小包价旅游具有经济实惠、机动灵活、舒适安宁等多种优势。我国参加小包价旅游的国内消费者一般有以下特点：对导游的要求高；希望有一个较为宽松休闲的游程安排，而不是走马观花；希望在吃、住、行方面有比较好的条件；希望三五人独立成团，不喜欢参加大规模的旅游团队。

5. 零包价旅游

零包价旅游又称自由包价旅游，是指所有旅行时间由游客自己支配的旅游包价形式。

6. 组合旅游

组合旅游是指旅游者分别从不同的地方来到旅游目的地，然后由当地事先确定的旅行社组织活动的一种旅游产品形式。组合旅游的特点是追求异质文化、开阔眼界、增长知识。

四、旅行社产品设计的原则

1. 独特性原则

独特性原则要求旅游产品应尽可能保持自然和历史形成的原始风貌；尽量选择利用带有"最"字的旅游资源项目，以突出自己的优越性，实现"人无我有，人有我优"，如香港迪斯尼乐园；同时还要努力反映当地的文化特点。

2. 经济性原则

所谓经济性原则，是指以同等数量的消耗，获得相对较高的效益，或以相对低的消耗，获得同等的效益。这就要求旅行社加强成本控制，降低各种消耗。例如，通过充分发挥协作网络的作用，降低采购价格，这样既可以降低旅行社产品的直观价格，便于产品销售，又能保证旅行社的最大利润。旅行社产品的总体结构应尽可能保证旅行社的接待能力与实际接待量之间的均衡，减少因接待能力闲置而造成的经济损失。

3. 市场性原则

市场性原则具体体现在根据市场需求变化状况设计旅游线路，对于大众旅游者来说，以下需求具有代表性和稳定性：去未曾到过的地方，增长见闻；从日常的紧张生活中求得短暂的解脱；尽量有效地利用时间而又不太劳累；尽量有效地利用预算，购买廉价而又新奇的东西。

4. 丰富性原则

丰富性原则，是指旅游线路一般应突出某个主题，要针对不同性质的旅游团确定不同的主题，如"草原风光旅游""中国山西黄河风情游"等，并围绕主题安排丰富多彩的旅游项目。在同一线路的旅游活动中，应力求形成一个高潮，加深旅游者的印象，达到宣传目的。同时，旅游活动的内容切忌重复。

5. 合理性原则

合理的日程安排有助于增加旅游线路的吸引力。安排旅游线路一定要注意劳逸结合、科学多样。旅游线路的走向如何、怎样停顿，关系到旅游的效果。旅游线路设计必须做到旅速游缓、择点适量、错落有致、渐入佳境、避免重复。

五、旅行社产品的开发程序

旅行社产品的开发要经过分析构思、筛选方案、试产试销、投放市场、检查评价等相关步骤后方能确定。

1. 分析构思阶段

分析构思阶段包括构思创意和调查分析。创意来自于对旅游者的需求进行调研；从竞争对手的产品中获得启发，从其他相关的信息中得到启示等。调查则指调查新产品的发展前途、销售市场、竞争态势、内部条件和研究国家对旅游业的相关政策与法律等。

2. 方案筛选阶段

方案筛选就是指旅行社专业技术人员根据直观的经验判断，剔除那些与旅行社发展目标、业务专长和接待能力等明显不符或不具备可行性的想法，缩小有效构思的范围。

旅行社专业技术人员在进行方案筛选时，要尽量避免一些问题的出现。一是误舍，即对某种优等构思创意方案的潜在经济价值估计不足而予以舍弃，从而丧失良机；二是误用，即对某种一般甚至较差的方案潜在的经济价值估计过高，而予以采用，招致损失。

3. 试销阶段

产品设计方案确定后，要着手进行试验性销售。目的是检验市场经营组合策略的优劣，了解产品销路，以便及时发现问题、解决问题。

试销阶段要特别注意以下事项：试销的规模要适中；提供的产品要保证质量；充分估计各种可能，有备无患；经试销证明的确没销路的产品，切忌勉强投入市场。

4. 投放市场阶段

如果试销后发现该旅游产品受到目标市场的欢迎，且盈利前景看好，接下来应该大量投放目标市场，并配以大量的广告宣传与促销措施。各旅行社可根据自身能力确定本年度的广告预算额，但一般来说，广告费用为上年度总收入的20%左右。

5. 检查评估阶段

检查评估阶段需要做如下工作：

盈亏平衡分析。分析该产品的销售总收入与总成本（固定成本：房屋租金、办公用品、员工津贴等；变动成本：网络费、电话费、宣传推广费、邮资与运费、保险费等）的情况，以确定产品的盈亏情况。

填写评价表。根据分析结果，填写评价表。

经检查评估后，如果发现产品盈利前景较好、销售增长率较高、综合评价较好的话，即可投入使用。

六、新时期旅行社产品开发趋势

1. 升级换代速度加快

一方面，旅游者兴趣变化速度快，一般的旅游新产品只能引领潮流1～2年，甚至更短至几个月；另一方面，许多新的投资纷纷涌向旅游行业，现有旅游企业又在加快扩张速度，使供求关系发生重大变化，加快了现有产品的“老化”速度，旅游企业之间竞争进一步趋向白热化，“一招鲜，吃遍天”的时代早已成为历史。这种现状迫使旅游企业不得不加快旅游新产品开发的速度，以“新”取胜，即使一些知名度很高的旅游景点也要尽可能推出新产品、新项目，以迎合变化着的游客需求。

2. 科技含量进一步提高

旅游产品的开发，越来越多地采用高科技手段，大大提高了对旅游者的吸引力。高科技的广泛运用可节省旅游产品开发的成本。

3. 特色化趋势明显

为满足游客的个性化需求，一些旅游企业在特色上大做文章，标新立异，以“特”取胜，很受旅游者欢迎。

4. 绿色化趋势显著

绿色旅游产品几乎涵盖了旅游消费的所有方面：绿色旅游线路和绿色景点，如生态旅游线路，无污染、纯天然的绿色景点等；绿色旅游交通，如景区为保护环境使用环保专用车；绿色饭店，如绿色客房、绿色餐饮等；绿色旅游商品等，许多旅游企业争相开发绿色旅游产品，以满足客人的绿色消费需求。

任务二 掌握旅行社营销策略

一、旅行社营销的定义

旅行社营销是指旅行社在为达成与自身发展目标相一致的交换行为的基础上，充分了解旅游消费者需求，对其产品、服务和经营理念的构思、预测、开发、定价、促销、分销及售后服务的计划和执行过程。旅游营销是旅行社经营管理的一项重要内容，对旅行社的生存和发展至关重要，这是因为：

（一）旅游营销是联系旅游产品与消费者的桥梁

旅行社从本质上讲属于服务性行业，服务是一种无形产品，任何一种旅游产品只有通过营销人员的努力，才可能为消费者所了解、赏识和接受。一方面，旅行社的各种旅游产品本身就是营销人员根据消费者的需求进行编排、设计的，因而是最受消费者欢迎和接受的；另一方面，旅游者的需求将随着市场的变化而变化，随着人们生活水平的提高而提高。旅游者不断变化的需求信息又通过营销人员反馈到旅行社来，使旅游产品不断更新。因此，可以说旅游营销将永远是联系旅游产品与消费者的纽带和桥梁。

（二）旅游营销是旅行社的龙头

旅行社的规模大小、业绩好坏、盈利情况都取决于旅游营销的成功与否。当营销人员积极地、富有成效地向消费者推销旅游产品时，当消费者愿意并决定购买营销人员所推销的旅游产品时，消费者在接受旅游产品的同时也给旅行社带来可观的利润。反过来，旅行社为了满足消费者的需求将不断完善自己的接待功能，扩大自己的服务范围，这又为消费者提供了良好的接待条件。有了利润，旅行社又可以开发更多更新的旅游产品，形成良性循环。

（三）旅游营销人员是旅行社在消费者心目中的第一印象

旅行社的各种旅游产品是通过营销人员的营销活动介绍给消费者的。营销人员将是消费者对营销人员所代表的旅行社的第一印象。营销工作的好坏，营销人员的仪表、气质、形象、应变能力都左右着消费者对旅游产品的游览兴趣。旅行社给消费者的形象，往往一开始都是通过营销人员的工作而展现在消费者面前的，消费者对营销人员的评价将意味着消费者对旅行社的评价。

旅行社业的产品主要是旅游线路，具有无形性、服务性等特点，这些特点决定了旅行社的营销是一种服务营销，因此，旅行社的经营管理者应树立服务营销观念，在经营管理过程中，采用服务营销策略，以提供符合目标市场顾客主要需求的产品，提高旅游者的满意度和信任度。

二、旅行社市场细分

（一）旅行社市场细分的概念

旅行社市场细分是指旅行社根据旅游消费者的需求特点、购买行为和购买习惯等方面的差异，将整体旅游市场划分为若干个需求与愿望大体相同的旅游消费者群的过程，每个旅游消费者群就是一个细分市场。

旅游市场细分为旅行社提供了非常有效的分析工具，对旅行社开展营销活动、提高综合竞争能力有着十分重要的作用。科学合理的市场细分，有助于旅行社了解整个市场及每一个细分市场的情况，确切掌握不同细分市场的旅游需求特点及其满足程度，从而发现新的市场机会，拓展新市场；有助于旅行社针对目标市场的需求和愿望，制定适当的市场营销策略，更好地满足旅游消费者的需求；有助于旅行社合理地使用人力、物力、财力资源，增强竞争能力，提高营销效益。

（二）旅行社市场细分的原则

旅行社在进行市场细分时，必须充分注意市场细分的实用性和有效性，使之能为旅行社选择目标市场提供有价值的依据。为此，旅行社市场细分必须遵循以下几条原则：

1. 可衡量性

可衡量性是指细分市场的需求特征必须是可以识别和可以衡量的。即细分后的各细分市场均具有明显的差异性，对每一细分市场的规模、购买力大小等均可以做出明确的估计，从而为制定营销决策提供依据。

2. 可进入性

可进入性是指旅行社有足够的营销能力在该细分市场上进行必要的营销活动。经细分后的市场，首先必须是值得旅行社去占领的，其次必须是能够占领的。如果旅行社无力通过自己的营销活动去影响旅游消费者，那么这样的市场细分是毫无意义的。

3. 实效性

实效性是指该细分市场的规模足够大，有一定的现实需求量和潜在需求量，旅行社不仅可以在短期内从中盈利，而且通过努力可使市场进一步扩大，使之保持持久的效益。

4. 稳定性

稳定性是指细分市场的特征在一定时期内能够保持相对不变，细分市场变化快不利于旅行社制定和实现长远的营销战略方案。

三、旅行社目标市场的选择

（一）旅行社目标市场的概念

目标市场是指旅行社在市场细分的基础上，根据自己的优势条件相应地选择一个或几个细分市场作为自己的营销对象，被选择的细分市场即为目标市场。

（二）旅行社目标市场应具备的条件

旅行社选择什么样的细分市场作为目标市场，最终是要考虑细分市场对旅行社是否具有相对理想的长期盈利潜力。因此，具备一定条件的细分市场才能作为旅行社的目标市场，比较理想的目标市场必须符合以下要求。

1. 具备一定的规模和充分的发展潜力

这是旅行社选择目标市场的首要条件。因为对旅行社来说，要开发一个新市场，无论规模大小都需要付出较高的广告、宣传费用。如果市场规模过小，旅行社进入后得不偿失，这样的细分市场就没有开发价值。同时从现代市场营销观念来看，旅行社满足旅游消费者的需求，不仅是满足现实的旅游需求，更要发掘尚未满足的、未来的潜在旅游需求。对旅行社来说，市场上存在尚未满足的旅游需求，就意味着市场机会，意味着潜在效益。因此作为目标市场，必须具备一定的规模和充分的发展潜力，这既是现代市场营销观念的要求，也是旅行社选择目标市场的客观要求。

2. 具有一定的购买力

这是旅行社选择目标市场的重要条件。因为，购买力是实现消费的必要前提，只有具有现实的购买力，才能把潜在的旅游需求转变为现实的旅游需求。因此，旅行社在选择目标市场时，还要进行旅游消费者的购买力分析，不具备购买力的市场，尽管有潜在需求，也不能作为目标市场。应当注意的是，在分析旅游消费者的购买力时，不仅要分析其收入水平和经济实力，还要研究其消费倾向。

3. 未被竞争对手完全控制

从竞争者构成看，旅行社应要求目标市场未饱和或未被竞争对手完全控制。只有竞争对手尚未完全控制的目标市场，旅行社才有进入的可能性，并在进入后通过充分发挥自己的优势在市场中赢得一席之地。如果竞争者几乎已经控制了该目标市场，那么除非旅行社竞争实力雄厚，入市后才能与竞争者角逐，否则必将以失败告终。

4. 有能力开拓的市场

选择目标市场时，除了要考虑上述外部客观条件外，更要考虑旅行社内部的主观和客观条件。只有当旅行社的人力、物力、财力及经营战略和经营管理水平等主客观条件具备时，才能将该细分市场作为旅行社的目标市场，进入该市场后才可能具有竞争优势。

四、旅行社的市场定位

旅行社市场定位，是指旅行社为使其产品或服务在目标市场顾客的心目中树立鲜明、独特及深受欢迎的市场形象而进行的各种决策和展开的各项活动。

市场定位是旅行社有效地实施目标市场战略营销不可或缺的一个重要步骤，它直接关系到旅行社能否最终开拓市场、占领市场、战胜竞争对手、夺取稳固的市场地位、求得进一步发展等一系列问题。我国的旅游市场已由卖方市场转变为买方市场，旅行社之间的竞争异常激烈，为了能在竞争中崭露头角，旅行社可以通过正确地定位将自己的产品或服务与竞争对手区分开来，以便树立独一无二的形象。同时，科学的市场定位，有助于让旅游消费者更清楚地认识旅行社的产品，增强旅行社广告信息的传递效果，成功开拓目标市场。

五、旅行社市场营销组合策略

(一)旅行社产品价格策略

1. 旅行社产品的价格构成

旅行社产品的价格，从游客的购买方式上看，可分为单项服务价、全包价和半包价，游客可根据需要，选择不同的购买方式。从旅行社线路运行的过程看，是旅游活动中按照实际情况收取的各种费用的总和，包括“食住行游购娱”各个环节的各项费用，主要是由成本、利润和税金三部分组成的。大部分为代收代付费用，其中，成本的构成要素主要有：大交通费、车费、房费、餐费、景点门票费、导游费、附加费、不可预见费、保险费等。

包价旅游主要包括如下费用：

综合服务费。综合服务费的构成含餐饮费、基本汽车费、杂费、翻译导游费、领队减免费、全程陪同费、接团手续费和宣传费。

住宿费。游客可以根据本人意愿，预订高、中、低各档次饭店，旅行社按照与饭店签订的协议价格向游客收费。

交通费。交通费即客源地至目的地、目的地与客源地之间的飞机、火车、轮船、内河及古运河船和汽车客票价格。

专项附加费。专项附加费即汽车超公里费、游江游湖费、特殊游览门票费、风味餐费、专业活动费、责任保险费、不可预见费等。

2. 影响旅行社产品定价的因素

旅行社进行产品定价时，通常受到诸多因素的影响，主要分为旅行社内部因素、旅行社外部因素两大类。

(1)旅行社内部因素

①旅游产品成本。旅游产品成本是影响其价格的最基本、最直接的因素，决定了产品的最低价格，是旅行社制定销售价格的直接依据。产品的成本越低，其价格也越低，市场需求量也就越大。

②利润。利润是指旅行社销售旅游产品获得的收入减去旅行社生产和销售这些产品付出的各项成本费用所得的差额，是旅行社经营的财务成果。

③品牌特色。旅游产品的差异化程度越高，排斥新竞争者的进入壁垒就越高，竞争优势就越强。旅行社一旦拥有强势品牌，游客对旅行社及其产品的认知度就会极大提高，从而使旅行社拥有独特的销售市场。因此，旅行社的品牌化经营将有利于产品实施高价的定价策略，为占有更大的市场提供有效保障。

(2)旅行社外部因素

①市场需求。市场需求是旅游产品价格变化的一个很敏感的杠杆。当旅游市场上对某种产品的需求量增加时，旅行社可适当提高该产品的价格，形成卖方市场，赚取更多利润；反之，当该产品的需求量下降时，旅行社应适当降低价格，形成买方市场，避免产品滞销。

②同行业竞争。在旅游产品市场中，绝大多数旅行社都生产和销售同类产品，产品特色、价格相近，致使该产品没有抢占市场的优势，各个旅行社通过打价格战来吸引游客，于是，削价竞争成了旅游产品市场的主流竞争方式。长期削价竞争易形成恶性竞争，对实力较弱的旅行社易造成重创。

③季节。旅游旺季时，旅行社通常会保持其产品价格不变或微微上调；旅游淡季则往往适当降低该产品价格，以吸引更多的游客。由于多数景区、景点的淡季门票价格会有很大回落，这促使旅行社相应下调其旅游产品的价格。

④汇率。两种货币之间的比价发生变化，会对旅行社产品价格产生一定影响。汇率变化主要影响入境旅游和出境旅游产品。

旅行社旅游产品的定价讲究策略，除了成本、利润和税项外，还要根据定价目标、旅游市场的变化、季节的转换、销售的对象、产品的特色等因素，研究游客的消费心理，结合旅行社实际，做到计价准确，收费合理。

3. 旅行社产品定价目标

(1)维持生存目标

当旅行社面临竞争态势异常恶劣、客源大减、资金周转不灵、产品卖不出去等困难时，为避免破产倒闭，渡过经营危机，应以保本价格甚至亏本价格出售产品，以争取客源维持营业，并努力争取研制新产品的时机，重新占领市场。这种定价目标往往只作为特定时期的过渡性目标，一旦旅行社经营出现转机，它将很快被其他定价目标所取代。

(2)当期利润最大化目标

这种目标通常是侧重于短期内得到最大利润。以此为目标的前提条件是：旅行社及其产品在市场上居领先地位，而其他竞争对手力量不强；旅行社产品在市场上供不应求。旅行社可采取扩大销售量和提高价格的策略来实现这一目标。但利润最大化并不意味着价格最高。这一目标可能会影响市场占有率，为竞争者提供机会。所以，旅行社采用这一目标应慎重，必须有长远的经营战略。

(3)预期收益目标

往往以获得一定的销售利润为目标来进行产品定价，即成本加成定价法，但可能会忽略市场需求、竞争状况等其他因素。所以，这一定价目标更适用于一些资产庞大、竞争力强大的大型旅行社，因为这些旅行社价格决策受弱小竞争者的影响较小。

(4)扩大市场占有率目标

扩大市场占有率目标，也叫销售导向目标。一般产品价格的高低与市场占有率成反比例关系。所以，对于新创立或不满足自己所占市场份额的旅行社，一般可采取将自己产品定价低于主要竞争对手同类产品价格的方法，实行市场渗透，以取得更大的市场占有率。这是放弃眼前利益获得长远利益的一种战略。

(5)应付或防止竞争目标

旅行社以有影响力的竞争对手的价格为基础，再根据自身的条件对自己的产品进行定价。在一个竞争激烈的旅游产品市场中，若本旅行社实力较弱，一般价格应定低些。只有具备特别优越的条件，如在资产雄厚、产品质量优异、服务水平很高等条件下，才可能把价格定得高一些。

(6)树立或维持良好形象目标

良好的形象与产品销售、市场占有率、竞争能力等密切相关，这些又会通过价格表现出来，旅行社良好的企业形象会给旅行社带来可观的利润。所以旅行社为建立或保持良好的企业形象，产品价格的制定就要符合企业形象的要求。

4. 旅行社定价的步骤

(1)收集信息

充分收集有关产品供求、竞争状况、经济变化等方面的资料和信息，并对此加以分析、判断、处理，进而为制定合理的价格提供依据。

(2)选择定价目标

要从全局考虑，有所侧重，综合决策。

(3)估算产品成本

旅行社最常用的定价方法是成本加成法，即

$$旅行社产品价格 = 代收代付 + 成本加成 \times (1 + 税率)$$

其中，旅行社成本费用主要包括营业成本、营业费用、管理费用、财务费用。代收代付主要包括房费、餐费、交通费、文娱费、行李托运费、票务费、门票费、专业活动费、签证费、陪同费、劳务费、宣传费、保险费和机场税等。

(4)了解产品特色

首先要了解自己旅行社产品特色在哪，才知道旅行社产品具备哪些优势，从而为产品合理定价奠定基础。

(5)分析竞争状况

可以从媒体广告、旅行社同行、客人等处充分了解竞争对手的产品价格、质量、竞争能力等情况，作为定价参考。

(6)测定市场需求

可以采用不同预测方式和调查方式来了解市场对旅行社产品的需求状况，并对需求的价格弹性进行分析，测定目标市场的需求数量及需求强度，分析旅游者对价格的接受程度，以作为制定合适价格的参考。

(7)选定定价法

根据自己的产品情况，选定最有利于实现定价目标的定价方法，最终确定产品的售价。

(8)确定最后价格

除考虑旅行社产品的成本构成、产品特色、市场需求状况和竞争对手类似产品价格等因素外，还要考虑它是否符合国家相关的政策法令，是否符合消费者心理。根据环境的不同，运用合适的定价，让价格更具吸引力，随着时间的推移和市场竞争环境的变化，还要对定价进行不断的修整，以实现定价目标，提高产品的竞争力。

5. 旅行社产品的定价方法

(1)成本导向定价法

以旅游产品单位成本为基本依据，再加上预期利润确定产品的价格。它不考虑市场需求方面的因素，简单易行，是目前旅行社最基本、最常用的一种定价方法，主要包括以下三种。

①成本加成定价法。成本加成定价法指在单位产品成本的基础上加上一定比例的预期利润作为产品价格(成本中包含了税金)，这是一种最简单的定价方法。

计算公式为：

$$单位产品价格 = 单位产品成本 \times (1 + 成本利润率)$$

这种方法单从旅行社的利益出发进行定价，忽视了市场需求多变的现实。成本利润率只是一个估计数，缺乏科学性，会导致旅行社在市场上缺乏竞争力。

②目标利润定价法。目标利润定价法也称“投资回收定价法”，指旅行社根据其总成本及预测出来的总销售确定一个目标利润总额，来计算产品的价格。计算公式为：

$$单位产品价格 = 总成本 + 目标利润总量 + 预期销售总量$$

式中总成本为固定成本与变动成本之和。

这种方法的优点在于可以保证旅行社实现既定的目标利润，在预定期限内回收资金。但是，由于此方法是以预计销售量来推算产品价格的，忽略了价格对销售量的直接影响，计算出来的产品价格往往难以确保预测的销售量的实现，只有经营垄断性产品或具有很高市场占有率的旅行社才有可能凭借其垄断力量采取此方法定价。

③边际贡献定价法。边际贡献定价法又称为“变动成本定价法”，指旅行社在产品定价时，只计算变动成本，而不计算固定成本。种方法主要用于同类旅行社产品供过于求、市场竞争激烈、客源不足的情况下。计算公式为：

$$单位产品价格 = 单位产品变动成本 + 单位产品边际贡献$$

例如，某旅行社在旅游淡季推出三日游团体包价旅游产品，该产品成本总计 570 元/人。其中固定成本均为 20 元/人；变动成本为 550 元/人，包括两早(10 元/人/餐)五正(20 元/人/餐)，餐费共计 120 元/人，门票费共 300 元/人，房费 100 元/人，交通费 30 元/人。由于是在淡季，若旅行社仍以 570 元的价格进行销售，则很难吸引大量游客，如果旅行社将价格降至变动成本为 550 元/人，则边际贡献为零，旅行社为保本状态。

这种定价方法的优点在于，能够保障旅行社在市场环境不利的情况下以较低价格吸引客源，保住市场份额，维持旅行社生存。但会在一定程度上使旅行社蒙受利润损失，又由于产品的变动成本不是一成不变的，这也迫使产品的价格不断地被重新计算。

(2)需求导向定价法

需求导向定价法是以市场需求为核心，根据游客对旅游产品价值的认知程度来定价的一种方法。具体可分为如下六种。

①理解价值定价法。理解价值定价法也称“认知价值”，这种方法是根据游客对旅游产品的主观印象来评判，而非旅游产品的实际价值。常用的营销方法有：搞好产品的市场定位、突出产品特征、加深游客对产品的印象等。

②需求差别定价法。需求差别定价法指旅行社针对游客对旅游产品的购买力不同，产品的种类、数量、时间、地点的不同等因素，采取不同价格。这种定价方法，通常为同一

产品在同一市场上制定两个或两个以上的价格，强调的是适应游客不同特性的需求，而把成本补偿放在次要地位。

③逆向定价。逆向定价指旅行社首先对旅游市场需求、同行业的同类产品的售价、整个市场竞争环境等方面进行调查，先确定产品价格，再根据产品的内容和成本对价格作相应调整。这种方法不以实际成本为主要依据，而以市场需求为定价出发点，既能与竞争对手价格保持同步，又能为游客所接受。这种定价方法的缺点是：容易造成产品质量下降，从而导致在市场上缺乏吸引力。

④竞争导向定价法。竞争导向定价法是为了应付市场竞争而采取的特殊定价方法，以竞争对手的价格为其定价的出发点和参考标准。

⑤随行就市定价法。随行就市定价法指旅行社根据本行业同类产品的平均价格来制定本旅行社产品价格的方法。这种方法为大多数旅行社所采用，利用市场的平均价格获得平均收益，避免了对手间竞争带来的损失。

⑥率先定价法。率先定价法也叫"主动竞争定价法"，旅行社根据市场竞争状况、自身旅行社实力，率先打破市场原有的价格，自行制定价格，在同行中处于"价格领袖"地位。采用率先定价法的旅行社一般要有雄厚实力，或者在产品上具有竞争对手无法比拟的优势。

总体来看，随行就市法属于稳妥型定价方法，可以减少风险，利于与竞争对手和平共处。而差异定价法属于进攻型定价方法，定价低于对手可以提高市场占有率，高的话则可以树立旅行社的品牌形象。

（二）旅行社销售渠道策略

1. 旅行社销售渠道含义

旅行社销售渠道是指旅行社生产出来的产品，在适当的时间、地点，以适当的价格提供给游客，其产品所经历的各个中间环节连接起来的通道。

2. 旅行社销售渠道的类型

旅行社产品销售渠道类型与前述的普通旅游产品营销渠道一致，分为直接销售渠道和间接销售渠道两种。

与直接销售渠道相比，间接销售渠道由于增设了中间环节及扩大了合作者队伍，因而使得旅行社销售活动的辐射范围增大；又由于分工协作，销售活动深层次的内容也得以发展，这是有利的一面。但是，此种渠道销售也有不利的一面。旅行社在经营间接销售渠道中，对销售活动的控制力减弱，难以控制产品的最终售价；费用结算相对较慢，容易延缓旅行社资金周转的速度；同时，旅行社需支付中间商一笔佣金，也增加了旅行社的成本。

3. 旅行社销售渠道策略

旅行社在销售活动中，都同时采用直接和间接销售渠道。近距离的目标市场，旅行社多采用直接销售渠道。而庞杂、分散的目标市场，旅行社多采用间接销售渠道，借助各类型中间商的力量，扩大旅行社销售活动的辐射空间。间接销售渠道通常采用以下三种销售策略。

（1）专营性销售策略

专营性销售策略是指在特定旅游市场只选择一家中间商的销售战略。这种策略的优点，是能有效调动中间商的积极性，利益、信誉的捆绑便于旅行社对中间商进行控制。但这种策略也存在缺点，如灵活性较小、不利于游客分散购买。中间商选择不当或中间商经营失误，将会给该地区的旅游市场造成重大损失。

(2)广泛性销售策略

广泛性销售策略是指旅行社在销售渠道中尽可能多地选取中间商，扩大市场销售面。这种策略通常适用于开拓新市场之初，便于寻找、确定长期的合作伙伴。这种策略的优点，是可吸纳更多客源，渗透目标市场。其缺点，是中间商过于分散，控制难度大，信息反馈缓慢，还可能引发中间商争夺客源的冲突。

(3)选择性销售策略

选择性销售策略是指在一定市场中，旅行社从众多中间商中，只选择那些素质高、销售能力强、能给游客提供针对性服务的中间商作为合作伙伴。这种策略适用于档次高、专业性强的旅游产品。这种策略的优点是：有利于旅行社将主要力量放在主要目标市场上，可以有效扩大销量，同时中间商的减少可降低渠道费用。其缺点是：对于中间商的选择要格外慎重，选择不当会极大地影响该市场的产品销售。

(三)旅行社促销策略

1. 旅行社促销含义

旅行社通过一定的手段与游客进行沟通，帮助游客来认识旅游产品或服务带来的利益，从而引起游客的注意、唤起游客的兴趣、激发游客的购买欲望，进而促进游客产生购买行为的活动即为旅行社促销。

2. 旅行社促销的作用

(1)提供信息，加强沟通

将旅行社提供的产品和服务的信息传递给消费者，以达到扩大销售的目的。特别是旅游产品和服务，由于具有无形性和异地消费的特点，使得游客在购买之前，无法通过实体形态来感知旅游产品，因此，旅游产品的促销相比其他商品就显得更加重要。

(2)塑造产品形象，提高旅行社声望

通过精心设计的促销活动，可以大幅度提升旅行社的声誉，美化旅行社的形象，在公众心目中树立起良好的口碑。通过促销活动，旅行社可以突出和放大自己的产品及服务与对手的不同之处，强化竞争优势，促使消费者形成对旅行社产品及服务的购买欲望和偏好，从而巩固和扩大其产品的市场份额。

(3)创造需求，刺激消费

促销活动通过各种形式向游客广泛介绍其产品的信息，不仅能够提高游客对产品的认知程度，诱发其产生需求和购买欲望，还能强化游客对产品的印象，刺激需求，创造新的需求。

3. 旅行社促销的基本类型

(1)旅游广告

相对于旅行社自身来说，旅游广告媒体可分为两大类：一类是付费租用的大众传播媒体，主要包括电视、广播、报纸、杂志四大媒体，以及户外广告、直邮广告媒体；另一类是旅行社自行制作的媒体，如自制宣传物、宣传品及开通旅行社的网站。

对旅游广告媒体类型的选择主要应考虑以下四方面的因素：目标消费群体的媒体视听习惯；旅游产品的特点；广告信息的特点；成本费用。

(2)旅行社公共关系

旅行社公共关系指旅行社为了取得旅行社内部及社会大众的信任与支持，为自身的发展创造最佳的社会关系环境，在分析和处理自身面临的各种内部和外部关系时，所采取的一系列决策和行为。旅行社公共关系对于塑造旅行社富有魅力的公众形象，提高旅行社的知名度与美誉度，以增强其市场竞争力具有重要的作用。具体表现为以下几个方面：美化旅行社形象，提高旅行社信誉；有利于选择与确定旅行社和产品的市场定位；协调旅行社内外关系，增强旅行社凝聚力。旅行社常用的公共关系促销方式主要有新闻报道，特别活动，赞助、支持公益活动和旅行社内部的公关活动四种。

旅行社通过以上公关活动，可使旅行社与社会公众联系密切，提高旅行社的知名度，为旅行社创造良好的市场形象，从而影响旅游者的购买行为。旅行社应根据自身的不同情况、不同时期的促销目标来开展各项卓有成效的公关促销活动。

(3)旅行社营业推广

旅行社营业推广，指旅行社在某一特定时期与空间范围内，通过刺激和鼓励交易双方，并促使旅游者尽快购买或大量购买旅游产品及服务而采取的一系列促销措施和手段。从这一定义中不难看出，旅行社营业推广强调的是在特定的时间、空间范围内，采用一系列的促销工具，对供需双方进行刺激与激励，其直接效果是使旅游者产生立即购买或大量购买的行为。旅游营业推广的作用表现在以下四方面：促使消费者试用产品；劝诱试用者再次购买；增加消费；对抗竞争。旅游营业推广的方法主要有以下几种：

①赠送产品。赠送产品是指免费向旅游消费者和旅游中间商提供旅游产品，邀请旅游消费者和旅游中间商到旅游目的地进行免费旅游活动。

②赠送优惠券。向消费者赠送优惠券，消费者持优惠券购买产品，可享受优惠价格。

③赠送礼品。赠送礼品是指对购买者赠送礼品，如旅行社对所组织的旅行团成员赠送手提包、小钱袋、袖珍半导体收音机等礼品。

④销售折扣。销售折扣是指对消费者和中间商所购买和推销的产品给予一定的折扣。

⑤津贴或补贴。津贴或补贴方面的奖励主要是针对旅游中间商的。旅行社为刺激和鼓励中间商对产品加大推销力度，从而增加产品销量，而对旅游中间商的广告、宣传费用等给予一定的津贴或补贴。津贴有广告津贴、宣传册津贴、陈列窗津贴等。

⑥产品展销。产品展销是旅行社开展营业推广的一个重要方式。不论是国内的还是国际的产品展销会，都是直接接触诸多旅游中间商和广大消费者的好机会。旅游产品展销可以将各种促销手段集于展销厅或展销台，其往往是美术、摄影、书法、图表、出版物、音像、手工艺品等的综合体现。

⑦编发宣传品。编发宣传品的主要目的是向旅游者提供有关本旅行社及其产品的详尽情况，使他们相信本旅行社的旅游产品优于竞争者。

⑧组织销售竞赛。组织销售竞赛主要适用于旅游中间商及本旅行社的推销人员。一般由旅行社发起，通过有奖问答或设立销售额奖等形式，激发他们销售本旅行社产品的兴趣和积极性。对于获奖者，旅行社将给予一定的物质和精神奖励，如免费旅游、提高折扣和佣金等。由于这种方法能有效地激发销售人员的积极性，因而被大多数旅行社定期或不定期地采用。

六、旅行社网络营销策略

(一)旅行社网络营销的优点

旅行社网络营销可以超越时间和空间的限制进行信息交换，跨越时空达成交易；互联网的多媒体功能使旅游网络营销集中，图、文、声兼备的各种媒体的传播形式创造出可视的虚拟环境，立体化地传播旅游信息；旅行社网络营销具有高度的整合性，可以将旅游产品生产、售价、渠道、促销、市场调研、咨询、交易、结算、投诉等所有旅游事务整合办理、“一网打尽”；旅行社网络营销具有无与伦比的高效率，信息量最大、精确度最高、更新最快、传递也最迅捷；旅行社网络营销最具经济性，省去租金、水电、人工成本等大笔费用，节约印刷费与邮递成本，大大降低了运营损耗；旅行社网络营销特点突出，优势明显，目前我国旅游网络营销业务迅速发展，旅游网络营销系统在不断完善。

(二)旅行社网络营销组合策略

旅行社网络营销以IT技术手段为基础，驱动旅行社营销发生彻底的变革。它集传媒与交易场所于一身，利用国际互联网进行旅行社营销活动，因而赋予旅行社营销以崭新的内涵。有鉴于此，旅行社的旅游网络营销应推行下列营销组合策略。

(1)推行旅游产品形象

传统旅游产品的特点是“购买在先，消费在后”，游客在购买前是触摸不到旅游产品实体的，而通过网络营销进行的旅游产品形象策略，可以充分利用旅游网络的多媒体功能，将旅游产品的虚拟形象立体化、仿真化地在旅行社网站上展示出来，使游客在网络空间中看到旅游产品的形象，认识旅游产品的价值，甚至可以通过虚拟网络旅游感受旅游产品的魅力，强化旅游产品形象在游客心目中的定位。

(2)旅游产品价格公示

旅行社应充分利用旅游网络的媒体功能和互动功能，将旅行社的各种旅游产品和产品价格组合列表公示，使游客在旅游网络空间中同时看到大量同类旅游产品的价格，认识旅游产品价格的合理所在，并通过互动调价拿到自己满意的购买价格。

(3)建立旅游网络化直销渠道

旅游网络销售，使旅行社得以将旅游产品的虚拟化形象、虚拟化消费、旅游咨询、旅游订购集中展示，在跨时空的状态下让游客与旅游产品销售商甚至旅游产品生产者坐在一起进行交易，形成全新的直接销售渠道。通过网络销售，旅行社、旅游产品生产旅行社、产品零售商取得了越来越大的市场主动权，但同时，旅游中间商、代理商的地位也受到了巨大冲击，应当及时研究新的应对策略。

(4)强化旅游促销

旅游网络促销策略，就是要充分发挥互联网互动式的传播功能，借助丰富的网络传播方式，进行旅行社和旅游产品以及旅游目的地形象的促销宣传。其主要做法有：网络广告促销、虚拟网游促销、开展网络公关等。

复习思考题

1. 简答旅行社的含义。

2. 简答旅行社营销的定义。
3. 旅行社常见的基本业务有哪些?
4. 简述旅行社常见的产品及其特征。
5. 影响旅行社产品设计的因素有哪些?
6. 简答旅行社产品设计的原则。
7. 简述旅行社产品的开发程序。
8. 简答旅行社市场细分、目标市场选择、市场定位的含义。
9. 简述旅行社市场营销组合策略包含的内容。

项目实训

一、实训任务

为某一当地旅行社进行市场细分、目标市场选择、市场定位及制定相应的市场营销组合策略。

通过实训使学生掌握旅行社市场细分、目标市场选择、市场定位及市场营销组合策略的操作流程和规范。

二、实训要求

做好充分的准备工作，对背景客户和背景旅行社要有详细的了解。

实训拜访环节，要具备应有的礼貌礼仪、较好的沟通方式、较强的谈判能力。

态度认真、勤于动手、勤于观察、勤于思考。

三、准备工作

知识准备。知识准备包括拜访流程、礼仪礼貌、推销手段和技巧、沟通技巧、谈判技巧等。

资料准备。以当地一家旅行社和学生所在学校为背景单位并收集相关资料。

人员准备。每组选派两位同学，分别扮演旅行社销售人员和所在学校的工会主席。

四、实训任务与过程

确定要拜访的旅行社和旅行社要细分的某一市场。旅行社销售人员或许会面临众多客户，有散客、有中间商客户、有单位团体客户等。不同时期，不同客户的重要性呈现差异性。销售人员应根据旅行社经营情况和自身销售情况，同时根据客户的方便时间，妥善安排客户的拜访顺序，在正确的时间拜访正确的客户。

向客户提出拜访申请。电话联系客户，礼貌地提出拜访申请，征得同意后，与客户确定拜访的时间、地点和主要内容。

研究客户。研究包括客户的需求情况、消费能力、可能的旅游意愿、客户爱好、性格特征、团体客户关键代表的个人习惯等。只有对客户有充分的研究和了解，才能确保面对面沟通的顺利进行。

准备拜访资料。根据客户需求，准备好包括旅行社宣传册、销售人员名片、产品介绍等资料。条件允许，准备拜访礼物。

撰写访客计划书。访客计划书的内容包括客户地址、电话、客户类型、访问动机、面谈时间、所需求的产品、销售预测等。

拜访客户。按约定的时间、地点拜访客户。拜访过程中，应根据顾客需求礼貌地介绍产品，帮助客户设计旅游方案，尽力达成销售目的。

填写客户拜访记录。包括拜访的简要过程、获得的客户最新信息、销售进展以及未来跟进的建议等。

作出实训报告。

项目九　掌握旅游饭店营销

☞ **知识目标**
1. 掌握旅游饭店市场营销的概念
2. 掌握旅游饭店产品的特点
3. 掌握旅游饭店市场营销常见的方法
4. 熟知旅游饭店市场营销组合策略
5. 熟知旅游饭店新型营销策略

☞ **技能目标**
1. 能根据旅游饭店产品特点分析具体某一产品的特色
2. 能利用旅游饭店市场营销常见方法为具体饭店做营销策划
3. 能为具体某一旅游饭店策划市场营销组合策略

成功案例展示

2016 年中国饭店市场最值得关注的 10 大趋势

伴随着全球经济发展放缓和国内市场变化，2015 年可以称得上是中国酒店业风起云涌的一年。从 OTA 巨头的合纵连横，到海内外大型酒店管理集团的兼并收购，再到酒店与各类企业的跨界合作……业内大事一件接着一件。与此同时，酒店新常态、合并与收购、互联网 +、战略联盟、跨界合作、分享经济、酒店资产证券化等热词成为业界关注和讨论的热点。

1. 全球酒店业经营进入下降周期，中国酒店业经营进入调整期

过去 10 年间，全球五星级酒店的每间客房平均收入年均增长率不超过 2%，若考虑通货膨胀率，可以说是负增长状态。国内市场同样经历寒冬，2014 年全国 12803 家占 94.02% 的星级酒店亏损 59.21 亿元，成为有史以来最大亏损年。2016 年中国酒店业总体仍旧处于低谷，部分城市会有好转现象，但上升通道和下降通道取决于各地不一的供求关系。

2. 酒店跨界合作模糊相关产品和服务之间的界限，生活方式酒店获得更大发展空间

共生共融已成为互联网时代的常态，而跨界融合也成为当前酒店企业创新经营的一条路径。酒店与其他行业的跨界合作越来越多，方式也越来越多样。在互联网时代里，无论是产品形式还是服务方式的创新，从生活方式上探索客户的真正需求，才能成为客户的心头喜好。

3. 智慧酒店有进一步表现，人工成本和能耗预计有所降低

智慧酒店从互联网时代进入移动互联网时代，一项关键性的因素就是网络覆盖，尤其是WIFI覆盖。当前酒店业，智慧化发展模型千差万别，有酒店独自发展的，如华住集团自己研发的自助入住系统，使入住由3分钟变成25秒；也有紧密牵手社交媒体发展的，如街町酒店的“自助选房、微信开门、微信客服、微信支付”生态闭环；更有抱团发展的，如由开元领衔的六大集团联盟。行业之间的跨界、联动与融合成为趋势。

4. 伴随着公民收入提高和旅游热情上升，中国度假酒店建设出现新高潮

中国旅游研究院数据显示，2014年旅游业实现平稳增长，国内旅游人次36亿，全年旅游总收入约3.25万亿元。据各省统计数据，十一黄金周排名前五名的省份旅游总收入均超过200亿元，全国人民旅游热情一片高涨。如何挖掘客户需求，是中国度假酒店持续需要关注的重点。

5. OTA加速布局在线度假领域，预订系统重组是大势所趋

目前携程作为OTA平台领军者，不断进行大平台布局，从机票、酒店、度假进行平台化开发，推出景区酒店自由行方式推动度假业务发展。收购Travelfusion后，又加速布局海外市场，在海外拓展当地资源，抢占出境游市场；而首旅酒店已与阿里、石基实行战略合作，针对酒店PMS进行开发，布局酒店O2O。面对利益空间不断压缩的困境，在线领域预订系统重组或是趋势。

6. 酒店管理模式选择方向多元化，逐步与国际接轨，本土品牌影响力持续放大

高星级酒店在中国发展的黄金十年，也是国际品牌在中国开疆扩土的黄金十年。伴随着国内房地产政策的收紧，开发商对引进高端品牌之后的酒店投资回报有了更理性的审视。于是，越来越多的开发商开始试探委托管理之外的其他模式，中国酒店市场环境的逐步成熟，也使得品牌集团开始考虑开放特许经营、策略联盟模式的可行性。

国内酒店集团自然也不甘落后，以万达、绿地为首的房企在跟大牌酒店管理公司合作多年后终于出徒，强势推出自主品牌并已拓展到海外。我们乐于看到本土酒店能够打造成令人骄傲的国际品牌，实现全球化扩张。

7. 旅游饭店业向住宿业过渡，饭店业态趋向多元化

行业新常态下，酒店市场需求发生了很大变化。需求结构的调整、消费主体的变化、消费诉求的升级、互联网渗透到消费习惯和消费方式的方方面面等趋势，都使得饭店业态多元化成为新常态下的必然要求。新一代的消费人群对个性化产品和服务的需求，催生了传统星级之外的业态，短租公寓和客栈民宿风头正劲，未来的酒店可能只有一间客房，也可能是酒店+。

8. 行业协会改革将进一步推进，各地协会将会有更多的自主权

目前旅游行业协会会员单位已覆盖全国60%以上的旅游企业，成为旅游业发展的重要力量。“去行政化”改革将让协会有更多的自主权。

9. 互联网并购越来越多，国内即将迎来产生国际性大公司的机会

携程收购艺龙在相当一部分业者心中是当之无愧的年度大事件，但携程的计划显然不止于此，从其战略投资途家、订餐小秘书、易到用车、一嗨租车、蝉游记、途风、鹰漠等一系列上下游产业链企业可以窥见一斑。相比国内集团之间的并购，万达、绿地、海航等已经把触角伸到海外多个城市和地区的企业，同样值得期待。

10. 住宿业分享经济影响和覆盖的范围持续扩大，非标住宿规范发展

国务院办公厅2015年11月19日以国办发〔2015〕85号发出《国务院办公厅关于加快发展生活性服务业促进消费结构升级的指导意见》，提出“积极发展客栈民宿、短租公寓、长租公寓等细分业态”，将这些业态定性为生活性服务业，为民宿客栈、短租公寓等非标住宿经营模式提供了法律支撑，同时也规范了其经营模式。需求多元化和消费诉求的升级将为分享经济的进一步发展培育了土壤，传统酒店集团也有可能会进入这个领域。

（资料来源：中国旅游报）

思考：根据案例分析我国饭店业面临的市场状况。

任务一　分析旅游饭店营销概述

【案例导入】

剧场夜生活倾倒众老外

在北京，想听京剧并不是什么难事，但要像前门旅游饭店这样将京剧做得韵味深长，并上升到“文化夜生活”的高度就不是那么简单的事情了。

在前门旅游饭店，剧场365天天天开放，而且只演京剧。中国京剧院下属的五六个团，轮流来演出。外国人听不懂中文，也不了解中国文化背景，武打可以，但如果尽是武戏，文化性又太弱。所以每次京剧演出都必定有文有武，载歌载舞。两个小时内不只演一出戏，时间拖久了旅游消费者会腻烦，于是选的是折子戏。比如将“武松打虎”“天女散花”和“雁荡山”组合在一起就能让人们轻松地度过一个晚上。

进剧场前，先有一份英文说明书，以便观众了解剧情。开演后，两边都设有电子屏幕，唱词都配有即时译文。这还不算稀奇，更难得的是这些译文都是出自翻译专家之手，选词造句极见功力。

所有的精心努力都自然会得到应有的回报，剧场里的外国友人个个精神抖擞，忙着边欣赏唱腔唱词、舞蹈艺术和武术，边品味神奇的东方文化。对于他们来说，这是在自己国家闻所未闻的异质文化，只有亲临中国，才能享受得如此真切、地道。

剧场的布置也无处不营造着浓厚的民族文化气氛。台口是个古建筑的牌楼，两侧书有一幅巨幅对联。四壁各色大脸谱高悬，背后是一道长屏风，每幅屏风上都画着一出著名的京剧。观众席是一张张明代大八仙桌，上置古代茶具，服务员身着民族服装，手提大铜茶壶，穿梭于其中。

特色营销体现旅游饭店的价值、文化和竞争力，有无特色关系到旅游饭店的前途。旅游饭店经营者应加大开发力度，运用创新思维和创新技法整合现有各种资源以达到突破性成果，创造旅游饭店的营销特色。

思考：案例中，前门旅游饭店在特色营销上做了哪些方面的工作？

知识学习

一、旅游饭店市场营销的概念

旅游饭店是以住宿、餐饮、娱乐、健身、购物、商务等设施为凭借，为旅游消费者提供吃、住、行、游、购、娱等多功能服务的现代化综合性服务企业。旅游饭店一般具备四要素：建筑物为核心组成的接待设施、能提供住宿服务，同时也可以提供旅游消费者需要的其他服务、服务对象广泛，但主要是外出的旅游者、以盈利为目的的商业性组织等四要素。

旅游饭店市场营销是指通过研究旅游饭店市场供求的变化，以满足旅游消费者的需求为中心，提供能够使旅游消费者满意的产品，从而使旅游饭店实现最大社会效益、经济效益的经营管理活动。

二、旅游饭店产品的特点

（一）旅游饭店产品的无形性

从本质上讲，旅游饭店的主要产品是服务。旅游饭店借助有形的设施设备和物品原料来提供无形的服务产品。由于服务的无形性，旅游饭店工作人员很难向旅游消费者展示其质量的优劣，给营销活动带来了难度。而旅游消费者在购买旅游饭店产品之前，也很难对服务质量进行检验，容易产生犹豫。

因此，旅游饭店应使无形的服务有形化，尽量提供各种有形的证据来吸引顾客，如训练有素的服务人员、干净整洁的环境、美观大方的装饰等等。

（二）旅游饭店产品价值的不可储存性

有人曾经说过，世界上有三种最不易储存的东西：一是旅游饭店的客房；二是飞机的座舱；三是律师的时间。意思就是，旅游饭店的客房不像其他的商品，卖不出去可以储存起来，以后继续销售。而旅游饭店的客房，今天卖不出去，今天的价值就永远失去了。旅游饭店产品价值的不可储存性，要求旅游饭店在营销工作中采取合适的营销策略。为避免资源闲置，应尽量采取灵活的价格政策。比如淡季，针对一些旅行社推出的特色线路产品，可给予较为优惠的房价，以增加淡季入住率。

（三）旅游饭店产品的不可移动性

普通商品在销售的过程中是“物流”，即商品向旅游消费者所在地移动，而旅游饭店等旅游产品是“客流”，即旅游消费者向产品所在地移动。由于旅游饭店产品通常是以相应的建筑物为依托的，旅游饭店无法将其产品做空间上的转移，旅游消费者到达某地，只能入住该地的旅游饭店客房，这就使营销活动丧失了灵活性。如某一旅游饭店集团在多个城市拥有成员旅游饭店，其中一个旅游饭店由于客满而无法为抵店客人安排房间，即使其他城市的成员旅游饭店有剩余客房，也不可能将其运输到该地使用。

（四）旅游饭店产品生产与消费的不可分割性

一般商品从生产到消费往往要经过储存和运输等一系列的中间环节。而旅游饭店产品的生产与消费过程往往是不可分割的，生产开始的同时，消费也即刻启动，消费结束时生产也不再进行。而旅游消费者也只有直接参与到生产的过程中才能消费到旅游饭店产品。

因为旅游消费者直接参与生产过程，这就可能导致同样的生产过程却产生不同的结果。

同样的服务人员，同样的服务环境，顾客不同，服务效果就可能会产生差异。旅游消费者的素质、消费经历、甚至消费时的心情都可能对消费行为产生影响，这些都给旅游饭店营销工作带了严峻的挑战。

(五)旅游饭店产品需求的季节差异性

不论是何种类型的旅游饭店，都会有需求的淡旺季。度假型旅游饭店在旅游旺季顾客盈门，淡季顾客很少，这时很多旅游饭店甚至采取员工放假、封闭楼层等措施；而商务型旅游饭店则在节假日、周末等时间生意冷清，工作日期间生意火爆。

旅游饭店产品需求的季节差异性给营销工作带来了难题。旅游饭店营销人员必须解决的问题是如何设法在旺季扩大生产能力，在淡季创造较多需求来平衡需求与供给之间的矛盾。

(六)旅游饭店产品的不可专利性

旅游饭店产品和其他旅游产品的组成部分一样，通常是不可以申请专利的，除了旅游饭店的名字和标记之外，一家旅游饭店不可能为自己设计的客房装饰、中西菜肴、服务方式等申请专利。这就导致了旅游饭店设计的新产品经常被其他竞争旅游饭店所模仿。旅游饭店营销人员必须具有创新意识，在创新产品成为普及产品之前，及时做好产品的更新换代工作，使旅游饭店产品“永葆青春”。

三、旅游饭店市场营销的方法

(一)营销分析及市场调研

在旅游饭店营销活动的过程中，营销分析及市场调研是非常重要的环节。因为旅游市场营销环境不断地变化，旅游消费者需求也在不断地改变，而且，竞争对手的状况也会有所不同，这一切都需要通过分析和调查研究才能被旅游饭店经营者所了解和掌握，并且运用到自身的营销活动中去。

1. SWOT 分析

旅游饭店企业在生产活动的过程中，必然受到其所在营销环境中各种因素的影响。这些营销环境因素对旅游饭店的营销管理者来说，都是不可控制的因素，营销管理者的任务是正确设计自身的营销组合(即企业的可控因素)，使之与不断变化的营销环境(即不可控因素)相适应。因此，旅游饭店企业应重视对营销环境的分析调查，然后据此确定企业的营销策略。

企业的营销环境可分为外部环境和内部环境两大类。外部环境又可分为微观环境和宏观环境。微观环境包括企业、供应商、分销商、顾客、竞争对手和社会公众等；宏观环境包括人口环境、经济环境、自然环境、技术环境、政治环境等。而内部环境指的是企业自身的竞争实力。在西方，常用 SWOT 的分析方法对企业的营销环境进行分析。其中 S 指的是 Strengths(优势)、W 指的是 Weaknesses(劣势)、O 指的是 Opportunities(机会)、T 代表 Threats(威胁)。

2. 市场调研常用的方法

在市场调研的过程中，信息是非常重要的，尤其是关于顾客、竞争对手、中间商以及其他营销环境方面的信息，这些信息可以通过二手调研和一手调研等方法获得。

(1)二手调研

二手调研是指使用现存的数据及资料。二手资料收集相对容易，花费的精力和金钱较少，但有局限性，可靠性较低。二手资料一般可分成两部分，旅游饭店内部二手资料和外部二手资料。

旅游饭店内部二手资料主要包括日常财务报表、旅游消费者资料记录等；外部二手资料主要来自政府机构、行业杂志、研究机构等提供的相关数据。

(2)一手调研

由于二手资料的有效性较低，为了使旅游饭店管理者获得足够的、准确及时的信息，调研人员还需要进行一手资料的收集和分析。一手调研的特点是直接、及时、准确性高，但也有其局限性，表现在耗时、花费大量人力、财力和精力。

一手调研通常使用的是定性分析和定量分析两种方式。定性分析是对所调研的内容进行描述性的分析，一般包括观察法、人员访谈法和小组讨论法；定量分析是指通过量化指标来收集和分析所需资料，主要包括电话调查、顾客问卷调查等方式。

(二)STP 营销

任何一个旅游饭店企业或集团，都不可能全面满足千差万别的顾客需求，更不可能为所有的购买者提供产品和服务。所以，旅游饭店需要实行“STP”营销，即旅游饭店在对市场需求测量和预测的基础上，实行市场细分(Segmenting)、选择目标市场(Targeting)和市场定位(Positioning)。

1. 市场细分

市场细分是指旅游饭店经营者按照旅游消费者的不同特征，将总体市场划分为若干需要不同产品和营销组合的亚市场，如商务市场或旅游团队等。其中每个亚市场都是一个有相似需求的购买者群。

(1)市场细分常用的方法

①地理因素细分。地理细分是指按不同的地理单位将旅游市场划分成若干个亚市场。针对我国的国际旅游市场，我国许多高星级旅游饭店都是采用国家这一地理因素来划分市场，如日本、美国、英国等，旅游饭店可以根据自己的特点和以往的经营情况来确定自己的主要客源，然后集中自身资源来进行目标营销。

②人文因素细分。人文细分是按年龄、性别、家庭人数、家庭生命周期、职业、教育程度、宗教、社会阶层、民族等人文因素，将旅游者划分为不同的购买群。人文因素是在众多细分领域中广泛应用的分类指标，经过这种细分的结果相对来说比较清晰和准确。比如根据年龄因素，将市场细分为老年旅游者、中年旅游者及青年旅游者等亚市场。根据性别来细分市场，又可以将其划分为男性旅游者和女性旅游者两个亚市场。随着女性外出旅游消费者的逐渐增多，很多旅游饭店专门开设了女性楼层，满足女性旅游消费者追求安全、洁净、温暖的需求。

③心理因素细分。与地理因素、人文因素不同，心理因素更为主观，测量相对困难，以此划分出来的细分市场也不太容易衡量。但是，营销人员还是喜欢尝试用这种方法细分市场，因为人的需要、认知、态度、个性等心理因素，决定其行为和生活方式。比如，从需求角度看，旅游消费者进入旅游饭店是为了满足不同的需要。有的只是为了解决生理上的需要，如吃、住、休息等；有的是为了满足社交需要，寻找合适的社交场所；还有的是

满足更高层次的需要，如得到别人的尊重或自我实现等。

④行为因素细分。行为细分是指根据旅游者的购买时间、购买地点、购买习惯、购买频率、品牌忠诚度等行为因素将旅游市场进行划分，如我们可以根据购买频率将旅游消费者划分为不经常使用者、使用次数中等者和经常使用者，经常使用者大多为商务旅游者，对旅游饭店所提供的服务了如指掌，他们是十分挑剔和难于满足的旅游消费者，但是其购买频率频繁，消费金额高，可以为旅游饭店带来较大利润。

(2) 市场细分的原则

如果将以上细分因素交叉使用，就可以细分出很多亚市场，但是并非所有的细分市场都有实用意义。为了提高市场营销活动的效率和针对性，市场细分必须遵循以下特性：

①可衡量性。经过市场细分后，每一个市场细分的规模、购买潜力等是可以衡量的。

②可进入性。如果发现一个细分市场，但并不能进入该市场为其提供有效的服务，那么这种市场细分没有意义。

③可获利性。市场细分范围必须合理，只有具备相当规模的市场容量和购买力的细分市场，才有进入的意义。

④可行性。旅游饭店必须有足够的资源来设计出吸引和满足该细分市场的有效营销组合。

⑤持续性。该细分市场应具备相应的时间性，能够在市场上持续较长时间，使旅游饭店获得较为长远的经济效益。

2. 选择目标市场

旅游饭店在市场细分的基础上，可以选择一个或若干个亚市场作为企业的目标市场。旅游饭店常用的目标市场营销策略主要有以下三种。

(1) 无差异营销策略

无差异营销策略，即旅游饭店将整个市场看作一个整体，不考虑旅游消费者对产品需求的差别，决定提供一种产品，采用同一套市场营销方案来吸引所有的顾客。

无差异营销策略的优点是适合发展规模经济，成本非常经济。缺点是忽略了旅游消费者需求的差异，潜藏着失去顾客的危险；而且市场竞争激烈，一些较小的细分市场的需求无法满足。

(2) 差异性营销策略

差异性营销策略，即旅游饭店针对每个旅游细分市场的需求特点设计不同的产品，采取不同的市场营销方案，满足各个细分市场上不同的顾客群。差异性营销策略的优点是可以有针对性地满足不同顾客群的需求，而且由于企业在多个细分市场上经营，在一定程度上可以减少经营风险；缺点是营销成本过高，可能引起企业经营资源和注意力的分散，不利于核心竞争力的形成。

(3) 集中性营销策略

集中性营销策略，即旅游饭店选择一个或几个需求相近的亚市场作为目标市场，制定一套营销组合方案，力图在该细分市场上拥有较大的市场占有率。

集中性营销策略的优点是有利于提高企业在目标市场上的市场占有率和企业知名度，准确了解顾客需求。缺点是一旦市场的需求发生转移，企业将会面临危险。

以上三种策略各有不同的适应情况，旅游饭店经营者可以根据自身的资源状况、产品特色、市场情况、竞争对手等因素进行选择。

3. 市场定位

市场定位，是指企业为自己的产品和服务在市场上树立一个明确的、有别于竞争者的、且符合旅游消费者需要的地位。具体来说，市场定位是针对目标市场确定、建立一个独特的产品形象，并对产品的整体形象进行设计、传播等，从而在目标旅游消费者心目中占据一个独特的有价值的地位的过程或行动。

市场定位的着眼点是目标旅游消费者的心理感受，途径是对产品整体形象的设计。通常企业可以通过创造产品差异、服务差异、价格差异、目标群体差异来树立起有别于竞争对手的、独特的市场形象。准确的市场定位是旅游饭店取得成功的重要前提。

任务二 掌握旅游饭店营销策略

一、旅游饭店市场营销组合策略

营销组合，即企业的综合营销方案，企业根据目标市场的需要和自己的市场定位，对自己可控制的各种营销因素(产品、价格、渠道、促销等)的优化组合和综合运用，使之协调配合，扬长避短，发挥优势，以取得更好的经济效益和社会效益。营销组合的典型模式是4P模型，即产品(Product)、价格(Price)、促销(Promotion)和分销渠道(Place)。这四个词的英文字首都是“P”，故简称4P模型。

(一)旅游饭店产品策略

饭店产品是营销组合的第一个要素，也是最重要的、具有决定性的因素，其他策略都要以饭店产品策略为基础。

1. 旅游饭店整体产品观念

一个完整的旅游饭店产品应由核心产品、外形产品和延伸产品三部分构成。

核心产品，即产品的核心效用，是旅游消费者所要购买的旅游饭店产品的实质性内容。不同人对旅游饭店产品的需求是不同的，如普通旅游消费者在旅游饭店就餐是为了免受饥渴之苦，而商务旅游者在旅游饭店宴请宾客则是为了显示其身份和地位。营销人员的任务，就是要发现隐藏在产品背后真正的需要，把目标旅游消费者所需要的核心利益和服务提供给旅游消费者。

外形产品，即旅游饭店旅游消费者可以感知的旅游饭店产品的质量、特色、风格、声誉、建筑等部分，如旅游饭店的地理位置、建筑风格、服务特色等。可见旅游饭店的核心产品只是一个抽象的概念，必须通过旅游饭店产品的外形部分才能销售给顾客。

延伸产品，即旅游消费者购买旅游饭店产品时所得到的附加利益的总和，如优惠条件、个性服务等。延伸产品对旅游消费者来说并不是必须的，但在很大程度上影响旅游消费者对旅游饭店的选择，所以，许多旅游饭店为了留住老客户，吸引新客户，都会在延伸产品上做足文章。

总之，旅游饭店产品包括有形的与无形的、物质的与非物质的、核心的与附加的等多方面的内容，只有弄清旅游饭店整体产品的含义，才能真正以顾客为中心，全面满足顾客需求。

2. 旅游饭店产品生命周期

旅游饭店产品的生命周期是指某种旅游饭店产品从投入旅游市场开始，不断成长，逐渐成熟，最后被旅游市场所淘汰的整个销售历史，是指某种旅游饭店产品在销售过程中的变化由顾客的需求变化所决定。

根据产品生命周期理论，一种典型的产品在市场上销售的过程中，根据其销售量和利润的变化，可以分为投入期、成长期、成熟期和衰退期四个阶段。

投入期，是指新产品上市之初，这时产品知名度较低，销售普遍缓慢；由于企业的广告宣传费用较高，企业利润较低甚至亏损。

成长期。经过投入期，旅游消费者对产品有了一定的了解，如果被市场所接受就开始进入成长期。这个阶段销售量迅速增长，利润也显著上升，市场竞争开始，仿效产品出现。

成熟期。产品销售量的增长速度明显放慢，销售和利润的增长达到顶峰后速度渐趋缓慢，并开始呈现下降趋势，这个阶段被称为成熟期。这个阶段竞争比较激烈，营销费用增加。

衰退期。这个阶段由于供给逐渐饱和，竞争激烈或者替代产品逐渐出现，产品销售明显下降，利润逐渐降低，最后因无利可图而退出市场。

3. 旅游饭店产品组合策略

旅游饭店提供给旅游消费者的不仅仅是单一产品，而是包括餐饮、住宿、康乐等多种经营项目的产品组合。旅游饭店管理者在设计旅游饭店产品组合时，经常采取的组合策略如下：

增加旅游饭店产品组合的宽度。宽度即增加旅游饭店生产经营的产品种类，比如某旅游饭店原来没有康乐项目，现在根据顾客需求，增加了康乐项目。这种策略可以扩大企业经营范围，提高市场占有率，增强竞争能力，对于资源比较充分的大型旅游饭店或旅游饭店集团比较适合。

扩大旅游饭店产品组合的长度。长度是指旅游饭店所有产品线中的产品项目总和。例如某旅游饭店原有中餐厅和西餐厅两种餐厅，现在增加了日式餐厅。扩大产品组合的长度，可以使旅游饭店的产品线更加丰满，更好地满足旅游消费者需求。

增加旅游饭店产品组合的深度。深度是指产品线中每种产品所提供的花色、规格的多少。比如增加旅游饭店西餐厅所提供菜肴的花色品种。增加旅游饭店产品组合的深度可以吸引更多旅游消费者，适应不同层次的顾客。

4. 新产品开发

旅游饭店产品日新月异，市场竞争激烈，旅游饭店要持久地占领市场，必须不断开发新产品，才能保持旺盛的生命力。

旅游饭店新产品的概念是指从生产技术、经营策略、产品功能和目标市场等角度衡量的具有一定新颖性或创新性的产品形式。

旅游饭店新产品的开发一般要经历以下六个步骤：

①构思。即寻找新产品创意。来源一般是顾客、一线员工、竞争对手等。

②筛选。根据企业内外部情况进行挑选。主要根据市场竞争状况和企业内部资源状况进行选择。

③可行性分析。详细分析这一新产品在市场上的可行性，即详细审核预计销量、成本、利润和投资收益率等。

④产品开发。经过商业分析，如有开发价值，即可进入实际开发阶段。主要工作为筹集资金、购买设备、培训员工等。

⑤试销。为降低风险，旅游饭店应尽可能地开展小规模的试销活动，以观察市场反应，确定新产品正式上市的营销方案。

⑥正式上市。根据营销方案，选择适当的时机，面向适合的目标市场，采用适合的营销组合将产品推向市场。

（二）价格策略

价格是旅游饭店经营中最为敏感的因素，价格制定得合理与否直接影响到产品需求量的多少和利润率的高低。对于旅游饭店管理者而言，必须掌握正确的定价方法，合理制定价格，才能为旅游饭店创造良好的社会和经济效益。

影响旅游饭店价格的主要因素是产品成本、市场需求与竞争状况。因此，旅游饭店定价经常使用的方法主要有以下三种：

（1）以成本为导向的定价方法

成本导向定价法就是以产品的总成本为中心来制定价格的一种方法，以产品成本加企业盈利作为产品的价格。具体方法有盈亏平衡定价法、千分之一定价法、成本加成定价法等。但是这种定价方法只考虑企业自身的成本，而忽略了市场方面的诸多因素，因此具有一定的局限性。

（2）以需求为导向的定价方法

以需求为导向的定价方法是依据旅游消费者对产品价值的认知和需求强度来定价，即定价的主要依据是旅游消费者对旅游饭店产品的认知价值，并非产品的实际价值。旅游饭店管理人员可以运用各种营销策略和手段，影响旅游消费者对旅游饭店产品的认知，使其形成对企业有利的价值观念，然后再根据认知价值来制定价格。

（3）以竞争为导向的定价方法

以竞争为导向的定价方法主要考虑市场的竞争因素，以行业的平均水平或者主要竞争者的价格水平为基准，然后根据自身产品的优劣势，制定旅游饭店产品价格。

（三）促销策略

旅游饭店促销是指旅游饭店将有关产品和服务等信息通过各种方式传递给旅游消费者，促进其了解、信赖和购买，以达到扩大销售的目的。促销的实质是旅游饭店与现实购买者或潜在购买者之间的信息沟通。旅游饭店促销的主要方式有广告宣传、销售促进、人员推销等方式。

1. 广告宣传

广告是指旅游饭店支付一定费用，通过各种大众传播媒介（报纸、杂志、电视、广播、网络等)将商品信息传递给目标旅游消费者。广告不仅可以提高旅游饭店知名度，树立旅游饭店形象，而且有利于引导、刺激消费，创造需求。

(1)广告目标的确定

广告目标是指根据旅游饭店的营销组合，在业务发展的不同阶段，旅游饭店确定的广告要达到的具体目标。广告的目标一般有以下三种形式：

①开拓性广告。即以介绍为目标的广告，向旅游消费者介绍产品信息，刺激需求。这种广告一般适用于旅游饭店新开业或有新产品或服务推出时。

②说服性广告。指顾客对某种产品有需求，但没有形成品牌偏好的情况下，旅游饭店为了突出自己产品的特色，引导目标客户从竞争对手转向自身产品的诱导和说服性广告。旅游饭店处于激烈的市场竞争环境中常用这种广告方式。

③提示性广告。适用于产品的成熟期，主要目的是维护产品的市场地位，巩固旅游消费者的习惯性购买，提示顾客不要忘记该产品。

广告目标对广告预算、媒体选择等各方面的影响较大。广告目标不同，需要投入的成本也不同。

(2)广告媒体的选择

旅游饭店经常采用的广告媒体有电视、广播、杂志、报纸及户外广告等，每种媒体的费用预算和目标受众各不相同。选择哪种广告媒体一般要考虑旅游饭店的规模和实力、目标市场的定位和特点、重点推出的产品和服务的类型素。

(3)广告效果的评估

广告效果评估的内容很多，很难简单地用量化指标来衡量，主要从信息传递效果和销售效果两方面来进行测定，比如对旅游饭店名称、产品特点的记忆程度进行测定；对旅游饭店广告的知晓程度进行测定；对旅行社等常客的购买量做跟踪调查，比较广告前后的结果等。

2. 营业推广

营业推广又称销售促进，是指旅游饭店利用各种短期诱因鼓励旅游消费者购买。销售促进具有非周期性和灵活多样性，而且短期效果较为明显。

(1)营业推广的作用

①有效地刺激旅游消费者购买。通过营业推广，不但可以争取到新旅游消费者和竞争对手的旅游消费者，而且可以提高现有旅游消费者消费金额并促使其成为回头客。

②有效地加速新产品进入市场的过程。当旅游饭店推出某种新产品或服务的时候，旅游饭店可以通过新产品展示、价格优惠等手段促使旅游消费者立即购买。

③有效地提高淡季销量。在淡季，为了避免资源闲置，旅游饭店可以使用各种价格优惠、产品赠送等方式吸引顾客，以提高淡季销量。

(2)营业推广常用的方法

旅游饭店开展营业推广有很多方法，在此仅简单列举几种：

价格优惠。目前，很多旅游饭店都在节假日、重大活动期间或淡季使用优惠价格，以此招徕客源。

免费赠送。对于一些重要旅游消费者，如旅行社等中间商，旅游饭店可以邀请其免费住宿，以促使其了解旅游饭店产品，而当旅游饭店有新菜肴推出时，也会请部分旅游消费者免费品尝。

抽奖。旅游饭店经常会采取抽奖等活动，奖品可能是实物，也可能是免费的住宿或旅游优惠券。在旅游消费者结账时，旅游饭店有时会奉送优惠券，上面标明优惠的金额，以及使用期限。有些旅游饭店会将优惠券邮寄给旅游消费者或者免费派发，以促使旅游消费者购买。

赠送礼品。向旅游消费者或中间商赠送礼品也是促进感情交流与沟通的有效方法，有的礼品设计精美，小巧精致，起到了良好的宣传效果。

奖励积分。很多旅游饭店设有俱乐部。会员每次消费旅游饭店的产品，都可以根据消费积相应的积分，积分达到不同标准，即可兑换不同的奖品。奖品有的是本旅游饭店的产品，有的是其他相关企业的产品，如航空公司的免费里程数等。

特殊活动。各种旅游饭店美食节、啤酒节、圣诞晚宴等都是旅游饭店进行促销的良好活动。这些活动可以起到宣传旅游饭店、促进消费的目的。

3. 人员推销

推销是由旅游饭店派出推销人员或委派专职推销机构向目标顾客介绍和推销旅游饭店产品活动，是针对团队、会议和中间商销售非常有效的推销方式。

(1)人员推销的特点

一是传递信息准确，因为推销人员直接与目标顾客接触，清楚顾客需求，能有针对性地提供产品和服务；二是促成生意较快，销售人员可以根据顾客的反应，适时地提示旅游消费者尽快购买产品；三是树立旅游饭店的良好形象。优秀的推销人员可以树立旅游饭店的良好形象，增进旅游消费者以及中间商与旅游饭店的感情。但是人员推销的范围较小，而且对销售人员素质要求较高。

(2)人员推销的过程。一般来讲，我们把人员推销分为以下六个步骤：

寻找顾客。推销工作的第一步是发掘潜在顾客。旅游饭店推销人员可以通过现有客户的介绍，也可以通过查阅工商企业名录、电话号码簿等来寻找潜在的客户。

事前准备。在进行正式访问之前，推销人员必须掌握自身产品知识、顾客知识和竞争知识。即开始登门访问，与潜在客户开始面对面交谈。这时应注意给对方留下良好的印象，为日后的推销过程打下坚实的基础。

沟通阶段。在此阶段，客户对本旅游饭店的产品不够了解，销售人员应当通过双向沟通了解，给予相应的介绍和辅助性引导。

提出异议。推销人员应随时准备应付不同的意见。优秀的推销人员要善于倾听，及时消除顾客的疑虑，坚定其购买决心。

促成交易。如果顾客表现出购买意愿，推销人员应及时抓住机会。

售后追踪。顾客购买产品以后，推销人员应及时和顾客沟通，听取反馈意见，并利用满意的旅游消费者宣传旅游饭店，介绍新顾客。

(四)分销渠道策略

旅游饭店的分销渠道又称销售渠道，即出售或代理出售旅游饭店产品和服务的企业和个人。

(1)旅游饭店分销渠道的模式

根据产品到达最终用户所经历的中间环节的多少，可分为两种主要的模式，即直接销售渠道和间接销售渠道。直接销售渠道指旅游饭店产品不经过任何中间环节，直接由旅游饭店销售给最终用户；间接销售渠道是指旅游饭店产品从旅游饭店流向最终用户的过程中经过一级或一级以上的中间环节。按中间环节的多少，又可分为一级销售渠道、二级销售渠道和三级销售渠道等。

(2)旅游饭店中间商的作用

对于旅游饭店而言，直接销售易于控制和管理，而且利润较高。但是由于旅游饭店的最终用户人员众多，分布很广，而利用中间商可以弥补旅游饭店销售人力、财力和能力的不足，所以中间商对于旅游饭店产品的销售是非常重要的，其具体作用如下：

节省销售费用。利用中间商可以减少接洽次数、节省时间和人力，降低交易费用。

弥补旅游饭店销售能力的不足，扩大市场覆盖面。旅游饭店行业尤其是住宿业主要是外地客源，包括国外客源。任何旅游饭店都不可能也没有必要在世界各地进行直接推销，利用遍布各地的中间商，可以扩大旅游饭店的市场覆盖面，提高销售效率。

具有强于旅游饭店的销售能力。中间商和旅游消费者联系密切，更加了解市场需求，并且可以将旅游饭店产品组合到整个旅游产品中去，极大地方便了旅游消费者。

(3)旅游饭店分销渠道的选择

旅游饭店在销售过程中是选择直接分销渠道还是间接分销渠道，采用长渠道还是短渠道，利用哪家分销商，这些问题的决策，都属于旅游饭店分销渠道的选择过程。旅游饭店应综合考虑以下因素，慎重决策。

产品特点。商务型旅游饭店主要针对商务散客和会议旅游消费者，应尽量和客源市场直接接触，适宜采用直接渠道或短渠道；休闲度假型旅游饭店以旅游消费者为主，目标市场分散，多采用旅行社等中间商代理销售；高档次旅游饭店以国际客源为主，多采用中间商代理销售；而中低档次餐厅以社区顾客为主，多采用直接销售的方式。

市场特点。旅游饭店的目标市场定位、客源的地理分布等市场特点都影响分销渠道的选择。以高级商务旅游者为目标市场的旅游饭店，其主要的分销渠道就应是与高级商务旅游者密切联系的航空公司和会议组织机构；以普通旅游者为目标市场的旅游饭店，主要分销渠道应是经营大众旅游项目的旅游中间商。当旅游饭店的主要客源集中在某些特定地区，如香港、澳门等地，就应考虑在当地设立办事处直接销售；而如果旅游饭店的客源分布广泛，则需要使用较多的中间商以方便顾客购买。

旅游饭店自身条件。旅游饭店自身条件在渠道选择中有着重要的作用。旅游饭店规模决定了它的市场规模，以及它所要求的中间商能力的大小。旅游饭店的财务能力也决定了分销渠道的选择。财力雄厚的旅游饭店较为重视自身销售渠道的建设；而财力薄弱的旅游饭店则更多地依赖中间商代理销售。

二、旅游饭店新型营销策略

随着旅游饭店市场的日趋成熟，营销理念和营销方法也有了长足的发展。以下着重介绍几种新型营销策略。

(一)整合营销

传统营销以产品(Product)、价格(Price)、销售渠道(Place)和促销(Promotion)这4P作为基本的营销组合策略；而整合营销则提出了以旅游消费者(Customer)、成本(Cost)、沟通(Communication)及便利(Convenience)为主要内容的4C营销组合策略。4C理论是整合营销的核心理念，它从对企业经营者的研究转向对旅游消费者的关注，实现了“由内而外”到“由外而内”的巨大转变。4C理论的主要论点包括以下四个方面。

①旅游消费者。不要死守着现有的产品不放，应先研究旅游消费者的需求与欲望。不是卖企业所能生产的产品，而是要卖旅游消费者想要购买的产品或服务。为此，旅游饭店应该更注重顾客需求，开发符合目标客源需求的产品。

②成本。定价时不要先计算企业的成本和利润，而应先考虑旅游消费者愿意付出的全部成本。要同时考虑目标客源的经济状况、购买习惯和其他同类型产品的市场价位。

③沟通。要淡化促销，强调沟通。在这种沟通过程中，一方面旅游饭店通过广告、人员推销、销售促进等工具激发起潜在旅游消费者的购买欲望；另一方面，旅游饭店要积极地通过这些工具获得旅游消费者的需求信息，并及时有效地作出反应。

④便利。不要只盯住有限的几条渠道，要尽最大努力为旅游消费者的消费提供方便。要使旅游消费者更加便利和快捷地购买企业的产品。为此，很多旅游饭店建立了方便的网络订房系统，有的旅游饭店则加强了与旅行社、航空公司以及旅游经销商的联系，通过他们分销自己的产品。

(二)服务营销

服务营销的核心是服务质量。影响服务质量的因素主要包括人、设施、耗材、服务的一贯性和环境等。

①人。人是服务营销的一个要素。服务营销中的人，指的是服务人员和顾客。服务人员在服务过程中的表现，对于所提供的服务质量非常重要。因此，旅游饭店必须高度重视直接面对顾客的一线服务人员。首先，旅游饭店在招聘员工时就要注意其素质和个性是否符合行业的需要；其次，要加强对员工的培训，提高其服务技能；再次，对员工还要给予适当的授权，以鼓励员工为旅游消费者提供更好的服务；最后，旅游饭店要建立科学的激励机制，增强旅游饭店的凝聚力，调动员工的工作积极性。

顾客是影响服务质量的又一个重要因素。顾客的消费经历、自身的素质以及消费时的心情等都会影响顾客对旅游饭店服务质量的最终评价。

需要指出的是，服务质量并不直接等于旅游消费者的主观感知质量，它还与旅游消费者对服务产品的期望值有关，期望值受旅游消费者的个人需求、消费经验以及服务价格等因素的影响。所谓服务质量的优劣其实是旅游消费者将自己的感受值与期望值相比较的结果。具体表现为：服务质量=感受值-期望值。如果感受值低于期望值，旅游消费者就会对服务表示不满意，这样的服务可以视作劣质服务；反之，当感受值超过期望值，旅游消费者对于服务就会表示满意，此时的服务就是优质服务。

②设施。旅游饭店的服务质量，在很大程度上还取决于旅游饭店的设施设备。良好的、完备的设施才会给旅游消费者带来满意的体验。如果一个高星级旅游饭店，房内设施设备陈旧、舒适度差、经常出现故障，那么即使服务质量再好，旅游消费者也不会满意。

③耗材。旅游饭店服务的耗材主要包括餐饮产品的原材料、客房中的各种消耗品等，这些耗材的质量好坏也会影响旅游饭店的服务质量。如卫生间的一次性用品，有的产品质量低劣，严重影响旅游饭店的声誉。

④服务的一贯性。高质量的服务应该是服务人员在任何时候、任何场合、面对任何顾

客时都保持一贯的优良服务。但是，由于员工的素质和培训等方面的原因，特别是由于员工流动性偏高，使很多旅游饭店并不能保持服务的一贯性。多数旅游饭店都有自己的服务质量标准，而更重要的是还要建立完善的监督机制，经常对服务人员的服务质量进行考核，保证优质服务的一贯性。

⑤环境。旅游消费者都愿意在舒适的环境中就餐和住宿，所以旅游饭店环境的优美、方便和卫生是具备高标准服务的必需条件。

（三）"绿色"环保营销

"绿色"环保营销是代表了以可持续发展观为指导思想，照顾生态层面的新的营销思维和操作方式。它是指企业以环境保护作为价值取向，以"绿色"消费作为中心和力求满足全社会的和谐和可持续发展要求的一种营销理念。一个完整的"绿色"环保过程一般由下列步骤组成：

1. 塑造"绿色"形象

企业在实施"绿色"环保营销的过程中，首先要树立良好的"绿色"形象。企业形象是公众对企业的综合评价，良好的企业形象是企业一笔巨大的无形资产，对企业的生存有着至关重要的作用。随着社会的进步和经济的发展，旅游饭店行业间的竞争不仅仅是硬件和软件的竞争，也取决于企业形象的竞争。当一个企业形象被社会公众认可，就会对其产生一种信任感，从而吸引更多的客源。

2. 开发"无污染"产品

开发"无污染"产品应以环境和环境资源保护为核心。对旅游饭店来说，主要包括"绿色"客房、"绿色"餐厅、"绿色"服务三大类。

①"绿色"客房。在客房中选择"绿色"的设施、设备和用品。首先，房屋建筑物使用的建筑材料——包括房间的涂料、黏合剂、覆盖物以及家具，都应采用无污染的"绿色"装饰材料；其次，要用"绿色"家电，用环保冰箱、空调以减少对环境的污染；最后，选用环保用品替换客房原有的有害物品，如用棉布、丝绸等自然纤维制品替代化纤制品，用棉制洗衣袋替换塑料洗衣袋等。

②"绿色"餐厅。创建"绿色"餐厅的核心是使用推广"绿色"食品。"绿色"食品是指干净卫生、无污染、安全、新鲜、优质的食品，它包括蔬菜、肉类和其他食品。"绿色"食品必须符合"绿色标准"，如猪、牛及家禽的养殖过程中不允许使用含激素的饲料；制作过程必须符合"绿色"标准，如在菜肴和点心的制作中应使用天然的色素，不用化学合成添加剂；不用珍稀动物制作菜肴；尽量多使用具有"绿色"标志的原材料。

③"绿色"服务。"绿色"服务是指旅游饭店在"绿色"环保营销理念的指导下，满足绿色消费者需求的服务。在客房服务中，在满足旅游消费者要求和保持清洁卫生的前提下，减少布料制品的洗涤次数；在保证水压的情况下，减少抽水马桶的每次用水量和水龙头的出水量；把牙刷等物品由一日一换改为一客一换，卫生用品的供应方式由一次性用品改为可重复添加的固定容器。在餐饮服务中，适当提示旅游消费者点菜不可过量，提倡"消费不浪费，积极提供"剩菜打包"服务；专门开设无烟楼层，以满足不吸烟绿色旅游消费者的需要；专门收集旧电池等有害物品的废物箱等等。

3. 强化"绿色"公关

"绿色"公关是指通过各种有利的"绿色"宣传，发展与公众的良好关系，建立良好的

“绿色”形象和“绿色”环保营销环境。“绿色”公关是树立旅游饭店“绿色”形象的重要途径，它可以帮助旅游饭店把“绿色”信息更广泛更直接地传递给公众。企业“绿色”公关的方式和途径很多，如利用新闻媒体为企业的“绿色”表现做宣传；积极参与有关部门组织的大规模“绿色”活动（如高规格的环保研讨会、大型社会植树活动等）；主动进行“绿色”赞助、“绿色”捐赠等。

（四）网络营销

网络营销是指旅游饭店通过互联网这一沟通渠道，与顾客在网络上直接接触和联络，从而开拓市场，推销旅游饭店产品的一种营销活动。

1. 网络营销的优势

①市场广泛。由于旅游饭店产品的不可移动性，导致旅游饭店直接渠道的旅游消费者数量较为有限，旅游饭店产品的销售更多地依靠中间商。而随着网络的出现和发展，互联网上有庞大的客户群，使旅游消费者与旅游饭店的联系非常轻松和便捷。旅游饭店产品的销售日益国际化和全球化，市场更加广泛。

②渠道直接。由于旅游消费者可以通过网络直接与旅游饭店联系，大大减少了中间环节，使销售渠道直接化。

③定制产品。顾客可以根据自己的需求预订产品，而旅游饭店根据顾客的需求进行一对一的定制服务，更好地满足顾客的个性化需求。

④价格公开。由于互联网的透明性，顾客可以直接了解旅游饭店的产品和价格等相关信息，并自主进行比较和选择。

2. 网络营销的形式

①网络调研。旅游饭店营销的重点是市场调研。在互联网上可以与顾客进行双向沟通，了解顾客需求，还可以利用顾客的信息建立顾客信息库，这些都为网上市场调研创造了良好的条件。

②网络宣传。网络营销所传递的信息量大、准确度高，具有传统营销方式所不可比拟的优势。通过网络，旅游饭店可以全方位展示自身的产品、服务、价格等大量信息，让更多的旅游消费者和中间商了解和熟悉，进而购买旅游饭店产品。

③网络订房。旅游饭店的主要产品是住宿产品。随着网络的日益普及，越来越多的旅游消费者通过网络方式预订旅游饭店客房。旅游消费者通过网络订房一般有两种方式：一是通过旅游饭店或旅游饭店集团自设网站进行订房；二是通过大型旅游网站订房，如携程网和艺龙网等。

（五）特色营销

旅游饭店特色营销是旅游饭店产品和服务的创新，是旅游饭店在激烈的市场竞争中立足的根本。由于现代旅游饭店产品的同质化现象严重，所以只有创造旅游饭店经营的特色，提供独特的产品和服务，才能够吸引旅游消费者，给旅游饭店带来经济效益和社会效益的最大化。

1. 旅游饭店的环境和设施特色

①旅游饭店的环境特色。在旅游饭店的选址和建造过程中，尤其是度假型旅游饭店，要注意选择环境优美、风景独特的地方，而且要将旅游饭店的建筑特点和地方风情、民族特点融为一体，体现旅游饭店独特的魅力。

②旅游饭店的设施特色。不论旅游饭店是位于繁华的市区，还是位于旅游胜地，旅游饭店都要在建筑风格、设施设备的选择上注意体现旅游饭店的特色。如北京的昆仑旅游饭店，充分利用和发掘了中国古代神话赋予昆仑山的传奇色彩，凸现了昆仑旅游饭店独特的审美价值和深厚的历史文化底蕴。大堂有“世界最大”之誉的艺术壁毯《莽昆仑》，以大俯视的角度描绘了昆仑山脉浩大苍茫的雄姿，将旅游消费者笼罩在一种大气雄浑的氛围中。在总服务台后壁安设了一面大型汉白玉浮雕，形象地展示了传说中众神聚会昆仑山的美妙场景，从而令旅游消费者更为生动地体味昆仑神话的奇妙氛围。

2. 旅游饭店的产品和服务特色

①旅游饭店的产品特色。随着经济的发展、旅游消费者需求的增多，使旅游饭店的客房产品出现了更多创新。如有的高星级旅游饭店出现了女子客房、残疾人客房和会议管家等新的旅游饭店产品。

②旅游饭店的服务特色。由于旅游饭店硬件产品的相似程度较高，所以旅游消费者对个性化服务更加关注。从总体上看，服务的个性化程度与旅游饭店档次有直接关系，旅游饭店档次越高，个性化产品就越多，甚至许多个性化产品已被规范化、标准化，并且成为很多旅游消费者选择旅游饭店的重要因素。

3. 旅游饭店的餐厅和饮食特色

①旅游饭店的餐厅特色。随着餐饮业的不断发展，社会餐饮和旅游饭店餐厅的竞争日渐加剧。旅游饭店餐厅要想和社会上的餐饮竞争，就必须具有自己鲜明的特色。比较成功的旅游饭店餐厅一般分为两类：一类是着重为旅游消费者提供一流的餐饮产品和服务，让旅游消费者充分享受与社会餐饮截然不同的感觉，即旅游饭店餐厅不仅仅是一个用餐的场所，更重要的是社会交往和人际沟通的中心，从而体现出旅游消费者的档次和品味；另一类旅游饭店突出主题餐饮的概念和设计的优势，通过独特的室内外装饰和别具风味的活动来创造一种特殊的情调和风格。这种餐厅提供给旅游消费者的是一种格调和品位，让旅游消费者在主题场景中如身临其境。主题餐厅由于富有深刻的内涵和独特的情趣，深受顾客的青睐。

②旅游饭店的饮食特色。要想吸引旅游消费者到旅游饭店就餐，餐厅除了在设计、主题特色和服务上下功夫，更重要的是还要有自己的饮食特色。特色是指“人无我有、人有我优、人优我精、人精我绝”的代表性产品。旅游饭店要注重菜品的创新，提供高质量、高标准的特色菜，这样才能吸引客源，达到顾客满意。

4. 旅游饭店的娱乐和文化特色

①旅游饭店的娱乐特色。用文化打造娱乐特色，更能够吸引旅游消费者的目光。如著名的上海和平旅游饭店有一个老年爵士乐厅，完全是20世纪30年代欧洲风格的装修，黑木桌椅，古铜色的吊扇，地上是很普通的瓷砖，很古老。这里不仅是和平旅游饭店的特色，而且成为上海外滩的一道风景。凡是到上海访问的国宾，一定要来这里听一场老年爵士乐。前美国总统克林顿访华时，欣赏了老年爵士乐，非常高兴，还自己上台用萨克斯演奏了一曲。

②旅游饭店的文化特色。用文化打造旅游饭店特色，是企业文化精神的体现。旅游饭店提供的产品要有文化品位和内涵，能满足旅游消费者的精神文化需求。

复习思考题

1. 简答旅游饭店市场营销的概念。
2. 旅游饭店产品的特点有哪些?
3. 旅游饭店市场营销常见的方法是什么?
4. 简述旅游法的市场营销组合策略。
5. 旅游饭店新型营销策略有哪些?

项目实训

一、实训目的

认知旅游饭店市场营销部的运作过程。

二、实训组织

根据教学班级学生人数来确定数个小组，每一小组人数以 4 ~5 人为宜，小组中要合理分工。在教师指导下参观某一饭店的市场营销部并听取专业人士的讲座。以小组为单位组织研讨饭店营销部的运作格局，在充分讨论基础上形成小组的报告。

三、实训内容

1. 了解旅游饭店市场营销部的架构。
2. 了解旅游饭店市场营销部的日常业务范围。
3. 了解旅游饭店市场营销部对人员的知识和技能要求。
4. 作出实训报告。

项目十　掌握旅游交通营销

☞ 知识目标　1. 掌握旅游交通的含义
2. 熟知旅游交通系统的构成
3. 了解旅游交通在旅游业中的地位和作用
4. 影响旅游交通营销的因素
5. 了解旅游交通市场细分、目标市场选择
6. 掌握旅游交通市场营销策略

☞ 技能目标　1. 能利用所学知识为旅游交通产品进行细分市场
2. 能为每个细分交通市场制定旅游市场营销策略

成功案例展示

青岛海湾大桥促进胶东半岛旅游业飞速发展

青岛海湾大桥东起环胶州湾高速李村河大桥北200米处，西端在黄岛红石崖与济青高速南线连接，于2006年12月26日正式开工建设，2007年2月21日，成功浇筑第一根钻孔灌注桩，大桥建设的历史性帷幕就此揭开。2011年6月30日整个大桥工程将全线贯通。一座气势磅礴、壮丽雄伟的现代化标志性桥梁屹立于美丽的胶州湾上。

海湾大桥建成后将给省内济南青岛两大城市间的交通带来更为密切便捷的联系。目前，车辆沿济青高速南线至黄岛后须绕行胶州湾高速才能到达青岛。由于济青南线的北端起点与建设中的海湾大桥相连，大桥建成后车辆沿济青南线、海湾大桥就可一路"直通"青岛。大桥还将进一步促进青岛与半岛城市群间的交通联系，对发挥青岛在山东省经济发展的龙头地位，进一步加快山东半岛城市群建设、促进胶东半岛旅游业发展具有重要意义。

对青岛来说，海湾大桥还是该市"环湾保护、拥湾发展"战略中的一个重要交通枢纽。大桥建成后，青岛至黄岛将缩短路程近30公里，按设计时速计算，可节省时间20分钟，大大缓解青岛胶州湾高速公路的交通压力，进一步完善青岛市东西跨海交通联系，扩大青岛市城市骨架，缩小青岛、红岛、黄岛的时空距离，加强主城区与两翼副城区的联系，塑造拥抱胶州湾的大青岛城市框架，为青岛城市的深度发展拓展出崭新的空间。

（资料来源：青岛新闻网）

思考：青岛海湾大桥为促进胶东半岛旅游业起到了哪些方面的作用？

任务一　分析旅游交通营销概述

交通是整体旅游产品的六大基本要素(食、住、行、游、购、娱)之一，是旅游者进入选定目的地实现空间转移所凭借的有形手段。任何旅游经营者在开展旅游营销活动进而进行产品销售时，都要考虑到旅游交通这一活动开展所必须满足的基本要求。

一、旅游交通定义

旅游交通是指旅游者利用某种工具完成从一个地点到另一个地点的空间转移过程中，与旅游者的旅游活动相关、帮助旅游者实现空间转移的那一部分，它是旅游者抵达目的地和在目的地内进行活动的手段。

现代旅游交通的构成包括交通路线、交通工具、交通通信设备、交通管理四个基本内容。

(一)交通路线

交通路线是指通过交通工具和交通设施从一地到达另一地的路线，在较长的交通路线中，起始点和终止点之间通常会有若干的中间站。不同的交通路线要有不同的交通设施，如航空交通路线要配备机场，铁路交通路线要配备火车站，水路交通路线要有码头，公路交通路线要配有汽车站等。

(二)交通工具

交通工具可以说是旅游交通所包括的四个方面中变化与发展速度最快的，科学技术的发展，促使交通工具发生了革命性的变化，现在我们拥有时速 1000 公里的大型喷气式客机、时速 300 公里的高速列车、快捷的大型轮船和方便人们日常生活的汽车等各种现代化的交通工具。

(三)交通通信设备

交通通信设备与现代化的交通运输是密不可分的，要想保证交通畅通无阻和行驶安全就要有完备先进的配套通信设备。

(四)交通管理

交通管理就是对交通系统的计划、组织、协调和监督。旅游交通越发展，交通管理就越重要。目前，交通工具数量多、行驶速度快、间隔时间短、运载量大，这就需要更高的交通管理水平。现代交通的特点要求旅游经营者不仅要有交通管理方面的专门人才，而且还必须配备先进的管理手段。

二、旅游交通系统的构成

一般来讲，一个交通系统通常由线路、运输工具和终点站三个要素构成。线路是指旅游者从某地向另一地转移时所经的路线，主要说的是航空航海线路、运河、铁路、公路以及徒步旅游所经历的乡村小路等；运输工具指飞机、轮船、火车、公共汽车、私人汽车等；终点站如飞机场、码头、车站、停车场等。现代主要的交通系统有航空运输、海洋运输、铁路运输、汽车及私人交通。

（一）航空运输系统

航空业的出现标志着人们旅游方式的变革，它的速度和可达到的范围，使人们的时间和金钱的效用都大大提高，使全球范围旅游的大众化成为可能。现代旅游业的健全与发展离不开航空运输系统，很难想象离开了航空运输，我们的酒店、景区会是什么样子，是不是还会像现在这样繁华？

航空运输系统最大的优点就是高速，可以节省大量的时间。当然，它也有一些不利的方面，如价格较昂贵、人们对飞行的恐惧心理、可进入性有限——只能到达有机场的地区等。另一个问题是，去机场和从机场到驻地都需要较长的时间，甚至超出了空中飞行的时间。因此，机场的可进入性便成为重要的竞争因素，目前在香港等大城市已开通了市内直达机场的地铁，以缩短往返机场的时间。

（二）海洋运输系统

载人船只在很早以前就开始成为一种交通工具，但游船业却还很年轻。它与其他交通运输形式的不同点在于它并不仅仅提供“点对点”的空间转移，与此同时还提供一种乘船观光的游览经历，这是其他运输工具所不具备的优势。比如世界上著名的“伊丽莎白女王号”、新加坡的“处女星号”豪华游轮等已成为豪华享受的标志。

游船业是目前旅游业中增长最快的部门，随着乘客容量的迅速增加，许多航线都在增加船只、提高舒适度、增加新的停泊港湾。世界旅游组织发布的关于世界游船业的报告中指出，从1990—1999年，乘游船旅游的游客增加了7.7%，达到了870万人，虽然这一数字只占到国际旅游人数的1.3%，但游船业所带来的收入和它的发展潜力都表明这是一个重要的行业。

（三）铁路运输系统

运载量大、灵活便利是铁路交通最大的特点。如果需要的话，一列火车可以挂十几节甚至更多节的车厢，载客最多可达2000名乘客。同时，火车还可根据旅客的流量、流向的变化和需要，增减列车次数，而且在各铁路沿线设有许多大小不等的车站，对乘坐距离不等的旅客来讲，十分方便。

整个交通运输的发展变化对铁路交通的地位和作用有着重要的影响。20世纪60年代以前，铁路交通一直占据着重要的地位，但是随着航空和公路交通的发展，本来由铁路交通承担的运输任务，逐步被航空和公路交通所取代，铁路交通出现萎缩，直到20世纪80年代末，高速火车的出现才使铁路交通出现了新的转机。现在已研制出时速300公里的高速火车，运行速度是汽车的2～3倍，花费不足航空的一半，在时间和价格上对旅客都具有很大的吸引力，可以预计今后铁路交通还会出现新的发展时期。

经过建国后近50年的建设，我国铁路交通有了很大的发展。近年来，我国铁路客运能力大增，同时，各铁路局增设了许多旅游专列，调整了列车运行路线，还增开了特殊的旅游列车，如中国丝绸之路的“东方快车”等。目前，铁路已成为中短程旅游和经济型旅游的首选交通工具。

（四）汽车及私人交通系统

为城际非商务旅行提供服务是固定班次的公共汽车的主要任务。长途汽车尤其是包车已经是包价旅游的重要组成部分，短途旅游车则是目的地内游客流动和一日游的重要交通工具。

私车在发达国家是国内旅游、一日游、休闲娱乐及欧盟内部跨国旅游的主要交通工具。在我国，随着私家车的普及，自驾游（自己驾车旅游）已成为一种新的旅游时尚。

上述交通系统的营销对旅游目的地的营销都有着一定程度的影响，大部分目的地会同时受几种交通系统的影响。虽然交通工具之间存在着各种各样的差异，但是在其发挥交通运输功能方面却有着诸多共性：

所有的客运系统都是凭借受到或松或紧的控制和管制的交通工具、沿着连接出发地与目的地的线路网络进行移动来运营的。

所有这些系统的运营必须时刻关注对交通工具、线路和终点站现有容量的充分利用。

不论是以月、周、日计算，还是以小时来计算，所有的交通系统都体现出需求高峰与低谷波动的典型特征。

大部分交通系统都需要在基础设施、运输工具、线路及控制系统等方面进行大量投资，这就需要开展有效的营销来保证相应的投资回报。

大部分交通系统既运输货物，又运载旅客，而货运常常处于优先地位。

大部分交通系统只有一部分与休闲旅游有关。

三、旅游交通在旅游业中的地位和作用

旅游交通并不是激发旅游者出游的动机或对旅游者构成吸引力的内容，而只是人们实现旅游所必需的空间转移的条件，其本身并不足以激发人们出游，但是作为旅游六要素的重要组成部分，旅游交通在旅游业中仍然发挥着不可替代的作用。

（一）旅游交通既是旅游的必要条件，有时又是旅游活动的组成部分

旅游者要从居住地到达旅游目的地实现空间转移以满足自己的游览需求，就必须要借助旅游交通。旅游交通的发展在一定程度上制约着旅游者活动的空间范围和旅游业发展的规模大小。旅游者的空间转移，不仅有距离长短的问题，而且有耗时多少的问题，如果所需时间过多，就有可能使一大批人失去旅游的机会。因而，旅游者的活动范围及旅游业的发展程度，一方面取决于旅游交通的发展规模，同时还要取决于旅游交通发展的先进程度。

一般来讲，旅游交通只是旅游者前往旅游目的地的物质手段，但在某些情况下，旅游交通又构成了旅游活动的一部分，比如乘游船旅游。例如三峡游，旅游者在湖北宜昌市登船，船逆水而上，先过三峡中最长的西陵峡，长约 76 公里，旅游者可观赏探险水底的景观，接着进入巫峡，全长 44 公里，旅游者可从中欣赏幽深秀丽的美景，最后进入瞿塘峡，全长 8 公里，旅游者从中可以饱览雄奇险峻的盛景。长江三峡从湖北宜昌至四川的白帝城，全长 198 公里，不仅使旅游者完成了较长距离的空间转移，同时也是旅游者游览的过程，此时旅游交通就成了旅游活动的组成部分。

（二）旅游交通是旅游目的地发展动力的重要构成因素之一

旅游目的地的发展与交通方式的演变和发展有密切关系。旅游目的地的发展在某种程

度上取决于交通的便利与否及交通价格是否便宜，旅游交通的供给状况对旅游需求起着强烈的引导作用。比如，一旦航空公司开辟出一条新的航线，相关旅游地就会有引人注目的发展。

经营者通过有效的营销和促销，充分利用现代交通工具资源，有可能改变人们对出游目的地的选择，甚至会开辟出新的旅游线路。如果通过新的规模经济或技术创新以及成本控制等手段降低交通成本，价格低廉的交通供给势必会对需求起到引导和推动作用，并最终促进目的地旅游业的发展，这种效应在某些岛国体现得更为突出。

(三)旅游交通的运载能力是构成旅游生产力的重要内容

旅游生产力在某种程度上可理解为某一地区的综合的旅游接待能力，它由旅游景点及景区的承载能力、旅行社和酒店的接待能力、旅游交通的运输能力等要素组成。要想使旅游综合接待能力达到较高水平，不仅要提高其各构成要素的能力，而且最重要的是必须使各要素间保持一定的比例，并且彼此相互协调配合。假如出现比例失调，某个因素接待能力过高或过低都不能充分发挥综合效力。旅游交通作为旅游综合接待能力的一个有机组成部分，其发展规模和水平要与旅行社、饭店等的接待能力相协调，只有这样才能保证旅游业的顺利发展。否则，即使旅行社和饭店接待能力较大，但由于旅游交通发展的制约，不能提供足够的运输能力，那么整个旅游业的发展也会出现困难和问题。

所有交通系统都给自然环境造成压力，特别是对目的地社区的环境造成压力。

四、影响旅游交通营销的因素

交通是旅游活动开展的一个重要前提和基础，随着经济和科技的发展，不断改善的交通状况为旅游业的发展在客观上起着积极的推动作用。但同时也由于经济和科技发展的局限性，交通状况在一定程度上也限制着旅游活动的顺利开展，甚至制约了旅游业的发展。

(一)影响旅游交通营销的外部环境因素

交通运营商们对七个特定的外部环境因素变化的反应直接制约了它们的营销决策，这些外部环境因素分别是：交通工具、信息技术、规制框架、能源价格、经济增长或衰退、金融汇率变动和环境问题。

(1)交通工具

从私人轿车生产商、飞机生产商到游轮生产商之间的激烈竞争促使交通工具在外型、承载客量、速度、续航里程、能源消耗、噪音及舒适度等方面不断得到发展与完善。每一次工业革命带来的技术变革都在不断推动着交通工具技术的现代化，而交通工具的每一次改进都会给企业的获利能力和顾客的选择带来重大的积极影响。比如，19 世纪铁路的建设使北欧海滨旅游度假地区快速地发展起来，20 世纪 80 年代宽体远程喷气式客机的开发使洲际旅游的迅速扩张成为可能。

尽管交通工具技术的开发对旅游市场的意义体现最为明显的地方是公共交通领域，但随着私人轿车拥有量的不断增加及交通工具舒适性、可靠性和效率的不断提高，旅游交通工具技术的不断进步对各种形式的旅游市场的发展都十分重要。事实上，短期休闲度假游、自助式住宿及短途一日游等在很大程度上都依赖于汽车旅行。因此，那些对私人交通工具产生影响的技术也日益成为旅游经营商开展营销活动时所必须考虑的问题。

(2)信息技术

近四五十年来，以计算机技术的广泛应用为标志的信息技术的发展使交通运输业尤其是客运企业得到了积极的发展契机，并且为之提供了有效地应对不断增长的业务量的技术支持。受民航领域的影响，目前，在订票、取消预订、出票、开收据、路线选择及报价等领域中都出现了由计算机来处理的新型业务办理方式。这些业务在办理过程中同时亦可生成大量关于顾客特征的调研数据，而这些数据对旅游企业的营销计划具有非常重要的意义。

与此同时，信息技术的出现和发展还改变了旅游业的分销过程。这种分销过程的发展有许多是被交通业的发展带动起来的，它们对成本—收益的更高追求不仅体现在日常经营中，而且同样体现在对营销运作的实施及控制中。其中，网络的出现使航空公司、饭店及汽车租赁等企业的预订系统能够连接起来，旅游产品各要素间新型的营销合作也就变得极为便利了。

(3)规制框架

在20世纪的很长一段时间里，在大部分国家，国际和国内客运交通系统的经营活动都受到严格的管理和控制。尤其在民航领域，机场准入、国家间飞行、飞越国家领空的许可都须经政府间协议商定，而这些协议包括准许哪些航空公司飞行哪些航线、允许多大动力及许可价格的范围和种类等详细内容，掌握这些决策权的政府部门，实际上都是直接插手营销决策，并取代市场力量发挥作用。无论哪个机构，如果控制了产品容量(座位供应量)，并有权力决定或影响价格，那么，该机构必然会对旅游需求产生重大的影响。

(4)其他外部因素

首先，燃料价格的高低会带来交通运营商经营成本的变化。

其次，经济增长或衰退是影响交通企业运营商所承运的商务或休闲旅游市场总量的主要因素。尤其是休闲旅游更容易受到外汇汇率变动的影响。

第三，政治经济因素对市场需求也会产生巨大影响。这种影响在2008年的经济衰退中尤为明显。

(二)旅游交通营销的内部制约因素

前面我们已经研究了外部环境因素对于交通市场营销的影响，下面我们将集中探讨一下由客运系统经营的特性所带来的内部制约因素。

1. 资本投入与固定成本

现代交通客运业的重要特点就是高投入与高固定成本。

首先，所谓投入，是指购买并维护交通工具和设备、建立与维护线路网络及雇佣操作人员所必需的投资。航空业投入尤其高昂，以1992年的价格来计算，一架先进的远程宽体喷气机价格近1亿英镑。与此类似，轮船、铁路或者公共汽车与长途客车运营的成本结构也具有相同的特点。

其次，交通客运业的第二个主要特征在于经营任何服务的承付成本或固定成本都很高，而变动成本则较低。会计师与经济学家划分固定成本与变动成本的标准不尽相同，严格来讲，对于航空公司，燃料成本和降落费用是变动成本，因为如果没有飞行就不会发生这些费用。而在实际经营中，只要决定在特定时间经营特定航线，所有主要成本都会“固定”下来，因为无论卖出多少座位，它们都要照常发生。虽然满座的飞机比空机耗费的燃料多，但用座位/公里来比较，其差别就显得微乎其微。从营销的角度看，一旦决定提供一项服务(这个决定可能是在提供服务之前数周就已做出)，每卖出一个座位就意味着多获得了占售票收入90%以上的收益。这些收益或者用于补偿已承付的固定成本，或者在达到盈亏平衡点后代表毛利的获得。鉴于以上原因，交通企业在进行营销时应特别重视对座位的边际销售。

2. 上座率、收益率与设施利用频率

由于客运交通的高投入和高固定成本的特征，对于营销管理者而言有三个衡量经营效率的指标显得尤为重要，它们是上座率、收益率和设施利用频率。

(1)上座率

上座率亦称座位利用率(Load Factors)，是交通运输企业经营效果最重要的指标之一。在其他条件不变的情况下，上座率的高低直接影响经营收益的多少。在实际运营中，除了通过各种营销手段提高上座率外，许多企业还大量采用“超额预订”手段，以尽量地减少因取消预订、预订未到等造成的损失。

(2)收益率

收益率(Yield)是指由座位利用率乘以实际平均价格得出的收入系数。

(3)设施利用频率

设施利用频率(Fleet Utilization)正如任何投资巨大的生产形式一样，设备利用的频率越高，其收益与已发生的固定成本相比业绩就越好。例如，一架成本高昂的远程飞机，能承载超过其保本数量的乘客，每年平均每天在天上飞 8 小时(包括常规检修与维护时间在内)，与平均每天飞 7 个小时相比，能获得更多的收入以补偿其固定成本。高利用频率的获得一方面在于通过高效率的维护及路线安排以尽量缩短运输工具的周转时间；另一方面，更重要的在于创造足够的需求为提高飞行频率提供条件。

虽然营销在旅客运输中的作用并不仅仅局限于达到更高的座位利用率、收益率和设施利用频率，但是在每一次飞行时保持一定的上座率，并将全年的设施利用频率维持在较高但又不失经济的水平，是制定所有交通营销策略的基础和思维逻辑的出发点。

五、旅游交通市场细分、目标市场选择

随着旅游业的迅速发展，旅游交通市场也在迅速扩大，市场需求的类型千变万化，因此，任何旅游交通企业都不可能独自占有整个旅游交通市场，而只能占有或分享个别或部分子市场。市场细分，就是根据一定的标准将旅游交通运输整体市场分割成若干个具有不同需求特征的子市场，以便确定企业所要满足和占有的具体目标市场。

在旅游交通运输市场上，由于潜在旅游者的旅游动机、旅游消费水平、旅游交通消费习惯与要求、地理环境、年龄、职业、性别等的不同，其旅游交通需求也存在着明显的差异。根据需求的差异性，把旅游交通运输整体市场分解为相对独立的若干子市场。由于各个子市场的消费者数量适中、地理分布集中、需求特征相同或相近，从而使企业有可能根据自身的能力和优势，确定本企业商品生产和交换的目标市场。

(一)市场细分的依据

进行市场细分必须以市场需求而不是以产品为依据。因此，市场细分的基本标准应该包括如下几点。

依据旅游交通客源状况。即依据客源地旅游者产出人数、目的地旅游者接待人数、旅游者使用各种交通方式的比例、人数等细分市场。

依据游客的旅游交通动机。即依据游客出游的需求及目的，分为快速性旅行、游览性旅行、享受性旅行、猎奇性旅行、经济性旅行等旅游交通市场。

依据游客的旅游交通消费水平。即依据游客人均旅游消费水平、旅游交通价格要求、旅游交通服务规格和档次等细分市场。

依据游客的旅游交通消费习惯。即依据游客旅游活动的季节性、旅游活动的区域性、旅游活动的组织方式(团体、散客、家庭等)等分为不同的市场。

依据游客的地理环境。即依据游客习惯常居住的环境划分为国际(近、中、远距离)、国内(近、中、远距离)、本地(含本省、本市、本县等)和平原、山区、沙漠、内河沿岸、沿海以及热带、亚热带、温带、寒带等市场。

在实际的市场细分过程中，并不一定同时使用以上所有的市场细分基本标准，也不仅仅局限于这些标准，企业一般要根据市场需求的特点与变化趋势，结合本企业的实际情况，决定具体的细分标准。在选择细分标准时应该注意几个问题。

一是细分标准必须具有可操作性，即该标准应足以区分各市场需求的差异。

二是具有实用性，即运用该标准所划分的子市场应该是企业能够占有或分享，并能够获取经济效益的子市场。

三是具有延伸性，即该标准应能够确定重点市场、一般市场、近期市场、中期市场和远期市场，以便企业有组织、有计划地进行市场的开发和经营。

(二)旅游交通目标市场的选择

1. 选择目标市场的过程

选择目标市场的过程，实际上就是为旅游交通企业运输服务的生产和交换确定市场定位的过程。企业必须以市场细分结果为基础，并根据企业的运输生产能力和优势，决定企业的目标市场。企业的目标市场，可以是一个，也可以是多个。多个目标市场可以是同等重要的，也可以是有主有次的；有的是近期目标市场，有的是中期目标市场，有的是远期目标市场；有时既有现实目标市场，又有潜在目标市场。

2. 选择目标市场的条件

所有目标市场都必须具备以下部分或全部条件。

充沛的需求量。充沛的需求量是指具有企业正常生产和经营所必需的、足够的需求量，能够保证企业旅游交通产品供求关系的相对平衡。

可观的经济效益。可观的经济效益是指具有较高的消费水平和旅游交通支付能力，从而使企业能够通过顺利的商品交换实现可观的经济效益。

理想的市场环境。理想的市场环境是指市场上的全部或部分需求尚未得到满足或充分满足，从而使企业在没有竞争或竞争不太激烈的条件下可以顺利进入并占有、分享该市场。

良好的发展前景。良好的发展前景是指具有稳定的政治、社会和经济环境，客源产出比较稳定，有进一步发展的潜力。

六、旅游交通市场战略决策

市场营销战略，是指企业为保证企业经营的全局和长远发展而制定的有决定性的市场营销规划和安排。它包括企业营销的长远目标、分期目标、任务及其相应的营销策略。

（一）市场营销战略目标

市场营销战略目标，是指企业为实现战略目标所要进行和完成的基本工作。一般用定量指标和定性指标两种方式表达。前者是指企业在特定经营活动期间最终将要达到的客流量、客运周转量、营业额、利润额和职工收入与福利等数量化指标；后者则是企业最终达到什么样的产业规模和树立何种企业形象。

（二）市场营销战略任务

为了实现既定的市场营销战略目标，企业就要规定企业在各个经营时期的任务。企业的战略任务，同样包括定量和定性两种，从纵向上又可分为企业的总任务和各个生产部门的具体任务；从横向上可以分为管理任务、组织任务、销售任务、运输生产任务、运输服务任务、促销宣传任务、财务任务、监督检查任务等；从时间上可以分为近期、中期和远期任务。

（三）旅游交通市场营销战略的内容

1. 建立良好的企业市场形象

在当今行政管制越来越宽松的旅游市场环境中，旅游交通营销的战略重点应放在如何站在顾客角度来审视企业的优势，并且将这些优势在一定情况下转化为企业形象或企业定位。而这种形象或定位对顾客具有长远的吸引力，并可以通过各种媒体形式和宣传渠道传递给目标细分市场。

当企业正处于保本座位利用率两侧高度敏感的边际运营区时，很少量市场份额的失去就可能使企业的经营由盈利变为亏损。忠诚度低的潜在顾客往往就可能受不同企业的正面或负面形象的影响而改变其选择。因此，这种形象的威力是巨大的，企业必须对企业广告予以高度重视。

2. 创造并不断提高顾客的忠诚度

根据统计分布中的“80/20”原理，少量的常客所带来的收益在企业整个收益中可能占很高的比例，大量的一次性顾客所创造的收益往往低于前者。

例如，在一些线路上，仅占顾客总数 20% 的人却可能带来整个收入的 80%，原因在于他们支付了较高的票价并经常旅行。对这些顾客需要认真加以培养开发。战略之一就是对企业的回头客提供奖励。

在铁路和公路的固定往返线路上，传统的季票已经实行多年，竞争使各航空公司不断地创造出多种形式来保持顾客忠诚度，如全球广泛运用的常客奖励方案。找出对于企业非常重要的小部分顾客并给予嘉奖的做法并不局限于交通业，这在饭店业营销中也极为普遍，而且也主要是针对商务旅游者。

3. 加强与其他部门的合作

越来越多地将注意力从业内向业外转移是近年来一些交通企业进行营销活动的一个趋势，它们从作为交通工具、线路和终点站企业的传统角色转向与整体旅游产品中其他产品要素的经营者进行联盟的合作者。并且，这些联盟的范围比较广泛，下至与住宿供应商和景点的有限联盟，上至与旅游经营商或批发商等营销组织的全国联盟。

在休闲旅游领域，这种战略联盟的典型代表是包机公司与旅游经营商的联盟，如不列颠航空公司与汤姆逊假日联盟、空中旅游国际航空公司与空中旅游的联盟。在后者的联盟中，包机公司在整个旅游产品中起着极其重要的功能性作用，产品营销则主要由旅游经营商负责，而不是由交通企业负责。在我国，民航、铁路等与旅行社、饭店之间的联盟也正在逐步开展，尤其在“五一”“十一”、春节等旅游黄金周期间增加的旅游包机、旅游专列等，对于保证旅游高峰期的交通供应起了很好的调剂作用。

交通与旅游产品其他要素之间，特别是与目的地企业之间的更紧密的联盟在本世纪得到了长足的发展。例如，在英法之间的跨海峡旅游中，大部分轮渡公司已经与住宿企业和宿营地经营商建立起了业务联系，这些联盟大都提供短期包价旅游，交通则成为整个旅游产品的一部分。

4. 促成同类企业之间的合作

国际航空公司之间的战略联盟是近五年来交通业最显著的发展之一，结成这种联盟的目的在于促进航空公司“核心业务”的发展。联盟的建立可以开发和提升全球计算机网络与预订系统；联盟提供了在座位利用率和收益方面获得重要的边际增量的途径；同时，联盟还有助于分摊营销费用，并帮助企业在激烈竞争的市场中获得竞争优势；此外，联盟还可以实现经营成本的规模经济，如共同承担设备管理维修费用等。

任务二　掌握旅游交通营销策略

现代旅游交通市场营销策略多种多样，归纳起来可以分为四类。

一、旅游交通产品策略

旅游交通产品，是指旅游交通企业在特定时间、沿特定线路为旅游者及其行李物品提供的空间位移服务。与有形的工农业产品不同，它具有无形性和产品生产与消费的同步性。从市场营销的角度来看，企业能否满足市场需求，在很大程度上取决于该企业能否提供市场所需要的旅游交通运输产品。因此，制定和贯彻正确、有效的产品策略，通过提供适销对路的产品满足市场需求，就成为企业实现市场营销目标的关键。

（一）产品的生命周期与营销策略

任何一种旅游交通产品，都有其市场生命周期，也就是说，它必然要经历一个由进入市场到退出市场的过程。产品的生命周期依据其销售额和利润额的变化，可分为投入期、成长期、成熟期和衰退期四个阶段。旅游交通运输产品在生命周期的各个阶段有着不同的特点和规律性，这就要求企业采取与产品生命周期各阶段特征相适应的、灵活的营销策略，使产品在有限的生命周期内创造尽可能多的社会和经济效益。

1. 投入期

在投入期内，旅游交通产品一般处于试营运阶段，从供给方面来看，具有运输能力小、生产成本高、服务质量不稳定、知名度低等特征；从需求方面来看，具有需求量小、客源不稳定、对产品不熟悉等特征；从市场经营方面来看，存在着客运量和周转量小、营业额少、利润微薄甚至亏损、市场竞争微弱等特征。

为此，旅游交通企业必须采取有效的营销策略，迅速提高运输能力和服务质量，增加和稳定客源，在扩大客运和周转量的同时增加销售额和利润额，尽量缩短投入期的时间，使产品早日进入成长期。

这一阶段可供选择的营销策略主要有以下几种。

①高格调策略。高格调策略又称双高策略，是指通过较高的促销投入和较高的价格，使市场上的潜在客源及时了解和购买产品，从而使企业迅速占领市场，并在投入期获取一定的营业利润。这种策略适合经济实力雄厚的企业在客源潜力巨大的市场条件下使用。

②低格调策略。低格调策略又称双低策略，是指采取较低的促销投入和较低的定价措施，使市场上的潜在客源逐步了解和购买产品，并尽量降低产品的生产与经营成本，从而保证企业在投入期内保持微利经营的局面。这种策略适合小型企业在潜在客源比较分散的市场条件下采用。

③全面渗透策略。全面渗透策略又称密集式渗透策略，是指通过较高的促销投入和较低的价格，使市场上的绝大多数潜在客源及时了解和购买产品，不惜亏本地迅速、全面占领市场，缩短投入期的时间，以求尽早进入成长期。这种策略适合大、中型企业在激烈竞争的市场条件下采用。

④局部渗透策略。局部渗透策略又称选择性渗透策略，是指通过较低的促销投入和较高的价格，使市场上迫切需要该产品又不太计较价格高低的部分潜在客源能够比较方便地购买、使用这种产品，从而占领局部市场。这种策略适合中、小型企业在潜在客源较少、竞争微弱的市场条件下使用。

2. 成长期

在成长期内，旅游交通产品一般处于扩大再生产的高峰阶段，从供给方面来看，具有运输能力持续增强、生产成本不断下降、服务质量日益稳定、知名度迅速提高等特征；从需求方面来看，具有需求量急剧上升、客源继续扩大和稳定、客源市场对产品的认识和熟悉程度不断提高等特征，从市场经营方面来看，存在着客运量和周转量增长较快、营业额和利润额持续增长、市场竞争日益激烈等特征。

这一阶段，旅游交通企业应及时转换营销策略，迅速提高运输能力和完善运输管理与服务，不断拓宽客源渠道，加大促销力度，调整产品价格，保持竞争优势，在扩大客运和周转量的同时增加销售和利润额。这一阶段可供选择的营销策略主要有以下几个。

①强攻型策略。为了满足急剧增长的市场需求和增加企业的经济效益，企业集中人力、财力和物力，增加和改进旅游交通运输设施和服务，使产品质量不断完善、销售量不断增加、利润率不断提高，这就是所谓的强攻型营销策略。在投入期已投入较大促销费用和已拥有充足客源的企业，往往采取这种策略。

②攻心型策略。集中人力、财力和物力，重点营建网络化市场分销渠道，进行大规模市场促销活动，提高产品的市场知名度，确立名牌地位，并积极开拓新市场，使产品拥有相对稳定、供不应求的供需环境，从而达到刺激潜在消费者购买欲望、促成旅游交通购买与消费行为、加速旅游交通产品交换进程的营销目的。在投入期重点进行产品开发并拥有高质量产品的企业或实行全面渗透策略的企业，多采用这种策略。

③封销型策略。通过降低价格或实行价格优惠等措施，保持和增强产品的竞争力，扩大市场占有份额，防止其他企业介入市场，形成相对的垄断或买方市场局面，为企业产品生产与交换创造良好的市场条件。在投入期实行高格调策略或局部渗透策略的企业，一般会转而采取这种市场营销策略。

3. 成熟期

在成熟期内，旅游交通产品处于收获的黄金季节。总的来看，供给量、需求量、销售额、利润额都达到最高峰，而生产成本降到最低点。但是，该阶段同类产品和替代产品大量出现，市场竞争达到白炽化程度，名牌产品具有明显的竞争优势。成熟期期末，市场需求开始萎缩，产品开始老化，销售额和利润额呈逐渐下降趋势。

有鉴于此，旅游交通企业应根据各自产品的特点和市场需求的变化，采取不同的营销策略，不失时机地提高客运量和客运周转量，实现最佳的经济效益。这一时期可供选择的营销策略主要有以下几个。

①进攻型策略。生产和经营效益较好的企业，一般会借助产品质量优势或名牌优势，全面出击，继续扩大市场占有份额，并延长成熟期的时间，通过增加客运量和客运周转量，提高经营利润。

②防守型策略。生产和经营效益一般、经济实力有限的企业，一般会采取价格、分销渠道、促销宣传等措施，维持已占有的市场份额。同时，通过成本控制，降低成本，保持较高的经营利润。

③撤退型策略。生产经营不利或处于市场竞争劣势的企业，应急流勇退，以避免进一步亏损。与此同时，应把人力、财力和物力集中于投入新产品的开发与研制，开辟新市场，以谋求在其他产品的生产和经营领域获得成功。

4. 衰退期

在衰退期内，旅游交通产品一般处于更新换代阶段，具有产品供给量过剩，需求量减少，高额维修和折旧费用导致生产成本升高，客运量、周转量、营业额和利润额持续下降，市场竞争逐渐减弱等特征。

此时，旅游交通企业必须采取有效的营销策略，尽量延缓产品的生命周期，或以新产品替代老产品，或干脆退出市场。这一阶段可供选择的营销策略主要有如下几个。

①固守型策略。这一阶段许多企业在激烈的市场竞争中被淘汰，为幸存企业维持生产和经营提供了可能性和现实性。因此，生产规模大、产品质量好、市场占有率高的企业，一般采取固守型策略，维持正常生产和经营，延长产品的生命周期，以获取更多的经济效益。

②转移型策略。由于市场需求的萎缩，许多企业根据企业长远发展的需要，着手开发与研制新产品，以取代老产品，从而满足市场需求转移的需要。这包括对老产品进行改造，增加新的附加功能；放弃部分需求不足的老产品，集中人力、财力和物力提高其他尚能适应市场需求的部分老产品的质量；更新老产品，提供新的替代产品等。

③放弃型策略。产品老化、经营效益不佳的企业，应实行关、停、并、转措施，放弃现有产品市场，另谋出路。在企业严重亏损、资不抵债的情况下，应按照国家有关规定实行破产保护。在企业亏损，难以继续经营的情况下，应及时停产，进行内部调整，重新制定企业产品营销目标，或与其他企业合并，谋求新的发展途径。在产品已经衰老、经济效

益持续下降、但企业仍拥有一定经济实力的情况下，应实行转产，开辟新的产品生产经营领域。

(二)产品组合与营销策略

旅游交通需求的多样性，决定了企业旅游交通运输产品的多样性。多种产品以及同一产品的不同规格有机结合，便构成了产品组合。产品组合的三大要素是产品线的广度、深度和相关度。产品线是指产品系列。产品线的广度，是指产品系列(或产品线)的种类。产品线的深度，是指同一产品系列内部规格的种类。产品线的相关度，是指各个产品系列之间的关联程度。

在具体的生产和经营活动中，旅游交通运输企业可以根据市场需求和企业自身条件的变化，灵活运用以下产品组合策略。

(1)单线策略

单线策略是指以目标市场的部分客源为服务对象，集中力量生产和经营单一产品系列，以便提供规格齐全、质量上乘的产品，并通过较高的价格获取利润。其优点是投资少，营销目标明确，有利于提高产品质量和旅游交通运输生产的舒适性、游览性、专业化程度等。其缺点是市场占有份额小，容易受市场危机的冲击，对市场需求的季节性和区域性变化适应能力较差等。

(2)多线密集策略

多线密集策略是指以目标市场的全部客源为服务对象，生产和经营多种系列产品，以便满足各个客源层的多种需求，通过提高客运量和客运周转量来增加赢利。其优点是市场占有份额大、对季节性和区域性需求变化适应能力较强、销售额和利润额一般较高等。其缺点是投资较多、经营管理难度大、营销目标比较模糊、进入衰退期后负担沉重等。

(3)多线分散策略

多线分散策略是指以多个目标市场的客源为服务对象，生产和经营多种产品系列，但各个产品系列之间关系松弛，之所以采取多线分数策略是为了使企业把经营风险分解到不同的市场，保持比较稳定的经济收入。其优点是，企业的生产和经营不会受到单一市场不利因素的致命影响或冲击，使企业具有较强的应变能力和生存能力，尤其是在某一产品系列进入衰退期时可以顺利实现转产。其缺点是投入多、成本高、经营目标分散、专业化程度低等。

二、旅游交通价格策略

旅游交通运输企业为了实现其市场营销战略目标和任务，必须根据市场需求、供给、竞争等因素的特点和变化情况，采取相应的价格策略。比如，在市场需求不足的情况下，可以通过各种优惠价格刺激需求量的增加；在供不应求的情况下，可以适当提高产品价格，以获取更多的利润；在市场竞争激烈的情况下，可以采取低价策略，增强产品的竞争力等。

(1)低价策略

低价策略是指企业为了实现战略目标和完成某种战略任务，而制定和实施较低的产品价格。低价策略的主要功能有：使新产品迅速进入和占领市场；刺激需求量的增加；增强产品的竞争力；延缓产品的生命周期等。

(2)高价策略

高价策略是指企业为了实现战略目标和完成某种战略任务，而制定和实施较高的产品价格。高价策略的主要功能有：增加产品经营的利润；提高产品质量，确立名牌地位；为扩大再生产积累资金；适当限制过度需求量等。

(3)差价策略

差价策略是指企业为了实现战略目标和调节供需关系，而制定和实施具有差异性的产品价格，如季节浮动价、地区差价、热线票价、冷线票价和团体票价等。差价策略的主要功能有：调节季节性供求关系不平衡状况；调节区域性供求关系不平衡状况；刺激部分过剩产品的市场需求量；限制部分短缺产品的市场需求量。

(4)消费心理价格策略

消费心理价格策略是指企业为了实现战略目标和激发潜在客源的消费欲望，而制定和实施的具有满足消费者心理需要功能的产品价格。

(5)尾数价格

一般旅游者认为，带有尾数的价格是经过精心核算而制定的公道价格，比如4.2元要比4元给人的印象显得更精确、更公道。相当多的旅游者还把整数看作重要的价格级别的标志，而往往忽略尾数与整数的差距究竟有多大，比如把5元、5.5元和5.99元看作一个价格级别，而把6元、6.5元和6.99元看作更高的价格级别，此时5.99元要比6元更具有诱惑力。

(6)整数价格

社会地位较高的旅游者和高消费旅游者，十分注重旅游交通产品的档次和规格，因而，往往具有“一分价钱一分货，十分价钱买不错”的消费心理，认为整数价格和较高价格是高档次、高规格产品的重要标志之一，只有较高价格才能与其自身的社会地位相符合，并满足其精神和物质享受的需要。

(7)分级价格

由于旅游者在支付能力、旅行动作、职业、年龄、性别等方面存在着较大差别，因而其消费心理呈现出多样化特征。根据这一特征，旅游交通运输企业中采取分级定价的策略，使旅游者在价格方面拥有更大的选择余地，在心理上得到充分满足，最终达到加速商品交换的目的。

(8)吉利数价格

不同国家、不同民族、不同宗教信仰的旅游者，对包括价格在内的数字有着吉利或不吉利的心理暗示，这也是许多旅游者决定购买行为的重要因素之一。在我国，带有6、8、9等与“禄”“发”“久”谐音的吉利数字的交通价格，易于为旅游者所接受；而带有4、7等与“死”“气”谐音的不吉利数字的价格，一般会使旅游者望而生畏。对于部分西方旅游者和基督教徒旅游者，带有数字13的价格往往是不可取的，而带有数字3和7的价格往往是受欢迎的。

三、旅游交通销渠道策略

旅游交通销渠道策略，就是通过一定的方法和手段，选择和建立合理的分销渠道，把旅游交通运输产品有效地转移到消费领域。旅游交通产品的生产与消费的同步性，决定了旅游交通分销渠道比较短，也就是说它的分销渠道的中间环节比较少。而旅游交通产品的不可贮存性，又决定了它的分销渠道比较宽，即它必须同时选择多个分销代理，以便使产品能够及时转移到消费者手中，以避免造成运力浪费。

(1)直接与间接分销策略

直接渠道策略是指企业直接把产品转移到消费领域。其优点是产品交换便利，销售成本低，市场信息反馈快。其不足之处是，企业人力、物力和财力分散，市场覆盖面窄，专业化程度较低。由于旅游交通运输生产与消费同时进行，所以几乎所有旅游交通运输企业都不同程度地采用直接分销渠道策略，拥有自己独立的售票机构。

间接渠道策略是指企业通过中间商把产品间接地转移到消费领域。其主要优点是，企业可以集中人力、物力和财力进行运输生产；由于中间商的出现，使企业拥有更大的市场占有份额；旅游交通票务代理机构，专门从事订票、售票业务，具有较高的专业化水平。现代旅游交通运输业的分工越来越细，专业化水平越来越高，所以越来越多的运输企业开始采用间接分销渠道策略。

(2)短渠道与长渠道分销策略

分销渠道的长度是指渠道的纵向关系。企业通过一道中间商把产品转移到消费领域，称为短渠道策略。企业通过两道或两道以上中间商把产品转移到消费领域，则是长渠道策略。由于旅游交通产品不能贮藏，而且运输企业本身一般具有较强的直接分销能力，所以，企业大多采取短渠道分销策略。但是，大型旅游交通运输企业或直接分销能力不强的企业，为了分解经营风险，提高客位利用率，往往也通过多渠道中间商销售客票。

(3)窄渠道与宽渠道分销策略

分销渠道的宽度是指渠道的横向关系。在一道中间环节使用少量中间商进行客票销售，称为窄渠道策略。而在同一中间环节使用大量中间商进行客票销售，则称为宽渠道策略。采用窄渠道策略，有利于进行座位控制，保证销售质量，提高产品的信誉。运用宽渠道策略，便于进行市场渗透，扩大销售量。渠道的宽度并无一定的标准，旅游交通运输企业一般在产品投入期和成长期采用宽渠道策略，而在成熟期和衰退期则采用相对窄的渠道策略。

四、旅游交通促销策略

旅游交通产品具有较强的替代性和无形性，所以，借助有效的促销手段，使旅游者了解并作出购买产品的决策，对旅游交通运输企业提高客座利用率有着十分重要的意义。

(1)广告宣传策略

广告宣传是指通过电视、广播、报刊、杂志等广告媒体，把有关旅游交通产品的信息传送给旅游者。其中电视和广播广告具有传播面广、信息传递快等优点，但也存在着传播周期短、信息容量少等缺陷；报刊、杂志广告信息容量大、专业性较强，但覆盖面相对较窄、信息传递较慢。此外，广告牌、招贴画、标语、霓虹灯等也是广告宣传的媒体。广告宣传主要用于新产品的介绍和树立企业的整体形象。

(2)人员推销策略

人员促销是指企业派出推销人员，直接向旅游者介绍和推荐本企业的旅游交通产品。在旅游交通行业中，人员促销主要是面对旅行社、饭店、机关团体等旅游活动的组织者进行针对性较强的促销。

(3)营业推广策略

营业推广是指企业通过优惠的经营活动，使旅游交通消费者亲自体验和使用企业的产品，以便加深对产品性能和质量的了解，或给予代理商一定的价格优惠，从而促使代理商进一步扩大代理销售量。比如，新线路试营运期间为旅游者提供折扣价格，旅游交通运输淡季实行较低的浮动价格，都能够吸引旅游者，并使消费者了解企业交通产品的性能和服务质量，从而起到促销产品的作用。

(4)公共关系促销策略

公共关系是一种间接的促销策略。其主要功能是设计和树立企业的整体形象，维持和协调企业与社会的良好关系，从而为企业的长远发展以及产品销售量的稳步提高创造必要的条件。公共关系的内容一般包括参与社会公益活动，向社会介绍企业的经营宗旨和发展计划，与有关的企业、社会团体、行政管理部门建立良好关系等。

旅游交通企业的四种基本促销策略是相互关联、互为补充的，在实际操作中往往综合运用几种策略，形成促销组合。一般来讲，公共关系策略应贯穿于企业整个经营活动过程之中，在不同的经营阶段又要针对市场供求关系的变化以及企业自身的特点，选用一种或几种促销策略，以取得最佳的促销效果。

复习思考题

1. 简答旅游交通定义。
2. 旅游交通系统由哪几部分构成?
3. 简述旅游交通在旅游业中的地位和作用。
4. 影响旅游交通营销的因素有哪些?
5. 简述旅游交通营销策略。

项目实训

旅游交通产品的设计

一、实训目的

认知旅游交通产品的设计过程。

二、实训要求

1. 认真查阅各地地图、交通条件及旅游资源分布。
2. 合理选择交通工具，使用5种以上不同交通方式。
3. 在各地的7日游览的景区要达6个以上，且不走重复路线。
4. 保证交通费用控制在4000~6000元人民币左右，要有公开的费用表。

三、实训组织

将学生分成5个小组，每一小组人数以6~8人为宜，小组中要合理分工。在听取教师交通产品营销的讲座后，以小组为单位按要求设计旅游交通产品，在充分讨论的基础上，形成小组的报告。

四、实训内容

根据学过的内容，发挥创意，针对日本或韩国中老年市场制定在山西、大连、秦皇岛、北京、杭州 5 地进行 7 日游的交通方案。

作出实训报告。

项目十一　掌握旅游商品营销

☞ **知识目标**
1. 了解旅游商品的含义
2. 了解旅游商品的类别及其特点
3. 认识旅游商品的顾客市场购买需求规律
4. 掌握旅游商品的设计原则、开发步骤
5. 熟知旅游商品营销的基本原理

☞ **技能目标**
1. 能对指定旅游商品目标市场进行调研分析
2. 能分析顾客对旅游商品的需求发展趋势
3. 能为某一旅游商品制定市场营销组合策略
4. 能利用旅游商品现场销售基本技巧销售商品

任务一　分析旅游商品营销概述

一、旅游商品的含义

关于旅游商品的含义，到目前为止还没有一个统一的标准，本书认为，旅游商品是指旅游消费者在参与旅游活动过程中，在旅游地所购买、主要是用来自己消费、送礼或收藏的各种有形物品。旅游商品不包括旅行前在居住地购买的物品以及在旅游地由于商业目的而购买的物品。

根据使用对象的不同，旅游商品可以分为自用和他用两大类，自用作为旅游过程中的美好回忆而享受，他用可作为馈赠礼品与别人分享。

二、旅游商品的分类

1997 年中国国家技术监督局将旅游商品按功能属性分为旅游纪念品、旅游工艺品、旅游用品、旅游食品和其他商品五类。

①旅游纪念品。旅游纪念品是指各种各样的标有产地地名或用产地的人地事物特征作商标的商品，包括以文化古迹、自然风光为题材，为特定旅游景点开发制作的旅游景点型商品；以特定事件或活动为题材而开发制作的事件依托型旅游商品。旅游纪念品在旅游商品中占有极其重要的地位，它具有纪念意义，可以证明旅游者到过该地方，并回忆在该地有过的经历。

②旅游工艺品。旅游工艺品主要指用本地特色材料制作的设计新颖、工艺独特、制作精美的艺术品。它主要包括日用工艺品和陈设工艺品两大类，日用工艺品是经过装饰加工的生活实用品，陈设工艺品是以欣赏为目的的各种摆设。我国的工艺品历史悠久、品种繁多、技艺精湛，既具有欣赏价值，又具有实用价值，还具有浓郁的地方特色。

③旅游日用品。旅游日用品是指旅游者在旅游活动中购买的具有实用价值的生活日用品，主要满足旅游者在旅游活动中的日常需要，它与旅游活动紧密相关，多具有实用性，如旅游鞋帽、洗漱用品、化妆品等。它不同于一般的日常用品，是实用性与纪念性相结合的商品。

④旅游食品。旅游食品包括各种饮料、快餐食品、方便食品、糖果等，以及地方传统风味和地方土特产品，其中以土特产品为特色商品，它是以当地原材料生产加工的地方传统产品，具有浓厚的地方特征，大都被评为当地名优产品。

⑤其他商品。除了以上四类商品的其他商品。

三、旅游商品的特点

(1)纪念性

纪念性是指旅游商品能显示旅游目的地的地方特征和旅游者参加旅游活动的标志与时间特征，使旅游者带回去后仍能留下或引起美好的回忆。纪念性是旅游商品的一个最基本的特征，也是区别于其他普通商品的显著特征。

(2)区域性

旅游商品具有鲜明的区域性，地方特色和民族特色，它反映了一个地区、一个民族的文化特征。这个特色主要表现在特色的原料、特色的设计、特色的工艺、特色的包装和特色的历史文化。地方特色和民族特色是旅游商品最重要的特征，只有具备了地方特色和民族特色，旅游商品的纪念意义才得以体现。那些能反映目的地资源特色和文化底蕴的旅游商品往往与众不同，具有不可替代性和一定的垄断性，具有纪念意义和收藏价值。

(3)便携性

由于旅游者的异地性和流动性，大多数旅游商品都是在旅游者旅游过程中消费和携带的，这就要求旅游商品在设计上要充分考虑其容积、重量，要求旅游商品应当小巧体轻，制作精致，包装可靠，以便于携带。

(4)实用性与艺术性

很多游客希望自己买回的东西不仅具有纪念意义，还可以有一些其他用途，而不仅仅作为观赏品或摆设，因此，具备实用性的商品更能激发游客的购买欲望。

艺术性是指旅游商品整体设计新颖奇特，美观别致，具有艺术欣赏的特性。正是由于旅游商品具有特殊的造型、色调、功效、美感、历史、文化与实用价值，所以它除了具有一般商品的价值外，还具有艺术价值、欣赏价值、纪念价值、地位价值等附加的价值，这种价值称作情绪价值或称第二价值。艺术性是旅游商品所具有的独特的艺术价值的特性，旅游商品越具有艺术性，感染力就越强，游客就越喜爱。

(5)层次性

由于游客具有不同的消费水平，旅游商品应相应分成低档、中档和高档三种。低档旅游商品由于制作简便、工艺简单，仅具有较低的情绪价值，故售价较低。高档旅游商品较好地反映了传统文化，有时还能很好地利用现代的制造手段，制作精美，工艺复杂，具有很高的收藏价值。这种旅游商品具有非常高的情绪价值。

四、旅游商品在旅游业中的作用与地位

(1)旅游商品是旅游业的一个重要组成部分

旅游购物是旅游的六大要素之一，它与旅游吸引物、旅游服务设施、旅游交通共同构成旅游业的四大支柱。发展旅游商品不仅体现为对经济的推动作用，更重要的是能否最大限度地吸引旅游者购物，这也是一个旅游目的地旅游业发展程度的重要标志。

(2)旅游商品营销是提高旅游业综合经济效益的重要途径

旅游商品是旅游经济中最具市场前景的利润增长点，也是发展潜力最大的旅游基本要素。旅游商品购销两旺的市场，既可满足游客的购物需求，增加旅游目的地收入，又可拉动旅游商品的生产，促进劳动力就业，可谓一举多得。

在旅游业较发达的国家或地区，购物收入一般占到旅游业总收入的40%以上。据国家旅游局统计，我国许多成熟的旅游城市旅游购物消费达到总消费额的30%以上，如上海、杭州、昆明、北京等地，香港地区甚至达到了70%。

(3)旅游商品是旅游市场营销的重要内容

旅游市场营销主要包括旅游商品营销、旅游产品营销和旅游目的地营销三方面，之间既有联系也有区别，共同构成旅游市场营销体系。产品代表着目的地形象，目的地营销又能够促进产品和商品的销售，这是一个相辅相成的过程。

(4)旅游商品是旅游目的地的吸引物之一

从旅游者方面看，旅游商品承载了满足旅游者购物需求和传播旅游地形象的双重价值。好的旅游商品能激发旅游者的美好回忆，显示旅游者的生活经历，可使旅游者长期保存或乐于赠送亲友，乐于向周围社会介绍，旅游商品将成为吸引老游客重游和新游客出游旅游商品供应地的动力。

从旅游目的地看，旅游商品是旅游目的地形象识别系统的重要组成部分，同时，也是拉动旅游目的地经济发展的重要载体。对旅游地形象的传播来说是一个很好的渠道，有助于扩大旅游地的知名度。

五、影响旅游商品购买的主要因素

影响旅游者购买旅游商品的因素较多，不同背景的游客购买旅游商品所考虑的因素差异比较大。大部分旅游者购买旅游商品的目的并不明确，是随机的，其动机往往由具体时间、地点、环境、气氛以及旅游者的情绪等多种因素综合作用。

研究表明，大多数国内外游客真正感兴趣、愿意购买的是那些特色鲜明、有一定档次、经济实惠的旅游商品。影响游客旅游购物的因素主要包括商品的特色、实用性、价

格、收藏价值、购物环境，其中旅游商品的特色、价格、实用性最受游客关注。

一般来说，文化内涵、纪念意义及便携性是最主要的影响因素；商品的外部特征，即工艺、样式、色彩等是较次要影响因素；品牌、购物环境、商品价格等变量则是次要影响因素；而旅游经历，包括对此次旅游经历的满意度影响以及过去旅游购物经历成为影响旅游消费者自身感受的因素；商品功能和商品质量是第五个影响因素；导游人员宣传、他人购买行为以及销售人员服务状况等成为影响旅游消费者产生购买行为的外部诱导因素。

六、旅游商品的购买行为分析

由于旅游商品与旅游产品的购买主体都是旅游者，因此其购买行为类型与旅游产品的购买行为类型大同小异，只是侧重点不一样。

(一)旅游商品的需求特点

旅游商品需求是指旅游者在旅游过程中对旅游商品的数量、质量和品种的购买和消费倾向。据中国社会调查事务所(SSIC)2007 年在北京等 5 地针对旅游市场旅游商品需求的专项问卷调查，77% 的人表示在旅游时肯定会购买商品，14% 的人表示偶尔会买，只有 9% 的人表示不买。可见，游客对旅游商品有着强大的潜在需求。

从需求层次理论看，旅游是一种较高层次的消费活动，是人们在基本生活需要得到满足之后而产生的需求，包括对旅游商品的需求也是较高层次的。但在实际的旅游消费活动中，旅游者对旅游商品的消费需求是有层次的，从低到高可分为四层。

①基本需求。在旅游过程中对旅游商品的需求比普通商品的要求更高。它包括生理需求、生活需求、安全需求和旅游用品需求，这是进行旅游的前提。

②探新求异的需求。人们暂时离开原来熟悉的生活环境和生活内容转而追求新的生活环境和生活内容。在购买旅游商品上，一是品味尝鲜的需要，品尝异地的特色食品，购买当地的土特产带回家让亲朋好友品尝；二是体验异国他乡的商品消费方式和氛围，各地商品消费的习俗和环境是有差异的，消费者体验新的消费方式和氛围以满足旅游者的好奇心理和对新事物的渴望；三是追求奇特商品的需求，求新、求奇、求特是人们外出旅游的共同心理。

③纪念的需求。旅游者购买具有特定文化内涵和纪念意义的商品进行收藏，其中一个重要动机就是为了让自己的旅游经历通过旅游商品进行物化，以便事后能够引起美好的回忆。

④社交需求。旅游者离开自己的社交圈进行旅游，有将旅游过程中的感受与社交圈进行沟通，购买旅游商品作为礼品赠送给亲朋好友以满足共同体验异地文化的欲望。

(二)旅游消费者购买动机

游客的购买行为是由其购买动机驱使的。由于游客需求的千差万别导致了购买动机的多样性，因此在旅游商品的开发过程中，需要对旅游者的购买动机进行分析。这些动机主要有如下几个。

①纪念收藏动机。追求旅游商品的纪念意义和纪念价值，这是旅游者的共同动机，也是最典型的动机。旅游商品都是以旅游纪念品为核心的，而旅游纪念品最重要的用途就是用于收藏纪念，旅游者可以将所购买的旅游商品带回家中收藏，用以怀念、回忆这段旅游经历。

有些旅游者为满足个人特殊兴趣、嗜好，喜欢在旅游目的地购买有收藏价值的旅游商品，如有人收集纪念门票、各地火柴盒、各国邮票、名画、地图等。这类动机促使他们希望收集的物品越多越好、越全越好，这一动机具有强烈性、习惯性特征。

②馈赠动机。其用意在于让家人亲友分享其旅游乐趣，表达情谊。有不少旅游者购买旅游商品，是受在家的家人朋友意愿影响的。即为了弥补没有时间或机会与自己同游的亲友们的遗憾，或者为了回报支持自己出游的亲朋好友，或者是为了让亲友们共享旅游的成果。如购买当地特产等是为了带回去给自己的亲朋好友品尝，目的是加深彼此之间的感情。

③求新求异动机。游客满足追新求异猎奇的心理，追求旅游商品的异地情调带来的新鲜感和差异性而形成的购买动机。越是地域特色深厚，具有地方特点、民族风情的旅游商品就越能被游客接受，产生购买动机。

④文化美育动机。此购买动机反映求知欲望，以追求旅游商品的欣赏价值和艺术价值为目的。这是与旅游者寻觅美、欣赏美、享受美的心理活动相适应的。游客会挑选款式、花色、造型等外观形态，以从中获得美的熏陶，因此开发的这些旅游商品必须文化底蕴比较深厚，文化品位较高。

⑤享用动机。旅游者购买此类商品的目的是方便自己在旅游目的地享用，并同时追求舒适、方便、享受，增加旅途乐趣。这类旅游商品主要是旅游休闲食品和旅游日用品等，如在旅游过程中购买一些护肤品、生活用品等都属于此种类型。

⑥求利动机。求利动机注重旅游商品的质量和价值，旨在买到正宗的、货真价实的当地特色的旅游商品。同时，也有部分旅游者在购买旅游商品时因追求质优价廉而形成动机。经济条件不同，旅游者对旅游商品的价格的敏感程度也不同。质优价廉又有特色的旅游商品，对大多数的旅游者来说，都是有吸引力的。

旅游者的购物动机是多样的，有求实用性的，有求纪念性的，也有求新求奇的，促使游客作出购物决定的往往是多种动机的合力。随着科学技术的日新月异，旅游者的审美眼光也在不断变化，除了要及时了解现实旅游者的购物需求外，还必须密切关注旅游活动方式、旅游时尚观念的发展变化，并不断进行创新，丰富旅游商品的特色，这样才能跟上时代的步伐，满足旅游者的需求。

（三）旅游商品消费者购买行为分析

按照旅游者的性格，旅游商品购买行为分为以下几种：

①习惯型购买行为。习惯型购买行为是指旅游者凭借以往的购买经验和消费习惯采取的一种重复性购买行为。它是一种确定型购买行为，是旅游者在经常使用该产品后开始熟悉、信任该产品，从而对其产生特殊感情而形成的重复购买。

②随意型购买行为。随意型购买行为是指旅游者在购买旅游产品时无固定偏好，一般为顺便或尝试性的购买行为，又称不定型购买行为。这类旅游者可能是缺乏购买经验，也可能是缺乏主见，购买行为较为随意。

③疑虑型购买行为。疑虑型购买行为是指旅游者在购买旅游产品时总是瞻前顾后，即便购买后仍心存顾虑的购买行为。这种类型的旅游者一般性格内向，言行谨慎、多疑，对营销人员抱有不信任感，购买商品时凭个人的内心体验和自我评价，往往犹豫不决或过分挑剔。

④冲动型购买行为。冲动型购买行为是指旅游者购买旅游产品时以直观感觉为主，未经事先考虑，临时作出决定的购买行为。与疑虑型的相反，这种类型的旅游者往往较为外向，语言直率，成交速度快。他们易受宣传广告和旅游产品外观的影响，从个人兴趣出发，并喜欢追求新产品。

⑤理智型购买行为。理智型购买行为是指旅游者在真正购买产品前已通过收集旅游产品的信息、了解市场行情，并经过慎重权衡利弊才作出最终的购买决定的购买行为。这类旅游者一般计划性强，稳重、有主见，熟悉市场行情，乐于收集信息，经验比较丰富，不易受外界因素的影响。

⑥感情型购买行为。感情型购买行为是指旅游者根据情感的反应进行旅游产品的购买行为，又称想象型购买行为。这类旅游者在购买旅游产品时容易心血来潮，衡量旅游产品时易受感情左右。他们不善于思考与推理，购买目标不执著，注意力容易发生转移，兴趣容易发生变化。若处于情绪抑制状态，会产生消极情绪而中断购买。

⑦经济型购买行为。经济型购买行为是指旅游者对旅游产品的价格十分敏感的购买行为，又称价格型购买行为。这类旅游者特别重视旅游产品的价格。他们倾向于选择价格较为低廉的旅游产品，他们善于发现别人不易觉察的旅游产品的价格差异，并愿意花较多的精力去了解旅游产品的价格及相关信息，希望能买到物美价廉的旅游产品。

七、旅游商品的开发原则

旅游商品作为一种商品，它的开发不能脱离一般商品开发的原则，比如效益性原则、市场导向原则、生态性原则等，但是作为一类特殊的商品，旅游商品的开发也需要一些特殊的开发原则，以便能够更好地满足旅游者的需要。旅游商品的开发原则主要包括以下几种。

(1)旅游者导向原则

旅游者导向原则将市场调查作为旅游商品开发的先导，这是最重要的原则。旅游商品的生产和销售企业应通过对旅游市场的调查，加强对旅游商品供求市场和旅游者心理的研究，对不同旅游者对旅游商品的需求情况进行分析、研究，根据企业的优势和竞争能力，准确选择目标市场，及时调整商品结构，进行科学的市场定位，开发出旅游者需要的旅游商品。如果是外销的旅游商品，还要了解和熟悉不同区域、不同民族的爱好和禁忌。

(2)地域性原则

地域性原则是指以当地自然资源、人文资源为依托，利用当地特有的材料进行开发、生产、销售的原则。带有浓厚地域色彩的旅游商品往往能够以其特有的地域暗示，勾起旅游者对旅游经历的美好回忆而为广大旅游者所喜爱。地域性的旅游商品往往具有地域垄断的特点，如果错过该地域再购买就会比较困难，在旅游者特殊消费心理的作用下，旅游者一般对此类旅游商品产生浓厚的兴趣。

(3)文化性与艺术性原则

旅游者消费群体相对于普通居民而言，一般具有较好的经济能力和较高的文化艺术品位，因此，具有较高文化和艺术含量的旅游商品往往能够引起他们的极大兴趣。

(4)便携性原则

由于旅游者身处异地，在一般情况下，不可能、也不太方便携带体积过大的旅游商品，因此，便携的旅游商品会受到旅游者的欢迎。

(5)精品原则

旅游者对旅游商品消费本身具有“引致需求”的某些特征，粗制滥造的商品很难引起旅游者的兴趣。旅游者一般是收入比较高的群体，对价格的敏感程度比较低，这也为开发精品旅游商品提供了消费保障。

(6)特色原则

特色旅游商品能够满足旅游者特有的好奇心，特别是对那些非理性的旅游者和处于非理性心境下的旅游者来说，有着很好的市场发展空间。

八、旅游商品开发的模式

(1)需求导向模式

需求导向模式，即依据旅游者购物的需求和旅游商品市场竞争的特点而进行的旅游商品的开发。特点是将市场作为旅游商品开发创新的直接动力，也作为旅游商品开发创新的起点与归宿。

这种模式分三步。首先，要预测市场需求，一般说来不同的旅游者的消费需求不同。外国游客追求中国特色，国内游客要求旅游商品具有纪念性和实用性，体现地方特色和企业特色，能否满足旅游者的这种需求是决定市场开发方向的关键因素。其次，找到现有的旅游商品使用价值与旅游购物期望值之间存在的客观差异，针对旅游商品市场消费需求结构变化以及消费倾向所产生的要求对旅游商品进行有目的的开发创新。最后，利用企业现有资源和社会资源对旅游商品进行开发。

(2)科技推动型模式

科学技术是工业旅游商品开发创新的推动力，对旅游商品的开发起关键作用，新材料、新工艺的运用，可以替代已不可再生资源为原料的旅游商品，改变生产效率低的传统工艺。科技还使旅游商品的质量及功能大幅提升，缩短了设计与开发周期。

(3)市场开拓模式

市场开拓模式分创新产品满足新需求和市场渗透两种。

①创新产品满足新需求。强调旅游商品的创新，通过改变旅游商品的核心要素，包括功能、结构、技术、价格在内的各种商品要素和商品属性，或者改变其实体要素，如质量水平、产品特性、式样设计等不同方面的特征，为旅游者提供新的使用价值，满足旅游者新的购物需要。

②市场渗透。强调市场创新，即旅游商品的性能和质量并无显著变化，只因采用了新的营销方式或者旅游商品进入新的市场。

任何一个企业都无法满足所有旅游者的全部购物需要，因此，在制定市场创新开发模式时，应该进行必要的市场细分，确定本企业的服务对象，选择适当的目标游客作为本企业的目标市场创新点。

选择目标游客时，要考虑本企业的资源条件、市场状况和创新能力等实际情况，选择那些尚有某种需要未得到满足的旅游地和游客群作为创新点，以充分发挥本企业的市场竞争优势，赢得目标游客。具体可以采取服务延伸、包装延伸等方法达到目的。

九、旅游商品开发的创新途径

(1)仿制法

仿制法是对已有的具有特色的物品进行仿制(复制)而成为旅游商品。仿制旅游商品的开发与设计必须遵循一定原则，即充分尊重原物原貌，以尽量相近的材料来制作，这样才能收到较好的效果，对其他省份或地区已有旅游商品在外观和加工工艺上稍作修改或适当加入本地元素而生产的旅游商品，因为过于大众化，互相模仿而导致“百物一面”。所以尽管它的开发设计成本较小，但因吸引力不够，无法带来多少经济效益。仿制型的旅游商品一般制作都比较精致，因此价格比较贵，购买这类商品的多为有一定经济实力和文化品位的旅游者。

(2)功能扩散法

在旅游商品的开发设计中，不仅应保留其原有功能，还应考虑将其改进为多功能性旅游商品，具体又分为两种类型。

①功能改进。功能改进后的旅游商品不仅仅是一件具有纪念价值的旅游商品，还可以作为礼品馈赠亲友。它不仅是一般意义上的摆设、挂饰，更具有在日常生活中的使用价值。

②加工改革。加工改革，即充分利用现有资源及技术，对传统工业旅游商品在加工上进行改革，加入新的设计理念，使商品焕发新的面貌。

(3)题材创新法

依托于影响力较大的国内、国际大型活动，将活动内容及主题融入商品之中，使其变成具有纪念意义的旅游商品。这类旅游商品不仅可以收藏或使用，也可以作为礼品馈赠，如唱片、T恤、明信片、宣传画、景点门票、邮票等都可以作为内容融入主题活动而成为旅游商品。

(4)工艺改进法

通过工艺的改进，可以改变原来的生产方法、消费条件和商品的原有品质。许多旅游商品以传统方法生产对环境污染较为严重，我们可以通过工艺的改进，解决这一问题。还有些旅游商品由于个头太大或其他原因不便于携带，可以对其进行微型处理和特殊包装，使其改头换面，便于保存和携带。

(5)过程透明法

许多传统旅游商品，一直是一些能工巧匠的高超手工技艺的体现。其生产工艺具有保密性，正因为这样，其生产过程对旅游者来说具有强烈的吸引力。使生产过程透明化，既可以满足旅游者手工业旅游的需要，将旅游商品的生产和销售联系起来，又可以展示商品的品质，提高旅游者的购买欲望。

任务二 掌握旅游商品营销策略

一、旅游商品营销的定义

旅游商品营销是市场营销原理和管理技巧在旅游商品营销中的具体应用，它包括旅游商品的生产制造或供应商向景区、酒店、零售商等中间商的营销以及中间商或生产制造企业向游客营销两个环节。

二、旅游商品营销的特点

尽管旅游商品也是有形商品，但由于本身的生产目的与营销对象是针对各类游客的，因而这是一种相对比较特殊的产品，既不同于一般的商品，也不同于旅游景观、旅游服务、旅游线路、旅游故居、旅游设施、旅游交通等旅游产品，旅游商品营销在需求分析、设计开发及营销管理过程中有着自身的规律和与其他有形商品不同的特点。

旅游商品的经营方式和一般商品有所不同。旅游商品的经营受客流量、旅游市场波动影响大，这使旅游商品的生产和销售具有很大的波动性。而由于当地居民具有长期性和稳定性的特点，所以一般商品的生产和销售则具有相对稳定性。

旅游商品在消费层次、品种特色等方面的要求与普通商品不同。一般的百货商品主要是为了满足当地居民的日常消费的需要，注重商品的使用性和经济性；而旅游者在旅游过程中购买的旅游商品，则更注重对旅游活动的纪念意义，因此，旅游商品会更注重商品的民族性、地方性、艺术性、纪念性。可见，旅游商品在其产品的品种、档次、包装、造型上比一般商品有着更高的要求。

服务对象不同。一般百货商品的服务对象主要是当地的居民，是为了满足当地居民日常生活的需要。旅游商品的服务对象是游客，游客是旅游商品存在的前提，没有游客，旅游商品就无从谈起。

销售网点的布局不同。一般的商品的服务对象是当地居民，为了方便居民的购买，销售网点多分布在居民的居住地附近。旅游商品的销售网点是根据旅游者的活动特点布局的，主要设置在旅游城市的旅游景点区、风景名胜附近、宾馆饭店及商业繁华的地段或大的商业中心。

三、旅游商品的产品组合策略

(1)功能组合策略

要在加工工艺、选材、设计、品种等方面多下工夫，突出旅游商品的纪念性、艺术性、礼品性，注重旅游商品的地方性、实用性、方便性，使旅游商品成为集观赏性、创造性、地域代表性、便于携带性以及包装精美性等多种功能于一体的旅游商品。

(2)质量组合策略

改变注重开发高价位、高档材质旅游商品，轻视低价位、低档材料旅游商品的做法，积极开发具有地方特色的、质量有保证的、低价位、低档材料的旅游商品。在旅游商品的设计、工艺制作、销售环节上要注意高科技的运用，增加高科技的含量，提高旅游商品的实用性、纪念性，增加商品的趣味性。

(3)多元素组合策略

实现旅游商品的多种题材、多种色彩、多种式样、多种档次，尽可能使旅游商品系列化、配套化，以便游客随意选择、各购其好。同时，根据旅游消费情况的变化，不断更新产品花样，尽量做到不断出新产品、新品种、新花色以满足游客求新、猎异的需求。以弘扬传统工艺的商品为重点，形成具有丰富文化底蕴的传统工业品系列；围绕知识性、可读性、纪念性、思想性，开发地方特色的戏曲、书法、美术等图文、音像、影像及电子出版物系列；利用当地农副产品资源，形成地方名优土特产品系列；根据观光、体育、探险的不同特点，开发旅游装备商品系列；充分挖掘旅游景点的文化内涵，开发反映景区特色的旅游商品系列。

(4)包装组合策略

以地方独特原料为特色的工艺品、纪念品的包装要尽量保持传统特色，追求原汁原味，注重其审美价值和保存价值。根据旅游者的消费习惯和生活方式，改变土特商品包装设计，以适量、便携、美观、多样化的包装来刺激旅游者的购买欲望。对旅游用品、食品按照实用、实惠的原则进行包装，对不同种类、不同层次的商品采用系列化设计，如包装纸、包装袋、包装盒等。旅游商品包装材料的选择应以自然材料为主，包装时以原始状态、简单加工、精心装饰三种形态出现。在包装的材质上，旅游商品包装也可通过材质对比和自然肌理的应用，来体现自然厚重、纯朴的气息，还可大量运用再生纸来构筑包装的新形象。

四、旅游商品的价格策略

在我国现有经济条件下，旅游商品的价格仍是影响旅游者购买行为的最重要因素之一。所以，要合理选择价格策略以满足不同旅游者的需要。

旅游纪念品的定价宜采用需求定价法，即根据市场上的需求强度确定产品的基本价格。旅游纪念品是富有旅游地文化内涵的特色商品，其附加价值较大，因而价格可以稍高于成本价。同时，纪念品不是生活必需品，旅游者购买的随意性较大，价格不宜定得过高。可以根据旅游者不同的消费层次，以及纪念品本身的制作成本，实行差别化定价，有高价位纪念品，也有物美价廉、经济适用的旅游纪念品，以满足不同旅游者的需求。

对食品等一般消费品采取习惯性定价策略。面包、饮料等作为旅游商品，但并没有改变其日用消费品的属性。旅游者在长期的购买消费活动中对于日用商品的性能、质量等已经详细了解并形成了经验的评定和固定的心理价格标准。日用消费品价格应逐步形成一定程度的稳定性，这样才能给旅游者价格合理的感觉。企业在为这些产品定价时，一般不要背离习惯价格，否则会失去旅游者的信任。

对古玩、字画等收藏品应采取高价位策略。古玩、字画除具有一般商品的属性外，还是身份、地位的象征，并有潜在的升值空间。再者，购买者大多是爱好者、专业人士，对于他们来说，价格需求弹性较小，高价格能够使购买者觉得“物以稀为贵”，满足其所购产品“物有所值”的心理需求。

善于运用灵活价格策略。运用灵活性价格策略的目的是打败竞争对手，更好地满足旅游者的需要。灵活性策略有三个方面的内容：一是产品差别定价策略，即同一种产品线的产品可根据功能、质量、外观、规格、型号的不同来制定不同的价格以满足不同层次旅游者的需要。二是产品价格组合策略，实行产品组合策略的制造商可以运用产品价格组合策略，在企业内部实行利润互补，确保产品在市场上的竞争力。如进行高、中、低档商品价格组合，以高价补低价：以主导商品与辅助商品进行价格组合，以辅助商品赚取利润。三是折扣价格策略，即在特定时期内进行数量折扣、打折让价销售以吸引更多的旅游者购买。

五、旅游商品营销的渠道策略

(1)建立多渠道的旅游商品营销体系

不要将旅游商品零售渠道只集中在景区内、周边及一些远离景区的个别旅游专卖店内，要依托旅游目的地城镇和旅游商品的中间商，形成旅游商品交易中心、旅游商品一条街等大型旅游购物综合体。特别是在《旅游法》实施后，多渠道销售成为旅游商品经营者的必由之路。

(2)缩短营销渠道长度

在旅游商品销售中，商家应该首选短渠道的营销方式，建立旅游商品配送中心，采用先进的技术手段、科学的管理方法、减少旅游商品的流转环节，降低流通费用。即由旅游商品生产商将商品出售给零售企业，由零售企业承担向游客出售的任务。

在渠道的建设上可以先着手建设旅游商品旗舰店，在积累了成功的经验之后，逐步推进旅游商品在交易中心、旅游商品一条街、旅游商店、机场专卖、大型百货店专柜、旅游饭店旅游专柜、景区附近售货亭等的销售。最终以品牌、规模、成熟的管理模式使商品营销走向连锁经营。交易中心以批发业务为主，兼营零售业务。成规模后可定期举办旅游商品交易会，或配合旅游节庆开办各种形式的旅游商品展销会。

(3)发展旅游商品终端销售

旅游商品街将出售民族工艺品、土特产品、风味小吃、特色菜肴的商家集中于一条街上，既方便管理，又有利于形成竞争市场和集聚市场人气，方便游客开展游购活动。旅游商店、专卖店、专柜等主要满足游客购买奢侈品及不同地点的游客的购物需求。在景点附近或外围景区，设置少量的售货亭，出售景区特色商品及旅游消费品，方便游客的临时购物所需。

选择多种销售方式，开设专卖店、开辟特产专柜，采取开放式、参与式、互动式、组合式、捆绑式等销售方式。据调查，有 49.4% 的旅游者选择超市开架模式，尤其是年轻旅游者群体最喜欢超市开架式购物。

还可以分别在旅游城市设置旅游商品购物区、购物街，在重点旅游城镇建设购物一条街或专业性旅游商品市场，在主要景区景点规划建设旅游商品销售区，形成旅游商品销售网络。

六、旅游商品营销的创新途径

(1)文化营销

旅游商品作为一种文化的载体，具有记录、储存、认知、助识、传播、交流等功能，因此在旅游商品的营销中要突出其文化性。

一是在旅游商品的开发上深挖旅游商品的文化内涵。普通商品不等于旅游商品，只有经过文化的挖掘和陶冶，才能成为旅游商品。要突出文化的民族性和地域性，就要挖掘地方史料，找到相关物产的文献记载，以挖掘文化内涵、生产特色产品。将文化素材、文化现象，在不同层次上、不同范围内进行比较、概括、分类的研究，开发出独特的富有文化气息的地域性旅游商品。

二是在店堂布置、广告宣传上体现文化性。旅游商品与购物设施的不同组合会带给顾客完全不同的心理感受，可增加商品魅力，强化旅游经历，促进产品销售。很多的旅游商品都富有纪念意义，若采取地摊式、追尾销售，势必破坏旅游商品的质感，尤其是高档的旅游商品必须有高档的经营场所与之匹配，可以运用先进科技在建筑、灯光设计、商品陈列等方面寻找突破口，声、光、电相配合，让旅游者在选购旅游商品的同时，获得难忘的旅游经历，增加旅游商品的附加值。

二是文化营销还体现在销售人员的导购中。旅游商品独特的文化性，需要导购人员熟悉产品设计的创意，了解生产工艺流程，具有一定的历史文化底蕴，有丰富的相关产品知识，方能表现旅游商品的特性，打动游客，实现愉快营销。

(2)网络营销

旅游消费者往往都是上网族，游客到外地旅游常借助于网络了解旅游目的地，因此，游客的很多旅游信息来自于网络。

由于旅游商品的购买一般都有随机性，很少有人在网上购买没去过的旅游景区的旅游商品。但网络宣传面向的受众广，通过网络可以增加旅游商品买卖的“透明度”，对增加旅游商品知识、构建诚信旅游购物环境等都有积极意义。因此旅游商品的网络营销可以先从网络宣传入手，通过网络宣传起到促销的作用。

旅游商品的网络营销可以借助政府、景区景点的网络平台，丰富旅游商品的信息。经营单位也可以主动出击，借助淘宝、易趣、拍拍作为阵地，宣传自己，重视利用 QQ 群等信息传播渠道。

(3)协作营销

协作营销也可以说是共生营销，是两个或更多独立的组织，通过共同分担营销费用，协作进行营销传播、产品开发、品牌开发、品牌建设、产品促销和分销等方面的营销活动，以达到共享营销资源，巩固营销网络的一种营销理念和方式。旅游商品经营单位纵向上要与旅游商品生产企业协同营销，横向上要与相关行业协同营销，选择与具有优势互补背景的企业合作，如景区景点、旅游饭店、机场、当地有影响力的零售企业、传播媒介等。

旅游商品经营者可以采取与饭店结成战略联盟的方式展开全面合作，共享销售渠道，根据饭店需要设计特供旅游精品，实行互惠互利，利益共享。旅游商品经营者可将饭店作为自己的一个分销点，设立旅游商品专柜，通过饭店向协作单位推荐本地旅游商品作为会议、商务考察的纪念品，饭店宣传品中均列入旅游商品的信息。饭店餐饮、日用品、装饰品能用当地的旅游商品的应尽量使用，饭店服务人员应熟悉旅游商品并有意识地向客人推销旅游商品。

(4)体验营销

体验营销要求销售过程中不再孤立地去思考一个产品(质量、包装、功能等)，而要通过各种手段和途径来创造一种综合的效应，以增加消费体验，激起游客的感官感受。如打造一些集设计、制造、生产和销售于一体的旅游商品中心，将旅游商品制成半成品，留下容易完成的工序由旅游者参与制作，有意识地让游客留下自己的制作印迹后再向其出售。

(5)媒体营销

媒体营销，首先是媒体广告营销，旅游商品广告设计要区别一般的商品广告，要突出旅游商品的特性，需由负责策划、文字、设计、影像等专业人员共同完成。其次是重视媒体及投放地点的选择，营销媒体的选择力求投放成本低、广告受众多、最能接近游客。最后是媒体营销主体的确定，在旅游商品市场培育期，为引导、扶持旅游商品的经营，除店堂广告外，旅游商品媒体营销最好是以政府为主体。这样做可以避免由经营商各自进行媒体营销而造成资源浪费，容易形成规模效应。政府牵头还能协调好城管、城建等各部门之间的关系，能集中有限的经费，达到高起点、高效应的效果，还能打造出品牌旅游商品，使之成为城市的名片。政府还可以在旅游目的地的媒体营销中让旅游商品搭上顺风车。但从长远观点看，旅游商品的媒体营销还是要侧重于旅游商品经营者的投入。

复习思考题

1. 简答旅游商品的含义。
2. 简答旅游商品的类别及其特点。
3. 简答旅游商品的设计原则与开发步骤。
4. 简答旅游商品市场营销组合策略。

项目实训

一、实训目的

利用旅游商品现场销售基本技巧销售商品。

二、实训要求

1. 选择旅游纪念品。
2. 熟知旅游纪念品的功能、特色、文化、象征意义等属性。
3. 选定销售场所。
4. 准时到达销售场所。

三、实训内容

1. 准确有效的将准备好的旅游纪念品用不同的销售技巧完成销售。
2. 作出实训报告。

参考文献

[1]吕汝健，刘俊丽．旅游市场营销实务[M]．北京：清华大学出版社，2014.
[2]武传表，倪慧丽．旅游市场营销[M]．北京：中国旅游出版社，2013.
[3]梁骥．旅游市场营销[M]．大连：大连理工大学出版社，2006.
[4]郑凤萍．旅游市场营销[M]．大连：大连理工大学出版社，2008.
[5]靳涛．旅游市场营销[M]．北京：冶金工业出版社，2008.
[6]李学芝，宋素红．旅游市场营销与策划[M]．哈尔滨：东北财经大学出版社，2012.
[7]吴金林．旅游市场营销[M]．北京：高等教育出版社，2004.
[8]马勇．旅游市场营销管理[M]．哈尔滨：东北财经大学出版社，2002.
[9]李红，郝振文．旅游景区市场营销[M]．北京：旅游教育出版社，2006.
[10]李先国，曹献存．营销管理实务[M]．北京：清华大学出版社，2010.
[11]禹贡，欧阳洪昭．旅游景区景点经营案例解析[M]．北京：旅游教育出版社，2007.
[12]赵西萍．旅游市场营销学[M]．北京：高等教育出版社，2002.
[13]张凌云．旅游景区景点管理[M]．北京：旅游教育出版社，2003.
[14]孙庆群．旅游市场营销学[M]．北京：化学工业出版社，2005.
[15]崔莉，杜学．旅游交通管理[M]．北京：清华大学出版社，2007.
[16]刘晓杰．旅行社经营与管理[M]．北京：化学工业出版社，2007.
[17]陈永发．旅行社经营管理[M]．北京：高等教育出版社，2008.
[18]任鸣．旅游交通实务[M]．北京：北京大学出版社，2010.
[19]李俊清，崔国发，胡涌．自然保护区生态旅游管理与可持续发展[J]．北京林业大学学报，2000，22(4)：126－127.
[20]陈安泽，卢云亭．旅游地学概论[M]．北京：北京大学出版社，1991.
[21]范春．国家地质公园的开发与保护[J]．商业经济研究，2004(36)：76－77.
[22]邹统钎．旅游景区开发与管理[M]．北京：清华大学出版社，2008.
[23]白清．刍论西部文化产业的开发[J]．理论导刊，2004(9)：44－46.
[24]保继刚．主题公园发展的影响因素系统分析[J]．地理学报，1997(3)：237－245.
[25]李沐纯．体验经济与主题公园的产品创新[J]．商场现代化，2005(27)：77－77.
[26]周向频．主题园建设与文化精致原则[J]．城市规划汇刊，1995(6)：4－5.
[27]方志坚．营销策划技术[M]．北京：北京大学出版社，2008.
[28]董观志，傅铁．旅游景区经营管理[M]．广州：中山大学出版社，2007.
[29]钟永德．旅游景区管理[M]．长沙：湖南大学出版社，2005.
[30]李洪波．旅游景区管理[M]．北京：机械工业出版社，2004.
[31]王昆欣．旅游景区管理[M]．哈尔滨：东北财经大学出版社，2003.
[32]王晨光．旅游营销管理[M]．北京：经济科学出版社，2004.
[33]李国振．旅游营销管理[M]．济南：山东人民出版社，2003.
[34]刘志远，林云．旅游营销策略[M]．北京：立信会计出版社，2001.
[35]王瑜．旅游景区服务与管理[M]．哈尔滨：东北财经大学出版社，2009.
[36]冯若梅，黄文波．旅游业营销[M]．北京：企业管理出版社，1999.
[37]苟自钧．旅游市场营销学[M]．郑州：郑州大学出版社，2002.

[38]杜江．旅行社经营管理[M]．北京：旅游教育出版社，2002.
[39]何忠诚．旅行社管理[M]．广州：广东旅游出版社，2002.
[40]陈小春．旅行社管理学[M]．北京：中国旅游出版社，2003.
[41]丁力．旅行社经营管理[M]．北京：高等教育出版社，2001.
[42]王大悟，刘耿大．新编酒店营销学[M]．海口：海南出版社，1998.
[43]何建民．现代酒店营销实务[M]．沈阳：辽宁科学技术出版社，2004.
[44]纪宝成．市场营销学教程[M]．北京：中国人民大学出版社，1995.
[45]郭国庆．市场营销管理[M]．北京：中国人民大学出版社，2001.
[46]维克多·米德尔敦．旅游营销学[M]．向萍，译．北京：中国旅游出版社，2001.
[47]屈云波．饭店业营销[M]．北京：企业管理出版社，1999.
[48]尼尔·沃恩．饭店营销学[M]．程尽能，等译．北京：中国旅游出版社，2001.
[49]谷慧敏．旅游市场营销学[M]．北京：旅游教育出版社，2003.
[50][美]尼尔·沃恩．饭店营销学[M]．程尽能，等译．北京：中国旅游出版社，2001.
[51][澳]唐·约翰逊．旅游业市场营销[M]．张凌云，等译．北京：电子工业出版社，2004.
[52][英]维克多·密德尔敦．旅游营销学[M]．向萍，译．北京：中国旅游出版社，2005.
[53][英]A. V. 西顿，M. M. 班尼特．旅游产品营销——概念、问题与案例[M]．张莉莉，马晓秋，译．北京：高等教育出版社，2004.
[54]中国旅游营销网，http：//www. aatrip. com
[55]深度旅游营销网，http：//www. deeptour. ee
[56]中国酒店网，http：//www. 17u. net/hotel/
[57]中国旅游报数字报，http：//www. ctnews. com. cn
[58]中国旅游营销社区，http：//www. chinatmc. net
[59]旅游研究网，http：//www_ cotsa. com
[60]智旅动力，http：//www. uuidea. com
[61]环球旅迅，http：//www. traveldaily. cn
[62]中国旅游饭店网，http：//www. ctha. org. cn
[63]旅游电子商务网，http：//www. kiwiyoo. net
[64]中国旅游景点网，http：//www. soochina. cn
[65]中国营销传播网，http：//www. emkt. com. cn/trade
[66]中国旅游网，http：//www. china. travel